MONISMUS ÖKOLOGIE UND STAMMBAUM

一元論、エコロジー、系統樹

ヘッケルと進化の夢《ファンタジー》

佐藤恵子

工作舎

目次

第3章◎〔資料篇〕『有機体の一般形態学』の章立てと概要

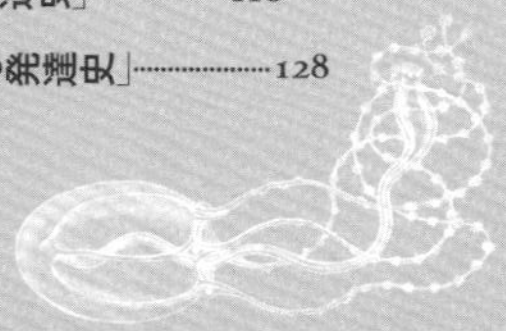

【第二部】

一元論のもたらしたもの——文化・社会への影響

【凡例】

1——注や断り書きは、本文中に（　）をつけて、小文字で挿入した。

2——重要語句の原語は（　）内に小文字で記した。
重要語句で原語の提示のない場合は、原則として、巻末の人名索引と事項索引に記した。

3——引用文献、参考文献は巻末に一覧を置き、引用箇所等は、本文中に（著者名（発行年）頁数）と記した。
①同一著者で同一年に複数文献がある場合は、発行年の後にa. b. c……と付して区別した。
②引用文献が改訂版、復刻版、翻訳書の場合は、その発行年の後に、初版・原著の発行年を付し、（著者名（発行年、初版・原著発行年）頁数）と記した。

4——引用文中の「引用者による注」は［　］で囲み、原文中の（　）と区別した。
また、引用者による中略は［中略］と記し、原文中の「…」や「—」と区別した。

5——原語によっては、古い綴りを使用しているものもある（Entwickelung, Räthselなど）。

エルンスト・ヘッケル

✦

Ernst Heinrich Phillip August Haeckel,
1834年2月16日—1919年8月9日

まえがき

エルンスト・ヘッケルとは、一八三四年にドイツのポツダムで生まれ、ベルリン大学医学部にて学んだのちに、イェーナ大学で、比較解剖学、動物学を担当して一九〇九年の退官まで研究者としての長い道のりを歩み、一九一九年に八五歳で永眠した人物である。しかし、今日の日本で彼の名を聞いたことがある人は、あまりいないことだろう。生物学や科学史に興味のある人ならば、かつてのドイツの動物学者であることを知っているかもしれない。彼の書いた『生命の不可思議』や『宇宙の謎』といった古い邦訳本をご存知の方がいるかもしれない。あるいはキリスト教の信仰心の篤い方の中には、進化論の普及者ということで、彼を嫌っている方がいるかもしれない。最近では『生物の驚異的な形』という神秘的な画集（原語では『自然の芸術形態』）で、彼のことを知る人が増えているかもしれない。

とはいえ遠いドイツの地に一〇〇年ほど前に暮らしていた動物学者など、およそ今の私たちに関係があるとは思えない。それなのになぜ、今ヘッケルを扱おうとするのか。実はこの人物は、結構、私たち現代の日本人にも影響を及ぼしているのである。例えば、現在の地球環境問題には欠かせない「エコ」という言葉、これの元の姿である「エコロジー」という言葉と概念は、このヘッケルが創始したものだ（ドイツ語ではエコロギー）。

では、「個体発生は系統発生を繰り返す」というフレーズはいかがだろう。これは、私たち人間であれば、母親の胎内にいる時に、単細胞の受精卵から、鰓《えら》や水掻きや尻尾のある胚の状態を経て、やがてそれらが消えて胎児が人間の形姿になっていくプロセス（個体発生）が、まさにヒトの進化のプロセス（系統発生）――はるか四〇億年前頃に地球上に誕生した単細胞生物が進化を遂げて、やがて海から陸に進出し、多様な枝分かれの末にヒトへと至った壮大なストーリー――を短い時間で繰り返している、ということを述べている。今さらいわれなくても、誰しも当然の話のように思われるかもしれない。あの人はホモ・サピエンスになっていない、まだ猿人の段階だね、などともいっているかもしれない。実は、これもヘッケルがその昔に広めた考え方なのである（これはヘッケルのオリジナルではないが、再定義して「生物発生原則」という名をつけて広めたもの）。

生物の進化を、写実的な樹木の枝分かれとして描出した系統樹も有名だ（系統樹の概念自体はヘッケルのオリジナルではない）。その幹の根元にはモネラ（こちらは無機的な物質から生物へのミッシングリンクの意味）、途中にはガストレア（多細胞生物の想像上の祖先）のラベルが貼られ、枝々を張り出しながら天に向かってそびえ立つ老巨木。類人猿からヒトへの枝分かれ部分にはピテカントロプス、そう、アジアにいたあの原人の名前だ。このミッシングリンクたちはすべて、ヘッケルの想像力が生み出したイメージだ。

また、ヘッケルの専門はクラゲや放散虫などの海生無脊椎動物の形態学・分類学であり、生物学用語の中には、モネラ（こちらは生物分類学上の原核生物）、プロティスタ（生物分類学上の原生生物）、ベントス（底生生物）、ネクトン（遊泳生物）など、多くのヘッケルの造語が今なお生きている（もっとも昔と今では意味が異なるものもある）。まさに、ドイツの大学の動物学教授としての威厳を示すものだ。

さらには、今日当然、私たちは、自然の生物の形からインスピレーションを得たデザインを、さまざまな装飾品や家具や建築に生かしているが、そのルーツの一つもヘッケルにある。深海という未知の世界の微小で宝石のような生物たちは、彼の観察と写実力によって美しい図版となり、当時のヨーロッパの工芸や建築に影響を与えた（冒頭に述べた画集もこれの一つである）。この類のイメージが、現在の私たちの日常生活に溶け込んでいるといってもよいだろう。

このように私たち日本人の心の中に、昔のドイツという遠い世界の住人だったヘッケルの知的な遺産が息づいているのは、何か不思議な気持ちがする。まさに私たちの「今」は、過去から連なる無数の糸たちによって複雑に編み上げられた織物だ。彼に対する私の興味の原点はまさにそこにある。通常は意識に上ってこないその織物を、少しずつ解《ほぐ》してみる作業は、何とも胸躍《おど》ることだ。そもそもヘッケルとはどういう人なのか。どのように現在に繋がるイメージ群は生まれ出たのだろうか。

ところが、それに真剣に答えるのは予想外に困難なことだ。そのためには、ヘッケルの思考の土壌ともいうべき一九世紀ドイツを知らねばならない。しかも、科学の状況だけでなく、文化・社会の状況までもが大きな影を落としている。

その当時のドイツは、戦争、革命、帝国統一に明け暮れた激動の時代。市民階級は変容し、自然科学と技術は未曾有の進展を遂げ、キリスト教信仰は弱体化した。それまで当然だった生きる意味が崩れ、政治的にも混乱し、誰もが新しい世界観を熱く求める波乱の時代だった。その中で、生物学は進化論という新しい拠り所を得て、大きく変わろうとしていた。

ダーウィンの進化論は、地球上のあらゆる生物が共通祖先から進化してきたことを公言して、当時の世界、特にキリスト教文化圏のヨーロッパ世界を大きく震撼させることになった。ヘッケルは、ダーウィンの進化論を果敢にドイツに広めた普及者でもあり、それればかりか、進化論に基づき彼独自の一元論という哲学的な世界観を打ちたてた。私たちに影響を与えている彼の生み出したイメージ群は、実はこの一元論的な考え方から繰り出されている。実際に彼は、教会支配から脱却した新しい価値観に基づく世界を創出するために、一元論者同盟なるものを創立して、社会改革運動にまで着手しようとしたのである。彼の人生のほとんどが激しい論争、いや激烈な喧嘩の日々だった。

一方でまた、彼が進化論から導き出した人種差別的な見方や優生学的な見方が非難されることもある。その思想がナチズムに影響を与えたと説かれることもある。

つまり、ヘッケルは「単なる生物学者」ではなかったということだ。彼は、私たちの常識を覆すほど多方面で活躍してきた人物だ。しかも、動物学者ゴールドシュミットの回想によれば、一九世紀後半のドイツにおいてヘッケルは、良くも悪くも、計り知れない威力と影響力をもっていた。その凄まじさは、第二次世界大戦後の世代には想像すらできないものだったという（Goldschmidt(1956)31-40)。ヘッケルという人物を知るには、このような背景を振り返り、考慮する必要があるわけだ。しかし、現在の私たちは、彼の広範な活動のほんの一部分を見てさまざまなヘッケル像をつくり上げているにすぎない。

そういうわけで、本書では、散逸した部分部分をつなぎ合わせ、「ヘッケルというテクスト(織物)」の全体像をできるだけ具体的な把握しやすい形で再現することを試みたいと思う。主に二次文献よりも一次文献を読むことによって、ヘッケルの生の声を聴きつつ、文化的・科学的・社会的な背景を考慮しながら、彼の人生を辿り、彼の一元論思想を分析し、そこから繰り出される多くの仮説やイメージを紹介し、それらの影響について語っていくつもりだ。その際、ヘッケルの声をそのまま忠実に伝えようとするが、その語り方には今日的かつ日本的な、しかも筆者特有の解釈のフィルターがかけられたものとなっていることは否めない。また多くの箇所では、彼の立てた仮説が現在、どう理解されているかについての説明も試みた。そういう意味で、既に出版されている海外の多くの優れたヘッケル研究の書物(例えば、Richards(2008),Di Gregorio(2005)など)とは、かなり異なるアプローチとなるものである。

ヘッケルを読むことはまた、一九世紀末ドイツという、私たちにとっての異文化空間で、自然科学と文化と社会がどう影響し合いながら歴史を推し進めてきたかを見出す一つのヒントを示すことでもあり、さらには、その流れが織り糸の一本となって、私たちの今を織り上げていることを知るヒントにもなるだろう。

ではここで、本書の構造を簡単に述べておきたい。第一部では、ヘッケルが一元論的な思考に至った来歴、彼の一元論の概念について説明する。

一元論については、第2章で、ヘッケルの最初の大著『有機体の一般形態学』をひも解くことによって、その基本的な考え方を見ていく。これは冗長かつ難解な二巻本であるが、ヘッケル自らが多くの著作の中で、この本こそが自分の思想の核であると公言しているため、あえて頁を割いた。第3章では、全体の章立てに沿って簡単な概要を述べたが、かなりの分量に及び、読者の関心を引き起こさない場合は読み飛ばしていただいて構わない。

『有機体の一般形態学』では、形態学を一元論的な視点——つまり、生物が無機物と同じ物質から成り、同じ因果的な自然法則に従っており、かつ、自然選択による進化が世界を支配しているという視点——から再編することに重点が置かれており、それまでの多くの知識を検討しつつ、再定義が試みられていく。そこには、スピノザやゲーテに代表される自然哲学の影響が色濃く見られ、かつ、障壁となるキリスト教的な世界観を否定する表現も見られる。しかし内容の大部分を、生物の形態の構造的な捉え方と形態の生成発展の仕方についての叙述が占めている。後半部で系統発生(進化、種の形態発展)の説明に頁が割かれ、それを人類へ応用するという、世の批判を辞さない試みについての短い説明、そしてさらに多くの批判を受けるであろう一元論的な世界観(宗教観)についての短い説明が続く。

ヘッケルのその後の活動は、ここで触れられた各テーマに沿って、二つの大きな目的——生物――特に人類――の進化と発生に関する新しい科学的な見方を市民に浸透させること、および、一元論的哲学に基づいた世界観を、キリスト教に代わる宗教・文化・社会・教育の基盤として市民に根づかせること――をめざして展開されていくことになる。

第二部では、その一元論がもたらした諸学説、それらが与えた文化・社会への影響を各論的に述べる。

第1章では、系統樹を完成させるためのツールともなった「生物発生原則」について詳しく述べる。

第2章は、このツールに基づいてヘッケルが想定した移行形態（ミッシングリンク）たち――モネラ、ガストレア、ピテカントロプスのことを扱う。それらはどのように生まれ出たのか、特にモネラとピテカントロプスはその時代にあってどのような意味をもち、どのような顛末《てんまつ》を遂げたかを紹介する。

第3章は、ヘッケルがめざした教育改革の構想をめぐってのフィルヒョウとの論争を扱う。これは実は、ヘッケルが一元論的世界観を追求するために用いた科学的手法についての議論なのであり、自然科学における自由がテーマとなる。

第4章は、一元論者同盟について扱う。それはどのような世界観の変革を求めたのか、そして実際に行われた社会改革運動とはどのようなものだったかを紹介する。

第5章は、ヘッケルの人種観と優生思想を扱う。それは現在から見れば、彼の思想の暗部ともいえるが、実際にはどのような文脈の中で生まれ、どのような影響を与えたのかを再考する。

第6章は、エコロジーという概念がどのように誕生し、どのように影響を与えたのかを扱う。合わせてビオトープ、生態系という用語の誕生にも触れる。日本では、この二つに関してもヘッケルが生み出したと誤解されている傾向があるが、実はそうではないのである。

第7章は、ヘンゼンとのプランクトン論争を紹介し、それを通して、当時発展しつつあった海洋生態学の状況を考えてみる。

第8章は、ヘッケルの示した一元論的な自然の美について考える。『自然の芸術形態』はどのようにして出版に至ったのか、また、それのもたらした影響はどのようなものだったかを見てみる。

第9章は、遺作となった『結晶の魂』に基づき、ヘッケルにとっての結晶と魂の意味を考え、変化する時代の中での彼の最後の言葉を聞いてみる。これはまた、彼のめざした一元論思想の総括でもある。

最後に、簡単な年譜を付けた。

また、各章は独立して読めるものにしたため、事項の重複が見られることをお許しいただきたい。

第一部

生涯と一元論の構想

第1章

ヘッケルの生涯と一九世紀ドイツ——進化論との遭遇および一元論への開眼

多彩な肩書

ここでは、ヘッケルとはどのような人物かを紹介したい。通常であれば、その生涯を追いながら最後まで語っていくことになる。しかし本書の狙いは彼の伝記を書くことにあるのではなく、彼の一元論思想とは何か、そこから多くのイメージ群がどのように生まれたかを語ることにあるため、主に、この一元論思想に至るまでの来歴を詳しく述べたいと思う。

さて、まえがきでもふれたように、彼の活動範囲は広く、例えば、次のような肩書をつけることができる。

①動物学者（放散虫やクラゲなどの海生無脊椎動物の形態学と分類学の研究で功績を残した）
②進化論の普及者（ダーウィンの進化論を、多くの図版を用いた書物や講演をメディアとして、多くの人々に広めた）
③哲学者（進化論に基づく彼独自の一元論を展開し、それによって世界を捉え直そうとした）

④社会改革運動家（一元論哲学に基づいた社会をつくるために構想し、実際に行動した）
⑤素人芸術家（ミクロの生物からマクロの風景に至る自然の美をスケッチし、多くの図版として残した）

それぞれの肩書はさまざまなものに見えるが、実は独立した別個のものではなく、「動物学研究」と「一元論思想」を核としてすべてが関連したものなのだ（この全体像は、本書を読み進められる間に、理解していただけると思う）。しかし一人の人間が、のちのちまで、それぞれの肩書で人々の記憶に残っていることを考えれば、彼の多才さ、果敢に人生を駆け抜けた熱血ぶりを想像することができるだろう。

ではヘッケルはどのようにして、このような人物像の下地を形成するに至ったのだろうか。彼の誕生から幼少年期、大学時代、進化論との出会い、そして一元論への開眼（『有機体の一般形態学』の出版）までを、その背景を含めて追ってみよう（主に以下の文献を参考にした。Krauße (1987), Haeckel / Schmidt (1923), Heberer (1968), Richards (2008), Hemleben (1964), 林 (1979)）。

幼少年期の舞台

エルンスト・ヘッケル（Ernst Heinrich Philipp August Haeckel）は、一八三四年二月一六日、ドイツ（当時はプロイセン）のポツダムにて、父カール・ヘッケルと母シャルロッテとの間の次男として誕生した（二人兄弟の兄として一〇歳年上のカールがいる）。

ポツダムは、ベルリンの南西に位置する田園的な都市で、一八世紀にプロイセン王フリードリヒ大王がフランスのヴェルサイユ宮殿に模して建てたサンスーシー宮殿などで有名な文化都市でもある。あるいはまた、第二次世界大戦後に米・英・露の三国の首脳が集まり日本の戦後処理問題について話し合いをしたツェツィリエンホーフ宮殿のある都市として記憶のある方も多いだろう（ただし、この宮殿は二〇世紀になってからヴィルヘルム二世が建てたものである）。ヘッケルの生家は、エルベ川の支流ハーフェル川のほとり、中央広場に近い「アム・カナル通り七番地」にあった。

父カールは、シュレージエン（現在はポーランド南部地方）出身で、ハレ大学とブレスラウ大学で法学を学び、一八一六年にポツダムの参事官となった。母シャルロッテは、旧姓をゼーテといい、後妻としてヘッケル家に嫁いだ。その父クリストフ・ゼーテはプロイセンの枢密顧問官という最高行政の座にまで昇進した法律家だった。

今日に残るヘッケルの写真や在りし日の彼と会ったゴールドシュミットの表現を総合すれば、大人になったヘッケルは二メートルに近い長身で、筋骨たくましい体格だった。並外れて大きな頭にブロンドの髪、広い額、威厳のある鼻。美しい青い目は鋭く輝き、時に少年のような好奇心に満ちていたという。晩年の彼は、ふさふさとした白髪と髭をたくわえた堂々とした容姿だったが、それに似合わず喋り方はハイピッチで、たえずせかせかと動き回っている人物だった（Goldschmidt（1956）36–40）。そんな彼の頑強な体躯と情熱的な性質は父親譲りで、母からは白い肌、金髪、碧眼と感受性の豊かさを受け継いだといわれている。

ヘッケルの生まれた翌年一八三五年に、父カールが上級参事官としてメルゼブルクへ異動となり、家族も共に移り住むことになった。この地がヘッケルの幼少年時代の舞台だ。メルゼブルクは、現在はザクセン・

アンハルト州のライプツィヒとハレの間に位置する都市で、ザーレ川が南北を貫いている。戦後の東独時代には、化学工場が集中し、環境汚染都市という異名を冠してしまったメルゼブルクであるが、ヘッケル一家が住んでいた一九世紀の半ば頃は、人口約一万人ほどの牧歌的な美しい小都市だった。ヘッケルは、大きな庭園と広い中庭のある家に住み、まわりの自然の中でさまざまな生物と親しむ生活を送ることができた。彼は、メルゼブルク市立高等小学校（ギムナジウムへの進学のための初級学校）、続いて、司教座聖堂附属高等中学校（ドームギムナジウム）へ通った（ギムナジウムは大学進学のための高等中学校）。

キリスト教とヘッケル一家

ヘッケルは、信仰心の篤い家庭に育った。いずれはダーウィンの進化論の信奉者として、キリスト教会と激しく反目するヘッケルではあるが、出自はキリスト教徒だ。のちに彼は自分の信仰歴をふり返り、「私は、シュライエルマッハー派の比較的自由なプロテスタント教会に属していた敬虔な両親に育てられ、二〇歳まではこの自由なプロテスタンティズムの確固たる信奉者だった」と語っている（Haeckel (1910a) 1）。

ヘッケル一家の信仰は、カトリシズムでもなく、正統派プロテスタンティズムでもなく、自由なプロテスタンティズムということになるが、これはどのような信仰だったのだろうか。これに答えるには、少しばかり、ドイツの特殊な宗教状況を歴史的にひも解かねばならない。

ドイツは「宗教改革」の国として有名である。カトリシズムからたもとを分かってプロテスタンティズムが生まれたのは一五一七年、マルティン・ルターが九五箇条の提題を掲げて、ローマ・カトリック教会の贖罪制度（罪のあがないのために財物を差し出させること）を批判し、救いは各人の信仰のみによると説いた時だった。それ以降のドイツでは、カトリックとプロテスタントの勢力がせめぎ合う構図となった。

しかも、絶対主義時代のドイツは一つのまとまった国家ではなく、大小多数の領邦が分立する状況となる。領邦は、ヨーロッパの他の「国民国家」に匹敵する国家的な構造をもっていた。それぞれの領邦では、その君主の宗教が領邦の宗教となり（領邦教会制）、プロテスタントの領邦とカトリックの領邦が混在することになった。さらに一六四八年のヴェストファーレン条約（三〇年戦争の終結時の講和条約）では、異なる宗派の君主が即位しても領邦民は宗教を変えなくてもよいことが認められ、領邦内に異宗教者の存在を許すことになった。こうしてドイツは、宗派の入り乱れた特殊な状況となるのである。

さらに領邦国家内の教会は、その領邦君主を最高監督とする国家教会制の中に組み込まれ、「玉座と祭壇の結婚」と呼ばれる極めて強固な国家と教会の結合が成立していた。これは、人々の信仰の自由度を著しく損なうものとなっていく（この国家と教会の結合は、のちにヘッケルが批判の矛先を向けるものでもある）。

そのような中で、将来ドイツ帝国を担うことになる強大なプロテスタントの領邦国家プロイセンは、一八〇六年にナポレオン率いるフランス軍に敗退したのち、国家立て直しのために一連の改革を行った。それは、君主政治の中に民主的原則をとり込もうとする改革として有名だ。その一環として、教会を国家との結合から切り離して民衆の手に授けようとする「教会改革」があり、その任を委ねられたのが、神学者シュライエルマッハーである。

もともと彼は神学だけでなく、ギリシャ哲学やカント哲学にも明るく、またノヴァーリスらのロマン派グループにも加わるほどの多才な教養人でもあった。シュライエルマッハーのロマン主義的な考え方によれば、人間（信仰者）は発展し変化していくものであり、それゆえに、完成した教義などはなく、その時代に合った信仰の意味とその説明を自ら見出していかねばならない、したがって宗教と教会は、現在の光に照らして人間を解釈し、文化や生活と調和をとらねばならない（Nipperdey（1993a）427-428）。結局、教会改革は頓挫してしまったが、時代の文化や学問に即したキリスト教信仰をめざす「自由なプロテスタンティズム」は有力な新しい流れとなった。

このような、時代の変化に対して寛容なプロテスタンティズムこそが、ヘッケル一家の信仰だった。さらに、シュライエルマッハーはヘッケルの両親の友人でもあったし、両親がその思想に傾倒していたこともあり、この信仰はヘッケルの幼い心に深く根づいていったのである。

のちにヘッケルは、キリスト教を否定して一元論哲学を展開するのだから、当然、早々に教会と縁を切ったのではないかと思われるのだが、実際に彼が教会を離脱するのは、家族が非難にさらされることを案じたため、七六歳という晩年のことだった（Haeckel（1910a））。その間も、彼にとっては、このようなプロテスタントであることが、自分の心をなだめる口実となった。

家庭での教育――父のゲーテ崇拝

ヘッケルの両親は、性格や気質は違うものの、責任感が強く、善意に満ち、表面的な外見や華美なものを嫌う点で共通しており、つましい暮らしぶりではあったが、家族は幸せに満ちていた。

父カールは、自分の専門の法律学の他に、哲学、歴史、地理などにも造詣が深く、その知的好奇心は晩年まで衰えることがなかった。この父からの影響は多々あるが、例えば、父のゲーテ崇拝はヘッケルにとって大きな意味をもつことになる。

ヨハン・ヴォルフガング・フォン・ゲーテは、多くの抒情詩や戯曲『ファウスト』、小説『若きウェルテルの悩み』などで知られるドイツの疾風怒濤期（人間の内部に創造的な力として作用する「自然」という概念を根幹とする一八世紀後半の文芸思潮）の代表的な作家である。政治家でもあり、美術研究家でもあり、また自然科学においても形態学や色彩論などの諸分野で活躍した天才的な人物だった。このゲーテが、文学や精神的な分野に広範囲にわたる影響を与えたことはよく知られているが、ドイツの自然科学者たちにも深い影響を与えていることはあまり知られていないかもしれない。物理学者ヘルムホルツや原子物理学者ハイゼンベルク、そして、ヘッケルもまたその一人だった。

ヘッケルはのちに、二巻本の大著『有機体の一般形態学』の中で、進化論はゲーテとラマルクが創始し、ダーウィンがそれを証拠づけて完成させることになった、と述べている。ゲーテを進化論者とみなせるかどうかはさておき、彼の一元論的な自然観がヘッケルに多大な影響を与えていることは確かである。ヘッケルの多くの書物は、まさにゲーテの引用に満ちているのである（詳細は本書第一部第2章を参照のこと）。

それればかりか、ヘッケルは、母方の祖母フィリピーネ・ゼーテの生家のザックという家系を通して、ゲーテと遠い縁戚関係にあったといわれている。そのため、ヘッケルにとってゲーテは精神的に近しい存在であったに違いない。

さらにヘッケルはギムナジウムに進むと、父の友人でもあり、メルゼブルクきってのゲーテの専門家といわれた校長のフェルディナント・ヴィークの手ほどきによって、さらにゲーテの研究を深めていく。このような環境の中で、ゲーテの思想はヘッケルの血肉となっていったことが推察される（ゲーテとヘッケルに関してはParteheimer（1989）を参照）。

博物学へのめざめ

一方、母シャルロッテは、ヘッケルの博物学への興味を引き出した。母は、学校に上がる前の幼いヘッケルに読み書きを教えるかたわら、野外に連れ出しては、自然の素晴らしさや美しさに目を向けることの楽しみを教えた。ヘッケルはのちに『インド旅行の書簡集』で、このことについて母に感謝の意を表している（Haeckel（1882b）3）。

その後、ヘッケルは家庭教師のカール・グーデから

❶ゲーテ。
❷ラマルク。
❸ダーウィン。
ヘッケルによれば、「進化論はゲーテとラマルクが創始し、ダーウィンがそれを証拠づけて完成させることになった」。

算数を習うようになるが、このグーデもまた、彼を野外に連れ出してはさまざまな植物に親しませ、感受性と好奇心の豊かな少年を自然観察のとりこにした。こうしてヘッケルの心の中に、植物学への深い関心が芽生えていくことになる。

彼はギムナジウムに進んでも、暇を見つけては野外での植物採集を続け、標本をつくり、分類同定を楽しんでいた。これもゲーテの影響の一つである。しかし、いざ標本にラベルをつけようとすると、実際には分類できない植物が存在することを痛感した。これがのちに、旧来の権威たるリンネの分類体系を批判し、生物の分類の基本となる法則性を新たに探したいというヘッケルの熱望に繋がっていく。

その頃の書物からの影響も見過ごせない。両親は、教育的な配慮から、息子に読ませる本を意識的に吟味して与えており、当時のヘッケルの蔵書は一六一冊だったという。古典的なドイツ文学作品とともに、植物学、地理学、医学の書籍、とりわけ、自然誌や旅行記も多かった。その中には植物学を愛するヘッケルに対して決定的な方向性を与える本も含まれていた。

ヘッケルのお気に入りの本の一冊が、一四歳の時に両親がクリスマスに贈ってくれたマティアス・シュライデン（シュヴァンとともに細胞説を唱えたドイツの植物学者）の『植物とその生活（*Die Pflanze und ihr Leben*）』（1848）だった。この書物を通して初めて、顕微鏡の使い方、細胞の構造、植物の生殖や栄養などの知識を得たヘッケルは、シュライデンに傾倒し、卒業後には彼が教鞭を執るイェーナ大学に進み、植物学を専門的に学ぶ決意をしたのである（しかし、その夢は実現しなかったのだが）。

ヘッケルをとりこにした二冊目が、アレクサンダー・フォン・フンボルト（ドイツの地理学者）の旅行記『自然の景観（*Ansichten der Natur*）』（1808）だった。フンボルトは、数々の世界旅行での観察を基に、植物生態と気候や緯度などの地理的な要因との関係を説いた有名な人物だ。この書物によりヘッケルは、植物地理学に関心を深め、いつの日にか植物学者として熱帯のジャングルに赴くことを夢見るようになった。そして、フンボルトの考え方は、のちのヘッケルの生態学（エコロギー）や分布学（コロロギー）の概念にも受け継がれていく。

さらに、熱帯の地を訪れたいという若いヘッケルの欲望を決定的に膨らませた書物が、ダーウィンの『ビーグル号航海記（*Beagle Voyage*）』（1845）だった。「私は夢中になって何度も繰り返して読みました。まさか、いずれダーウィンの研究が私のライフワークを決定づけようなんて、その時はまだ予想もしていませんでした」とのちにヘッケルは語っている（Haeckel（1905a）10）。それはまだ、ダーウィン自身も進化論を打ち出してはいない時代だった。

少年ヘッケルが抱いた熱帯旅行の夢は、将来、インドやインドネシアへの旅で実現されることになる。

ギムナジウム

さて、ヘッケルの受けたギムナジウムの教育環境はどのようなものだったのだろうか。彼はのちに激しい教育批判を展開し、一元論に基づいた改革を訴えるのであるが、それは自分の体験に基づくところが大きい。

ギムナジウムに関しても、少し歴史的な流れを見てみよう。ギムナジウムは、一九世紀の初頭、ラテン語学校を解体・再編成して新しく創設された学校である。この教育改革は、先に（シュライエルマッハーの教会改革の箇所で）述べたプロイセンの一連の改革において、政治家、言語学者として著名なカール・ヴィルヘルム・フォン・フンボルト（前述のアレクサンダー・フォン・フンボルトの兄）が先導したものである。その新しい教育理念は、西欧古典を典拠として、身分制や貴族支配という古い世界を否定し、生まれではなく、才能と努力こそが人間の価値を決めるような社会を生み出すことにあった。そもそも前身のラテン語学校では、生徒たちはすし詰めの教室で鞭に慄《おのの》きながら、味気なく暗記を繰り返すことばかりだったという。それが教育改革により生まれ変わるはずだった。制度的にも、教員採用のための国家試験の導入やアビトゥーア（ギムナジウム修了試験）の義務化などを盛り込み、国家の管理の下で統一化と規格化がなされていった。

しかし現実には、ギムナジウムは徐々に初期の理想を失い、硬直化していく。カリキュラムで重要視されたのは、圧倒的にラテン語教育であり、次にギリシャ語、そして数学、国語、歴史・地理、宗教、自然科学、図画・習字、フランス語、哲学、唱歌という順番で比重は減っていく。自然科学の分量は、ラテン語の五分の一の程度しかない状況だった。しかも理論重視の詰め込み教育のうえに、規律に強く縛られ、監視下での訓練が重要視され、三〇年代の半ばになると、生徒たちから、その過重負担と過剰要求への苦情が噴き出すことになる（ヘルマン・ヘッセの『車輪の下』を彷彿とさせる）。

ヘッケルが学んだギムナジウムも似たような状況にあった。彼は古典語の過度な訓練に疲れ果て、さらには期待していた自然科学の授業は、古典的な文献学に徹した味気ない内容だった（先に述べた植物採集は彼の息抜きでもあった）。カリキュラム上、自然科学の授業が軽視されていただけではない。実践的な科学の方法や自然への関心を促す方法を教えないという点で、ヘッケルの失望感は大きかった。何といっても、当時のドイツは産業革命の真っ最中だったのだから、自然科学の教育は、現実社会とあまりに乖離していた。このような不満がのちのヘッケルに影響を与えるのは当然だろう。

だがそのような中でも、校長のヴィークからは、さまざまな精神的な影響を受けることになる。また、教員試補として赴任した数学と自然科学担当の若いオットー・ガントナーから、物理と化学の実験を教えてもらえたのは、ヘッケルにとって得がたい体験だった。ヘッケルはガントナーの授業を通して、近代的な実験方法に強い関心をもつようになっていったのである。

ドイツ三月革命

さらに見ておきたいのは、ヘッケルをとり巻いていたドイツ統一運動の熱狂についてである。これは、のちの彼の熱く闘う姿勢に影響を与えたに違いないものなのだ。

ヘッケルのギムナジウム時代の一八四八年には、ド

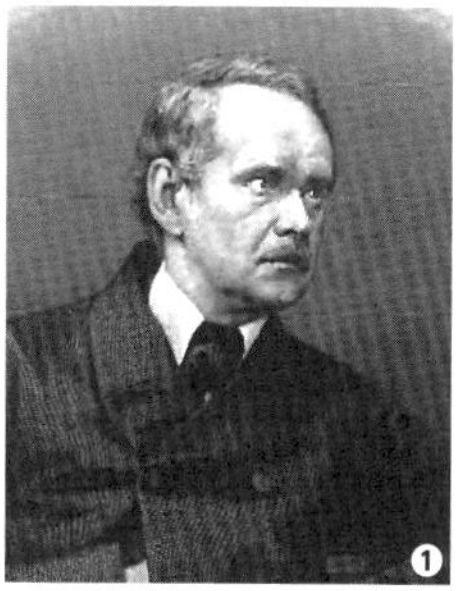

❶シュライデン。
❷シュヴァン。
❸アレクサンダー・フォン・フンボルト。シュライデンとフンボルトの著作は少年ヘッケルの愛読書となった。

イツ三月革命が起こっている。これは、フランス二月革命の影響を受けてドイツ全土を吹き荒れた、自由と統一を求める革命の嵐だった。父カール、ギムナジウムの校長ヴィーク、副校長のヒーケたちは皆、熱烈に革命に賛同し、政治的な参加も辞さなかった。一四歳だった感受性豊かなヘッケルもまた、強い関心を抱くことになった。

先にも書いたように、ドイツはかつて領邦国家の集まりであった。もう少し詳しくいえば、ドイツは、そもそも九六二年にオットー一世がローマ教皇から皇帝の冠を授けられた時に、神聖ローマ帝国として統一されたとはいえ、実際には長い間、領邦国家に分かれたゆるやかなまとまりでしかなかったのである。絶対主義時代には、領邦国家の中でもハプスブルク家が支配するオーストリアと新興のブランデンブルク–プロイセンが台頭するものの、ドイツの統一はまだ実現していなかった。一七八九年にフランス革命が起きて旧体制が打倒されたあと、フランス革命政府の遠征軍司令官ナポレオン–ボナパルトに率いられた軍隊によりドイツは支配されることになり、それとともに一八〇六年、神聖ローマ帝国は名実ともに消滅する。ナポレオン支配という屈辱的な状況下で、ドイツ国民にとって「統一」は悲願となった。

自由と統一——これをめぐって、特に一九世紀のドイツ教養市民層はめまぐるしく攻防戦を展開した。一八一三年の解放戦争によってナポレオン支配からの脱却に成功したドイツには、再び、貴族勢力が復活。それに抵抗して自由と統一を求める運動は、イェーナ大学の学生たちによる学生組合の改革から始まった。のちにドイツ国旗となる「名誉・自由・祖国」を表す黒・赤・金に彩られた旗印の下、彼らの運動は、「一つのドイツ」を合言葉に全ドイツの大学に広まっていった（イェーナ大学に奉職したヘッケルは、その自由な気風に感謝して過ごすことになる）。

メッテルニヒ（オーストリアの政治家）が登場して、広がりゆく学生運動の弾圧のため、大学や出版に対してさまざまな強硬策をとった。結果として、大学の研究・教育の自由は危機に瀕し、出版の自由も踏みにじられ、この事件はのちのちまで、国家権力による自由な学問への弾圧を象徴するものとなった。事実、一九世紀後半の大学人は、このような事態の再来を特に恐れていたのである（後述する病理学者フィルヒョウなど。本書第二部第3章を参照のこと）。

しかしまた、この弾圧によって自由と統一を求める国民の運動はさらに強まり、一八四八年のドイツ三月革命の勃発となるのである。父カールは、そもそも一八一三年の解放戦争に志願して戦った経験もあるため、その熱狂ぶりは激しかった。しかし、この革命も結局は失敗に終わり、悲願達成はならなかった。

これが、まさにヘッケルがギムナジウムの生徒だった頃の時代背景だ。彼がのちに、格別な愛国主義者になった原因はここにあるといってよい。鉄血宰相と呼ばれたビスマルクの手腕によって、一八七一年一月一日にプロイセン王国主導の新ドイツ帝国が発足した時（神聖ローマ帝国に次ぐため、第二帝国とも呼ばれる）、ヘッケルをはじめとするドイツ国民が、統一国家という宿年の悲願達成に酔いしれ、興奮の渦の中にあったのはけだし当然だった。

しかし、その統一ドイツ国家——つまり大人になったヘッケルが、自分の世界観の波及をめぐって戦いの日々を繰り広げていた頃の社会の状況——は決して安寧な理想郷ではなく、波乱に満ちた国家だったことをつけ加えておかねばなるまい。

ここまでが、ヘッケルの思想形成に大きく影響を与えた、幼少年期における家庭や学校環境の概観だ。次は、一八五〇年代から六〇年代にかけてのヘッケルの大学時代、進化論との遭遇、一元論への開眼へと話を進めていこう。どのようにして彼は、プロの動物学者となり、進化論者あるいは一元論者としての道を歩むようになったのだろうか。

大学時代――なぜ動物学者になったのか

一八五二年三月一二日に、ギムナジウムの卒業試験であるアビトゥーアに合格したヘッケルは、憧れの植物学者シュライデンに師事するためにイェーナにいく準備をしていたが、冬に発病した右ひざのリューマチ性炎症が再発し、当時ベルリンにいた両親の下で養生することを余儀なくされた。結果として、彼は親元から通えるベルリン大学に入学し、医学と自然科学を学ぶことになった（当時は、動物学や植物学は医学部の下に置かれていた。一八六〇年代になると哲学部の中の独立した講座となる）。将来性のある医師という職業につく道は、父の切なる願いでもあった。最終的にヘッケルは医師にはなったものの、その人生を選ぶことはなかった。また、植物学者にもならなかった。なぜヘッケルは動物学者になったのか。その鍵を握るのは、まさに彼の大学時代の体験なのである。

一九世紀のドイツの大学には、中世の大学の特徴だった「移動と転学の自由」の伝統が生きており、ヘッケルもベルリン大学とヴュルツブルク大学を「遍歴」する。当時プロイセン王国の首都だったベルリンは、ドイツ北東部にあり、マイン川（緩やかに蛇行しつつドイツ中央部を東西に流れる）の中流域に位置する古都ヴュルツブルクとは、直線距離にして約三〇〇キロ離れている。一八五二年夏学期（ベルリン）、五二年冬学期から五三年の夏・冬学期（ヴュルツブルク）、五四年夏・冬学期（ベルリン）、五五年夏・冬学期と五六年夏学期（ヴュルツブルク）、五六年冬学期（ベルリンで博士論文の作成、五七年三月に医学博士号取得）というように、大学生活は進んだ。

　ベルリン大学での最初の学期では、ヘッケルにはまだ植物学への愛着があり、著名な植物学者アレクサンダー・ブラウンの講義などをとっていた。しかし、講義自体はヘッケルの知識欲に応えるものではなかった。冬学期にはいよいよ、医学の授業を受けるためにヴュルツブルク大学へ赴く。創立一四〇二年という、ドイツで最も古い伝統を有する大学の一つであるヴュルツブルク大学は、当時、ドイツの医学生たちのメッカだった。臨床医学のフランツ・フォン・リーネカー、組織学のアルベルト・フォン・ケリカー、産婦人科学のフランツ・フォン・キーヴィシ、化学のヨハン・ヨゼフ・フォン・シェーラー、病理解剖学のルードルフ・フィルヒョウといった錚々《そうそう》たる顔ぶれの有名教授たちが待ち構えていた。その活気あふれる環境でヘッケルが味わったのは、皮肉にも、自分は性格的に医師に向いていないという挫折感だった。

　ここでは、ヘッケルに大きな影響を与えた三人の師に沿って述べよう。彼を海生無脊椎動物の研究に誘ったケリカーとヨハネス・ミュラー、そして機械論的な生命観に開眼させてくれたフィルヒョウである（傍点箇所についての説明は、他の傍点箇所とまとめて後述する）。

　ヴュルツブルク大学で人間の病気に向き合えなくなったヘッケルを救ったのは、解剖学であった。特にケリカーの比較解剖学の授業で扱った海生無脊椎動物（クラゲ、ポリプ、サンゴなど）の形態の多様性と美しさに、ヘッケルは心底魅了され、自分で顕微鏡を手に入れ、組織学や細胞学の研究にのめり込んでいった。かつて植物学に傾けた愛情はいつしか弱まり、この研究分野への愛着がヘッケルの心を大きく占めることになる。

彼はベルリン大学においても、生理学者ヨハネス・ミュラーに師事して、海生無脊椎動物の研究を発展させていく。ヨハネス・ミュラーは、生理学における思弁的でロマン主義的な自然哲学の要素を克服しようとした偉大な学者として知られており、彼のもとからは、物理学・化学を基礎とする実験生理学を築き上げる優秀な研究者たちが数多く輩出した。

中でも、ミュラーに率いられて訪れた北海に浮かぶヘルゴラント島での一か月に及ぶ採集体験（一八五四年夏）は、ヘッケルにとって決定的に重要な体験となった。その時の感動をヘッケルは次のように両親に書き送っている。

［海の生物の］すべては、私が抱き続けてきた期待や願望に応えてくれたどころか、それをはるかに凌駕するものだと（……）わかったのです。毎日、いや一時間ごとに、この素晴らしい自然とその無数の驚異を観察する時、私はくらくらするような恍惚感を伴う無上の喜びにおそわれるのです。この気持ちをあなた方にあますところなく伝えることは不可能です。ですが、一つだけはっきりといえます。私は突如、他の惑星といってよいほどの全くの新しい世界に足を踏み入れてしまったということです（Haeckel (1921) 118）。

この熱情は、さらにケリカーたちと訪れたフランスのニースの地中海体験（1856）で極まった。華麗で透明なクラゲたち、微小で優美な放散虫たちに魅せられたヘッケルは、動物学者としての将来を現実的に思い描くことになる。

一方、のちにヘッケルの宿敵となるフィルヒョウは、当時、病理解剖学の分野（特に細胞病理）における急先鋒だった。フィルヒョウは、シュライデンとシュヴァンによって提示されていた細胞説をさらに洗練させ、細胞を生命の単位とし、細胞の不調が病気の原因となることを示した（生物の体が、独立した生命単位である「細胞」から成り立っていることがわかるのは、一八三〇年代のシュライデンとシュヴァンの研究による。しかし、細胞が分裂によって増えることを確認するには、一八五〇年代のフィルヒョウの研究を待たねばならなかった）。このような生命現象の機械論的な解釈にヘッケルは深い関心をもつようになり、フィルヒョウの授業から溢れ出る唯物論的な見解に浸されていった（スラブ語系のVirchowという名だが、本人はドイツ語の発音［f］と［ch］を用いて呼ばれるのを好んだため、本書ではそれに近い「フィルヒョウ」を用いている。当時、「ヴィルチョフ」「ヴィルチョウ」などと呼ばれるのが常だったという（Major（1945）510）。現在の医学分野では「ウィルヒョウ」が定着している）。

さらには、大学の教師や友人の多くが、カール・フォークトやルートヴィヒ・ビュヒナーらの自然科学的唯物論の影響を受けて、キリスト教の神の存在を否定しているという現実もあった。幼少期から敬虔なプロテスタントとして、自然の調和や美は神の全能性の証であると疑わなかったヘッケルは、大いに動揺しつつも、徐々に、自分のもつキリスト教的な世界観への疑いや揺らぎを感じるようになっていた。しかしまだ、彼がその数年後に、徹底したキリスト教批判者になろうとは、誰も予想できないことだった。

ここで、右記の傍点をつけた概念――「機械論」、「ロマン主義」、「自然哲学」、「唯物論」に目を向けて、当時のヨーロッパの生物学がどのような生命観に支えられ、どのような方向をめざしていたかについて歴史的に概観しておきたい。

古来、生命現象を説明しようとする場合、現象を進展させる要因として非物質的な目に見えない力（生命力のような生物固有の力）を用いて説明する「生気論」と、現象の進展を物質的要素とその運動だけで説明する（あるいは、物理的・化学的な言葉で説明する）「機械論」という概念がある。生物学の歴史は、両者が対立しつつ進んできたプロセスとして捉えることもできる。

ごく卑近な例を用いれば、なぜ動物は動けるのかという問いに対し、それは動物固有の生命力が運動器官を動かすからだと説明するのが生気論、動物は多くのパーツからできた自動機械であって、力学的に説明される（あるいは物理学的・化学的法則で説明される）とするのが機械論、となるだろう。古代ギリシャの哲学者アリストテレスは生気論者として知られているが、例えば動物の発生（ニワトリの卵からヒヨコまでの発達など）については、目的に向かう推進力として「エンテレケイア」を想定した。彼の強大な思想体系は二〇〇〇年間を支配したが、やがて一七世紀になると、ニュートン力学に象徴される近代科学の成立とともに疑問視されるようになった。その生命力は、科学の言葉で説明ができないからだった。こうして、哲学者デカルトの展開する機械論的な哲学が時代の主流となっていく。デカルトは、最も複雑な生命現象であっても、物質と運動で説明ができることを示そうとした。しかし、実際に機械論で説明していくと、どうしても説明できない生命特有の調節作用のあることがわかってきた。

機械論の思潮は、一七四八年のラメトリによる『人間機械論』で極端化し、それに対する反動が沸き起こる。ロマン主義的な反動と呼ばれるものだ。科学的な反動ではなく、思想的な反動である。「ロマン主義」とは、一八世紀後半から一九世紀にかけて、イギリス、フランス、ドイツを中心としたヨーロッパ各地で生じた文学・哲学・芸術上の新たな傾向をさすが、主に、理性では捉えられない感情や想像力などに価値を見出すという革新性をもっていた。したがって、人間は機械ではなく、それ以上の自由を有するものであり、自然もまた自らに生を宿すものなのである。ロマン主義者としては、フランスのルソー、イギリスのブレーク、ワーズワース、ドイツのノヴァーリス、ゲーテらが挙げられる。哲学者カントもこの時代にあって、生命現象に関しては、機械論哲学だけでは説明しきれないものがあるとし、この矛盾をいかに扱うかを熟考し、大きな影響力をもつことになった。

❶ミュラー。
❷ケリカー。
❸フィルヒョウ。
ベルリン大学でヘッケルに大きな影響を与えた三人の師。

一方、「自然哲学」は、古代から、自然の形而上学や自然に対する理論的な学説としてあったものだが、ここではヘルダー、シェリング、ヘーゲルらに代表される一八世紀後半以降のドイツ自然哲学が重要である。これは、ロマン主義思潮と密接に結びつき、経験的なものから離れ、空想的(思弁的)な傾向を強めた哲学で、その世界観の特徴としては、精神と自然を同一視し、世界を一つの有機体とみなしたこと、世界の根源には絶対的で理想的な理念が存在し、それが個々の現実へと姿を現すとみなしたことが挙げられよう。これは、ゲーテの形態学や、その後の比較解剖学へ大きな影響を与えていった。

しかし、このような思弁的なロマン主義的自然哲学は、一九世紀になると、厳密な実験的自然科学の台頭を前にして、急速に衰えていく。一九世紀は再び、生気論的な要素を追い出して、機械論での説明を苦心する時代となった。ヨハネス・ミュラーは、このような流れの中で、生理学から自然哲学の傾向を消し去り、物理学・化学を基礎とする実験生理学を確立しようとしていた。シュライデンやシュヴァンの細胞説も、動物でも植物でも生体は細胞というユニットから構成されたものであるという観点からして、機械論的な考え方である。それを受け継ぎ、病気の原因を細胞に求めたフィルヒョウもまた、機械論に与《くみ》する学者だ。

先に、フィルヒョウの思想は唯物論であると述べたが、これはどのようなことであろうか。「唯物論」は、物質を根本的な実在と考える哲学だが、ここではフォークトやビュヒナーの標榜する自然科学的唯物論と同様の意味で用いられている。つまり、自然科学的な方法を通して認識された物質的なものだけを、根本的な実在として信用するという態度である。そのため、フィルヒョウはあらゆる思弁的な仮説に対して極めて慎重な態度をとったのである(第二部第2章、第3章を参照のこと)。また、機械論は、キリスト教の神の存在を否定しないが、唯物論は、否定することにつながるということも念頭に置きたい。

さて、話をもとに戻そう。フィルヒョウから才能を認められたヘッケルは、病理解剖学講座の助手に任命された(1856)。しかし二人には、性格的にどうもしっくりとこないところがあったようだ。ヘッケルは、博士論文のテーマも、フィルヒョウの薦めたものではなく、ケリカーの薦めた方を選ぶことになった。こうしてベルリンでラテン語による博士論文(De telis quibusdam astaci fluviatilis　ザリガニの組織について)を仕上げ、一八五七年三月に医学博士号を取得。その後、ウィーン大学で臨床分野を学び、翌年(1858)にベルリンで医師国家試験に合格し、外科医かつ産科医としての免許を授かった。彼は実家で形だけの開業をしたが、結局は一年で辞めてしまうことになる。診察よりも、ヨハネス・ミュラーの下で比較解剖学と顕微鏡研究に励む時間の方が多かったのだ。

イェーナ大学就職と放散虫

ヘッケルには一つの将来像があった。ミュラーの下でこうして研鑽を積み、やがて比較解剖学者・動物学者として大学での教授職を得る、という気長な計画だ。しかし、現実はそれほど甘くはなく、頼りにしていたミュラーが、一八五八年の四月に急死。ヘッケルの描いた将来像は無残に打ち砕かれ、失意の中、自力で夢を叶えねばならなくなってしまった。

そんな彼をなぐさめ、闘う勇気を与えてくれたのが、アンナ・ゼーテだった。彼女は、ヘッケルの人生において、極めて大きな意味をもつ女性となる。

一八三五年九月一四日に、シュテッティン（現在はポーランド領）の税務署長のクリスティアン・ゼーテの娘として生まれたアンナは、ヘッケルの母方の従妹でもある。彼女の姉ヘルミーネは、既にヘッケルの兄カールと結婚していた。その結婚式（1852）以来、ヘッケルはアンナに恋心を抱くようになった。一歳年下のアンナは、愛らしく、機知に富み、自然を愛する理想の女性だった。

当時、ベルリンで家族ぐるみの交際をしていたヘッケルとアンナは、ミュラーの死後、愛情を一層深めた。ヘッケルはアンナの励ましによって立ち直り、イェーナ大学に就職するという具体的な将来像を描くことになる。なぜ、イェーナなのか。そこは、もともとヘッケルが植物学者シュライデンに憧れて、入学を望んだ大学だった。そして、ヴュルツブルク時代以来の親友カール・ゲーゲンバウルがすでに医学部の動物学と比較解剖学の員外教授（この身分の意味はすぐあとに述べる）として奉職していた（一八五八年秋より解剖学の正教授）。彼の職場を訪れるたびに、ヘッケルはイェーナ大学の環境に魅了されていった。しかも、ゲーゲンバウルは、ヘッケルを動物学の担当教員として大学に迎え入れるチャンスを与えてくれたのだ。何としても、そこに職を得ることが、ヘッケルの目標となった。

そしてもう一つ、婚約者アンナとの結婚後の生計を立てることも、その原動力となった。そのためには、教授資格試験の一つとして、優秀な研究論文を提出しなければならない。ヘッケルは猛然と、当時まだ未解明だった海生無脊椎動物の形態学・分類学の研究に没入することとなる。

当時のドイツの大学における主な職階（教師身分）には、「私講師（Privatdozent）」、「員外教授（außerordentlicher

Professor）」、「正教授（Ordentlicher Professor）」がある。教授になりたい者は、教授資格試験（Habilitation）に合格しなければならない。これに合格すると「私講師」となるが、この身分は無給であり、学生の払う聴講料が収入源だった。次の「員外教授」に昇格すると有給となる。この身分は、いわゆる助教授や准教授とは違って、講座（Lehrstuhl）をもたない教授のことをいう。さらに、講座をもつ教授に昇格すると「正教授」と呼ばれるのである。

さてその資格試験をめざして、ヘッケルは一八五九年の一月から翌年の四月までイタリアに滞在し、特に秋から冬にかけては、シチリア諸島のメシーナ（イタリア半島のつま先の石の部分）で、放散虫をテーマに選び研究に励む。ところで、放散虫とは何か。ヘッケルにとって、極めて大きな意味をもつ生物であるので、簡単に説明しておこう。

放散虫は、数十～数百マイクロメートル程度の微小なガラス質（ケイ酸や硫化ストロンチウム）の骨格をもつ単細胞生物である。海の中を漂い、死ぬとアメーバ状の体は消え去り、美しい結晶のような殻や骨組みを残して、海底の砂となる。化石記録が今から五億年以上も前の先カンブリア紀に遡る「生きている化石」でもある（この幾何学的な美しい形態に魅了されたヘッケルは、のちに『自然の芸術形態』の中に多くの図版を納めることになる）。一八三〇年代後半に動物学者クリスティアン・エーレンベルクが、海底の堆積層の中に多くの殻を発見したが、それがいかなる生物なのかはほとんどわかっていなかった。のちにダーウィンのブルドッグと呼ばれるイギリスの動物学者トーマス・H・ハクスリーも、この生物に興味をもって調査した。

彼らの研究を基に研究を進めたヨハネス・ミュラーは、生きた姿（殻の中に軟らかい単細胞生物が入っている状態）

で五〇種を同定し、殻の外に細胞質が長い針のように放射状に伸びている姿から、この仲間全体を「放散虫（Radiolarieラディオラリエ）」と命名した（この一八五八年の論文はミュラーの最後の論文となり、没した直後の出版となった）。この生物が、海洋を浮遊するプランクトンの仲間で、一つの細胞からなる原生生物（この言葉はヘッケルがのちに動物界、植物界と並ぶ三番目の界として打ち出したもの）だということがわかるのには、まだ時間がかかる。当時はまだ、ヘッケル本人もその正体をはっきりとは認識していなかった。とはいえ、メシーナにおいて彼は、約一二〇種の新種を同定することに成功した。話の先取りになるが、その成果は、一八六二年に三五枚の銅版図つきの分厚い大型本『放散虫のモノグラフ（*Die Radiolarien. Eine Monographie*）』として出版されることになる（Haeckel(1862)）（三五枚の銅版図は現在復刻されている）（Haeckel(2005)）。ヘッケルの『モノグラフ』全体（第一部（1862）、第二部（1887）、第三・四部（1888））と一八八七年の『放散虫類報告書』（Haeckel(1887a)）は、現在の放散虫研究の重要な基盤となっている（谷村・辻(2012)）。ただし、現在でもなお、放散虫の生態についてはつまびらかではなく、美しい結晶骨格がなぜ、どのように形成されるかも解明されていない（ヘッケルの努力は、本書第二部第9章を参照のこと）。

このイタリアでの研究調査はまた、ヘッケルの芸術的才能が開花するきっかけともなった。実は、棘皮動物（ヒトデやウニ）を研究しようとして到着したヘッケルは、材料に恵まれず、なかば絶望していた頃、たまたま、ナポリ湾のイスキア島で知り合った北独の詩人で画家のヘルマン・アルマースから、芸術的な影響を受けたのである。こうして美しい自然を風景画として描くことに夢中となったヘッケルはこの時、何もかも捨てて画家になろうかと思ったほどだったが、父の現実的な手紙に諭されて目が覚めたという。生半可な芸術

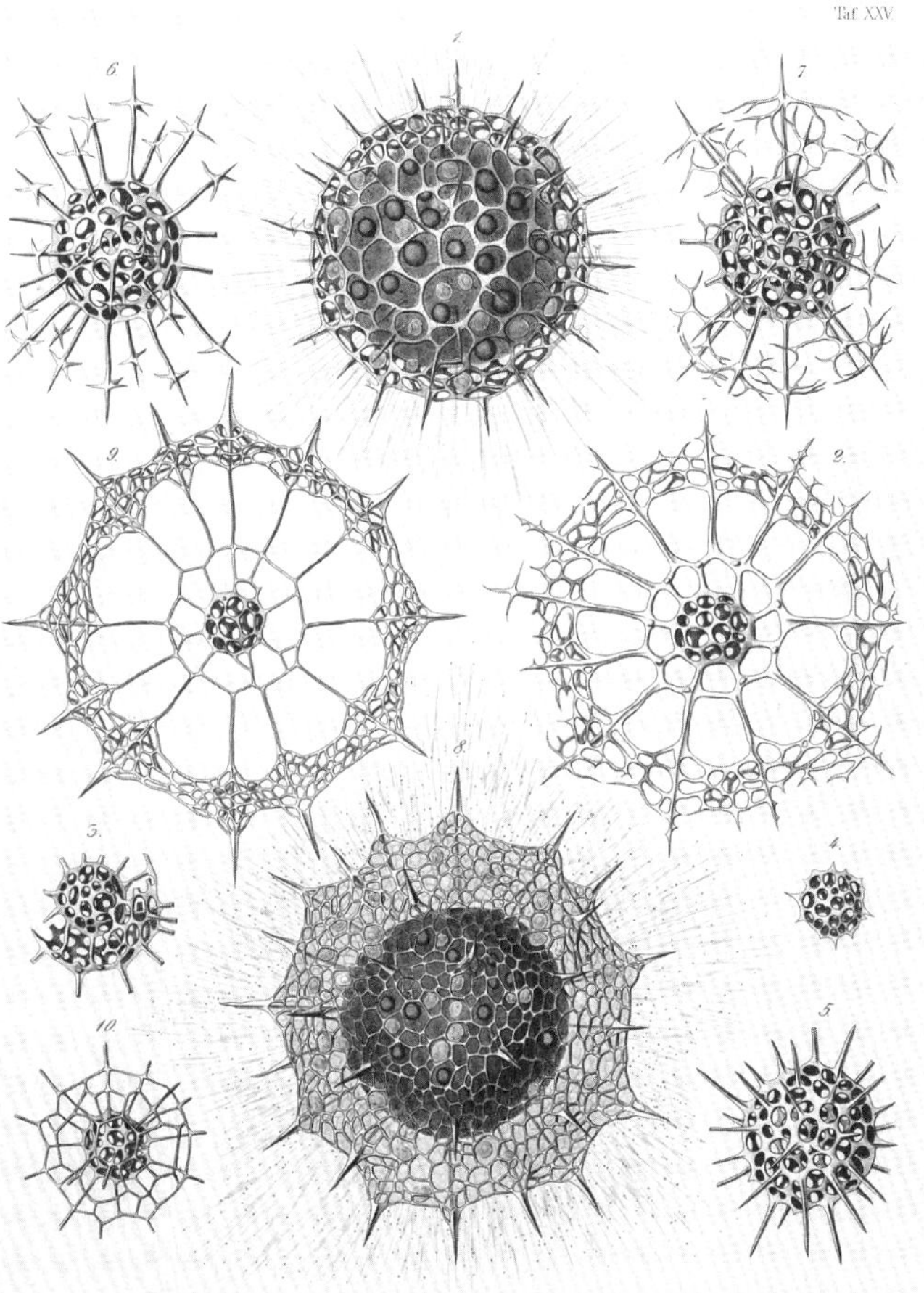

1–10. Rhizosphaera. 1–7. R. trigonacantha, Hkl. 8–10. R. leptomita, Hkl.

E. Haeckel del. Wagenschieber sc.

✦——ヘッケル『放散虫のモノグラフ』（1862）より。

家となっては、食べていけないことは明らかだった。アルマースと別れてから、彼はメシーナで放散虫の研究に全力を傾けることになる。

さて、研究成果を上げて準備の整ったヘッケルは、ドイツの大学で教える資格を得るための手続きとして、一八六一年の三月に力作の放散虫の論文(のちの『放散虫のモノグラフ』の第四章部分に相当)を提出し、続いて、審査担当の医学部の教授陣の前で模擬講義を披露した。その結果、ゲーゲンバウルの努力が実を結び、ヘッケルは晴れて四月からイェーナ大学医学部の比較解剖学の私講師として奉職することになった。それ以降、大学人としての長い生涯をここで送ることになるのである。一年後の一八六二年には、動物学を担当する員外教授となり、動物学博物館の館長も兼任することになった。こうしてようやくヘッケルは経済的にも安定し、同年八月一八日にベルリンでアンナとの挙式を迎えたのだった。さらにその三年後の一八六五年には、動物学の正教授に昇格する(この時にイェーナ大学では初めて、動物学が医学部から独立した講座となる。ただし哲学部の中のポストだった)。

進化論との遭遇

こうしてヘッケルは、海生無脊椎動物の形態学・分類学の研究者としての揺るぎない地位を手に入れた。ちょうどその頃、彼はダーウィンの進化論(つまり、生物種の進化を自然選択のメカニズムによって説明する理論)と遭遇する。話が前後するが、ダーウィンの『種の起原(*On the Origin of Species by Means of Natural Selection, or the Preservation of Favoured Races in the Struggle for Life*, London, 1859)』が出版されるのは一八五九年の一一月である

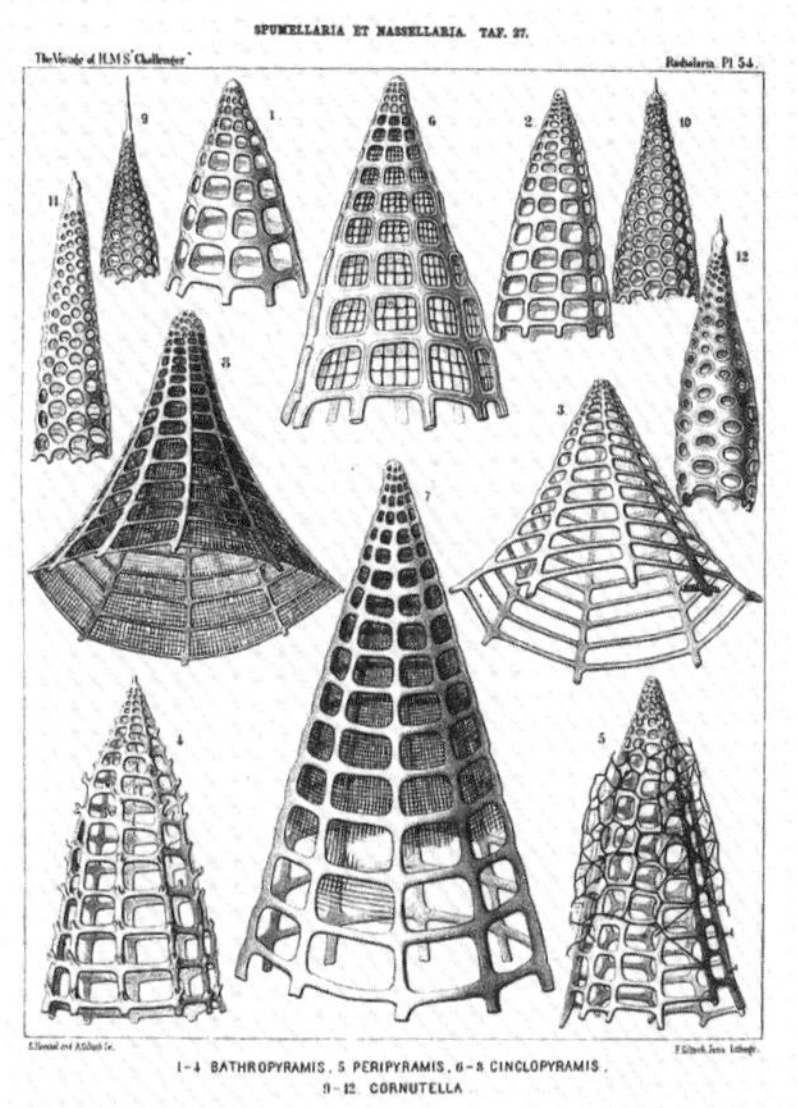

✦——ヘッケル『放散虫類報告書』(1887)より。

（「起原」の表記は邦訳タイトルによる）。先に書いたように、ヘッケルはその頃、シチリア諸島メシーナで海生動物の研究の真っ最中であり、そのニュースを知らなかった。彼がこれを初めて読んだのは、翌年の夏、ゲオルク・ハイリンヒ・ブロン（ハイデルベルク大学の動物学、古生物学者）によるドイツ語訳だったが、その時彼は、まさに「目から鱗が落ちる」ような強い衝撃を受ける（Haeckel（1866a）XVII）（ブロンによる翻訳についてはGliboff（2008）に詳しい）。

ダーウィンの掲げた自然選択というメカニズムについて、『種の起原』第三、四章に沿って簡単に説明しておこう。ある場所に、同じ種に属する生物たちが生息していると考える。その生物たちが生殖により数を増すにつれて、何らかの環境の制約（食料が不足するなど）によって全部が生き残れない場合、たまたまその環境に適応できる遺伝的な形質（例えば、食料を他の個体に比べて有利に獲得できる形態のくちばしや首の長さなど）をもった個体が生き残り（選択され）、子孫を残す。その子孫たちにさらに選択が繰り返されて、長い時間をかけて徐々に環境に適応した形質の生物に変化していくという説明である。つまり、生物たちは悠久の昔から徐々に、その環境への適応を繰り返した結果、形を変えて今日の姿となった。その道筋は、共通の祖先から樹幹の枝分かれのように進んできたと考えられるのだ。

進化の原理を用いれば、まさに機械的に、生物の意志や努力などを必要とせずに、合目的的な形態の生成を説明できるのである。それに、比較解剖学で見出してきた器官同士の相同や相似についての意味づけも可能となる。系統発生的に近縁であればあるほど、つまり共通祖先から枝分かれした時期が遅いほど、生物たちは類似性の高い形態を呈する。

そもそも、イギリスやドイツをはじめとするキリスト教文化圏では、地球の自然、特に生物の種は、神が創造したものであって進化はしないというドグマが長い間支配してきた(創造説)。ダーウィンの進化論はそれを大きく揺さぶる契機をもたらしたのだから、社会全体で賛否両論の嵐が吹き荒れたのは当然だった。

ヘッケルは、動物形態をただ記述し比較するという従来の形態学・分類学のあり方に満足せず、そこに潜む動的な関連性を認め、その理由を突き止めたいという強い願望をもっていた。そんなヘッケルにとって、ダーウィンの進化論はまさに救世主だった。この考え方によれば、生物のあらゆる現象の背後には統一的な法則があり、それは機械的に説明がつくのである。まさに「目から鱗が落ちる」所以といえよう。『放散虫のモノグラフ』では既に、この考え方が応用されている。しかしまだ、当時、進化を証拠づける化石などは少なく、進化論は厳密な科学ではなく、仮説にすぎないという批判からもまぬがれ得なかった。

それ以降のヘッケルは、精力的に臨海研究をこなしつつ、ダーウィンの理論の正当性を証拠づける事実を探していく一方で、さらに進化論を改善しようとする。それは例えば、ダーウィンが『種の起原』ではあえて触れなかったヒトの進化や生命の起源、無機物からの生命の発生にまで論を広げることを意味していた。キリスト教文化圏で、生物はすべて神が創ったとする概念を否定するだけでも大事件だったのだから、それは無謀な話だった。ヘッケルは、一八六二年の冬学期に、進化論講義を始めた。一八六三年九月一九日には、シュテッティンにおける第三八回ドイツ自然科学者医学者会議において、初めて公に「ダーウィンの進化論について」という講演をした(Haeckel(1863))。その直後に地質学者のオットー・フォルガーがヘッケルに対する批判の講演をするが、これを皮切りに、ヘッケルの論争時代の幕開けとなる。しかし一方では『放散虫のモノグラフ』を通じて、F・ライディッヒやイギリスのT・H・ハクスリー、解剖学者のマックス・シュルツェのように賛同する生物学者は増えていった。

またその頃、イェーナ大学の文学語学研究者アウグスト・シュライヒャーは、ヘッケルにかなり執拗に薦められて『種の起原』(翻訳本)を読み、言語学にも進化思想を導入した。彼は『ダーウィン理論と言語学』というヘッケルに宛てた公開書簡の中で、ダーウィンに倣ってインドゲルマン語の「系統樹」を描き、逆に生物学にも系統樹を導入することを提案した(Schleicher (1863))。もっともダーウィンが『種の起原』の中で描いた系統樹も、シュライヒャーの系統樹も単に系統を線で引いたものにすぎない。しかし、ヘッケルはのちに、写実的な樹木図を用いた系統樹を披露することになる(Haeckel (1866b) 巻末付録)。

一元論への開眼

こうしてヘッケルの人生は、学問的にも私生活においても、幸せに満ちて順調に進んでいた。しかし、突如としてそれは断ち切られてしまう。ヘッケルにとって人生最悪の日は、一八六四年の二月一六日、まさにヘッケルが三〇歳の誕生日を迎えたその日だった。しかもその日は、ヘッケルの放散虫の研究業績が認められた証として、ドイツ帝国自然科学アカデミー「レオポルディーナ」から、名誉あるコテニウス・メダル(Cotenius-Medaille)を授けられる喜びの日でもあった。アンナは、一月末から肋膜炎を患って床に臥していたが回復し、喜んでいた矢先だった。今度は、彼女に腹痛が襲い、一六日に危篤となり、午後三時半に帰らぬ人となった(この下腹痛は盲腸炎だった可能性がある)。あまりに突然に最愛の妻を失ったヘッケルの悲しみの深さは尋常ならぬものであり、ほとんど発狂状態といってよいほどだった。

この事件は、ヘッケルを大きく変貌させることになる。完璧に打ちひしがれたヘッケルがこの絶望感と抑鬱状態から抜け出す唯一の方法は、研究に没頭することだった。彼は、その年の春にはニース（地中海）でクラゲの研究に没頭し、一八六五年には動物学の正教授に昇格し、二度目のヘルゴラントでの調査もこなした。そして、連日、早朝から深夜まで睡眠を削って短期間で書きおろしたという『有機体の一般形態学（*Generelle Morphologie der Organismen*）』が一八六六年に出版される。これは、進化論に基づいて生物学の改革をめざした理論書だったが、まさにヘッケルの一元論的な世界観が凝縮したものだった。

またこの非情なる運命の仕打ちは、ヘッケルにキリスト教との縁を切らせる大きな契機となった。大学時代には、流行の唯物論によって信仰への懐疑心をもったものの、彼のプロテスタンティズムは揺るがなかった。ダーウィンの進化論を受け入れたのちも、ヘッケルはまだ信仰心を断ち切ることはなかったのだ。しかし、ついにその日はやってきた。

「三〇歳になったあの不幸な日に、私の運命は急転換を遂げ、これによって、私が以前に信じていた二元論的な世界観［キリスト教の世界観］の遺物のすべてが、一撃で崩れ去った。この時から私は本物の一元論者となり、信仰のあらゆる虚構の縛りから解かれて、情け容赦のない決然とした態度で、統一的な［一元論的な］世界観を主張することになった。これは、世界の進化過程のあらゆる場所に、作用する原因（causae efficientes）だけを認め、いかなる合目的的な原因（causae finales）も認めないものであり、すべての事物の中に自然の進化という唯一の機械的な原動力を見出す世界観なのだ」（Haeckel / Schmidt（1923）XXVI）。

まさに攻撃的な一元論哲学の闘士としてのヘッケルの誕生だった。

ヘッケルの一元論についての詳述は次章に譲ることにして、ここでは、その後のヘッケルの生涯について、いくつかの項目に分けて概観しておきたい。

動物学者としての研究業績と啓発書

ヘッケルの専門分野である海生無脊椎動物の研究は、放散虫、クラゲ、石灰海綿、サンゴなどを対象にして、進化論的な見方に基づき深められていった。主な著作には、前述の『放散虫のモノグラフ』、『放散虫類報告書』の他に、『クダクラゲの発達史』（Haeckel（1869））、『石灰海綿』（Haeckel（1872））、『アラブ海産サンゴ』（Haeckel（1876））などが挙げられる。ヘッケルは、これらの経験に基づく研究成果が、彼の一元論思想を支える確実な基礎となったという（Haeckel（1914a）477）。

『有機体の一般形態学』以降に出版された進化論と一元論的世界観を普及する啓発書は多数あるが、代表的なものとして四著作を挙げておこう。

まず、『自然創造史』（Haeckel（1868a））。これは、反響の少なかった『有機体の一般形態学』の中の進化に関わる重要な部分を、二〇講義の形で一般向けの啓発書に書き換えたものだ。イェーナ大学の一般学生に向けて

『アラブ海産サンゴ』(1876)より。

12

zustand bei Thieren der verschiedensten Klassen wiederkehrt, bei Schwämmen und Korallen, Medusen und Würmern, Gliederthieren und Sternthieren,

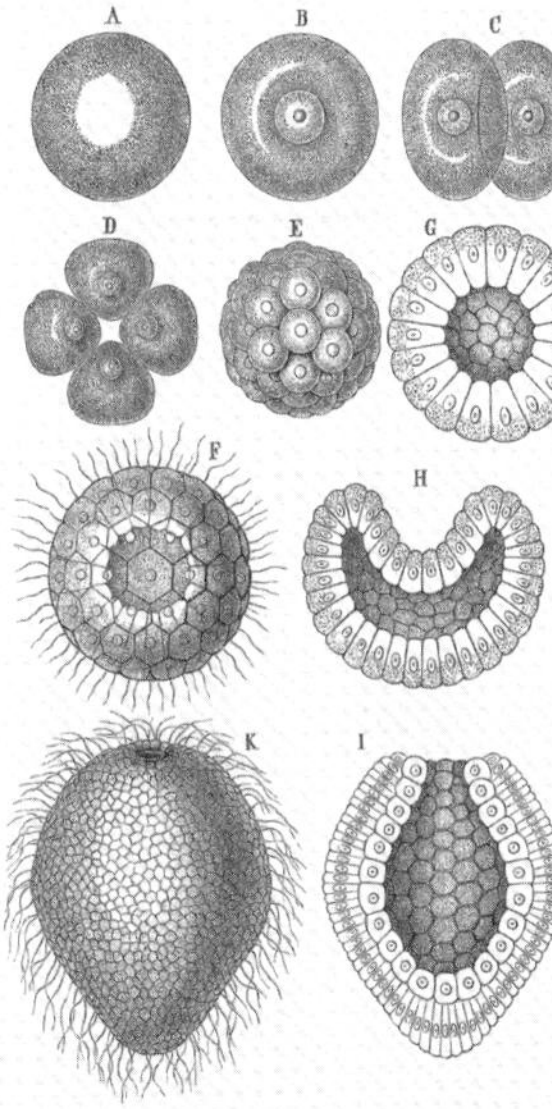

Fig. 10.

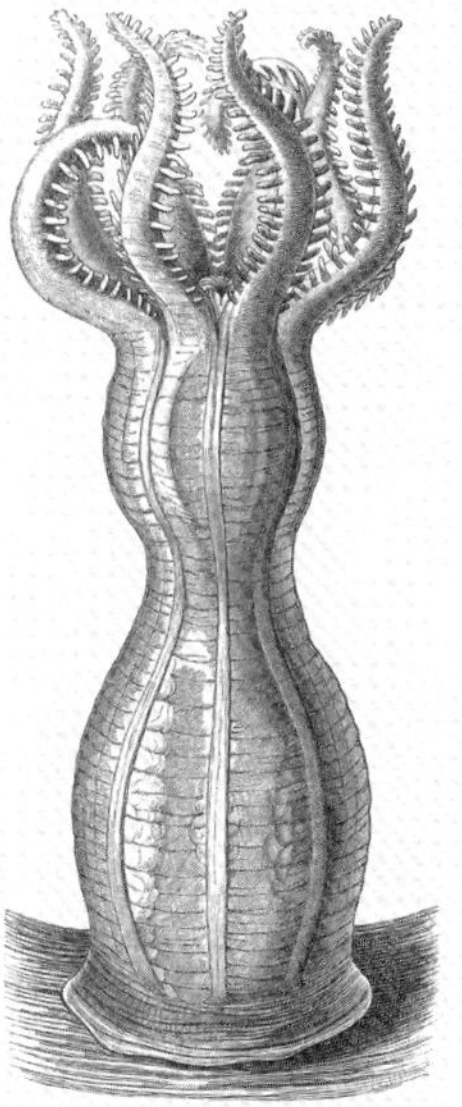

Fig. 11.

Fig. 10. Entwickelungsgeschichte einer achtzähligen Einzelkoralle, MONOXENIA DARWINII, *Haeckel*, Fig. 11. Alle hier abgebildeten Entwickelungsstufen sind aus der Magenhöhle von verschiedenen Personen der Monoxenia entnommen und stark vergrössert. A das befruchtete Ei, eine einfache Cytode (oder kernlose Zelle), Monerula. B dasselbe Ei, mit neugebildetem Kern, die erste Furchungszelle, Cytula. C—E Eifurchung. C Zweitheilung der Cytula. D Viertheilung derselben. E Maulbeerkeim oder Morula. F Keimhautblase oder Blastula. G Dieselbe im Durchschnitt. H Dieselbe in Einstülpung begriffen, im Durchschnitt. I Gastrula oder Magenlarve im Durchschnitt. K Dieselbe Gastrula, von der Oberfläche gesehen. Fig. 11. Die entwickelte Monoxenia.

Schnecken und Muscheln, ja sogar beim niedersten Wirbelthiere, beim Amphioxus. Aber auch alle übrigen Thiere (mit einziger Ausnahme der niedersten, der Urthiere oder Protozoen) durchlaufen in frühester Jugend

行われた自由講義（1867–68の冬セメスター）の記録を基にして書かれた（版を重ねるにつれて内容が増加している）。「創造」は彼の否定する神の業であり、本来は「発達」とすべきだが、あえて、この語を使ったといっている。この書物は、ヘッケルの没後までに一二版を重ね、数か国語に翻訳された（日本語訳あり）。

それよりは反響に劣ったが、『有機体の一般形態学』でふれた人類の進化と個体発生の問題に的を絞った『人類発達史』（Haeckel（1874））。これは、ヘッケルがダーウィンの『人間の進化と性淘汰』（Darwin（1871））に触発されて執筆したものだ（このダーウィンの書物自体もヘッケルに触発されている）。一九一〇年までに六版を重ね、しかも版ごとに図を含めて内容量がかなり嵩んでいった。初版に既に、枝ぶりがリアルに描かれた有名な系統樹が掲載されている。

さらに、生理学者デュ・ボアーレーモンの講演「宇宙の七つの謎」（人間にはどうしても知ることのできない七つの謎を定立）を一元論的な自然認識によって反駁しようとした『宇宙の謎』（Haeckel（1899））。このあとに紹介する愛人フリーダに支えられて、六六歳のヘッケルが一元論的世界観を攻撃的な姿勢で広めようとした書物であり、特に、心（ゼーレ）の問題、宇宙の実体則、信仰と倫理の問題に切り込んだ点で賛否両論かまびすしく、大きな反響を得た。一九一九年までに一一版を重ね、ドイツだけで四〇万部を売り上げ、三〇か国語以上に翻訳されたとされる（日本語訳あり）。

この書物への夥しい質問の書簡に答えるために書いた『生命の不可思議』（Haeckel（1904a））。これは、ヘッケル七〇歳の時の著作であり、『宇宙の謎』のようには反響がなかったものの、ヘッケルの没後一九二五年までに五版を重ね、数か国語に翻訳された（日本語訳あり）。ヘッケルは、超自然的な「不可思議」の概念を否定して

❶

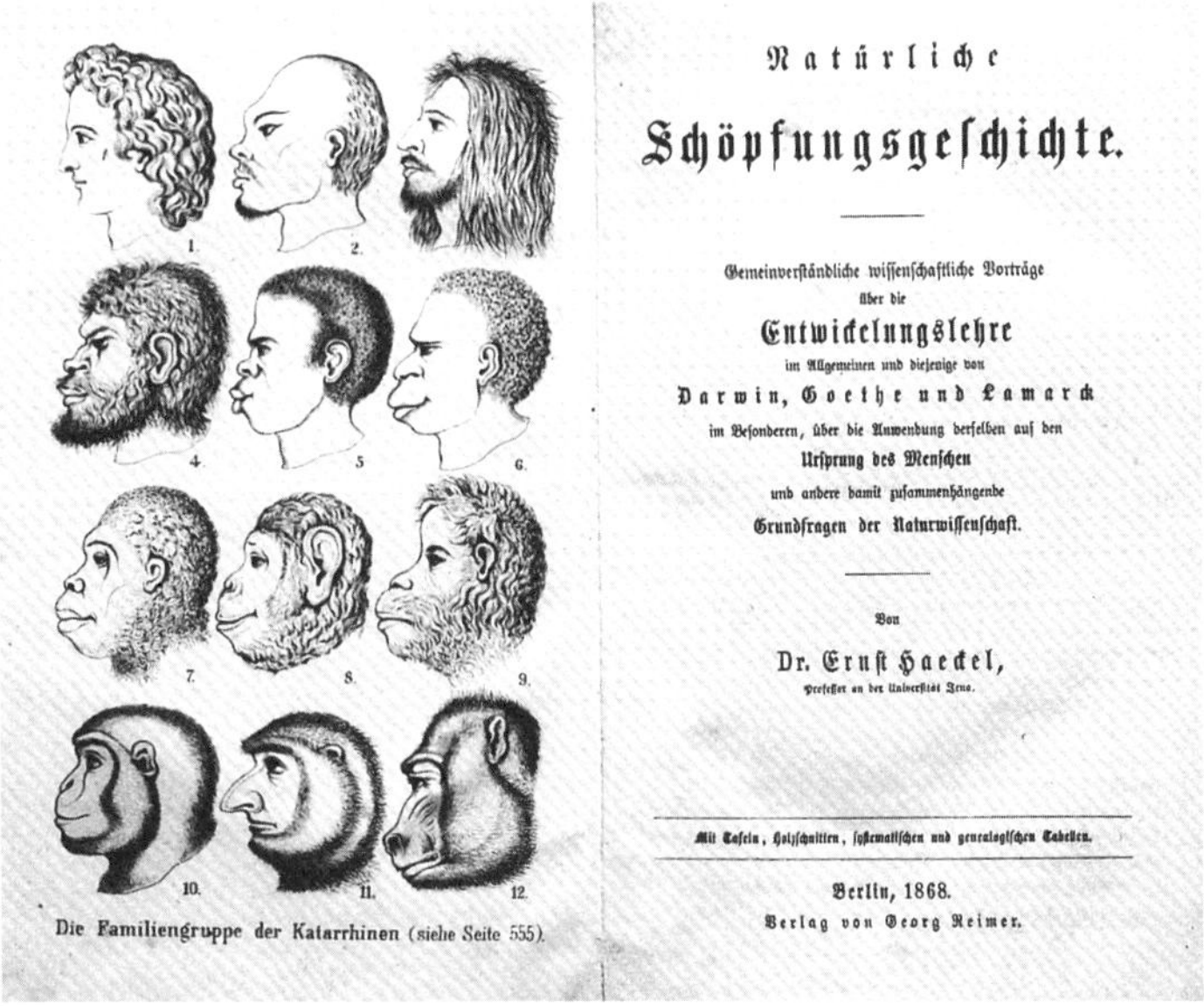
Natürliche

Schöpfungsgeschichte.

Gemeinverständliche wissenschaftliche Vorträge
über die
Entwickelungslehre
im Allgemeinen und diejenige von
Darwin, Goethe und Lamarck
im Besonderen, über die Anwendung derselben auf den
Ursprung des Menschen
und andere damit zusammenhängende
Grundfragen der Naturwissenschaft.

Von
Dr. Ernst Haeckel,
Professor an der Universität Jena.

Mit Tafeln, Holzschnitten, systematischen und genealogischen Tabellen.

Berlin, 1868.
Verlag von Georg Reimer.

❷

❶ヘッケル『自然創造史』(1868)扉。
❷ヘッケル『人類発達史』(1874)扉。

いるにもかかわらず、あえて書名に使っている。

主な論争

前述した（初めて公にダーウィンの進化論を説いた）シュテッティンでの講演（1863）に関する、進化の信憑性をめぐる地質学者オットー・フォルガーとの論争を皮切りに、『人類発達史』に対する解剖学者ヴィルヘルム・ヒスとの論争（ガストレア理論と生物発生原則に対する批判）、一八七七年から始まるかつての師フィルヒョウとの「科学の自由」についての論争（後述）、キールの生理学者ヴィクトール・ヘンゼンとのプランクトン論争（後述）、『宇宙の謎』をめぐる教会との大論争などが挙げられ、特に一元論者同盟の設立（1906）に際しては、昆虫学者にしてイエズス会神父のエーリッヒ・ヴァスマン、植物学者にしてプロイセン貴族院議員のヨハネス・ラインケ、高等学校教師のエーバーハルト・デンネルト（対抗してケプラー同盟を設立）らとの論争があった（Haeckel（1910b））。特筆に値するのは、『自然創造史』に掲載された胚の図をめぐる解剖学者ルートヴィッヒ・リュティマイヤーの批判から始まる一連の論争である（『人類発達史』（Haeckel（1874））、『進化論をめぐる闘争』（Haeckel（1905c））、『ヒト問題とリンネの霊長類』（Haeckel（1907））などに連なる）。これは、ヘッケルの用いた種々の胚の図が、他の研究者のスケッチをもとにして捏造したものであること、また、異なる種の胚に同じ図版を使い回していることを指摘する批判で、いわゆる「学問の歪曲（Fälschungen der Wissenschaft）」という不正行為を責めるものである。『自然創造史』の図版は、イヌ、ニワトリ、カメのある初期胚ステージの形態の同一性を示すものだが、まさに三枚ともに同一である（Haeckel（1868a）248）。ヘッケルはこう述べている。「一般大衆の啓発という目的で

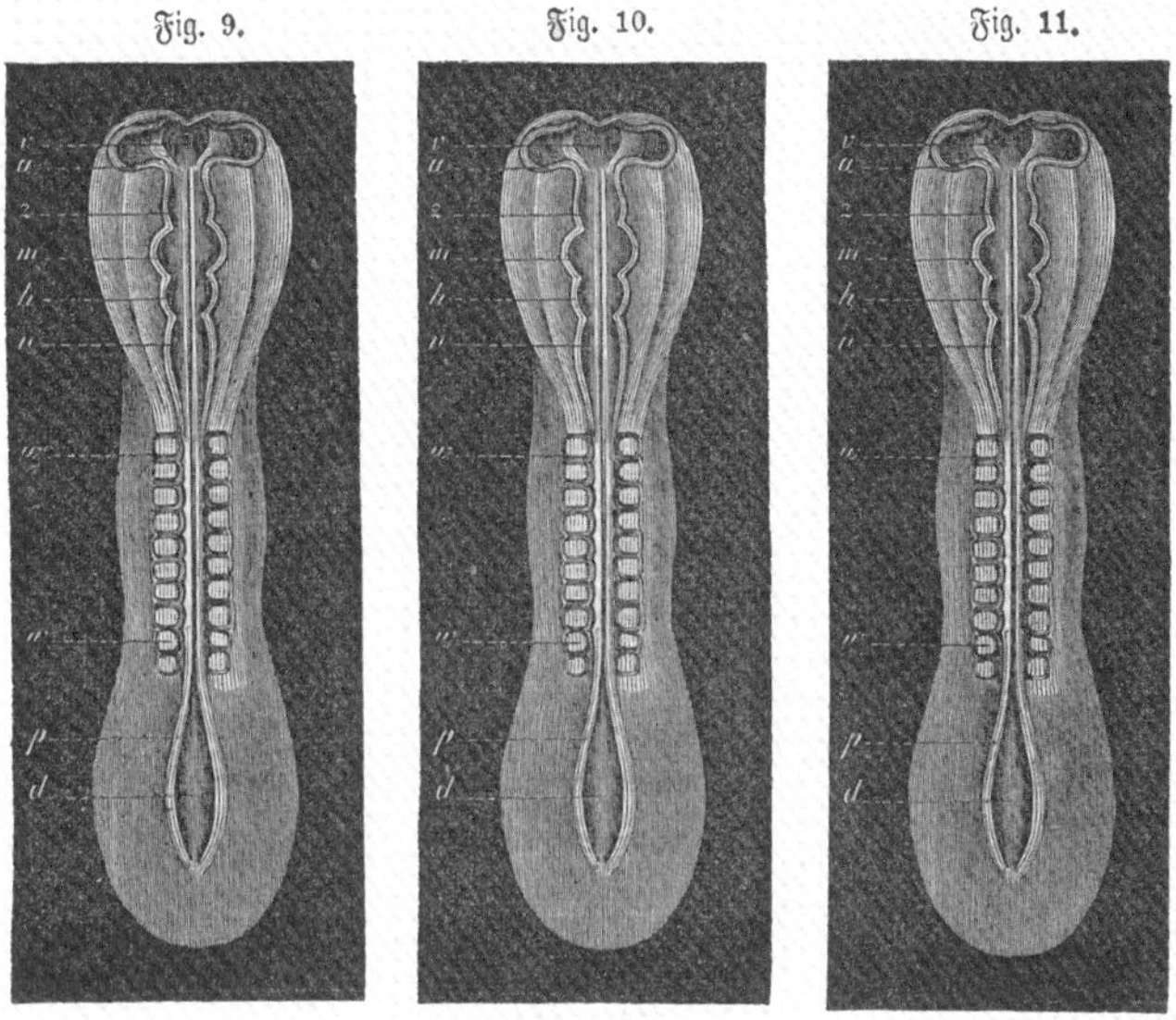

✦――ヘッケル『自然創造史』(1868a)より、左からイヌ、ニワトリ、カメの初期胚の図。すべて同じ木版が用いられている。

は、自然に即した綿密に作成された図よりも、単純で概略的な（schematisch）図の方がはるかに有効だと思われる」と（Haeckel（1875b）37）。とはいえ、ヘッケルも、概略的な図の使用については多少の行き過ぎがあったことを認めている（同書38）。また、自然に対する感激とその認識衝動、すべての学問分野の統合を焦る気持ちが、解明不足の点を「省察と仮説」で補うという勇み足の原因となったことも認めているが、しかし、このような彼の「嘲笑を受けてきた自然哲学」こそが、「真実の認識」を促進したのだと振り返り、窮地に陥ってもなお、自分の方法論を評価するのである（Haeckel（1910b）49）（この方法論については次章で述べる）。

このような「不正図版問題」は、『宇宙の謎』以降、進化論の反対者がヘッケルの人格を攻撃して失脚させるための格好の材料となった（この論点は現在でもヘッケル批判に使用され続けている）。現在の研究者倫理の問題にもつながる興味深いものでもある。

調査旅行

さらに、ヘッケルの調査旅行も多かった。一八五四年にヨハネス・ミュラーに同行したヘルゴランドへの調査旅行を皮切りに、比較的大きな旅行を一〇〇回ほど行い、その多くが地中海沿岸だった。その他にカナリア諸島、近東、英国、スカンディナビア諸国、ロシア。また、少年期からの夢だった熱帯への旅も実現した。一八八一—八二年のインドとセイロンへの旅（Haeckel（1882b））と一九〇〇—〇一年のジャワとスマトラへの旅（Haeckel（1901））である（一九〇五年には旅行中に描いた水彩の風景画集も出版される）（Haeckel（1905b））。『テネリファからシナイまで』は、ヘッケルの没後、諸々の雑誌等に掲載されていた六つの旅日記をH・シュミットがまとめて刊行したものだ（Haeckel (1923)）。

ヘッケルは、カナリア諸島への調査の折、一八六六年一〇月（『有機体の一般形態学』の出版直後）に英国を訪ね、初めて尊敬するダーウィンと出会っている。ダーウィンはヘッケルを温かく迎えてくれたという。さらにその後、一八七六年、七九年にもダーウィンのもとを訪れ、交流を深めた（Haeckel (1882a)）。

ヘッケルをめぐる女性たち

ヘッケルをめぐる女性たちについても、ここで触れておこう。アンナを失ったヘッケルは、その三年後（1867）にアグネス・フシュケと再婚した。アグネスは、イェーナ大学の解剖学者エーミール・フシュケの娘であり、夫婦は三人の子どもにも恵まれる（ヴァルター、エリーザベト、エンマ）。しかし、ヘッケルの心の中ではアンナが美化され永遠の女性となっていた。当然、夫婦の間にはすきま風が吹き、アグネスは鬱状態に悩まされ、終始病気がちになり床に臥すことも多くなっていく。加えて末娘のエンマも躁鬱病となり、ヘッケルの晩年は悩み多きものになった。

六〇歳を越えたヘッケルは、そのような状況下でもなお、過激な一元論の思想書『宇宙の謎』を執筆するのだが、それは多くの敵対者を挑発することになり、かなりの精神的なストレスとなった。一八九八年の一月に、ある女性から『自然創造史』に関するファンレターといくつかの質問が送られてくる。それこそ、三〇歳の美しく知的な女性フリーダ・フォン・ウスラー－グライヒェンだった。これをきっかけに、六四歳のヘッケルと彼女との交流が芽生える。彼女はちょうどアンナの亡くなった年に生まれており、ヘッケルにとってはまさにアンナの生まれ変わりだった。

フリーダは、ゲッティンゲン近郊のゲリーハウゼンにささやかな領地をもつ貴族の血筋を引き、父はハノーファー王国の陸軍中尉だった。とはいえ、育った環境は決して裕福なものではなかった。ハノーファー王国が普墺戦争（1866）でプロイセンに敗戦した（ハノーファー王国はオーストリア側だった）のちに、家族（父母とフリーダを長姉とする五人の子たち）はゲリーハウゼンに戻り、父が早世。母は子どもたちを抱えて、経済的な逼迫の中、質素に徹した生活を送ることになった。

フリーダは、知的で学問にも造詣が深い女性であり、ヘッケルの一元論哲学を理解して執筆に助言し、『自然の芸術形態』に載せる図版を選んだりもした。また、『宇宙の謎』は、多くの敵意に満ちた非難を受け、特に親友ゲーゲンバウルがこれを機に断絶するという事件で落胆したヘッケルは、フリーダによって支えられた。六年間の交際で、四〇〇通以上の書簡を交換したが、その文面からは、二人が明らかに強い恋愛感情で結ばれていて、実際に逢瀬を楽しんでいたこともわかる。しかし所詮、許されざる恋。二人は苦しみの中で精神的に傷つけ合うようになっていく。フリーダは心身の痛みをヘッケルからもらったモルヒネで癒しつつ（ヘッケルは医師免許をもっていたため）、厭世観に苛《さいな》まれながら、一九〇三年に一二月一二日に急死を遂げる。実はこれは、薬物の過剰摂取による自殺だったようだ。

このように悲劇的な結末を迎えた二人の書簡集は、ヘッケルの死後にセンセーショナルに出版されることになった。最初の書物は、二人とも匿名で登場する『フランツィスカ・フォン・アルテンハウゼン』（Werner（1927））、次にはヘッケルだけ実名で登場する英語版書簡集『エルンスト・ヘッケルの恋文（*The Love Letters of*

Ernst Haeckel Written between 1898–1903』(1930)、そして最近になって、二人とも実名で登場する『未解決の宇宙の謎』(Elsner(2000))である。

最愛の妻アンナは、死後、ヘッケルによって優美なハチクラゲに見たてられ、「デスモネマ・アンナゼーテ *Desmonema Annasehte*」(種名)として永遠の存在となった(最初は、*Mitrocoma Annae*という別の種だったが、そののちに、より美しいクラゲを見つけたのだ)。このクラゲの図版は『自然の芸術形態』にも掲載され、また、ヘッケルの部屋のチェストの装飾デザインともなっている。一方、愛人フリーダもまた、死後、ヘッケルによって美しいハチクラゲに見たてられ、「ロピレーマ・フリーダ *Rhopilema Frida*」(種名)として永遠に生きることになる。このクラゲも『自然の芸術形態』に掲載され、のちにモナコ海洋学博物館のシャンデリアのデザインとなった(本書「ヘッケル図像抄」を参照)。

結局、ヘッケルは、(後妻のアグネスも含めた)これらの悲運な女性たちよりも、長く生きることになった。

フリーダの没後、ヘッケルは一九〇六年に「ドイツ一元論者同盟」を設立、一九〇八年に「系統発生史博物館(Phyletisches Museum)」を完成し、イェーナ大学へ寄贈する。一九〇九年に七五歳で大学を退官した彼は、一九一〇年にプロテスタント教会を離脱。さらに一九一三年には『芸術家としての自然』(Haeckel(1913))、翌年には『神即自然』(Haeckel(1914a))を出版(この年に八〇歳)。一九一四年からドイツは第一次世界大戦に突入し、『世界大戦における英国の殺人罪』(Haeckel(1914b))等も執筆した。一九一五年には妻アグネスが永眠し、ヘッケルは孫娘に世話をしてもらいつつ、一九一七年に遺作となる一元論の書物『結晶の魂』(Haeckel(1917))を出版する。

そして一九一九年八月九日の早朝に、イェーナのベルクガッセ（Berggasse）にある自宅「クラゲ邸（Villa Medusa）」にて八五歳で逝去。この自宅はその翌年から、「エルンスト・ヘッケル博物館」（アーカイブも兼ねる）となり、現在はイェーナ大学付属医学史・科学史研究所になっている。

ヘッケルの生きた時代

この章を終わるにあたって、ヘッケルの生きた時代が一体どのような時代だったかを少しでも身近に感じるために、歴史背景を素描しておきたい。

先に書いたように、多くの領邦国家のゆるやかなまとまりだったドイツは、一八〇六年にナポレオン支配を受けてから、統一という悲願達成のため波乱に満ちた歴史を辿った。一八七一年にドイツ帝国（神聖ローマ帝国を第一帝国とするので第二帝国と呼ばれる。オーストリアは含まれない）が発足するものの、一九一四年から一八年に第一次世界大戦に突入し、敗戦。そして一九一九年にワイマール共和国の発足となる（それも安寧の地ではなく、さらに一九三三年にナチス党を率いるヒトラーが首相に就任以降、第三帝国となる）。

この一八〇〇年頃から一九〇〇年頃の歴史的に有名な事象として、例えば日本では何があったかというと、伊能忠敬の蝦夷地測量（1800）、シーボルトが長崎に来航（1823）、ペリーが浦賀に来航（1853）、明治維新（1868）、森鷗外滞独（1884-88）（この折に鷗外はヘッケルとフィルヒョウの論争を興味深く見聞し、資料をもち帰っている）、東海道線全線開通（1889）、日清戦争（1894）、日露戦争（1904）が挙げられる。こちらも大激動の時代だ。

科学・技術の面ではさまざまなものが挙げられる。イギリスで鉄道開通(1830)、モース(モールス)が有線電信装置を発明(1837)、ツァイスの顕微鏡販売(1846)、ネアンデルタール人の骨出土(1856)、北太平洋横断海底ケーブル敷設作業(1857-66)、ダーウィンの『種の起原』(1859)、ロンドンに地下鉄開通(1863)、ノーベルがダイナマイトを発明(1867)、ベルが電話機を発明(1876)、エジソンが白熱電灯を発明(1879)、コッホが結核菌を発見(1882)、ベンツが三輪自動車を発明(1886)、マルコーニが無線電信装置を発明(1895)、レントゲンがX線を発見(1895)、キュリー夫人がラジウムを発見(1898)、ドフリースらによるメンデルの遺伝法則の再発見(1900)、アインシュタインが特殊相対性理論を提示(1905)など、多くの発明と発見に満ちた時代でもある。

一九世紀は、科学・技術も、文化も、社会もが、現代に向かって大きく変貌を遂げる時代だった。当然、ヘッケルたち自然科学者もまた、そのただ中にあって、その時代の影響を受け、かつその時代に影響を与えていくことになったのである。

第2章

一元論と『有機体の一般形態学』

一元論と二元論

ヘッケルの一元論はどういうものだったのか。これを考える前に、まず一般的な「一元論」の意味の概略を説明しておこう。一元論という名称自体は、「monism」(独語ではMonismus、いずれもギリシャ語のmonos(単一)に由来)の和訳で、「要素」を意味する「元」の字を当ててつくられたものだ。

一元論とは、世界に真に実在するのは(つまり実体は)ただ一つのものだ、と考える存在論的世界観だ。この、一つの根源的なものは、物質や物体だったり、精神だったり、あるいは原理だったりするのだが、それだけによって世界は説明される。西洋哲学史上では、古代エレア学派のパルメニデス(BC 515頃)から始まり、何を唯一なものと捉えるかによって、いろいろな一元論が唱えられてきた。例えば、デモクリトス(原子論を説いた古代ギリシャの哲学者)は、この世界の実体は物体(不可分な原子たち)だとして、多数の原子の多様な形態やその組み合わせ、それらの運動によって、世界のあらゆる現象が説明できる、と考えた。これは、違う言葉を使えば「唯物論」であり、その世界の仕組みは機械的に、つまり因果的な方法で説明される(超越的な神の存在は否定される）。一方、精神（力やエネルギーも含まれる）だけを実体と考える世界観は「唯心論」と呼ばれる。わかりやすい例を挙げるとしたら、後述するオストヴァルトのエネルギー一元論がある（唯物論や唯心論はどちらかといえば、相手の立場を嘲《あざけ》る時に使われる傾向がある）。

これに対して、世界は二つの互いに独立した対立原理によって説明できると考える世界観が二元論である（二元論と相反する世界観には多元論もあるが、ここでは二元論に絞る）。例えば、心身二元論で知られるデカルトは、互いに根本的に相容れない存在として、精神と物体（物体には身体も含まれる）を想定し、この世界は、何らの物質的な要素を含まない精神の世界と、全く精神的な要素を含まない機械的な物体（身体）の世界によって成り立つと考えた（前章で述べたデカルトの機械論は、この物体の世界の仕組みを説明するものだが、精神現象を説明することはできなかったのである）。また、キリスト教思想でも、創造主たる神（精神）とその被造物としての自然（物体）を分けて捉えるので、二元論である（当然、生物の生命現象は神の意志なので、生気論・目的論で説明されることになる）。

このような二元論に対抗する一元論には、唯物論や唯心論の他に、スピノザ（一七世紀のオランダの哲学者）の一元論のようなタイプもある。スピノザの想定した根源的な一つの実体とは、精神（思惟）と物体（延長）の両方を同時に兼ね備えるものだ。実体は、ある時は精神として現れ、またある時は物体として現れる。だから精神と物体は対立する存在ではなくて、それらの根源的な一つの実体が二通りに現れ出たものにすぎない、という考え方だ。スピノザによれば、その実体とは「神」であり、神は精神であって同時に物体（自然）そのものでもある。もちろんこの神は、キリスト教の超越的な人格神ではない。スピノザの神は、自然と同一のものであり（神即自然）、また、「一にして全」なるもの（ヘン・カイ・パン）、つまり、神は一者だが万物に遍在するものとされる。まさに神は変幻自在たるもの、今でいうところのユビキタスそのものだ。

このような世界の捉え方は汎神論（あるいは汎神論的一元論）と呼ばれ、シェリングやゲーテのような一八世紀ドイツロマン主義者たちに影響を与えた。「神即自然」はまさに運動しつつ発展していく途方もなく巨大な生き物のようなイメージだ。そしてその小さな各部分にも、自然はミクロコスモスとして現れ出る。ある時は精神や力として、ある時は物体として。このような神のイメージがあるため、汎神論はキリスト教文化圏では無神論と捉えられることも多い。

では、ヘッケルの掲げた一元論はどのようなものかといえば、このスピノザ的な汎神論（ヘッケルはこの系譜上に、エンペドクレス、ジョルダーノ・ブルーノ、ゲーテを想定している）にダーウィンの進化論が融合してできたものなのだ。

自然には、無機的なもの（無生物）と有機的なもの（生物）が存在する。一般的には二元論的な考え方になりがちだが、ヘッケルは、これらは何ら本質的に差のない「一つのもの（Einheit）」だと考えた。それらを構成している物質（原子や分子）も共通であり、すべては、無機界に通用する物理・化学的な法則（物質保存の法則やエネルギー保存の法則など）に支配されている。つまり、どんな現象も——生物の形態や生理も含めて——原因があって起こることとして（因果律に則って）機械的に説明できるはずなのだ（Haeckel（1866a）XXIV）。生理学では当時徐々に、生物を機械的な視点で捉えることができるようになっていたが、形態学では、生物の形態生成について機械的に説明することは困難だった。これを解消してくれたのが、ダーウィンの自然選択説だ。

ここまで聞くと、これは物質だけを実体とする唯物論的な一元論のようだが、ヘッケルはこれを否定する

(Haeckel(1866b)448-452)。例えば、一般には、人間には精神(Geist)があるが、水の結晶のような無機物には精神はなく、単なる物質(Materie)にすぎない、とみなされるだろう。しかしヘッケルの一元論では、スピノザの汎神論のように、あらゆる存在は物質であり、同時に精神である。ヘッケル曰く「一元論には通常用いている意味での精神も物質も存在せず、二つを同時に含む唯一のものが存在するだけなのだ」と。しかし、その物質と精神には、発達段階の違いがある。例えば精神は、無機物─下等生物─高等生物─ヒトの順番で発達する。したがって、水の結晶にも、極めて低い段階の精神(それは物質間に働く力(Kraft)などともいい換えられる)が存在していることになる。そして当然、順次、形態も発達していく。そのような差が、外見上、無生物と生物を分けているのであって、本来、発達の段階は連続したものなのだ。

この発達する物質や精神というイメージは、まさにスピノザの考えたようなダイナミックに運動して生成する自然(=神)のイメージである。この発達というプロセスを「進化」とみなせば、ダーウィンの自然選択説に基づき、あらゆる現象が機械的に説明されるはずなのだ。

このように汎神論とダーウィンの進化論が融合したものが、ヘッケルの一元論の特徴となるが、ここでは、より詳しく分析をしてみたい。そのためには、『有機体の一般形態学』をひも解く必要がある。

『有機体の一般形態学』

なぜ『有機体の一般形態学』なのか。『宇宙の謎』の序で、ヘッケルはこう述べている(Haeckel(1899)V-VI)。「私の進化論に基づく一元論的かつ発生論的(genetisch)な哲学の核心を成す重要な見解については、既に三三年前に『有機体の一般形態学』の中に全部書きおろしてある。ただし、これは冗長で不器用に書かれた著作だったため、当時ほとんど読者を得られなかったのだが、新しく基礎づけられた進化論を有機体の形態学のあらゆる分野に敷衍《ふえん》しようとする最初の試みだった」(「発生論的」というのはゲーテに由来する言葉で、物事について、その生成の過程を遡って認識するという意味(ゲーテ(1980)119)。本書第3章で扱うヘッケルの教育観にも反映されている)。

このように、ヘッケル自らが、一八六六年に出版された『有機体の一般形態学』こそが自分の思想のすべての骨子だと推薦しているのだ。これは、前章で述べたように、愛妻アンナの死後、悲しみと怒りと憂鬱を払拭するために研究に没頭し、朝から深夜まで連日睡眠を削って短時間のうちに書き上げた書物でもある。しかも二巻本で、全体で一二〇〇頁に及ぶ大著である。自分でも認めているように、冗長で読みにくく、無駄な繰り返しも多く、さらには「さまざまな不注意な点」や「わずかに不正確な点」さえある(Haeckel (1866a) XVIII)。この書物は、結果として、予想したような反響を引き起こすことができず、ヘッケルには珍しく、初版だけで終わってしまった。

いかにも読みにくそうな書物だが、ヘッケルが自分の思想の根幹を全力で書いたといっている以上、目を向けないわけにはいかないので、しばし、この章におつき合いいただきたい(以下、本書では、この書物を『一般形態学』と略し、ここからの引用は章名や頁数で示す)。

タイトルの腑分け

まず、扉の頁を見てみよう。

正式なタイトルは『有機体の一般形態学――チャールズ・ダーウィンが改良した進化論によって機械的に根拠づけられた、有機体の形態の学の一般的な基本特質』であり、二巻ともに、頁の右下に「E PUR SI MUOVE !（それでも地球は回っている！）」という、ガリレオが宗教裁判で有罪判決を受けた際につぶやいたとされる言葉が飾られている。予想される教会勢力の強大な反発を覚悟の上で闘う、という意志を示したのだろう。ここには、ヘッケルの熱い闘争心がまざまざと現れている。

さて、名は体を表すはずなので、このタイトルを読み解けば、大著の中身がイメージできるだろう。

まず「有機体」という硬い表現だが、これは「Organismus」の和訳だ。元来この原語は、組織化されたもの、つまり構成する部分（器官）が連携して全体の目的（生命活動）を果たすものを意味するが、実際には、器官をもたない単純な有機体（モネラなど）もいるので、ヘッケルは次の定義を掲げている。「有機体とは『生命』に特有な運動現象を示すすべての自然物である」（五章、一一二頁）。つまり「有機体」とは「生物」のことだ。一元論的には、生物と無機物（無生物）との違いは絶対的なものではなく、相対的なものである。したがって、栄養摂取、生殖、感覚などの現象を示す段階にある自然物が生物と呼ばれる（以降、本稿では文脈によって「有機体」と「生物」を使い分ける）。

「形態学」は、生物の形態を扱う学問（organische Formen-Wissenschaft）だが、固有な呼称として「モルフォロギー（Morphologie）」が使われている。これは、一七九六年に、ヘッケルが敬愛していたドイツの詩人にして科学者のゲーテが造ったものだ（ゲーテ（1980）43）。その理念については後述することにして、なぜ、ヘッケルがここで形態学を「一般的（generell）」なものとして形式的に体系づけようとしたのかを考えよう。

前章でも触れたが、当時の自然科学は機械論を標榜していた。『一般形態学』の序の中でヘッケルは、生理学と形態学を、同じく生物を研究する学問（かたや機能、かたや形態を扱う）として「双子の姉妹」だと述べ、生理学は、既に無機の学問と同様に、機械的（mechanisch）・因果的な認識方法に基づく学問に発展したのに対し、形態学はその水準に達していない。つまり生理学は、生理的な現象の原因やメカニズムを物理や化学の言葉で説明できるようになっており、これは、機械論的（mechanistisch）、一元論的な世界観に合致している。一方、形態学は、なぜ、どのようにして、形態が形成されるのかという問いに対し、「目的論的で生気論的な古いドグマ」に縛られているというのだ。なぜ、生物の形態は合目的的な（つまり生活環境に最も適した）最終形態に導かれるのか。その原理は機械的に説明できず、真摯な科学者であっても、そのために何かしらの空想的な生命力の存在を容認せざるをえない状況にあった。

しかし、より大きな障害は、キリスト教のドグマである創造主による天地創造の物語だった。生物の形態については、すべてが神による御業だと説明すれば、それ以上を問うことができなくなってしまう。このような「救いようのない根本的に間違っている二元論を完全に追い払う」ことが、形態学を真の意味での自然科学に引き揚げることだと、ヘッケルは訴える。したがって、彼の望んだ形態学とは、生理学と同じレベルの——機械論的で一元論的な——形態学であり、経験的に得た知識を基にして、緻密に構築された包括的な（あらゆる生物学の領域に通用するような）学問体系としての形態学である。これこそが、「一般形態学」の意味である。

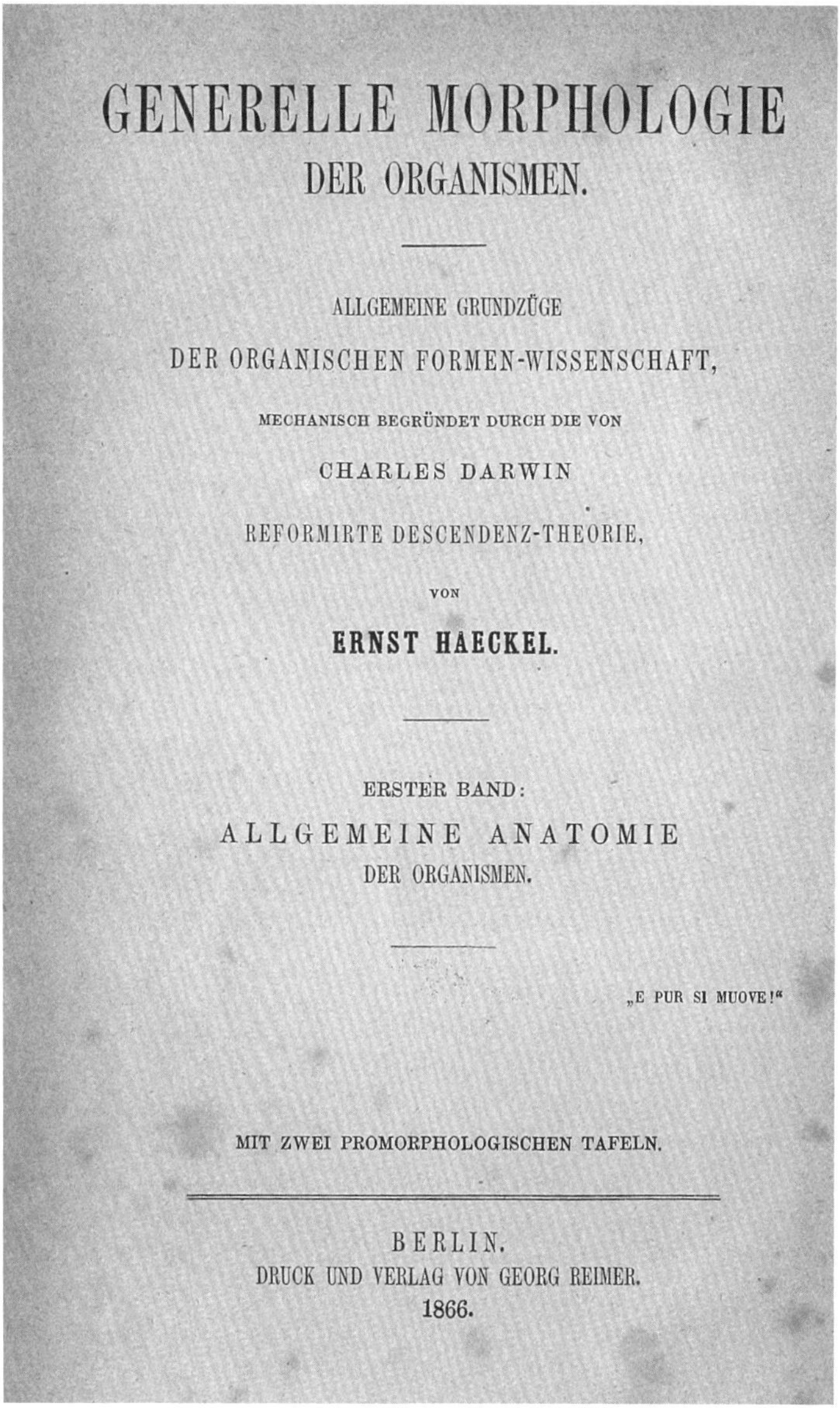

GENERELLE MORPHOLOGIE
DER ORGANISMEN.

ALLGEMEINE GRUNDZÜGE
DER ORGANISCHEN FORMEN-WISSENSCHAFT,
MECHANISCH BEGRÜNDET DURCH DIE VON
CHARLES DARWIN
REFORMIRTE DESCENDENZ-THEORIE,
VON
ERNST HAECKEL.

ERSTER BAND:
ALLGEMEINE ANATOMIE
DER ORGANISMEN.

„E PUR SI MUOVE!"

MIT ZWEI PROMORPHOLOGISCHEN TAFELN.

BERLIN.
DRUCK UND VERLAG VON GEORG REIMER.
1866.

✦——ヘッケル『有機体の一般形態学』(1866)扉。

ではどうすれば、それは達成できるのか。従来の観察・分類・記述という方法論では不十分だ。ヘッケルは、ダーウィンの進化論が、生物形態に関して機械的な説明を与えると考えた。詳しくいえば「自然選択の理論」を用いれば、現在の個々の生物たちは神によって独立に創造されたのではなく、環境に適応しながら共通祖先から分岐して形態を変えてきたことが説明できる。現在の生物たちの形態がなぜこのようになったか、なぜ互いに類似しているのかなどの問いに対して、機械的に説明できるのだ。また個体発生における形態の形成のメカニズムもそこから説明される（この論理については後述する）。しかし、ダーウィンが打ち立てた、と言わずに「改良した」というのはどういうことなのか。進化論は他にあったのだろうか。

ここが少し複雑であり、当時の科学史的な背景を読み取らなければならない点だ。実はヘッケルは、進化論自体はそれよりも前から存在していたと考えている。彼はこれを、「由来理論」（Descendenz-Theorie）（あるいはAbstammungs-Lehre, Umbildungslehre, Transformismusなど）と呼び（通常私たちは「進化論」と訳しているが、原語に即して訳せば、「由来理論」の他に「派生理論」「変形理論」などとなる）、形態学を支えるばかりか、生物学のすべての現象の説明をカバーできる大きな理論と考えていたのだ。それは、地球上のあらゆる生物が、はるか昔に生息していた祖先から、長い時間をかけて徐々に形を変えながら生じてきたことを示す理論である。ヘッケルは、これに与《くみ》する人物のうち、特に大きな貢献をしたのは、フランスではラマルク、ドイツではゲーテであると考えていた（一九章）。

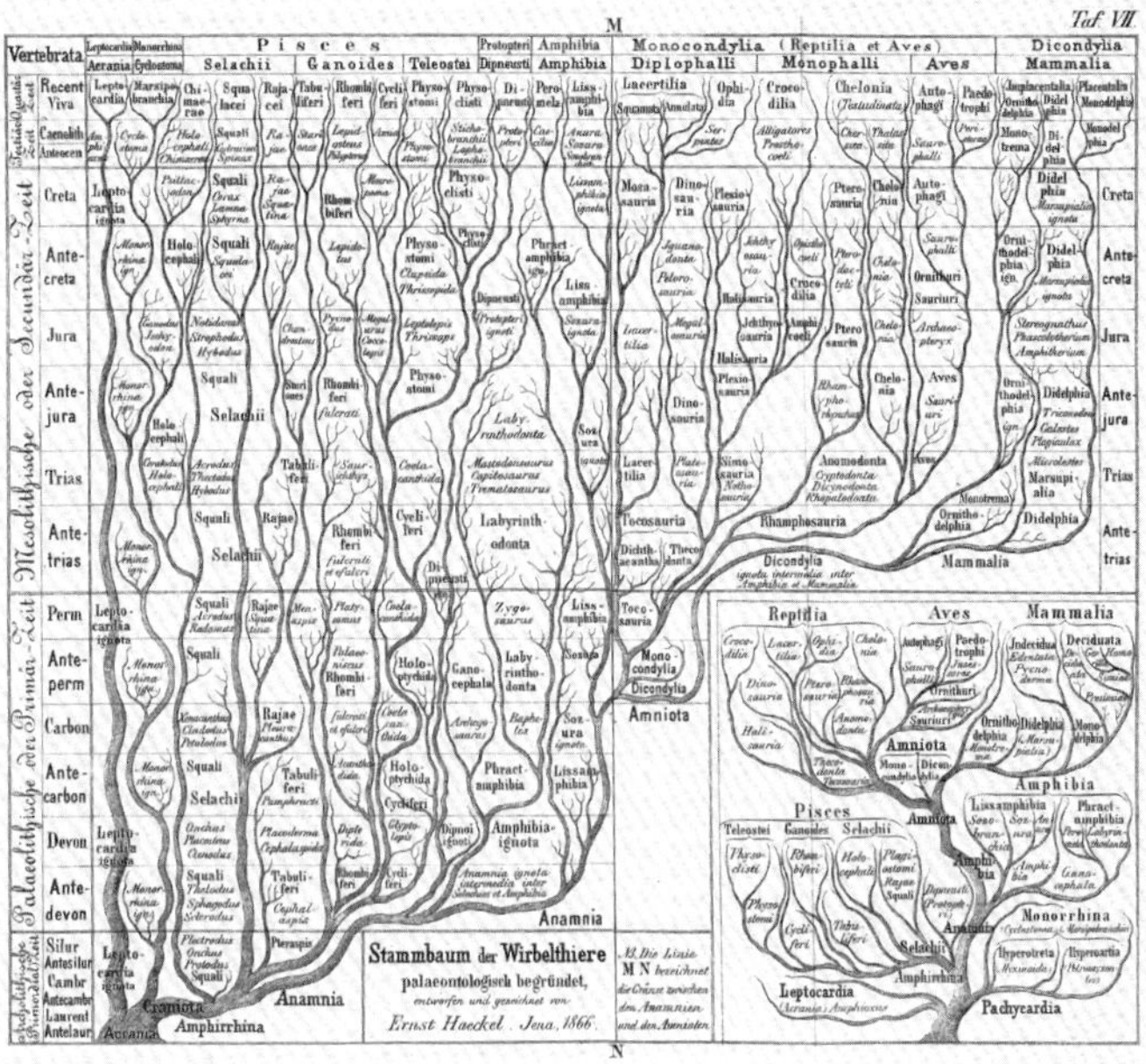

◆——ヘッケル『有機体の一般形態学』(1866)第二巻の巻末に掲げられた「脊椎動物の系統樹」。

ラマルクは、最初は植物学者だったが、無脊椎動物を専門とする動物学者に転じ、一八〇九年に『動物哲学』において、動物の進化（種の変化）について明瞭に体系的な論を展開するに至った。のちにこれは、有名な「用不用説」と「獲得形質の遺伝の説」に基づく進化のメカニズムと呼ばれるもので、現在の私たちから見ても、彼を進化論の功績者とするのは当然なことに思われる。だが現実には、ラマルクの進化論は同時代の科学者たちにはほとんど黙殺されてしまったのであり、ヘッケルには、そんなラマルクの業績を掘り起こして、その真価を再発見したという自負が感じられる（一般的にも、ラマルクを正当に評価したのはヘッケルだとされる。木村（1988））。

では、ラマルクの進化論とはどういうものなのだろう。ヘッケルによる紹介を見てみよう。まず、ラマルクは無脊椎動物、特に現生する軟体動物の標本を研究するうちに、それらの間に形態的な関連性を認め、その最も単純な形態は、自然発生によって生じ、そこから順次形を変えて、高度な体制をもつ動物になったのではないかと推察した。この緩慢で持続的な変形プロセスにおける重要な要因は、適応と遺伝という生理学的な作用である。つまり、外的な生活環境の作用により、よく使う器官は強化され、使わない器官は廃れ、それが子孫に遺伝して、生物は形態を変えるとする。

これは、ラマルクの『動物哲学』では二つの法則として提示されている。「第一法則」は、のちに「用不用説」と呼ばれるもので、体の器官は継続的に使用されれば発達し、使用されねば弱小化し、場合によっては消失するという法則、つまり、体の器官の発達度はその使用頻度と直接に関係するという法則だ。「第二法則」は、後に「獲得形質の遺伝の説」と呼ばれるもので、生物の一個体が外的な環境に適応しつつ獲得した形質（形態や性質)は子孫に受け継がれるという法則だ。これによれば、なぜ、花の蜜を吸う小鳥のくちばしが細いストロー状になったのか、なぜキリンの首は長くなったのかなど、生物がその環境に合わせて体を順応化させ、それが遺伝していくと考えれば、いろいろな説明が可能となる。

ただし、現在ではマクロなレベルでの獲得形質の遺伝は否定されている。私たちがどんなにがんばって筋肉を太らせて逞しい体を作っても、遺伝子レベルでの変化が起きなければ、一代きりで終わってしまうのだ。しかし、当時はヘッケルもまた、ラマルクの原理を信用しきっていた(後述するように、これはヘッケルの進化観に直結する)。それどころか、ダーウィンですら『種の起原』のいろいろな箇所で、ラマルク説を肯定する表現をしている。ダーウィンの自然選択の理論は──生き残るのは、たまたま環境に、より適した遺伝的な形質を持った個体なのだから──、明らかにラマルク説とは対立するものと思われるが、当時はまだ、その峻別は曖昧だった(一九世紀末になると、ダーウィニズム対ラマルキズムという対立図式が色濃くなって、議論が激しくなる)。

ヘッケルのラマルク評価はそれだけではない。ラマルクは、人間をも例外とせず、動物進化の最高の段階として示したこと。生物の進化の筋道をいわゆる系統樹でイメージしたこと。そして、化石を昔生きていた祖先だとみなしたこと。ヘッケルにとって、「進化論の偉大なる建物の見取り図を生み出したのはまさにラマルクだった」のだ(Haeckel(1909b)11)。

ところが、この化石の問題がラマルクに暗い影を投げかけることになった。当時のフランスの学会に君臨する動物学者ジョルジュ・キュヴィエは、反進化論者であり、化石は神によって創造された生物が大洪水で死に絶えたものと解し(天変地異説)、ラマルクを激しく攻撃したのである。のちに、このキュヴィエと大論争

（アカデミー論争）を繰り広げることになる動物学者エチエンヌ・ジョフロワ・サン＝チレールは、種の変化を支持する者だったが、ラマルクの進化論には賛同しなかった。こうして、ラマルクは完全に黙殺されて、悲運に耐えながらその生涯を終えることになった（しかし、イギリスの地質学者チャールズ・ライエルが関心をもち、「斉一説」――地球表面は小さな変化の積み重ねによってできたとする説――を唱え、その『地質学原理』（1830）の書を携えてダーウィンはビーグル号に乗り込むことになる）。

ヘッケルはこういっている。ラマルクは重要な理論を提示したが、それは「あまりにも時代に先んじてしまった」のだ。彼の意志はそれから五〇年にわたる自然科学の輝かしい進展によって、ようやくダーウィンの進化論に結実するのである。

では、ゲーテはどうだろうか。ヘッケルは、ゲーテに関してこんなふうに述べている（一九章）。ゲーテが偉大なるドイツの詩人であることは衆目の一致するところだが、自然科学者としては認められてこなかった（ニュートン光学を批判する「色彩論」の研究がうまくいかなかったことが災いしたとヘッケルは考えていた）。しかし、生物界を理解するゲーテの力は深く、この点で偉大な自然科学者でもあったのだ。「自然科学者としてのゲーテについて強調すべき、しかも、今まで誰にも相応に評価されてこなかったと思われる最も重要な点は、彼がドイツにおいて進化論を独力で築きあげた人だったということであり、この点について私たちは彼をおおいに賛美してよいのだ」とヘッケルは綴る。ラマルクの場合と同じように、埋もれていたゲーテの栄光を自分が再発見したといわんばかりの様子だ。

実は、ゲーテを進化論者とみなすことは難しい。彼の書いたものには進化を暗示するような表現は確かにあるが、明確に進化について言及してはいないのだ。ゲーテが、ラマルクやダーウィンのように進化を体系づけて述べていないことに関しては、ヘッケル自身も重々承知していた。しかしあえて、ここで、進化論の創始者としてのゲーテの価値をすくい上げようとするのはなぜだろう。

ヘッケルは、ゲーテの文章の中に、生物の進化を認める部分を見つけ出していた。例えば、『動物学』の中の「……ありとあらゆる比較的完全な有機的自然――その中には魚類、両棲類、鳥類、哺乳類、そして**哺乳類の最高位に位置する人間**が含まれる――はすべてある一つの原形象（Urbild）に基づいて形成されているのであって、この原形象はそれぞれの生物の固定した部分においてこそ多少の違いは見せてはいるものの、**それでも毎日生殖によってつくり上げられたり、つくりかえられたりしている……**」という文章をヘッケルは証拠として提示している（一九章、一六〇頁、太字はヘッケルによる。訳は高橋義人による。ゲーテ（1980）192）。高橋義人によれば、ゲーテはアリストテレス以来の梯子論（「自然の階梯」）の伝統に立っており、特に哲学者ヘルダーの影響を受けて、無機物から植物、動物を経て人間へと発展する可能性を考えていたようだが、それよりも、動植物の形態の可変性を主題にすえた動的な形態学の確立に関心があったという（高橋（1988）270-274）。ヘッケルは、ゲーテの意志とは無関係に、彼の生命観自体に、進化論者としての証を読み取ってしまったのではなかろうか。

先にも述べたように、「形態学（モルフォロギー）」はゲーテの造語だ。彼はこれを、生物形態の形成（Bildung）と変形（Metamorphose）の学とし、つまり、それは生物形態（外部形態だけでなく内部構造も）はどのように生成し、どのように変形するのかという、いわば動的な原理を知ろうとする総合的な形態の学だった（それまでのリンネの自然体系は生物を静的で固定されたものと捉えていた）。ゲーテは、生物というものが、分解してバラバラにしたあとに再び集め合わせてみても生の息吹を与えることはできないものであり（つまりパーツでできた機械ではなく）、また、その形態は、やむことのない運動の状態にあり、常に変化するものであると認識していた。このような捉えにくいものを理解するためには、分解したり、あるいは、ただ観察し記述しただけでは足りないのであって、生物をあるがままに全体のまとまりとして扱い、その内部にある原理を、「直観（Anschauung）」の力を通して見てとることが必要なのだ（ゲーテ（1980）43, 114）。無論、それは、誰にでもできるような簡単なことではない。

しかしゲーテにはその才能があった。全体の形態から、彼の直観を通して捉えられたものこそ、生物の普遍的な共通の形態、つまり「原型（Urtypus）」だった。これは、現実には存在しない理念的な型だ。彼によれば、植物では「葉」、動物では「椎骨」が原型であり、それらが変形すること（メタモルフォーゼ）により、特殊な形態として現実の生物の体全体が出来上がる（ゲーテ（1980）55, 200-201）。その際には、その生物なりの形態を形成する内的自然の法則と、形態の変化を受ける外的環境の法則が生理学的に働くのである（ゲーテ（1980）111）。その生物は外界に適応して変形するため、結果として合目的的な形態（環境に合う形態）が生じるという。その形態形成を推し進めるものとして、ゲーテは生物に内在する形成本能（衝動・意欲：Bildungstrieb）を前提とした（この呼称はドイツの比較解剖学者ブルーメンバッハの唱えたもの）。このような理論と方法により、ゲーテは新しい真の形態の学を確立させようとしたのである。

前章でも触れたように、この考えの背後には、機械論的な世界観を否定する「ロマン主義的な自然哲学」がある。ゲーテはスピノザの思想の影響を受けている。神(精神)は自然であり、世に遍在し、また、それは一つの有機体として動的に発展するものである。現実の個々の事象は、そのような根源的な一つの実体が、多様多彩な姿で現れ出たものだ。ゲーテにとって、直観により現実の生物の形態から原型を探ることは、自然の実体を探ることであり、また形成本能という力で生じるメタモルフォーゼは、まさに自然の動的なプロセスそのものなのである。

この自然の運動は、分極性と高進性という概念で捉えられ、前者は物質の属性としての不断の牽引と反発、後者は精神的な自然の属性としての絶えず高昇しようとする内的欲求であるという。ゲーテの一元論的な考え方によれば、「物質は精神なしには、精神は物質なしにはけっして存在せず、また作用することができないので、物質もまた高進することが可能である。同時に精神もまた牽引し反発することをやめない」(ゲーテ(1980)37)。この文章は、ヘッケルが自分の一元論の本質を説明する時に、好んで引用するものである。

すでにダーウィンの進化論を知ったヘッケルには、容易に、ゲーテの共時的な対応則(原型と現実の生物形態の関係)を、通時的な(歴史的な)対応則へと拡大できた。例えば、現実の脊椎動物に属する生物種たちから、直観により、それらの原型が捉えられるのだが、その原型はまた、直観によって捉えられた、今は存在しない大昔に生息していた共通の祖先型とも考えられる。この原型(=祖先型)から、生物たちは特有な共通形態を残しつつ、環境に適応しながら徐々に変形して多様な種の形態を形成してきた、ということになる。ヘッケルによってゲーテが進化論の創始者として賛美されたのは、その自然哲学にこのような意味での進化思想が含まれていると見なされたからだと思われる。

その後に展開されるヘッケルの一元論的な形態生成メカニズムの考え方は、今述べてきたゲーテの思想から極めて大きな影響を受けているのである。

しかし、ラマルクの論にしても、ゲーテの思想にしても、まだ空想的な自然哲学の段階だった。このような自然哲学が、ヘッケルのいうところの「由来理論」——大きな意味での進化論——と考えられる。形態学において生物の形態生成の原因と法則を説明するには、どうしてもこのような進化の視点が必要なのだが、それは機械的な説明がなされないままに長い時が過ぎたことになる。それが達成されるのが、一八五九年。ダーウィンが自然選択の理論を掲げた時だった。この理論こそが、由来理論の正しさを証明し、生物学における機械的因果律の有効性を示したのである(由来理論と区別して、選択理論Selectionstheorie、ダーウィニズムと称する)。そういう理由で、『有機体の一般形態学』の副タイトルは、「チャールズ・ダーウィンが改良した進化論によって機械的に根拠づけられた、有機体の形態の一般的な基本特質」(傍点は筆者による)となるのである。ヘッケルはこの時の感激を「まさに私の目から鱗が落ちた」(序、XVII頁)と表しているように、それは彼にとって電撃的なブレークスルーだった。新しい認識の地平がまさにヘッケルの前に広がったのである。これによって、形態学を一元論的な視点から、一般形態学という包括的な学問体系にまとめあげることができる段階に入ったことになる。

以上が、(かなり長い)タイトル分析だが、ヘッケルの姿勢の概略は示せたのではないだろうか。この書物は二巻本で、第一巻は『有機体の一般解剖学——進化論によって根拠づけられた、有機体の発達した形態の機械的学問の批判的な基本特質』であり、親友の比較解剖学者カール・ゲーゲンバウルに捧げられ、第二巻は『有機体の一般発達史――進化論によって根拠づけられた、有機体の発生しつつある形態の機械的学問の批判的な基本特質』であり、今述べたダーウィンとゲーテとラマルクに捧げられている。ヘッケルが、特にゲーテの詩から多くのインスピレーションを得たこともあって、『有機体の一般形態学』の随所には、ゲーテの詩句がちりばめられている。

真実と想像力――ヘッケルの方法

このように、ヘッケルは、進化思想を含むロマン主義的な（汎神論的な）自然哲学を基にして、それを機械的に説明するためにダーウィンの自然選択の理論を導入し、一元論的な形態学を確立しようとしたわけだが――別の表現を用いれば、生気論の段階の見解を機械論の段階に止揚しようとしているともいえよう――、果たしてそれは成功したのだろうか。

多くの人々がヘッケルに向けて、ダーウィンの理論はその真否を証明できない仮説なのだから、これです べての形態を機械的に説明できるわけはなかろうという批判の声をあげた。確かに、当時はまだ、化石の証拠も乏しく、進化というものは実験ができないために客観性を求めるのは難しかった。それに遺伝の原理もわかっていなかった（メンデルの提唱した遺伝の法則（1865）が日の目を見るのは二〇世紀になってから）。このような状態では、進化論による機械的な説明の科学的な正しさは保証されそうにない。たぶん、現在の私たちでもそう思うだろう。ところが、当のヘッケルの態度は強硬で、当時の自然科学者たちに大きな影響力をもっていた大哲学者のカントまでを批判している（第四章）。カントは、物質的自然のあらゆるものが機械的に説明されるはずだと考えていたが、一方で、生物の合目的的な複雑な形態の形成などについては、実際にはどうしても機械的に説明できず、他の説明の仕方が必要とされるということを認めざるをえなかった（アンチノミー〈二律背反〉と呼ばれる）。これに対してヘッケルは、それは時代の制約のため致し方ないことであり、いずれ解決されうるものと確信し、一元論の勝利を突きつけるのだった。

しかも『有機体の一般形態学』の序では、この試みは「確実な計画に則って、堅固な土台の上に建てられた骨組み」にすぎず、まだ住める家にはなっていないと記されている。この書物に提示したのは重要な認識の枠組みだけだが、それを補強する証拠を追々そこに注入して充実させていけば、やがて堅固な学問体系に発展していくという意味だ。つまり、「この研究書は完成されたものではなく、萌芽的なものを示しているにすぎない」のだが、その方向性は間違っていない、というのである。

もし、一元論的な認識のあり方の科学的な正しさが崩れてしまえば、ヘッケルの努力も全く無駄になり、単なる戯言《ざれごと》に堕ちてしまう。にもかかわらず、彼の一元論に対するこのように揺るぎない楽観主義は、いったいどこから来るのだろうか。

ここで、ヘッケルのいい分を聞いてみよう（第四章「有機体の形態学の方法論」の前半部〈「経験的方法と哲学」「分析と総合」「帰納法と演繹法」〉）。

ヘッケルは、自然科学において重要な真実を発見するためには、経験的な知識に基づく「分析」という方法に頼るだけでなく、そのような実証主義に哲学を合わせた方法、つまり「思考しつつ経験する方法」（denkende

Erfahrung)、「哲学的な経験的方法」(philosophische Empirie)が必要だと考えている(四章、六三―六四頁)。そうすることによってのみ、観察された事実の中から本質的なもの、つまり「基本原理」が見出される。ヘッケルにとって、これこそが、新しい真の「自然哲学」のあり方なのである。特に形態学においては、実証主義の厳密な方法に偏れば、知識ばかりが増えて、重要な原理の発見は難しく、一方、古い自然哲学は「想像力の遊戯(Phantasiespiel)」(四章、六六頁)と非難され、自然科学としては受け入れられない。だから両者の合体した新しい自然哲学が必要なのだ。

ヘッケルは、形態学における経験的方法と自然哲学の関わりの歴史を次のようにまとめている。

①一八世紀:経験的方法の第一期。リンネによる分類学は、それ以降の動植物学を、外部形態を記述・分類するだけという哲学のない学問にしてしまった。

②一九世紀初頭:哲学的方法の第一期。ラマルク、ジョフロワ・サン-チレール、ゲーテ、オーケンに代表されるように、膨大な形態から一般的な法則や相互の関連性を導こうとするが、まだ実証することができずに、想像力が支配した古い自然哲学の時代。

③一八三〇年以降:経験的方法の第二期。キュヴィエが空想的な自然哲学を打ち破り、解剖学に厳密な実証主義を導入した(一八三〇年の、ジョフロワ・サン-チレールとのアカデミー論争に象徴される)。

④一八五九年以降:哲学的方法の第二期。ダーウィンの自然選択説が、ラマルクやゲーテの古い自然哲学的な考え方に機械的な説明を与えた。これこそが、経験と哲学の合体した方法であり、新しい自然哲学と呼べる。

そしてヘッケルはこういい切る。「すべての真の自然科学は哲学であり、すべての真の哲学は自然科学なのである。この意味において、すべての真の学問は自然哲学なのである」と（四章、六七頁）。ヘッケルにとっては、この「新しい自然哲学」が極めて重要なキーワードとなるのだ。

さて、もう少し具体的に、真実を発見するヘッケルの方法を見てみよう。

ヘッケルが非常に重要視しているのが、「想像力（Phantasie）」（四章、七四頁）だ。これは、単なる夢想ではない。師ヨハネス・ミュラーも述べていたように、自然科学者には、観察された個々の事象の意味を識別する力（分析力）も必要だが、それらの組み合わせから一般的な法則性を求めうる力（想像力）も必要であり、そのバランスが重要なのだ。つまり、形態学であれば、個々の動物の形態をつぶさに外側と内側から「分析」する方法も必要だが（これだけでは記述・分類の方法にとどまる）、観察されたさまざまな動物の形態を結びつけて、その背後にある意味を見出そうとする時に、想像力がなければ、重要な発見は導かれない。このように個々の事象を結びつけて全体へと統合する方法は、「総合的な方法」と呼ばれる。

この想像力は、誰もがもち合わせるわけではなく、まさにその人の「天分」である（四章、七四頁）。ダーウィンが提唱した自然選択の理論は、まさに、彼の想像力によって分析と総合（経験と哲学）がみごとに調和した結果と考えられた。

具体的に法則を導き出す科学的思考の手続きについて、ヘッケルは次のように説明している。一般的には、「帰納法」と「演繹法」がある。例えば、植物学者シュライデンは、自然科学で法則性を見出す正しい方法は「帰納法」だと主張していた（四章、七九頁）。帰納法では、当時の怪しげな想像の産物（生命力など）を排除して、徹頭徹尾、直接に観察された事象に基づいて推理するのが基本だという。手続きはこうだ。まず、いくつかの観察された事象から比較を通して関連性を見出す。それを、これらの事象をまとめる一般的な法則とみなし、他の事象にも応用できるかどうかを見る。応用できるのであれば、法則の正しさは経験的に検証される。このような検証を続けていくことによって、最終的に、法則は一般的なものに近づくのである。例えば、観察された事象の比較から「AならばB」という法則が得られたとしよう。他の事象を観察して、やはり「AならばB」が該当すれば、法則の正しさが増すことになる。この方法は、経験的なデータが豊富にある場合は極めて有効である。ただしシュライデンは、帰納法はあくまで不十分な推理形式にすぎず、慎重に用いなければならないと述べている。

一方、一般的な理解での演繹法は、結論を前提から論理学の規則に従って引き出す手続きのことである。例えば、「AならばB」(ある事象がAであれば必ずB)であり、もしCがAであれば、Cは必ずBとなる、という推論である。哲学者ジョン・スチュアート・ミルは、観察や実験という直接的な方法を用いることのできない場合の研究方法は演繹法だと考えた(四章、八一頁)。生物の進化については、化石も少なく、観察も実験もできないので、まさにこの例に該当する。しかし、「AならばB、CはAであれば、CはB」の方法で、新しい法則を導くことができるのだろうか。

実は、ミルのあみ出した演繹法は、前後に帰納法と検証をとり入れた三つの段階からなる。最初は、帰納法を用いて、数少ない事象を比較して仮の因果的法則(仮説A)をつくり上げる。次に演繹法である。つまり、この法則からもたらされる結果を導く(AならばB)。最後に、この結果(B)が、本当に経験的に証明されれば、演繹での推論は正しいものとされ、法則(A)も正しいものと推測される(ただし、Aの正しさ自体は保証されないのだが)。

ヘッケルが重要視したのは、このような帰納法と演繹法が総合された方法である。帰納法は地道で確実な方法だが――特に観察できる事象が限られている場合は――これだけにとどまれば、一般的な法則を得るには時間がかかるし、まして、最も普遍的で重要な自然の法則に辿りつくことは難しい。その点で、ここでいう演繹法(総合的な方法)は、重要な自然の法則を導くための極めて優れた思考プロセスなのである。しかも、ここでは、観察された少ない事象から一般的な法則性をひらめく能力――先に述べた想像力――が大きな意味をもつのだ。まさに、創造的な想像力だ。

実際にヘッケルが挙げている例を見てみよう。ゲーテがヒトの顎間骨を発見した(1784)ことは、生物学史上有名な話だ(顎間骨は上顎にあって切歯のはえる独立した骨)。ヘッケルは、これをヘッケル流の方法の成功例として簡単に触れている(一九章、一五九頁の注)。そもそも当時は、キリスト教の考え方に従えば、ヒトは他の哺乳類(特にサル)とは隔たった生物だった。顎間骨の有無(サルにはあってヒトにはない)は、それを証明するものとして考えられていた。しかしゲーテは、頭蓋骨を比較研究することを通して、それらの生物的な類縁性から顎間骨はヒトにもあるはずだと考え、そのとおりに発見することになった。つまり、偶然に見つかったのではなく、哲学的な経験的方法、真の帰納法と演繹法を用いることによって、真実を発見することになった手本なのである。

しかし、ヘッケルがはるかに有効性を主張する応用例は、進化に関する研究だ(四章、八七―八八頁)。彼は、地球上に過去に生息した生物と現在生息している全生物を、形態の類似性によってグループ分けをしようとしている。共通の祖先形態を仮定し、それを基準としてグループを分けて、それらのグループ同士の類縁性から進化の筋道を跡づけようというのだ。それは最終的には「系統樹」というものに可視化される。例えば、動物の化石が出土したとしよう。しかし、体全体が残っているわけではなく、ほんの断片しかない。どのようにこの生物をグループに分けられるのだろうか。その場合、断片の情報から、この動物と類似した現生の動物たちを見つけ、比較解剖の手法で、それらに共通する一般的な体制の法則を導き出す。暫定的に、化石の動物はある位置に分類されるが、いずれ、より完全な化石が出た時に、それが正しい分類かどうかを検証する。分類が合わなければ、再度手続きをやり直して、徐々に補正して正しい像に近づけていく。

このようなヘッケルの方法論は、科学的な正しさを保証できるものなのだろうか。現在の視点で考えてみよう。世の中には観察不能で実験的に証明できない歴史的な対象を扱う学問は多く存在するのであって、このような方法論は特別なものというわけではない（ヘッケルは、この方法を「歴史的―哲学的方法」として述べている）(Haeckel(1877b)7)。

そもそも、科学的な正しさとは何なのだろうか。かつて西欧では、自然は創造主たる神が造りだしたものと考えられていたため、自然研究は、自然の中に現れた神の英知を明らかにするものだった。現象の背後には、神がつくった自然法則が実在するのであり、それは真実だった。しかし一七世紀を超えてくると、神を前提としないで、人間の経験だけに基づいて自然法則を導き、その正しさを保証しなければならなくなった。これが現在に繋がる実証主義のあり方なのだが、事象の観察から因果律に基づき仮説を立て、それを実験や観察で検証することによって、正しさを確立するものだ（因果律とは、すべての事象は必ずある原因によって起こるとする考え方）。検証に耐えぬき「正しい」と認められた仮説は理論となり、その理論を基に、新たな仮説を立てて検証していく、という方法だ。もし反例が一つでも見つかれば、仮説の論理が間違っていることになる。反例が出てこない間は、その仮説は理論として科学的な正しさを保っている。そうなると、厳密な実証主義的な方法といえども、その正しさは絶対的なものではないことがわかる。いつでも覆る可能性を秘めているのだ。神なき世界では、人の心の合意が科学的な正しさを支えていることになる。

一方、さらに不利な状況にある、実験や観察のできない学問（過去の進化の道筋など）や理論の先行する学問（素粒子物理学など）では、その理論の正しさをどのように検証しているのか。そのための前提は、仮説と導かれた結論の間に論理的な矛盾がないこと。そして、その理論が正しければ存在するはずの現象を予言し、あとから実験や観察で確かめることによって検証するという手続きとなる。このように見てくると、ヘッケルの方法は、現在の科学の方法と大きく異なるものではない。

また、ヘッケルの方法は、同時代のアメリカの論理学者・科学哲学者チャールズ・パースの考えた「アブダクション」という、創造的思考、科学的発見を導く推論概念とも共通する点が多い。これは、偉大な科学的仮説（ニュートンの万有引力の法則のような）の形成には、緻密な観察だけではなく、とりわけ大きな総合的能力、強力な創造的想像力が不可欠であるとし、そこに必要とされるのは、普通の帰納とは別の種類の仮説形成的な思惟だとするものである（米盛（2007）40）。この、与えられた事象から最良の説明を発見する思惟または推論を、アブダクションといい、それは観察事実に基づく検証を受けるのである。

現代の分類学においても、分類体系をより正しいものへ近づけていく方法として、アブダクションが用いられている。藤田敏彦によれば、まず、多数の生物の集まりを形質の共通点や相違点を認識することによって体系化し、階層的な分類体系をつくり上げる。一つの生物個体をその体系に当てはめてみて、正しく当てはまれば、その分類体系は正しいという証拠の一つとなり、そうでなければ、これまでの分類体系を少し変更してその個体も当てはまるような新たな分類体系につくり変える。これを繰り返して真の分類体系へと近づくのである（藤田（2010）10, 11）。

ヘッケルが系統樹を導き出す方法は、科学的には一般的なものだといえるだろう。彼自身も、系統樹はまだ仮定の状況であることは承知していた。特に、系統樹の上のいたるところで、類縁集団と類縁集団との間をつなぐ移行形態（ミッシングリンク）が欠けていた。これがないと、枝と枝が繋がらない。それをつなぐためには、そこにいたはずの生物を、比較解剖学や比較発生学的なデータに基づいた想像力で仮定して（仮説形成）、いずれ機が熟して、それが実際に化石として発見されたり、あるいは生存している姿が発見されたりすれば、その仮説と系統樹自体の正しさが立証されるのである。このようにしてヘッケルの想像力が生み出したイメージとして、無生物から生物へのミッシングリンク「モネラ」や多細胞生物の祖「ガストレア」やサルからヒトへのミッシングリンク「ピテカントロプス」などが挙げられるのである（本書第二部第2章）。

ヘッケルは、このような方法論の正しさを信じ、進化に関する数多くの「仮説」を後世に残すことになった。それらは自分で検証できなくても、いずれ、きっと誰かの手によって検証されるはずだった。もし反証されたり、新しい知見が得られれば、元の仮定を修正して徐々に正しいものにしていけばよいのだ。いや、むしろ、彼は自分の一元論的世界観を否定する気持など微塵もないほど信じきっていたのだろう。仮説は必ず検証されるはずなのだ。ヘッケルの楽観主義にはこういう理由があるようだ。

問題は、きちんとした検証を待たずに、仮説を一般的な理論として扱い、さらにその理論の上に仮説を立てる、というヘッケルの性急な態度だったに違いない。彼の、仮説に仮説を重ねるやり方に対して、自然科学はそこまで自由であってよいのかという疑問を投げつけた代表者は、フィルヒョウだった(フィルヒョウとヘッケルとの論争は本書第二部第3章)。また、「生物発生原則」などのように、一度は優れた理論としてもてはやされ、のちに捨てられ、再度また注目されたりする場合もある(本書第二部第1章)。さらには、人間の精神などの心的現象や遺伝の仕組みに対する一元論的な説明、宇宙を支配する実体則なども生み出された。ヘッケルの生み出した仮説たちは、あちらこちらで騒動を引き起こすことになるのだが、極めて大きな影響力をもっていたことは確かだった。

さて、以上のように、『有機体の一般形態学』の概略とその方法論は説明したが、実際にはどのような構成で何が書かれているのだろうか。

しかし、この書物は冗長で浩瀚であり、かつ重複も多く、筋がつかみにくいので、簡単にポイントを整理し、その後に、章立てを追った参考資料篇を添えておく。資料篇は関心のある方に読んでいただくか、また本書の第二部を読む際の参考のために、適宜使っていただければと思う。

『有機体の一般形態学』の八つのポイント

『一般形態学』は、今説明してきたように、一元論に基づき形態学を再編する目的をもっている。ここでの一元論とは、無機的自然と有機的自然は本質的な違いのない一つのものであること、あらゆる現象には原因があり機械的に説明されること、有機体の形態発達は胚の発生であれ進化であれ、永遠なる自然法則の必然的な産物であることを前提とした考え方である（序）。

つまり、この世界では、生物も無機物も同じ物質から成り、同じ自然法則に支配されていて、それぞれの現象の差異は進化の度合がもたらすものとなる。生命現象や心的現象もまた機械的に進化に基づき説明されるため、例えば、通常は生きていないはずの無機物も、原始的な生命現象をもつことになり、また、人間に見られる精神や心に関しても、その未発達な現象が進化の度合の低い生物にも存在し、さらに原始的な現象が無機物にも認められることになる。あらゆるものが「生きている（belebt）」とか、「心をもっている（beseelt）」という神秘主義的・物活論的な表現は、実はここから導かれるものである。これを端的に表すのが、「物質は精神なしには、精神は物質なしにはけっして存在せず、また作用することができない」というゲーテの言葉なのである。

構成は、八部三〇章立てである。第一部で方法論、第二部で基本事項（有機体と無機物、動物・植物・原生生物、自然発生などの定義づけ）を扱った後に、形態学を四つの下位学問に分けて、論が進められていく。まずは、生物の完成した形態を扱う「解剖学（Anatomie）」と生成する形態を扱う「発達史（Entwickelungsgeschichte, Morphogenie)」の二つに分け、さらに前者を、内部形態を扱う「構築学(Tectologie)」(第三部)と外部形態を扱う「基本形態学(Promorphologie)」(第四部)、後者を生物個体の発生形態を扱う「個体発生学(Ontogenie)」(第五部)と生物の系統(進化)的な形態発達を扱う「系統発生学(Phylogenie)」(第六部)に分けて、それぞれに論じている。そのあとに、第七部で有機体の発達史の人類学への応用、第八部で有機体の発達史の宇宙論への応用について、いずれもごく少ない分量で扱われている。

ヘッケルが序で述べているように、当初の目的である形態学の再編作業は第一部から第六部で扱われているが、第六部はまだ仮説の部分が多いとし、さらなる研究の必要性を認めている。第七部、第八部は「箴言的な補遺のように」見えるが、今後の研究が必要な「極めて重要な問題」であるという。つまり、一元論的な視点で人間と社会、宇宙を捉え直し、一元論的な世界観を普及するというヘッケルの壮大で(かつ危険な)ライフワークを予告するものでもある。主に第五部と六部は『自然創造史』、第七部は『人類発達史』で市民向けに展開され、第七部と八部で述べられた内容が先鋭化するのは、『宗教と科学の絆としての一元論』(1892)、『宇宙の謎』(1899)、『生命の不可思議』(1904)、『神即自然』(1914)の路線である。『結晶の魂』(1917)は全体の総括的な面をもっている。

以下、八ポイントをまとめておく。

ポイント❶▼自然発生の復権

生物がどのように誕生したかという問に、一元論的な考えから答えようとすれば、当然、生物は無機物から進化したことになる。それは、長い間君臨してきたキリスト教の創造説を否定することでもある。しかし、当時、パストゥールによって自然発生は否定され、また、無機物と生物では構成する物質も同じで、それを支配する物理・化学的な法則も同じであるにもかかわらず、簡単な細胞さえも人工的に作ることはできず、無機物と生物をつなぐミッシングリンクも見つかっていなかった。ジレンマを抱えつつも、ヘッケルは新たに「自己発生（Autogonie）」という概念――無機物の結晶が析出するように、海の中で未分化な単細胞生物が誕生するという説――を提唱し、挑戦していく。これがミッシングリンク「モネラ」の概念につながる。

ポイント❷▼生物の分類法の改革

一元論的な世界観の確立のためには、進化の概念を取り入れた自然に沿った生物の分類体系を示さねばならない。そのために、従来の分類体系の不備な点を修正していく。例えば、動物なのか植物なのか判別の難しい生物（ポリプ、粘菌、べん毛虫など）のグループとして「原生生物界（Protistenreich）」を新たにつくり、動物界と植物界と併せて三界とした。また、リンネの分類体系（界、綱、目、属、種）は人為的だとして、界と綱の間に、新しく「シュタム（Stamm）」（フィロン、フィールム、門）の概念を取り入れた。これは、地球上に自然発生（自己発生）したそれぞれのモネラに由来する生物たちの集まりのことであり、基本的な体のつくりが共通なものたちである。例えば、動物界には、脊椎動物、軟体動物、体節動物、棘皮動物、腔腸動物の五シュタムがある。

ポイント❸▼基本形態の模索

ヘッケルは、基本形態学において、生物の外部形態の規則性を求めようとした。意図したのは、ゲーテの原型とは異なり、現実の生物の形態を示すための拠り所ともなる立体幾何学的な基本型だった。まさに科学的な方法である。しかし、動物などの変化しやすい柔らかな形態にどのような共通する幾何学的な形態をあてはめるべきか。その際に、結晶学で既に開発されていた晶系の分類に倣って分類を試みたのである。煩雑すぎて有効ではなかったが、放散虫などの海の微小生物の外殻形態など、結晶と生物のつながりを暗示する一例である。

ポイント❹▼個体概念との格闘

生物の形態を精密に扱うには、その単位となる「個体(Individuum)」を定義する必要がある。人間などの動物における「個体」は、形態学的にも生理学的にも完結していてわかりやすいが、植物や群体動物では「個体」を特定するのは極めて難しい問題である。さらには、生物の形態を内部形態から捉える構築学の場合にも、構成要素としての内部形態の単位をどう設定するかが重要であり、個体概念が関連する。

ヘッケルは、三つの個体概念、すなわち、「形態学的個体」、「生理学的個体」、「系統学的個体」を提唱する。

形態学的個体は、形態学的に完結した単位となる六序列を洗い出したもので(細胞質体、器官、体幅、体節、個生物、群生物・株)、形態的なパターンであり、不変で分割不能である。それぞれがそのままで一つの生きている個体にもなるし、構成要素ともなる。

生理学的個体は、このような形態学的個体が実際に生きている場合を想定したものだ。「ビオン」と名づけられる。これにも六序列あり(細胞質体、器官、体幅、体節、個生物、群生物・株)、現実の生物の形態に対応する。実際に私たちが生物の形態と呼ぶものは、これである。フレキシブルに変化も可能であり、個体発生の際には、さまざまな形態学的個体が現れ出ることになる。

系統学的個体は、時間の流れの中で変化する形態セットを一つの単位と捉えたものである。極めて意味がとりにくく混乱を招くものともいえる。全部で三序列あり、第一序列が「生殖環」、つまり受精卵など一つの細胞から生殖・分裂までの個体発生プロセスのセットであり、第二序列の「種」は、「生殖環」たちが集まって構成された単位となる。第三序列の「フィロン」(シュタム、門)は、多数の「種」が集まって構成された単位であり、つまり同じ祖先から多数の種が進化して辿った形態変遷のセットである。そして、この系統学的個体には三重の並行関係があるとされるのである。のちに「生物発生原則」と名づけられる並行関係がこれに起因しているのは明らかなのであるが、その際、第一序列は個体発生の形態変化、第三序列は進化における形態変遷なのでイメージしやすいものの、第二序列は理解が難しい。次のポイントで検討しよう。

ポイント❺▼進化を取り入れた並行説

「個体発生は系統発生を繰り返す」という反復説、つまり系統学的個体の第一序列と第三序列の並行関係は、ヘッケルの一元論では非常に重要なツールとなっている。それは、化石証拠が少なくて実証できない過去の進化の道筋を、個体発生を実際に観察することによって再構成が可能だからだ(実際には完全な反復は起こらないので、完璧なツールにはならないのだが)。進化が原因となって、個体発生が起きるのである。

しかし、ここで系統学的個体の第二序列(種)も並行関係にある、といわれると困惑する。一体、何をいおうとしているのか。

ヘッケルは「系統発生」と「体系学的な形態変化」が並行していると述べており、実は、「種」と呼んでいる個体概念はこの体系学的な形態変化のセットと捉えられるのだ。ある一つのシュタム内で、その共通祖先を示す幹から枝分かれしつつ育っていく一本の樹木を想像してみよう。そこから伸びていく進化の枝(種の変化)

は、その伸長の速度が不均一なのである。あるものは早く進化して高みをめざすが、あるものはゆっくりと進化して祖先形態に近いものとなる。その伸びゆく枝たちをある時点で水平面で切り取り、その断面を見ると、その時代に生息する同一シュタム内のすべての生物種たちが現れ出るはずだ。それらの生物の解剖学的な形態の諸段階は、シュタムの系統発生に現れる種の形態学的発達の諸段階と非常に似通ったものとなる、というのである。

言葉を変えれば、現在という時点の地球上の同一の門（シュタム）に属する生物種を体系学的（分類学的）に並べたセットには、その進化の諸段階と並行関係が認められるということだ。さらに個体発生と体系学的な形態変化の間には、直接に並行関係はなく、系統発生を介在させて、三重の並行関係となる。こういえば、何も難しいわけではないが、厳密な意味での並行性とはいえない。のちにヘッケルは、個体発生と系統発生の並行関係だけに絞り込んでいくことになる（進化の観念のなかった時代には、医師メッケルのように、動物の胚の発生段階を、現存する動物の段階的な序列になぞらえていたが、それを進化の視点で再編したものともいえる）。

ポイント❻▼エコロギー（ドイツ語読み）という学問の創設

ダーウィンの自然選択説に基づき、生物が実際に環境中でどのように生きているかについて研究する生理学の分野を再編する。その一つが、生物とそれを囲む外界との関係を扱う総合的な学問であるエコロギー（生態学）であり、もう一つが、生物の空間的な分布を扱う総合的な学問であるコロロギー（生物分布学）である。前者は、まさに自然選択が働き適応による進化が起こる現場であり、後者は、自然選択の働いた必然的な結果である。現在、エコロジーの誕生の場として注目されている箇所ではあるが、三〇章のうちの一章の四頁足らずの分量である。

ポイント❼▼自然界のヒトの位置

私たちヒトも生物である以上、進化の概念を適用せざるをえない。現在はまだ確実な証拠が少ないものの、当然、ヒトの進化の系統樹も描けるのである。したがって、ヒトだけが特別な生物であるわけでもなく、動物学の一分野としての人類学が重要とされる。その中でも特に重要視されるのは、感情（Empfindung）、意志（Wille）、思考（Denken）という生理学的な心の機能を探る心理学であり、個体発生学的かつ系統発生学的な視点から研究することが推奨されている。つまり、そのような機能が、一人のヒトの成長とともにどう発展するのか、また他の動物と比較して、どのように進化してきたかを研究することである。それを通して、人間に固有な、中枢神経系がもたらす運動現象、すなわち狭い意味での心（ゼーレ（Seele））を一元論的に解明しようというのだ。その関連で、社会や国家の形成についての一元論的な研究にも触れられ、また、人種間における進化の程度の差、同じ人種内における個人的な進化の程度の差にも触れられている。

いずれにせよ、三〇章のうちのわずか二章、しかもほんのわずかな頁数しか割かれておらず、今後の研究に期待すると記されているが、当時の特にキリスト教社会の中では、このテーマは大変に微妙な問題であった。『一般形態学』以降のヘッケルのアグレッシブな思想展開を示唆するものである。

ポイント❽▼一元論的宇宙観と神

ここは、二章でほんのわずかな頁数ではあるが、宇宙全体を一元論的な認識で理解し、その流れの中で人間について考えようという非常に大きな計画が示されている。また、一元論における神とは、自然科学の発展が明らかにしたように、世界を支配する普遍的な因果律のことであり、擬人化された「気体状態の脊椎動物」のような神ではないことが力説される。一元論は、真の意味での一神教なのである。

神は、「一なるもの」であり、物質、力、精神として自然界に現れ出る。神はまた、あらゆる事象の原因であり、自然法則そのものである（のちの書物に頻繁に見出せる「実体（Substanz）」、「実体則（Substanz-Gesetz）」というような言葉はまだ使われていない）。いずれヘッケルは、一元論的な世界観を、キリスト教に代わる真の（科学的な基盤に基づく）宗教として打ち出し、人々の心をつかみ、社会を変えようと挑んでいくことになる。そのようなライフワークの方針が、ここにわずかだが強く示されている。

次の第三章に『有機体の一般形態学』の全章立てを概略的に説明した資料編を置いた。今、ポイントで示した内容を、引用文を参照しながら詳しく知ることが可能である。読み飛ばしていただいても、第二部を読むのにさしつかえはない。

『有機体の一般形態学』の章立てと概要

第1巻——有機体の一般解剖学

進化論によって根拠づけられた、有機体の発達した形態の機械的学問の批判的な基本特質

▼目次

▼カール・ゲーゲンバウルへの献辞

▼序

第一部

「有機体の一般形態学への批判的かつ方法論的な導入」

第一章——「有機体の形態学の概念と課題」▼ 有機体の形態学が生物の内部形態と外部形態の状況を扱う学問であり、その課題は、このような形態の諸関連性を認識すること、つまりその現象を特定の自然法則に帰することであると明示されている。

第二章——「形態学と他の自然科学との関連」▼ 形態学の扱う内容を、生物学、物理学、化学、生理学との関連から整理している。形態学は、生理学と並んで、生物学の一分野である。ただし、この広義の生物学（Biologie）は新しい使い方で、従来は昆虫生態学のような狭い学問として使われてきたという。また、自然界の物体には、無機物、有機体を問わず、物質と形態と力（機能）という三つの質が備わり、それぞれを扱うのが、化学、形態学、物理学

であり、生物学における化学は、形態学と結びついて化学的組成を扱う静的化学と、生理学（無機物ならば物理学）と結びついて化学的変化を扱う動的化学がある。

第三章——「形態学の下位学問への分割」▼ 形態学は、生物の完成した形態を扱う「解剖学」（Anatomie）と生成する形態を扱う「発達史」（Entwickelungs-geschichte またはMorphogenie）に分けられている。さらにこの二つはそれぞれ、二つの下位学問に分けられる。解剖学は、生物の内部形態を扱う「構築学」（Tectologie）と外部形態を幾何学的な基本形態に還元する「基本形態学」（Promorphologie）に分けられ、発達史は、生物個体の発生を扱う「個体発生学」（Ontogenie）と生物の系統の発達（いわゆる進化）を扱う「系統発生学」（Phylogenie）に分けられている（これらの四学問の名称はヘッケルの造語だ）。

構築学と基本形態学はあまり周りの注目を得られなかったが、個体発生学と系統発生学は大きな関心を引きつけることになる。

筆者補足▼ ちなみに、ヘッケルは「Evolution」（私たちが通常「進化」と和訳している原語）を、昔ながらの胚の発生の意味（子孫の形態は予《あらかじ》め卵子や精子の中に縮小されて先在しており、発生はそれが展開することとみなした前成説の意味が残っている）で用いている。これに対応するドイツ語が「Entwickelung」（綴りは底本どおり。現在はEntwicklung）であり、これも、もともとは個体発生の意味だったが、ヘッケルはこれに系統発生の意味も加えて、より大きな意味——つまり「有機体の形態形成」一般を指している。そのため本論では、「Entwickelungs-geschichte」は発生と進化と両方を示すため、「発達史」と訳した。

第四章——「有機体の形態学の方法論」▼ 先に（本書第一部第2章）説明した経験と哲学、分析と総合、帰納法と演繹法のように相互に補い合う方法の他に、排除し合う方法として教義学的方法（キリスト教のドグマに基づく自然理解の方法）と批判的方法（科学的推論に基づく方法）、目的論（合目的的な計画の存在を前提とし、非物質的な生命力を推進力とする生気論）と因果論（原因があって作用するという因果則に基づく機械論）、二元論と一元論について述べられている。精神と物質、哲学と自然科学というように分けて対峙させる二元論は、教養学的方法や目的論と共通する間違った自然観であり、唯一正しい自然観こそが一元論なのである。ヘッケルの好むゲーテの次の言葉で締めくくられている。「物質は精神なしには、精神は物質なしにはけっして存在せず、また作用することができないのだ」（ゲーテ（1980）37）。

第二部 「有機体の性質と最初の発生、無機物との関係、動物と植物への分割についての一般的研究」

第五章――「有機体と無機物」▼ 本題に入る前の土台固めとして、有機体の概念、それと無機物との関連性などが検討される。有機体と無機物を、原子組成や構成、形態、働く力や成長などのさまざまな点から比較検討していくと、確かに有機体を形づくる化合物としては、タンパク質という複雑な炭素化合物が特徴的であり、それゆえに形態の違いが見られたり、また、生命特有の栄養摂取、成長、個体維持、生殖などの生理的な現象が見られる。しかし最終的には、有機体と無機物の間には物質レベルの違いはなく、それを支配する自然法則も同じであること、それゆえに両者ともに切れ目なく連続したものだという一元論的な思想が導かれる。

筆者補足▼ ここで興味深いのは、無機物から生物への進化だ。進化論の観点からいえば、無機物から生物へ移行するミッシングリンクがあるはずなのだが、それを細胞とすることはできない。細胞は既に、原形質と核から構成された十分に複雑な個体だからだ。そこでヘッケルは、細胞未満の個体――つまり、膜も構造ももたない単なる原形質の塊としての原始細胞チトーデ（Cytode）を想定して、それが現実に個体として生きているものとしてモネラを考えた。モネラはまた、最高に個体化した無機物である結晶と、最も簡単な単細胞生物の間をつなぐものでもある。

第六章――「創造と自己発生」▼ 地球上のすべての生物はどのようにして誕生したのだろうか。これに答えるのは、「創造説（Schöpfung）」と「自然発生説（Urzeugung）」だ。前者は二元論的で、物質の外部に存在する合目的的な力を想定する。最も大きな力で人心を捉えていたのは、創造主（神）がすべての種をつくり出したとする物語だ。後者の自然発生説は一元論的で、物質から、それに内在する力によって最初の生物が生まれたと考えるものだ。ヘッケルは創造説を否定しつつ、自然発生について述べていく。進化論の観点で、最初の祖先生物がいかにして誕生したのかを考える場合、最低一度は無機物からの自然発生が起こらねばならない。自然発生についての仮説自体は遥か昔からあった。こちらはGeneratio spontaneaなど、いろいろな呼称で呼ばれてきたものだが、主な説明としては、既に存在する有機物から単純な生物が生まれるというものだ。腐敗した有機物から生物が湧くというような言説がこれに該当する。しかしこれは、パスツールの巧みな実験（1857）によって否定されてしまった。そうなると、生物には何らかの親生物が存在しなくてはならないことになった。

そこでヘッケルは、独自の自然発生の仮説――自己発生（Selbstzeugung, Autogonie）の仮説――を立てた。それによれば、「……最も単純で完全に均一で構造をもたない生物（モネラ）、つまり、これを祖先形態として他のすべての生物たちが分化により生み出されたとされる［最初の］生物は、結晶が母液の中で析出するのと似たプロセスで、ある液体の中で無機的な物質たちが集合して直接的に形成されたものだ」とされる（六章、一七九頁）。ヘッケルは、カントやラプラスの宇宙論を引きながら、原始の海の中でそれは起こりえたと考えている。しかし、これは実験的に証明できない現象だ。一八二八年にドイツの化学者ヴェーラーが無機物から有機物の尿素を合成するのに成功したことにより、ヘッケルは仮説の証明へと希望をつなぐ（自然発生のことは本書第二部第2章にて扱う）。

第七章――「動物と植物」▼ 地球上の生物は、大きく動物界と植物界に分けられると考えられてきた。動き、感じ、魂をもつものを動物、動かず、感じず、魂をもたないものを植物とする定義が一般的だった（アリストテレスはこの分類に困難を感じていたが）。一見、当然のような分類だが、実際には、特に海中では、植物のように、動かず、枝分かれし、花のような部分をもつポリプの群体をはじめとして、動物なのか植物なのか判別に苦しむ生物は知られてきた。さらに、一九世紀の半ばに顕微鏡の性能が上がると、粘菌やべん毛虫、珪藻などの中に、動物の特徴と植物の特徴を併せもつような生物が発見された。

そこでヘッケルは、新たに、動物にも植物にも分けられない生物たちの居場所として「原生生物界（Protisten-reich）」をつくり（原生生物を示すプロティスタは、一番最初のもの、根源的なものという意味）、二界説を三界説（動物界、植物界、原生生物界）へと拡張した（現在では、これを修正したさまざまな体系が提示され、まだ議論が続いている）。

また、「界、綱、目、属、種、変種」という階層的な分類体系はリンネが築き上げたものだが（現在では、界、門、綱、目、科、属、種。ただし、それぞれにさらに下位の分類も可能）、ヘッケルは、これを人為的な分類だと考えた。なぜなら、観察して類似したものをグループとし、他の類似したグループとまとめ合わせて、さらに上位のグループをつくる、というプロセスを重ねてつくり上げているからだ。何を類似点と見なすかは恣意的なものである。本来の自然に沿った分類体系は、進化の概念を入れたものでなくてはいけない。そこでヘッケルは、新しく「シュタム（Stamm）」（あるいはフィールムPhylum、フィロンPhylon）という概念を導入した（現在の分類体系では、「門」に相当する）。シュタムは、ドイツ語で「木の幹」のことであり、フィールムの語源であるギリシャ語では、大きな国家組織の基礎をなすような血族の集団のことを指している（語源に関してはそれぞれ三章、一二三頁、五七頁）。

「有機界の各々のシュタム（フィロン）は、自然発生した唯一の祖先形態に由来する、今なお生存している生物形態と既に絶滅した生物形態のすべてを含むものである」（七章、二〇五頁）。最初に自然発生したモネラは何種類だったかという問いについては、全く答えるすべはないもののの、ヘッケルは、自然発生したモネラは複数存在していたはずで、それぞれが一つのシュタムを形成していったか、あるいは、一つのモネラからさまざまなシュタムが分化したこともありえると考えていた。

また進化論の観点からすれば、シュタムは自然に沿った集団だが、これらを束ねる「界」は人為的かつ抽象的な集団だという。つまり、複数のシュタムが、ある類似性から一つのグループにまとめ上げられたものが界となる。動物界には、シュタムとして、脊椎動物（Vertebrata）、軟体動物（Mollusca）、体節動物（Articulata）、棘皮動物（Echino-dermata）、腔腸動物（Coelenterata）の五つが挙げられている（現在の動物分類体系も、この系統分類学を採用し、動物の基本的な体のつくり（ボディプラン・体制）を基にして、三〇を超える門に分けられている）。原生生物界は、海綿動物（Spongiae）、渦べん毛虫（夜光虫）（Noctilucae）、根足虫（Rhizopoda）、プロトプラスタ（Protoplasta）、モネラ（Moneres）、べん毛虫（Flagellata）、珪藻（Daitomea）、粘菌（Mixomycetes）の八つのシュタムからなり、植物界は、藻類（Phycophyta）、車軸藻類（Chara-ceae）、糸状植物（Nematophyta）、茎葉植物（Cormo-phyta）の四つのシュタムからなる（第二巻では藻類を三つに分けて、六つとなる）。

この章の最後に、動植物の区別の際に、動物だけに「ゼーレ（Seele）」（魂、霊魂、心などと訳せる）があるとする解釈への批判が述べられている。ヘッケルは、動物と植物の違いをそこに求めるのは間違いだという。本来のゼーレとは、ヘッケルによれば人間などの高等な動物に見られる「中枢神経系のもつ、高度に分化したさまざまな機能の総体」である。特に重要なのが、恣意的な運動の基礎となる「意志」（Wille）と中枢神経系の神経節細胞内の複雑な分子運動の表れである「感覚（感情）」（Empfindung）だ。しかし、これらも、下等動物や原生生物や植物にも見られるような「反射運動」という単純な状況から、徐々に分化してきたと考えられている。

第三部

「一般解剖学の第一部　一般構築学すなわち有機体の一般的な構造の学」

ここから、ようやく解剖学の本題に入る。

第八章――「構築学の定義と課題」▼ 構築学とは、あらゆる生物の内部形態を扱う学、すなわち体全体がさまざまな形態要素（後述するさまざまな序列の個体）から組み立てられる法則を扱う学である。大部分の生物の体は、さまざまな部分が複雑に結びついて構築されているのであり、これらの部分を序列に分けて、何が基本単位なのか、どのように階層性をつくるのかなどを明らかにしようとする。

そもそも重要なのは、生物の「個体」（Individuum）とは何かという問題だ。形態を扱うには、欠かせない前提でもある。これは当時の生物学では、アクチュアルなテーマだった。人間や他の脊椎動物における個体は容易にわかる。それほど重要な問題とは思われないが、それはたまたま、これらの個体が、形態学的にも生理学的にも完結したものだからだ。

しかし、植物界ではそのような個体を確定することは極めて難しい。木や草には、それぞれ根があって茎があって、枝や葉や花がある姿（株：Stock, Cormus）は動物の個体と変わらないように見えるだろうが、実は、それは形態学的・生理学的単位ではない。そこから枝やつぼみを折り取っても、それらは自分で生きられるし、さらに枝を伸ばして新しい株へと成長することもできる。動物の場合でも不明瞭なものがある。例えば、昔は一個体と思われてきたクダクラゲ類（Siphonophoren）だ。これはいわゆる傘状のクラゲではなく、多くの個体が集まった群体で、個体たちの分業度はかなり高度である。

これら以外にも多くの例外的な事象があり、個体とは何かを突き詰めていくと、解けぬ謎へと陥ってしまうのだ。ヘッケルは現時点では、絶対的な有機的個体を解明することはできないが、有機体の体を「相対的な個体」としてさまざまな序列に区別することで貢献するしかないと考えている。それは、「細胞」を第一の有機的個体と考えて、そこから、その集合体で形態学的にも生理学的にもまとまりのあるものを高位の個体として階層化していく方法だった。さしあたり、有機的個体としては「形態学的個体」と「生理学的個体」を分けて論じられる（ヘッケルの個体概念については小林博行が詳しく論じている）（小林（1993））。

第九章——「有機体の形態学的な個体性」▼ 形態学的な個体（ユニットと考えるとわかりやすい）として、六つの序列（Ordnung）を区別する。それぞれ、部分を欠くことのできない、まとまった全体としての形態のことである。各序列はそのままで生物個体になる場合もあるが、普通は階層的に積み上げられて生物個体を構成する。

第一序列：細胞質体（Plastiden, Plasmastücke）。これは原形質の塊で、有核の細胞と無核のチトーデに区別できる。

第二序列：器官（Organe, Werkstücke）。いくつかの細胞質体から構成される特定の形態（現在の「組織」や「器官」に相当する）。

第三序列：体輻（Antimeren, Gegenstücke）。際立つユニットとして並立して現れる諸部分で、器官の複合体。対を成す形態（左右相称動物であれば、右半分と左半分。顕花植物の花）。

第四序列：体節（Metameren, Folgestücke）。環形動物や節足動物、あるいは顕花植物の茎に見られるような、節の連続したもの。

第五序列：個生物（Personen, Prospen）。高等動物であれば、いわゆる通常の個体に相当する。高等植物では、芽条（Spross：葉と茎が一体となったもの）。

第六序列：群生物・株（Stöcke, Cormen）。群体を成すもの。高等植物の体。

第一〇章——「有機体の生理学的な個体性」▼ もし、今述べた六種の形態学的個体が、ある時間の流れの中で、物質代謝を行って自律的に生きていける単位であれば、それは生理学的個体（ビオン：Bion, On）となる。つまり、それぞれの形態学的個体が、ある生物の中に生理学的個体として現れ出るともいえる。形態学的個体は完結した形態単位なので不変で分割できないが、ビオンは成長するし、その部分が分離して新しいビオンになることもできる（生殖）。ここでは、六つの形態学的個体が、現実にビオンとしての役割を果たしているかが検討される。生理学的個体も六序列となる。

第一序列：細胞質体。ほとんどの原生生物と多くの藻類。

第二序列：器官。多くの原生生物、藻類、腔腸動物（ヒドロ虫類（刺胞動物）やクシクラゲ（有櫛動物））。

第三序列：体輻。多くの原生生物、下等植物や下等動物。

第四序列：体節。ほとんどの軟体動物、多くの下等な蠕虫類、藻類。

第五序列：個生物。たいていの高等動物。植物では稀である。

第六序列：群生物・株。たいていの植物、腔腸動物。あてはまる例として名を挙げられた生物は、「現実的なビオン」（狭義のビオン）、すなわち完成した（成体の）個体である。これは、種を代表するにふさわしい形態学的個体の最高位に達したものである。実際にはその他に、「潜在的なビオン」（個体発生の途上に現れる未完成な個体）や「部分的なビオン」（体から離れて部分として生き続ける個体）も想定できる。例えば、私たち人間であれば、現実的なビオンとして最終的に第五序列の形態学的個体（個生物）に到達するが、発生当初の受精卵としての第一序列の形態学的個体、その後の胚のさまざまな段階として第二から第四序列の形態学的個体、つまり潜在的なビオンを通過する。また、「部分的なビオン」としては、私たちの体の中の白血球や精子（第一序列の形態学個体として現れ出る）が挙げられる。

第一一章――「構築学のテーゼ」▼九章・一〇章の総括。

①有機体の基本的構造のテーゼ：有機体のあらゆる形態学的特徴と生理学的特徴は、有機体を構成する原子や分子の化学的結合や運動からもたらされるもの

であること、つまり、無機界と同等の自然法則に従っているものであることが強調される。

②有機的な個体性のテーゼ：先に扱われた形態学的個体と生理学的個体についての総括。

③単純な有機的個体のテーゼ：細胞質体についての総括。

④結合した有機的個体のテーゼ：第二序列の器官から第六序列の群生物についての階層性が示されている。

⑤生理学的個体性のテーゼ：有機体の種が生理学的個体（ビオン）の集合体であること、第二序列以上の形態学的個体として現れる生理学的個体は、その生存中に、先立つ下位の序列の形態を通過することなどが述べられている。

⑥構築学的な分業化と中央集中化のテーゼ：有機体の形態の「完全性・不完全性」という難問は、今まで十分に検討されてこなかったため、ここで明確な定義を試みている。本来、これは、次章の基本形態学的な特性も加味しなくてはいけないが、ここでは構築学的な特性だけで考えている。基本的な視点は、有機体の内部構造が、個々の構成要素の相互の関連や全体への関連から成立していることである（ヘッケルの念頭には、無機物である結晶の完全性と匹敵するものをつくりたいという気持ちもあったと思われる）。形態学的な完全性は、それを構成する下位の形態学的個体の種類が多様であって分業化が進んでいるほど高まり、また、個々の個体間の依存性、特に上位の個体が下位部分を支配する程度が強くて中央集中化が強まるほど高まるものとされている。

⑦さまざまな個体の完全性のテーゼ：第一序列の形態学的個体から第六序列までの完全性について具体的に記されている。

第四部

「一般解剖学の第二部　一般基本形態学　すなわち有機体の一般的な基本形態の学」

第一二章——「基本形態学の概念と課題」▼　基本形態学（根本形

態学と訳される場合もある）とは、「生物個体の外部形態、そしてその形態の基礎となる幾何学的な基本形態を扱う総合的な学問」であり、その課題は、現実の生物形態を抽象化して、理念的な（幾何学的な）基本形態を決定し、プラズマ（原形質）を構成する有機物質が生物個体の全外形を構築するための特定の自然法則を認識することである。

とはいえ、生物の多様なる外部形態を見れば、そこから幾何学的な一般法則を求めようとするのは極めて難しい。植物の葉や種子といった形態ならともかく、動物のつかみどころのない形態となると尚更である。ヘッケルによれば、このような研究は、一九世紀初頭から他の自然科学者によってとり組まれてきたものだが、通常は、生物の外的な形態から考えたために、せいぜい不規則形、規則形（放射状形態）、左右対称形というような分類にとどまっていた。そこでヘッケルは、G・H・ブロン、G・イェーガーの研究を引き継ぎ、無機物の結晶学に倣って、外的な表面の形態ではなく、それを内から支える軸（Achse）とその軸の両極（Pole）の状態から基本形態を抽出する方法をとり入れたのである。

したがって、その抽象化は、ゲーテの「原型」のように現実の形態から「直観」によって読み取られるのではない。結晶学では、その個体の結晶軸の本数と長さ、それらの軸の交差角度によって、七つの晶系（System）が分類される。結晶も多種多様な形態になっているのだが、軸を基本にして、三斜晶系、単斜晶系、斜方晶系、正方晶系、立方晶系、六方晶系、菱面体晶系という七つの基本的形態に分類されているのである。ヘッケルのいう「軸の両極」とは、軸の両端と基本形態の面との接し方を表する。つまり、軸の両極とは、軸の本数と長さ、それらの交差角度からもたらされるものであり、一つの基本形態の面を定めるものである。

第二三章――「有機体の基本形態の分類」▼ 結晶の晶系に倣《なら》って、実際に生物の基本形態をカテゴリー分けしていく。まずは生物形態を、中心点・軸があるか否かで大きく二分し、軸の長さ、軸の本数、軸の角度、軸の両極の形状、中心面の存在など多様な条件を掛け合わせながら、細かな分類（全部で六八分類項目で、基本形態四〇種類）が試みられている（あまりに複雑なため、ここでは詳細は省くが、形態学者ラッセルはのちにこの基本形態学を「この科学は、軸と平面、極と角を扱い、耳障りな術語のまさに狂乱となった」（ラッセル（1993, 1916）261）と評している）。

ここでは分類の最初の段階のみを少し紹介しておく（分類階級名は、綱、目、科、属、種を用いている）。まず、中心点も軸もないAnaxonia（第一綱）（基本形態：不定形の塊）、中心点・軸があるAxonia（第二綱）で大きく二つに分け、第二綱はさらに、同じ長さの軸をもつHomaxonia（第一亜綱）（基本形態：球）、不同な長さの軸をもつHeteraxonia（第二亜綱）に分けられる。第二亜綱はさらに、複数の軸をもつPolyaxonia（第一目）（基本形態：球に内接する多面体）、一本の中央軸をもつProtaxonia（第二目）に分けられ、第一目はさらに、不規則な多軸形態Polyaxonia arrhythma（第一亜目）（基本形態：球に内接する不規則な多面体）と規則的な多軸形態Polyaxonia rhythmica（第二亜目）（球に内接する規則的な多面体）というように、順次分けられていくのである（ヘッケルはのちに、より簡単でわかりやすい基本形態に改訂するのだが、それについては本書第二部第8章にて扱う）。

第一四章――「個体性の六序列の基本形態」▼ それぞれの序列の形態学的個体に関して、その外部の基本形態を検証していく。例えば、第一序列の形態学的個体「細胞質体」は、不定形で、幾何学的な形態を認められない場合が多いが、基本形態として球体を呈する時もあるし、球に内接する多面体、楕円体、卵形、円錐、角錐なども呈する。生物形態は極めて多様なため、各序列の形態学的個体の基本形態に関しては、この場合はこれ、あの場合はあれもありうるという冗長な説明となっている。ヘッケルの説明では、第三序列の体輻（対を成すものの片方の形態）の場合のみ、単純な角錐（ピラミッド）、特にその中でも三角錐が基本形態となる。

第一五章――「基本形態学のテーゼ」▼ 一二章から一四章まで

の総括。大きく一一のカテゴリーに分けられ、さらに九五のテーゼに分けてまとめられている。簡単に概説しておく。

①生物の基本形態のテーゼ(1〜9)：生物の形態も、無機物の形態も、原子からなる分子が自然法則に従って構築したものだ。個体に軸があるものは数学的に規定された形態だが、そうでないものは不定形である。

②生物の基本形態と無機物の基本形態との比較のテーゼ(10〜22)：中心点・軸に基づく法則的な配置という点では両者の基本形態は共通だが、生物特有の状況から、生物における基本形態の数は、結晶と比べてはるかに多く、幾何学的形態も明瞭ではない。また生物特有の有機物質のコロイド状の凝集状態や個体発生に伴う形態の変化もあって、結晶学のようにはいかないが、理念的な幾何学的基本形態を認識することは可能だ。

③個体の基本形態の構成のテーゼ(23〜30)：第一序列から第六序列までの形態学的個体の基本形態が、下位の序列の基本形態からどのように構成されているのかについてまとめている。

④基本形態の中心の種類についてのテーゼ(31〜37)：中心の性質に従って、三つのカテゴリーを設定し、中心点を一つもつグループ、中心軸を一本もつグループ、中心面を一つもつグループの基本形態をまとめている。

⑤非十字軸の基本形態のテーゼ(38〜45)：軸の状態から基本形態は二つに分かれる。十字軸をもつグループともたないグループだ。後者の基本形態についてまとめている。

⑥十字軸の基本形態のテーゼ(46〜55)：このグループの基本形態は、非十字軸のグループと比べて形態の多様性と複雑性を生み出し、より高度で完成された形態である。

⑦子午面の基本形態のテーゼ(56〜66)：中心面(子午面)をもつグループは、最も高度で最も複雑に分化した基本形態である。

⑧生物の基本形態の完全性についてのテーゼ(67~72)：完全性が高まるのは、それぞれの定軸の長さが異なる場合、長さの異なる軸の数が多い場合、軸の両極の形状が異なる場合、形状の異なる極の数が多い場合である。

⑨生物の基本形態の半面像のテーゼ(73~84)：結晶の場合は、対称面が少なく結晶面が完面像(完全な結晶)の半分であるものがある。生物の基本形態が上昇していく段階においても同様なことが生じている。

⑩生物個体の結晶形態についてのテーゼ(85~89)：結晶形態の立方体、八面体、一二面体などは、生物の基本形態にも見られる。

⑪個体性の六序列の基本形態についてのテーゼ(90~95)：それぞれの序列の基本形態について(可能であれば代表する基本形態も含めて)まとめられている。

✹――「第四部への補足」

①一般的形態分類体系としての基本形態分類系：ヘッケルは、結晶学を参考にしてつくった四〇個の基本形態からなる分類体系を、世界のすべての形態を説明する「一般的形態分類系(generelles Formensystem)」へと拡張する意欲を見せる。

②体の中心に関連する最重要な幾何学的基本形態の一覧表：中心のないものAcentra、中心点が一つあるものCentrostigma、中心軸が一本あるものCentraxonia、中心面が一つあるものCentrepipedaの四つのグループに分け、さらに下位の分類がなされている。

③基本形態の決定のための表：ある生物個体の基本形態を確定するのは煩雑な手続きなので、イエスノー式の表を作成してある。これに従っていくと、四〇個の基本形態カテゴリーのどれかに達する(というが、表示が非常に煩雑で難しい)。

④基本形態に対応する現実の型(Typ)の一覧表：四〇個の基本形態の名称が、どの現実の生物の型に対応するかが書かれている。例えば、「正立方体」であれ

◆――ヘッケル『有機体の一般形態学』(1866)第1巻 Tafel I　十字軸・異質極(角錐型)の基本形態の例。

ば、シャジクモ（Chara）に対応する、というように。
⑤基本形態学的カテゴリーについての表：再度、②の表、③の表で用いたカテゴリー名を整理している。
⑥図版が二枚添付されていて、一枚は、形状の異なる極を有する十字軸の基本形態、つまり角錐型（ピラミッド型）の例を集めたもので、もう一枚は、複数軸の基本形態（球に内接する多角形）と形状の同じ極をもつ基本形態（ダブルピラミッド）の例を集めたものであり、それぞれを説明する文章が補足されている。

筆者補足▼ 以上が、基本形態学についての内容であるが、着眼点は興味深いものの、影響力は少ない分野だったといえる。ヘッケル自身も四〇年後に『有機体の一般形態学』の抜粋版を作成する際に、一四、一五章を完全に削除している（Haeckel（1906））。そのわりにここで長く説明したのは、これがヘッケルの考える一元論的な自然の美に大きく関与してくるからである。本書第二部の第8章にて再度扱うことにしたい。

第2巻——有機体の一般発達史

進化論によって根拠づけられた、有機体の発生しつつある形態の機械的学問の批判的な基本特質

▼目次

一般発達史への体系学的導入（有機体の自然体系の系統学的な概観）▼

「体系学（Systematik）とは、普通思われているような特別な学問ではなく、むしろ単に有機体の形態学の特別な表現形式なのであり、その最も重要な内容を抜き出した集約的な一覧であり、血縁関係に基づいて一覧化され、緻密な形態学的特徴づけによって説明された有機体の事項索引および名称索引なのである」（XVII頁）。生物の形態にひそむ法則——進化の法則——を探り出して、それによ

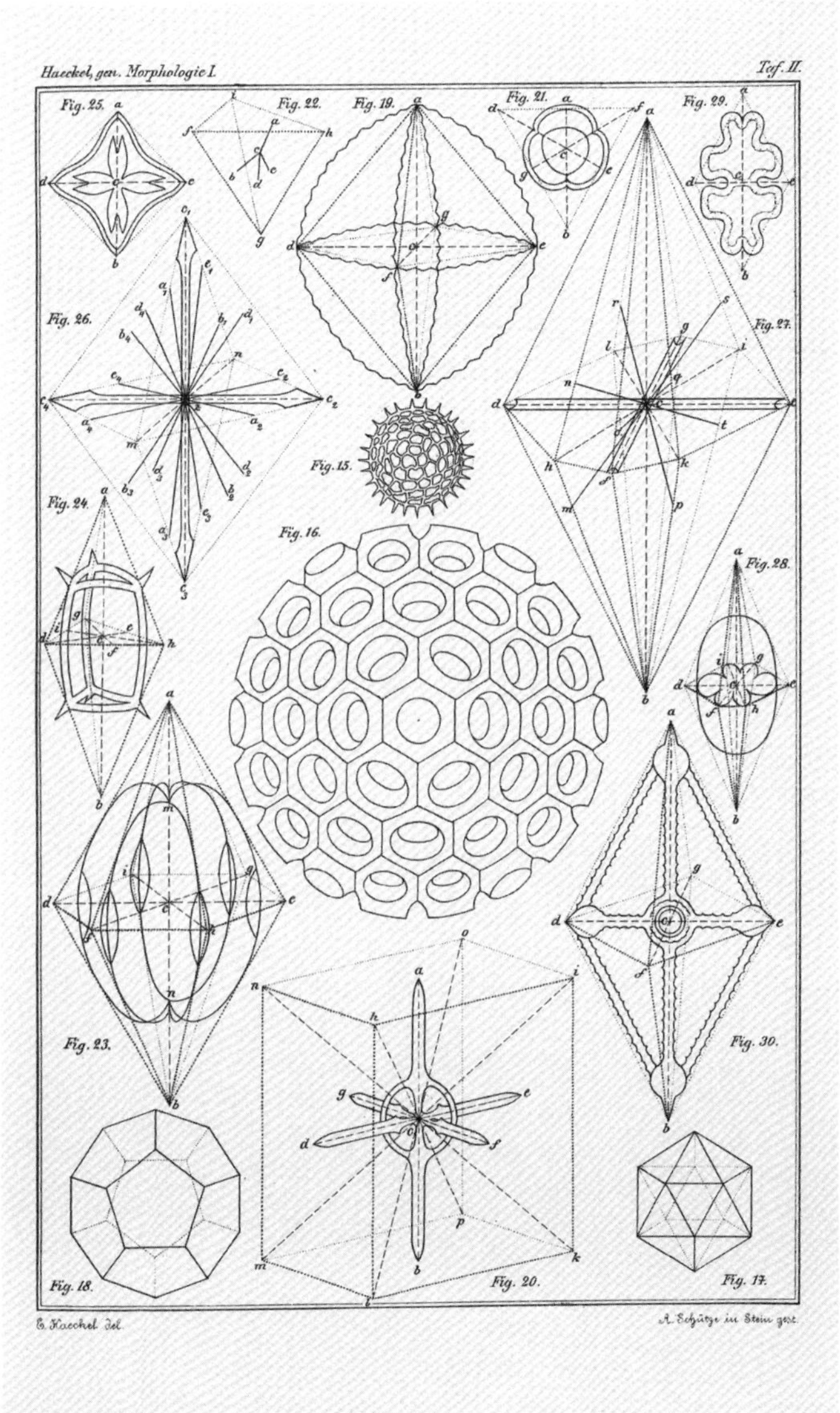

◆——ヘッケル『有機体の一般形態学』(1866)第一巻 Tafel II　複数軸(球に内接する多面体)と同質極(二重ピラミッド)の基本形態の例。

って形態学を一般的な学問に引き上げることが、『有機体の一般形態学』のめざすものだった。「系統的類縁性」こそが、生物形態の無限の多様性と類似性を余すところなく説明してくれるキーワードなのだ。

ヘッケルは、ダーウィンの進化論に基づけば、生物の自然体系は、その「系統樹（Stammbaum. Genealogema）」に示されるものだと考えた。系統樹が、現段階では不完全であって暫定的なものだということは承知の上で、巻末に図版が掲載されている（Tafel I-VII）。ここではそれに基づき、生物の体系が、三界（動物界・植物界・原生生物界）ごとにシュタム（門）別に詳細に説明されている。シュタムについては、第七章の紹介ですでに記したので省くが、植物界の門が四つから六つに変更されている（藻類が、原植物 Archephyta、紅藻類 Florideae、褐藻類 Fucoideae に分けられた）。実際にはその下位分類までの説明がある。

最後に「補遺」として、ヒトの系統樹について述べられている（これについての詳しい叙述は二七章で扱う）。ヘッケルは、哺乳類の体系の中でのヒトの位置については幸運にも明白であり、リンネもまた、ヒトと真猿類（類人猿などを含む）と原猿類（キツネザルなどを含む）を霊長目（Primates）としてまとめていると指摘し、ヒトに繋がる系統の後半を、哺乳綱―サル目（Simiae）―サル亜目（狭鼻猿類）（Catarrhinae）―無尾の狭鼻猿類（Lipocerca）―直立ヒト科として、ここに「ピテカントロプス（*Pithecanthropus*）」とヒト（*Homo*）が属す、としている。ピテカントロプスという語は、この書物ではここだけにしか出てこないが、サルからヒトへのミッシングリンクとして重要な位置をもつことになる（詳しくは本書第二部第2章）。

第五部
「一般発達史の第一部　一般個体発生学すなわち有機的個体の一般的な発達史」（発生学と変態学）

第一六章――「個体発生学の概念と課題」▼ 個体発生学とは、生理学的個体（ビオン）が個体として生存している全期間の間に通過する形態変化を扱う総合的な学問である。その課題は、個体の形態変化を認識し説明することであり、すなわち、ビオンに現れ出る形態学的個体の形態変化を引き起こす特定の自然法則を突きとめることだ。

進化論との関係を、ヘッケルはこう述べている。個体発生学と系統発生学は、遠く隔たった学問に見えるが、実は「最も密接に結びついた不可分の」ものなのだ。「私たちが、この最も重要な関連性を完全に認識し、この特別な価値を正しく評価できるのは、当然ながら、進化論(Descendenztheorie)があってこそなのである。進化論だけが、私たちに、発達史の驚嘆すべき現象を理解する鍵を与えてくれ、個体発生が系統発生の短い反復(Recapitulation)に他ならないことを示してくれるのだ。まさにこの点に、進化論(Abstammungslehre)の測り知れない意義があるのであり、この点にまた、ダーウィンが進化論を改良し因果的に基礎づけることによってなし遂げた特別な功績の源があるのだ。進化論だけが、私たちに有機体の発達史を説明することができる」(一六章、七頁。傍点部は原文で隔字による強調部分)。

系統発生に関してはあとの章で詳述されるが、ここで既に、個体発生は系統発生の反復であるという重要な概念が登場し、なおかつ、生物の形態の発達はすべて進化によって規定されるという考え方が示されている。

謎多き個体発生の仕組みについての歴史も述べられている。一七、一八世紀に隆盛を極めた前成説(最終的に完成される個体の形態が、生殖細胞の中に既にミニチュアとして存在していて、発生過程でそれが徐々に展開していくという考え方)に代わって、一七五九年にドイツの博物学者ヴォルフが『発生論』で後成説(形態は未分化な状態から徐々に形成されるという説)の再興を勝ち取って以来、特にドイツに優秀な生物学者たちが輩出し、発生学を高めていくことになった。ヴォルフは、脊椎動物のような複雑な動物であっても、発生の最初は単純な「葉」の様な形状の基本的な原基が生じ、それが複雑化し、変形して発生が進んでいくことを発見した点(フォン・ベーアの胚葉説の先駆となった)で、非常に大きな貢献を果たした。この後成説に機械的説明を与えるのが、進化論なのだ。

発生を理解するには、「生殖（Zeugung）」の生理学も重要だ。これによって種は存続する。つまり、有性生殖であれ無性生殖であれ、生殖によって個体発生が開始し、その個体の生殖により次世代の個体へと繋がる。さらに詳しくいえば、個体発生においてビオンが辿る一連の形態の変化は、高等な動植物などのような有性生殖の生物では受精卵から始まって次の生殖に繋がるが、原生生物によく見られる分裂などの無性生殖の生物では、親個体が分裂してから子個体が分裂するまでとなる。両方を合わせて、ビオンが個体発生中に辿る一連の形態のことを「生殖環（Zeugungskreis）」と名づける（これが一般的な狭義の個体発生概念であるが、生物個体の死までを含む全プロセスの場合は、上昇期（Aufbildung）、完成期（Umbildung）、退行期（Rückbildung）の三段階で示すことが述べられている）。

さらにここでは、（既に随所に散見しているのだが）「系統学的個体（genealogisches Individuum）」の概念が説明される。個体に関しては、既に形態学的個体と生理学的個体が登場しているが、系統学的個体は第三の個体となる。この個体性概念は、少々理解するのが難しい。当時、動物学ではハクスリー、植物学ではフランスのガレシオが提起しているものだとされるが、それは、個体性を、連続的に変化する状態を一まとまりにしたユニット（一サイクル）として考える。したがって、生殖環は、個体発生中の形態（発生の開始から次の生殖に至るまでに連続的に変化する諸形態）の一まとまりのユニット（一サイクル）なので、これを系統学的個体の第一序列とする。先に挙げた説明では、個体発生ではさまざまな序列の形態学的個体が現れ出るが、成体の最終形態を有するのが「現実的なビオン」であり、これが種を代表する。

同じ生殖環（第一序列）が集まって構成されたユニットが「種（Species）」であり、生殖環が多数の形態からなるのと同様に、種も多数の生殖環からなりたつものだという。そのため、種を系統学的個体の第二序列とする。さらに、同じ祖先から由来したすべての種が集まって構成されたユニットがフィロン（シュタム、門）であり、これが系統学的個体の第三序列となる。つまり、それぞれのフィロンは多数の種を表し、個々の種は多数の生殖環を表す。そして個々の生殖環は個体発生中の多数の形態学的個体を表す。系統学的個体は、時間的なユニットであり、空間的な諸変化のサイクルが閉じることによって個体性を獲得するものといえる。

この三つの系統学的個体には、三重の並行関係があるとされる。それは、それぞれの序列に現れる連続的に変化する形態の状態が、不思議なことに一致しているということなのだ。

「このような個体の形態発達、体系学的な形態発達、古生物学的な形態発達に現れた三重の並行性の中に、つまり、ビオンと種とフィロンの発生的な類似性の中に、私たちは進化論（Descendenztheorie）が真実であることを反論の余地なく証明する証拠の一つを見出すのだ。なぜならば、このような並行性を機械的かつ因果的に説明することが可能なのは、進化論だけなのだから」（一六章、三一頁）。

筆者補足▼ ここには理解に苦しむ点がある。ビオン（個体）の発生に現れる形態学的個体の変遷と、フィロンにおいて現れる種の変遷からは、確かに形態的な並行性が理解されるが（個体発生と系統発生の並行性）、種の体系学的発達に関しては、そもそも種が同じ生殖環の集まりであると定義されているため、すんなりと並行性を認めるのは難しい。一体、どのように考えればよいか。

体系学的な形態発達に関してヘッケルの念頭にあったのは、同一シュタムに属する現状の種たちの比較解剖学的な一覧であろう。つまり、ある系統（シュタム）の進化のプロセス（伸びゆく樹木と考える）を現時点で水平に切り取った際に示される各枝の断面には、各々の種の進化の度合いの差が見て取れる、というわけだ。そもそも、三つの系統学的個体としてまとめあげるのは、少し無理があるように思われる。詳しくは第二三章の解説で扱うことにする。

第一七章――「生理学的個体の発達史」（生殖環すなわち第一序列の系統学的個体の自然史）▼ ここではまず生理学的個体の発生の開始、つまり生殖の種類が説明されている。自然発生に対する有親発生（Tocogonia）が無性生殖と有性生殖に分けられ、前者はさらに分裂、出芽、胞子形成、後者はさらに各個体の雌雄同体性、雌雄異体性（Gonochorismus）に分けて述べられていく。個体発生における四つの生理学的機能として、生殖、成長、分化、退行が挙げられ、それらが、個体発生の三段階（上昇期、完成期、退行期）に対応すると説明される。および生殖環の種類と特質（現在の言葉でいえば、生物たちの「生活環」と考えてもよい）の説明が展開される。生殖環は、無性生殖環と有性生殖環に分けられ、後者には、有性生殖と無性生殖が交互に現れる真正世代交代（Metagenesis）が含まれる（例えば、ミズクラゲはポリプ型とクラゲ型という生活相を繰り返す）。また世代交代の概念を拡大した「世代継起（Strophogenesis）」の説明がある。それは、有性生殖の生物であっても、受精卵の段階から成熟段階に至るまでは、下位の形態学的個体たちの一連の無性生殖が展開される（つまり、細胞などの分裂や出芽を通して体が形成されていく）という考え方である（これは植物学者ブラウンの考え方を再編したもの）。

第一八章——「形態学的個体の発達史」▼ ここでは、六つの形態学的個体（細胞質体、器官、体輻、体節、個生物、群生物）の個体発生が扱われるが、生理学的個体の個体発生とはかなり意味が異なる。各形態学的個体は、実際には、それぞれに無限の形態の多様性を有している。生殖、成長、分化、退行という生理学的プロセスの影響を受けて、例えば細胞といっても形は多様である。つまり、それらに共通する形成法則を見出そうとする試みなのである。そのため、ここでは、個体発生というよりは「ユニット」の形成過程という方が意味を取りやすいだろう。ヘッケル自身も認めているように、ここは極めて難しい部分である。

例として、「器官」の個体発生について見てみよう。個体発生上、均質な細胞の集まりから、なぜ、どのように器官が形成されてくるのかは、多くの人々の関心を引きつけてきたことである。器官は、それの構成要素である細胞質体（細胞やチトーデ）の個体発生が大きく影響していることは確かで、例えば、器官の生成・成長は、細胞質体が分裂や出芽によって増えることが前提となる。しかし、器官の分化(多様化)あるいは退化を説明することは、全く不可能であるとヘッケルはいう。その際、彼が頼るのは、器官の個体発生と系統発生の間に存在するはずの因果関係である。「器官の個体発生に認められるすべての形態変化、およびそれらの土台となるすべての発達機能、つまり、器官の個体発生に共に作用する、構成要素の細胞質体(そして複合的な器官であれば下位の器官)の発生(生殖)、成長、分化、退行というすべてのプロセスは、適応と遺伝の法則によって規定された元来の古生物学的な現象の縮約された素早い反復なのである。それらが、長い時間に渡って多くの世代を経ることにより、ゆっくりと現在の特有な器官の形態を生み出すことになったのである」(一八章、一二〇頁)。

特に個体発生における器官の退行とは、自然選択による進化の中で、その器官が消失する方が生存に有利であったことを示すのである。これは、のちにガストレア理論で扱われるテーマなのだが、系統発生は個体発生を繰り返すという因果関係は、生物個体の外部形態だけではなく、器官や組織などの内部形態の形成の理解にも応用されることになる。

第一九章――「由来理論と選択説」▼ 先にも触れたように、由来理論は、ダーウィンの自然選択説よりも歴史の古い、ロマン主義的な自然哲学の中で育まれたものだ。その内容の核は次のようなものである。

「今日の地球上に生息する生物、そしてまたある時代に生息していた生物のすべては、悠久の時の流れの中で、ほんの少しの(たった一つだったこともありうるだろう)共通の祖先形態から次第に形を変え、ゆっくりと完全化しながら生まれ出たものなのだ。その祖先形態は、最も単純な細胞質体(モネラ)に相当する極めて単純な始原生物として、無機物から自然発生して生まれ出たものだ」(一九章、一四八頁。原文はすべて隔字体。括弧内はヘッケルによる)。

この理論が、普遍的な因果則として、あらゆる発達史を科学的に証拠づけるのである。しかし、由来理論はまだ科学として浸透していない、とヘッケルは理解していた。現状ではまだ、これをあらゆる科学に応用することも、これによって私たちの世界観を変えることもできていないし、有機界と無機界の完全な統一性などの一元論的な自然理解も経験的に認められてはいない。

ヘッケルはここで再び、由来理論とダーウィンの自然選択説を区別する。「由来理論は、有機的自然のあらゆる一般的な(形態学的かつ生理学的)一連の現象を、唯一の大きな調和的な像にまとめるものであり、その像のあらゆる特質が、唯一の生理学的自然のプロセス、つまり種の変化から、どのように調和的にかつ完全に説明されるかを、私たちに示すものだ。対して自然選択説は、いかにして、種の変化というこのプロセスが自然に起きるのか、なぜそれは必然的に、起きるべくして自然に進むはずなのかを示すものだ。自然選択説はこの生理学的なプロセス自体を、その機械的な原因、つまり動力因(Causae efficientes)を知らしめることにより説明するものなのだ」(一九章、一六六—七頁。傍点部は原文中の隔字体の強調部分)。このあとに、選択説について述べられる。

自然選択の基本思想は、「遺伝(Vererbung)」と「適応(Anpassung)」という生理学的機能の相互作用という点にあるとする。そしてこの二つこそが生物の形態を形成する要素だ(ただし現代的な意味とは異なるので注意が必要だ)。「遺伝能力(Erblichkeit)」は、生殖によって同一の、あるいはよく似た子孫を生み出す、すなわち形態を保存する内的な「形成本能(Bildungstrieb)」(ゲーテがメタモルフォーゼ論で用いた言葉)であり、潜在的な力である。一方、「適応能力(Anpassungsfähigkeit)」は、環境との相互作用により遺伝的な形態を変更する、すなわち形態を変化させる外的な「形成本能」であり、現実的な力である。この二つの力の相互作用から、生物種の形態の維持と個体の形態の多様性が生まれる。

このように生物たちが外的環境と作用し合う状況が、ダーウィンのいう「生存闘争」であり、そこで、より環境に適応した生物が生き残ることが「自然選択」なのである。ただし注意すべき点は、ヘッケルが、生物が適応によって獲得した有利な形質は、子孫に遺伝するというラマルクの説を信じていたことだ。しかしこれも、当時の科学のレベルでは当然のなりゆきだっただろう。何しろ、遺伝のメカニズムに関してはほとんどわかっておらず、生殖の際に親から子へ何らかの物質的な部分が直接受け継がれるだろうという程度の理解だった。形質を獲得するメカニズムも、獲得された形質の遺伝に関しても、同様に説明は困難であり、外界と生物との物質レベルのやりとり（物質代謝：Stoffwechsel・栄養：Ernährung）が関連していると推定される程度だった（遺伝のメカニズムについては、一八六八年のダーウィンのパンゲネシス論――遺伝を司る粒子としてのジェンミュールを仮定――に刺激されて、ヘッケルもまた一八七五年に、ペリゲネシス論を提示した。それによると、細胞内には遺伝を司る生命分子としてプラスティドゥールがあり、それは特有の分子運動により無意識の記憶を担うものであり、この運動が伝えられるのが遺伝である。適応によって獲得された形質が遺伝するのは、この運動が変化を受けるからである、というように説明している）（Haeckel（1875a））。

ヘッケルは、さらに、遺伝について二つの法則（「保守的な遺伝の法則」と「前進的な遺伝の法則」）を分け、さらに前者を五法則に、後者を四法則に分けて説明している。獲得形質の遺伝は「前進的な遺伝」として扱われている。また適応については、外界との相互作用により物質レベルの（栄養的な）変化が現れるという考えに基づき、親の世代の適応が子の形態に結果として現れる「間接的な適応の法則」（例えば、同種の子世代はよく似ていても変異があって全く同一ではないこと、あるいはなぜ奇形が生まれるかなどを説明するもの）と自分が適応した結果が自分の形態に現れる「直接的な適応の法則」の二つを分け、それぞれさらに三法則、五法則に分けて説明している。

なかでも興味深いのは、遺伝の法則の五「短縮された、あるいは単純化された遺伝の法則」だ（一九章、一八四頁）。遺伝的な形態は個体発生中に特定の順序で連続的に現れ出るわけだが、それは時間とともに、その一部が脱落することによって短縮される、というものだ。個体発生は系統発生のすべてを反復するものと理解されるが、現実にはそうではないのだ。これは既に(1864)、フリッツ・ミュラーが甲殻類の個体発生の中に発見していたことだ(彼はダーウィン進化論に基づく反復説をヘッケルよりも前に発表しており、ヘッケルはこれを称賛していた)。なぜ、このようなことが起こるかといえば、若い個体が激しい生存闘争に遭遇した場合、(適応するために)より早く完全な成体の状態に近づけるものが有利で生き残る。これにより、個体発生が短縮して早まり、それが次世代に遺伝していく、というのだ。結果として、近縁の種であっても、個体発生が異なるケースもあることになる。

この一九章の第七項「選択」においては、人為選択を述べたあとに、自然選択について詳細に説明され、ダーウィンの提唱した性選択説にも触れられている。第八項では、生物の分化、多形化も自然選択の結果であることが述べられ、第九項では、生物の完全化(従来、神の創造プランに基づく目的論で説明されてきた)もまた、自然選択の必然的な結果として説明されている。また、第一〇項では、有機体の形態学の特別な分野として、退化器官(痕跡器官)の学として「無目的論的学(Dysteleologie)」が提唱されている。このような器官の存在こそ、目的論を打破し、進化の過程からのみ因果的に説明されるものなのである。

さらに第一一項では「エコロギー(生態学)とコロロギー(生物分布学)」(ドイツ語読みを使用)と題されて、現代の私たちに馴染み深い分野が登場する。この二つの生物学(形態学ではなく生理学に属する)は既に存在していたが、重要視されてこなかったという。ヘッケルはこれらの重要性を認め、ここで進化論を用いて説明し直し、新たな名称の新たな学問として再デビューさせることになった。つまり、ここここそがエコロジーの誕生の場となるのだ。

「エコロギーとは、生物とそれを囲む外界との関係を扱う総合的な学問と理解され、外界には広い意味ではすべての「生存条件」が含まれうる」(一九章の二八六頁。傍点部は原文中の隔字体)。これらの生存条件には、水や光や土壌などの無機的なものと、その生物が接触するあらゆる生物が含まれ、両者ともに、生物の形態形成にとっては極めて大きな意味をもっている。なぜなら、生物は、これらの条件に適応するように強いられるからであり、まさに生存闘争と自然選択の起こる現場となるからだ。エコロギーという名称は、「家計」を表すギリシャ語の「オイコス」に学問を表す「ロギー」をつけて造語された。

一方「コロロギー」とは、生物の空間的な分布、つまり、地球表面上における生物の地理的かつ地形的な広がりを扱う総合的な学問である」（一九章、二八七頁。傍点部は原文中の隔字体）。陸地のみならず、深海底などもその射程に入る。植物の地理学に関しては従来から、アレクサンダー・フォン・フンボルトらによって研究されていたが、しかし進化論による因果的な説明が可能になるのはこの書物からである。つまり、地球上のさまざまな場所にさまざまな生物種が分布すること、島の生物と大陸の生物との関連、南方の生物と北方の生物との間の差異などといった現象は、生存闘争による自然選択の必然的な結果であるとして説明される。コロロギーという名称は、「土地」や「住処」を表すギリシャ語の「コラ」に学問を表す「ロギー」をつけて造語された。

これらの二学問を合わせたものが、今日の「生態学」の内容に近いものと思われる。ただし、こののちにヘッケルが生態学者になったわけではない（詳しくは本書第二部第6章に述べる）。

第二〇章――「個体発生のテーゼ」▼個体発生もまた、物理・化学的な法則に従って機械的に説明可能な一元論的なプロセスであることが確認され、第五部で述べてきたことを四四テーゼの形で総括。

特に、個体発生と系統発生の因果関連については、次の二テーゼでまとめられている（括弧内は原文どおり）。

40：個体発生、すなわち、それぞれの有機的個体が個体として生存する全期間の間に通過する一連の形態変化としての個体発生は、系統発生、すなわち、その生物が属する有機的シュタム（門、フィロン）の発達史によって直接的に規定されている。

41：個体発生は、遺伝（生殖）と適応（栄養）という生理学的機能によって規定された、系統発生の短く素早い反復である。

しかし実際の観察によれば、忠実に反復されてはいないようなので、次の三テーゼでは断り書きを示している。

42：（第一から第六序列までの形態学的個体として現れ出る）有機的個体は、その個体発生の素早く短い期間の間に、その祖先たちが緩慢で長い古生物学的な発達の間に、遺伝と適応の法則に従って辿ってきた形態変化の中で最も重要なものを反復する（括弧内は原文どおり）。

43：ビオンの発生に現れる系統発生の完全かつ忠実な反復は、個体発生がより真っ直ぐな道（直線的な近道の意味）を歩むことによる二次的な縮約によって、不明瞭になったり短縮されたりする。したがって、次々に通過する一連の幼生の状態が長ければ長いほど、反復はより完全となる（括弧内は筆者補足）。

44：ビオンの発生に現れる系統発生の完全かつ忠実な反復は、ビオンが個体発生の間に新しい諸状況に適応するという二次的な適応によって、ゆがめられたり変更されたりする。したがって、ビオンやその祖先のさらされた生存条件が一様であればあるほど、反復はより忠実となる。

筆者補足▼ ここでは「反復説」は、まだ「生物発生原則」とは呼ばれていない（この名称は、一八七二年の『石灰海綿』で登場する）。「生物発生原則」の真偽はさておくが、これがヘッケルにとっては、進化論（特に一元論）から推論された重要な仮説（発見的な仮説）であり、必ず、将来に検証されるはずのものだったことは確かだ（詳しくは本書第二部第1章で扱う）。彼は、次の第六部では、これを基にして、進化の謎を解こうとするのである。ただし、進化の道すじに関してはまだ仮説が多いことを彼自身も承知していた（序）。

第六部
「一般発達史の第二部　一般系統発生学すなわち有機体の系統の一般的な発達史」（系統学と古生物学）

第二二章──「系統発生学の概念と課題」▼ 「系統発生学、すなわち、有機的シュタム（Stamm）の発達史は、フィールム、すなわち有機的シュタムが、それが個体として生存

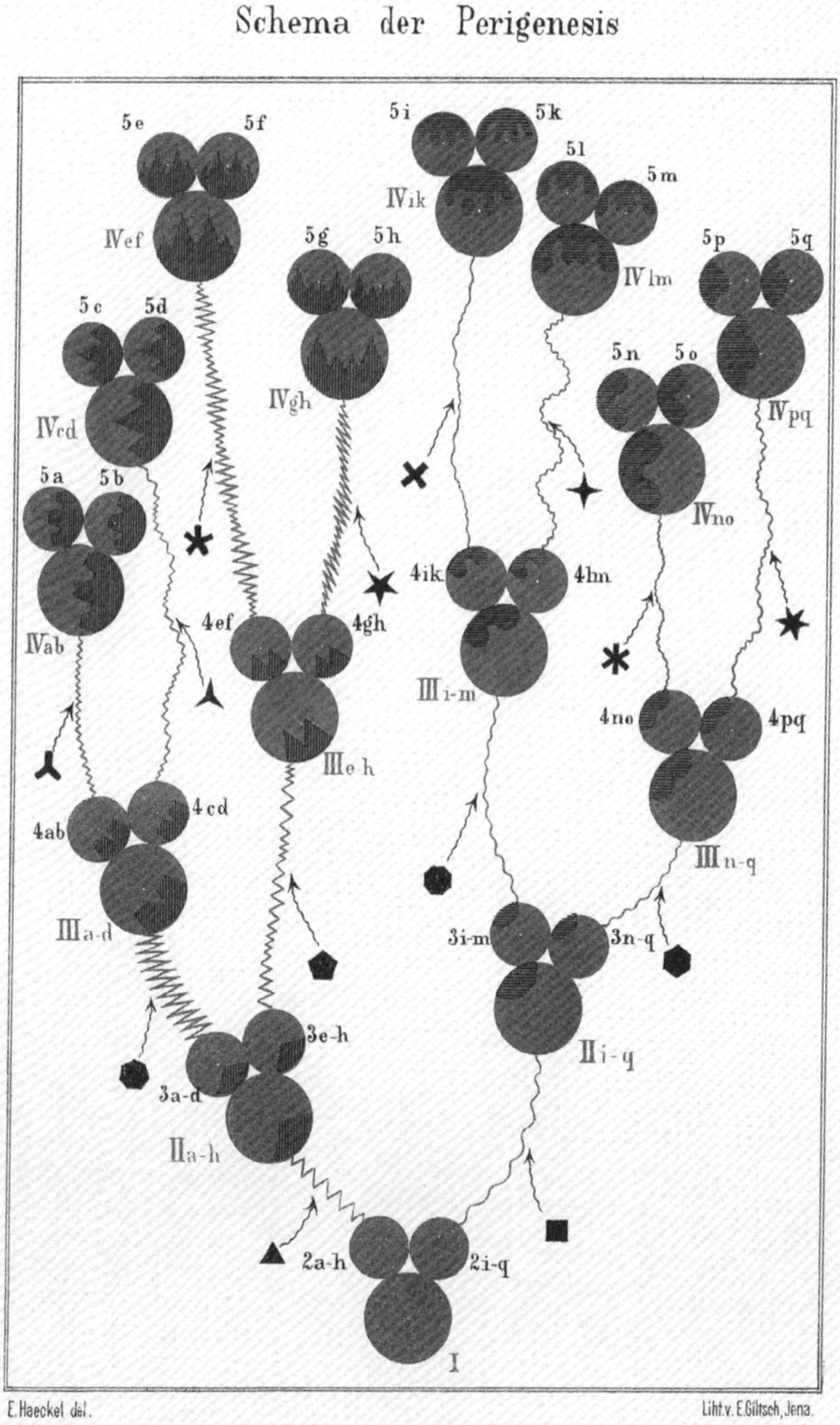

✦——ペリゲネシスのイメージ。Haeckel（1875a）扉。丸はプラスティドゥール。形質は次世代に波動で伝わるとする。プラスティドゥールが外界の様々な環境（黒の図形）に適応すると波動に変化が現れ、獲得した性質がプラスティドゥールを変化させていく。

する全期間において辿る形態変化を扱う総合的な学問、つまり、血縁として繋がりつつ共存する成員として、それぞれのシュタムを構成する種（Art. Species）たちの移り変わりを扱う総合的な学問である。この学問の課題は、それゆえ、種の形態変化を認識し説明すること、つまり、自然発生したただ一つの共通の祖先形態から分化した子孫として、ただ一つのフィロンを構成するすべての多様な生物種が生じる際に従うべき、特定の自然法則を突きとめることである」（二一章、三〇三頁。傍点部は原文中の隔字体の強調部分）。

系統発生学の課題は、具体的にいえば、まずは類縁関係にある個々の種の発達史を知ることであり、最終的には、分類されたさまざまな種の系統学的な関連性（系統樹）を知ることである。

しかし、系統発生は、観察も実験もできない過去の現象だ。唯一の直接的な経験的資料は、古生物学が与えてくれるわずかな化石だけ。そこで方法論として重要になるのが、前述の「個体発生は系統発生の短い反復である」という法則に秘められた因果関係なのである。系統発生が、個体発生の機械的な原因なのだから、それによって個体発生の謎は解かれうる。一方では、個体発生を観察することによって、系統発生を正しく評価することができる。なぜなら、個体発生は観察可能な対象であるために、経験的な知識が圧倒的に多いからだ。このようなツールを使えば、「完全に欠陥だらけのボロくずの寄せ集め」にすぎない系統発生史を、大胆な仮説で補うことができる。仮説形成は今、「最も緊急に果たすべき義務なのだ」（二一章、三〇七頁）。

ヘッケルはここで断言する。「したがって、私たちの意味での系統発生学は、極めて小さな部分を古生物学の経験的資料から、はるかに大きな部分を批判的な系統学の補足的仮説群からまとめ上げる学問なのである。後者［系統学］は、まず、個体発生学と体系学の提供する補助的な資料に依拠し、さらには、すべての有機体の法則を哲学的に利用することに基づかなければならない」と（二一章、三〇八頁）。

この章では、地球の地質学的な時代区分、古生物学的な時代区分などにも触れられている。

第二二章——「種の発達史」（有機体の種すなわち第二序列の系統学的個体の自然史）▼ ここでは、種とは何かという問題（Species-Frage）が扱われている。生物の種に関しては、自明のように思われがちだが、実は現在でも、種は何かと問われると明確な答えは存在しない。このような難しい問題に対して、ヘッケルはどのように考えていたのだろうか。

ヘッケルによれば、『自然の体系』で二語名法を導入したリンネは、キリスト教のドグマに則り、種は不変であって独立して存在するものと考えたが、これは全く現実を捉えていない。まさに、自然に沿ったロジック、哲学が欠けている。リンネに次いで分類学に大きな影響を与えたキュヴィエは、はるかに、実際の種に目を向け、ある種に属する個体に要求されるものを二つ挙げた。つまり、ある程度の形質の類似性と同じ血筋に由来する類縁性だ。その後の研究者たちは、そのどちらかを強調するような説を掲げていった。血族的類縁性の考え方には、生理学的に見て生殖可能な個体の集まりという観点が加えられるようになる。だが、趨勢としては、形質の類似性に依拠する考え方が支配的だった。なぜなら、血族的類縁性や生殖可能性については実証が困難だからだ。

そういうわけで当時は、現実的には、種は形質が一致する集団と定義され、理論的には、種は互いに生殖可能な個体の総体として定義され、これら二つの定義は独立して存在し、その間をつなぐものはなかった。ここで、ヘッケルの掲げた方法論——実証的な科学と思弁的な哲学を融合する方法が再び強調される。

種をすべての形質において一致する個体の集合と考える方法であれば、一個体の発生中に変態を遂げる生物や世代交代のある生物では当てはまらない。雌雄で形態の異なるものも多い。種に特有な本質的で不変な形態、しかも他の種と明確に区別できる形態などは現実にはありえないのだ。だから、これで種を定義しようというのは、恣意的で人為的なやり方といえる。

一方、種を生殖可能な個体の集合と考える方法に関しては、もしそうであれば、二つの異なる種の個体から子孫は生まれないはずだが、実際には例外的に雑種が生まれる。そのため、種の下位概念の亜種（互いに生殖可能な集団なので種ではないと説明されていた）と区別することはできない。また生殖が不能な二個体であれば、種が異なるということも、単純にはいえない。さらには、無性生殖の生物にはそもそもこの定義は全く適用できない。したがって、この定義でも種は説明されない。

そこで必要なことは、種を進化の視点、つまり個体発生と系統発生の関連性から捉えることだ。前にも書いたように、ヘッケルは、種を第二序列の系統学的個体とし、すなわちシュタムが多くの種の総体であるように、種は多くの「生殖環」の総体だ、と定義した（生殖環とは、ビオンが個体発生中に辿る形態学的個体のサイクルを一ユニットとして捉えたものだ）。とはいえ、この定義にはいろいろな例外がついてまわる。例えば、有性生殖と無性生殖で生殖環は異なる様相となること、そして、単一の生殖環からなる場合の他に、二つ以上の生殖環で構成される場合もあること。性的二形では、同じ種であっても、オスに特有の生殖環とメスに特有の生殖環がある。あるいはアリに見られるような社会的な分業をする生物でも、それぞれの役目の個体たちは特有の生殖環となる。そもそも、無性生殖で単一の簡単な生殖環であれば、種を代表するものとなるが、有性生殖では、生殖環は複雑で同一にはならない。

しかも、外的な生存条件が変化すると、種は、それに適応して変化する可能性もある。したがって、ヘッケルの種の定義もまた、次のように条件つきにならざるをえなかった。種とは「同じ生存条件下で同じ形態を有し、違ったとしても兄弟関係にあるビオンの多形性による差異の程度の、すべての生殖環の総体」である、と（二二章、三五九頁）。

さらにこの章では、分類学者が慣用的に使用する「よい種」（他と峻別される典型的な種）と「悪い種」（他との連続性が見られるような種）についても述べられ、ヘッケルはこのような分け方を批判する。また、種の発達には、個体やシュタムの発達と同様に、上昇期、完成期、退行期があると論じられている。

第二三章――「シュタム（系統）すなわちフィロンの発達史」（有機体のシュタム（系統）すなわち第三序列の系統学的個体の自然史）▼ ほとんど、総括的な叙述。

冒頭において、系統発生は古生物学的な発達であり、血縁形態の分岐であり、種、属、科などの分類階級を導くものであることが述べられ、それはまた、原子と分子の運動に起因する機械的な原因による生理学的なプロセスであって、まさに物理・化学的なプロセスに他ならないものであることが確認されている。具体的には、生理学的な機能である遺伝と適応、つまり生存闘争を通した自然選択によって、形態の類似したグループが保持されつつも、無限に多様な形態を生じることになる。

シュタムとその下位階級（綱、目、科、属、種）の発達は、個体発生と同様に、上昇期、完成期、退行期に分かれる。シュタムの最初の発生は、すべて自然発生によって生まれたモネラから始まる。そして量的な成長を経たあとに、質的な完全性を迎えて完成期となり、多くのサブ階級が生まれる。その集団がさらに発達して親集団と同等かそれ以上のランクになると、元のシュタムの衰退が始まる。現在、個々のシュタムが既に衰退の道を辿っていることはわかっているが（例えば軟体動物）、私たちはシュタム全体が絶滅した例をまだ知らないとされる。

このような系統発生の結果、「私たちは、有機的自然の最大にして最も称賛に値する現象、つまり、自然の体系の事実、あるいは類縁の有機体の集団を配置した樹形図［系統樹］を見ているのだ。ダーウィンが正しく述べているように、この素晴らしさを、私たちは慣れによって見過ごしてしまっているのである」（二三章、三七〇頁）。

何度も繰り返し書かれてきた三重の系統学的並行関係（系統発生、個体発生、体系学的な発達）がここで強調される（すでにHaeckel(1863)でも述べられている）。今まで注目されてこなかったことだが、と前置きがなされ、これは「有機的自然の最大にして最高に素晴らしくて最高に重要な普遍的現象」なのであり（三七二頁）、由来理論なくしては得られないものであり、かつ由来理論を最強に支えるものなのであるとされる。最初に系統発生（古生物的な発生）の事実があり、その短く素早い反復として個体発生が生じ、体系学的な発達はそれとは反対に、解剖学的な関連性から系統発生に繋がるものだとヘッケルはいう。私たちにとって、前者（個体発生は系統発生を繰り返す）はわかりやすいが、後者は極めてわかりにくい。これは第一六章でも系統学的個体の三重の並行関係として触れたことだが、再度、見てみよう。

ヘッケルは、系統発生と体系学的な発達の並行性は、同一シュタムのさまざまな枝の分岐の程度や枝の伸長速度が不均一であるという状況から説明されるという。枝の伸長がゆっくりと進むものは、祖先と類似した完全性の低い状態にとどまるが、新しい環境に素早く力強く適応していくものは、短い時間で完全性を得て高みに到達する。だから、上昇し分岐する木を、ある時点で水平に切り取ると、そこに現れる枝々の断面に相当する生物たちは、同時代に生息している同一シュタム内のすべての集団の自然体系となるはずだ。そこに現れる生物の解剖学的な諸段階を観察し記述すると、そのシュタムの系統発生に現れる種の発達の諸段階と並行関係になっている（類似した段階的な形態パターンが見られる）という意味である。つまり、時間の流れの中で順番に現れた系統発生の諸段階が、現在生きている生物の自然体系の中に映し出されていることになる（確かに、脊椎動物門で考えれば、現存の魚類、両生類、爬虫類、鳥類、哺乳類のうちのいくつかを比較解剖学的に並べてみれば、系統発生に似たものにはなる。しかし、これはかなり粗雑な並行関係といわざるをえないだろう）。

一方で個体発生と体系学的発達との並行性は、系統発生と個体発生の並行性、系統発生と体系学的発達の並行性から導かれるのである。

筆者補足▼ ダーウィン進化論以前のメッケルらの反復説では、ある動物の個体発生の諸段階に、その動物より低次の実在する動物の成体系列が反復されると考えられていた。経験的にこれらの並行性が認められた上で、進化の視点を取り入れて再編したのだろう(本書第二部第1章)。

第二四章――「系統樹としての自然体系」(分類の諸原理)▼ さまざまな生物の形態に現れる類縁性と多様性を示すのに用いられる、分類体系の階級について述べられる。リンネ以来、その階級は主に、生物の外部形態と内部形態の程度によって、人為的に分けられてきた(リンネの場合は綱、目、属、種、亜種の五段階の分類)。それはまた、動物の場合は特に、綱―目―属―種というように最も不完全な生物から最も完全な生物へと一本の梯子を登るようなイメージと考えられた(「自然の階梯」)。

このような考え方が初めて克服されたのは、フォン・ベーアの比較発生学の研究とキュヴィエの比較解剖学の研究による。彼らは、研究方法や表現に違いはあるが、動物には四つの大きなグループ(脊椎動物、環形動物、軟体動物、放射相称動物)があること、つまり、いわゆる「型(Typ)」があることを提示し、この一般的で包括的な主分類を分類体系の最上位に置いた。さらにキュヴィエは、目と属の間に「科」を設けたり、細分化も行い、新しい分類学の基礎をつくった。しかしこのような分類法は、研究者の主観的な見方に左右された恣意的なものであって、なかなか一致した結果に落ちつかなかった(例えば、ある形態の集団を、目として考える人もいれば、科の下位グループと見る人もいるし、また綱に引き上げようとする人もいる、など)。

しかし、多くの科学者はこの恣意性を認めながらも、種という階級だけは自然なものであり、現実的なものであると考えてきた。だが、種でさえも、ダーウィンの進化論により、個体に現れる多くの変異がいずれ新たな種に移行することがわかると、やはり恣意的で人為的な階級だと考えられるようになった。そうであれば、動植物の体系の階級のうちで唯一現実的なのは、シュタム(フィーレ、門)、つまり、第三序列の系統学的個体だけなのだ。いずれのシュタムも、多くの関連する形態をまとめる一つの現実的な単位であり、その構成員のすべてをまとめ上げる血縁関係の物質的な絆である。すべての連続する構成員は、自然発生で生じた唯一の共通の原型から発達したものなのである。

実際には、現在生息する生物についても、絶滅した生物についても、すべてが知られているわけではないので、全生物を明確な階級によって分類することは不可能だ。それゆえ、それぞれの祖先形態から分化してきた類縁性を示す線として、つまり枝分かれする系統樹の姿で、自然の体系をできうる限り再構成するしかないのである。ヘッケルはこの再構成を初めて試みているわけだが、これは今のところ「暫定的な価値」しかもっていないのは確かだ。

筆者補足▼ ちなみに、ヘッケルの描いた系統樹にはいくつかのタイプがある。『一般形態学』の巻末では、時間軸を備えた系統樹(系統発生の道筋を再現)と時間軸のない系統樹(形態学的に自然体系を再現)があるが、いずれもすべての生物の関連性を一覧するものとなっている。一方で『人類発達史』(1874)の有名な系統樹では、ある一つの種に焦点を絞って(ここではヒト)、その進化の道筋を示している。

当然ではあるが、個体発生で反復されるのは後者の系統発生である。

第二五章——「シュタム(系統)の類縁関係」▼ ここでは、界に含まれるシュタム同士の関連性について述べられる。第一巻第七章で述べられたことの総括でもある。

まず、原生生物界。これは問題の多い新しい研究分野だ。原生生物界はいくつかの自立したシュタムの集団だが、動物界や植物界とは異なり、血縁関係にあるシュタム同士ではない。なぜなら、原生生物界には、動物界と植物界には明確に区分けできない生物たちが属しているため、共通の特性がないのだ。八つのシュタムのうち、珪藻と粘菌は植物界に近く、根足虫、渦べん毛虫、海綿動物は動物界に近い。残りのモネラ、プロトプラスタ、べん毛虫は全く中立のシュタムである。しかし、まだ原生生物界の自然誌については全くの謎の状態であり、どのように進化したのか、シュタム同士の関連性はどうなのかについては、今後の研究を待たねばならない。

さらに植物界のシュタム、動物界のシュタムについて述べられている。

第二六章――「系統発生のテーゼ」▼ 五カテゴリー、三八のテーゼとしてまとめられている。

①系統発生の連続性のテーゼ（1〜6）：系統発生は、種たち、およびそれらの種から構成されるシュタムの後成的な発生プロセスであること、種の発生は生存闘争下における適応と遺伝の相互作用による機械的なプロセスであって、そこには、個体発生と同様に「合目的的な計画」はないことが述べられている。

②有機体の自然体系の系統学的な重要性のテーゼ（7〜15）：すべての生物の現実の関連性を示すのが、自然の体系であり、それは系統樹なのであること、自然発生した祖先（モネラ）が一つの場合は、系統樹は一種だが、祖先が複数あれば、系統樹の集合体となることなどが述べられている。

③有機体の種のテーゼ（16〜24）：系統学的第二序列の個体としての種は、第一序列の生殖環が多く集まったものであり、血縁の種が多く集まると、第三序列のシュタムとなること、種を定義づける形態学的な特徴もなければ、生理学的特徴もないこと、種は自然選択により新しい種に変化することなどが述べられている。

④系統発生の段階のテーゼ（25〜31）：系統発生は、遺伝と適応の法則に従って、ある時間続く生理学的なプロセスであること、それには上昇期、完成期、退行期があることが述べられている。

⑤三つの系統学的個体の三重の並行についてのテーゼ（32〜38）：個体発生の一連の形態変化が系統発生の一連の形態変化と並行であること、それは遺伝の法則から説明されること、地球の歴史のある時間に生息する、それぞれのシュタムの血縁の種たちが示す一連の形態の差異は、系統発生の一連の形態変化に並行であること、それは分岐の法則、つまり一つのシュタムの枝たちの伸長する速度が異なるため、不揃

いな枝の高さとなるからであること、これらの二つの並行性から、個体発生と体系学的な発達もまた並行となること、系統・個体・体系の発生の三重の並行性は進化論から説明されることが述べられている。

第七部 「有機体の発達史の人類学に対する意味」

第二七章――「自然の中での人間の位置」▼自然の中での人間の位置に対する問いは「人類にとって最大の問い(Frage aller Fragen für die Menschheit)」だとするT・H・ハクスリーの言葉を引用しつつ、これは、人間に関する学問すべての基礎であるし、人間の生活にとって測り知れないほどの実際的な重要性をもつものだとヘッケルはいう。それを科学的に解明するためには、進化論をヒトにも適用しなければならない(これは当時、かなりセンセーショナルな言説だったはずだ。ヘッケルもいうように、ダーウィンですら、たぶんわかっていながらも、『種の起原』では彼の理論をヒトには応用しなかった)。

しかし進化論は、すべての生物の自然現象を比較しつつ総合することにより、そしてまた特に、フィロンとビオンと体系学的発達の三重の並行性によって、絶対的な必然性をもって明らかになった――つまり、帰納的に導かれた――一般的な法則なのであると、ヘッケルはいう。それゆえ、「ヒトがより下等な脊椎動物から、しかも最後には真猿類から進化したという命題は、特殊な演繹的推論であり、それは進化論の一般的な帰納的な法則から、絶対的な必然性をもって明らかになるものである」(二七章、四二七頁)。つまり、これはヘッケル特有のアブダクション的推論の方法だ。今は証明されずとも、将来的にさらなる発見がなされて、ヒトの進化に関する知識が増えれば、必ずやこの推論は確証づけられるはずなのだ(本来は、推理にすぎないが、ヘッケルは真実だと信じている)。

その当時の知識段階で、つまり、化石証拠と、胚発生と体系学的発達の並行性の仮説からわかっているヒトの祖先系列は、シルル紀以前のナメクジウオ類から開始して、軟骨魚類、両生類、有羊膜類などを経由して、原猿類、狭鼻猿類、無尾の狭鼻猿類へ至ったというものだった。ヘッケル自身も、これはまだ底の浅い一時的な試みであることを承知していた。

しかし当時の難題は、むしろ、ヒトの系統樹を提示することへの反発感情の多さだった。それは人間を貶め失墜させるものだと怒り、嫌悪感を抱いて拒否する多くの者に対し、ヘッケルは皮肉を交えて、こう応戦する。そもそも聖書の中では、人間は「土くれ（Erdenklos）」からつくられたとされている。それと比べれば、ヒトが長い時間をかけて生存闘争に勝ち抜いて、崇高な生物になったということは、むしろ「最大の名誉であって喜ばしいこと」ではないか。また、ヒトにおける言語、精神、両手、直立歩行といった特性は、他の動物にはないものだといわれるが、それも動物との関連性によって説明されるし、単に幸運がもたらしたものにすぎない。つまり、ヒトと他の動物との違いは、質的なものではなくて、単に量的なものにすぎない、と。

また、この章にはヘッケルの人種差別観も現れている。例えば、精神活動はイヌやゾウなどの高等な動物であれば訓練によって高めることができ、それは「最も低級なヒト」をしのぐものだと述べていたり、あるいはまた、ヒトはすべての動物よりもはるかに高い位置にいるが、それは「大部分のヒトであって皆ではない」と述べたりしている（本書第二部第1章・第5章を参照）。

第二八章——「動物学の一部としての人類学」▼ ヒトの進化の事実がわかり、それによりヒトの自然での位置がわかれば、人類学の学問体系も拡張されなければならない。人類学はまさに、動物学の特別な一分野となり、ヒトの形態学と生理学を扱うものとなる。

ヘッケルにとっては、中でも生理学の一部門である心理学——中枢神経系の運動現象を扱う分野——が最も重要とされる。ヒトの精神活動を支配する原則は、他の動物の場合と同様であって、それは質的な違いではなく量的な違いにすぎないのだ。それは、最も重要な心的機能としての感情、意志、思考などでも同様だ。「したがって、文明人の高度に分化し洗練された精神活動を正しく理解するためには、それが子供においてどのように次第に目覚めていくのかを調べるだけでなく、より下等な自然人においてどのように段階的に発達するのか、そして自然人が進化してきた源である脊椎動物の場合ではどうかも調べてみなければならない」(二八章、四三四頁)。

多くの研究者たちは、最も高等な人種を最も下等な人種と隔てる距離、あるいは最も高等な人種の中であっても、最も高度に進化した精神の持ち主を最も低い状態の精神の持ち主と隔てる距離を過小評価しており、実際にはその距離ははるかに大きいのだ、とヘッケルはいう。客観的な正しい判断を得るには、子供、精神薄弱者、精神病者、下等人種、高度に進化した動物の精神活動を比較する必要があり、そうすると、比較形態学からの研究結果と同様に、精神現象においても、「最も高度なヒトと最も下等なヒトとの差異は、最も下等なヒトと最も高度な動物との差異よりも大きい」という結果を得るというのだ。とにかく、ヒトについて調べるには、比較発達学が最も必要であることが強調されている(本書第二部第1章・第5章を参照)。

第八部 「有機体の発達史の宇宙論に対する意味」

第二九章——「自然の統一性と学問の統一性」(一元論の体系)▼ このように、ヒトも含めて、あらゆる生物の形態に関しては、因果律という唯一の自然法則が絶対的な支配力をもつことを示してきたが、最後に、これと全世界——すなわち、宇宙(Kosmos)——との関連性を扱おうとする。宇宙とは、すべての物質と力の総和である。宇宙に関する学問は、次のように分類されている。まず宇宙学(Kosmologie)は、地球学と地球外の宇宙を扱う天体学とに分けられ、前者の地球学はさらに、無機物の地球学と有機体の地球学(生物学)に分けられる。宇宙の諸力は、引力と斥力として永遠に途切れることなく相互作用を及ぼし合い、それが物質に恒常的な運動を与え、その形態を変化させる。このような宇宙の永遠なる運動を扱うのが、宇宙生成学（Kosmogenie）であり、宇宙学に対応して、さらに天体生成学と地球発達史に分かれる。そしてこの運動を、ある瞬間において記述するのが、宇宙記述学（Kosmographie）であり、天体地理学と地球記述学に分けられる。いわば、生物の発達史における解剖学と同様である。

この宇宙学に人類学を結びつけることができるのは、進化論によって獲得された新しい認識があればこそである。世界を認識する基本思想は、自然が絶対的な統一性をもつこと、つまり、有機体と無機物を含む自然全体が唯一の因果律によって支配されているという思想なのだ。また、自然の統一性とは、私たちの自然認識の統一性なのであり、自然科学の統一性であり、学問全体の統一性でもある。私たちのあらゆる学問は、経験に基づく哲学にして、かつ哲学的な経験であるべきなのである。これこそが真理を認識するための唯一の方法なのだ。だからここでもう一度、重要な言葉を繰り返そう。「すべての真の自然科学は哲学であり、すべての真の哲学は自然科学である。すべての真の自然科学は自然哲学なのである」と（原文は太字。二九章、四四七頁）。

第三〇章――「自然の中の神」（二神論と一神論）▼ ヘッケルは、有機体の一般形態学にとって不可欠な学問的な基礎であり、また純粋な認識の必要不可欠な前提である「一元論」が、さまざまな批判や攻撃に曝されているという。最後にそれに答えることにより、この一元論が最も純粋な一神論であることを示そうとする。

まず、一元論は「唯物論」だという批判。そもそも一元論は、精神を伴わない物質（これを語るのが唯物論）も、物質を伴わない精神（これを語るのが唯心論）も認めていない。むしろ一元論で実在するのは、同時に物質であり精神（または力）であるような一なるものであるのだから、この批判は容易に退けられる。

二番目に、一元論は「無神論」だという批判。これは「間違いなく、思想のない自然通か、知識のない自然思想家」

が挙げ連ねた戯言だ、とヘッケルは憤る。一元論こそが、真の意味での一神論なのである。ここで理解しづらいのは、ヘッケルの考えている神の概念だ。例えば、神話によって根拠づけられた人格神論は、現在の文明人の間では純粋な一神論だと信じられているが、これは実は二神論なのだ、とヘッケルはいう。キリスト教の思想が二神論という言説は不可解である。一体どういうことなのだろうか。もし本当に、自然のすべての現象が一人の人格神の直接の作用の結果であれば、一神論といってよいのだ。しかし、当時既に、自然科学の発達で、無機的自然は物理と化学の法則で説明がつくようになっていたし、生物に関しても生理学では同様に因果的に説明され、形態学はかなり遅れたが、進化論によって因果的な説明がつくようになった。この事実から、自然現象に作用する人格神の存在は退けられる。このような世界観は無神論となりそうだが、そうではない。

ヘッケルの汎神論的な一元論を思い起こしてみよう。神は物質と精神の一体化したものであり、そして自然の現象を引き起こす原因としての法則でもあった。ここでヘッケルの考えている神の特徴を簡単にいえば、それは普遍的な因果律のことなのだ。こう考えれば、自然界が因果律に則って物理・化学的に説明されるということは、無神論ではなくて一神論である。キリスト教の二元論的な思想に沿って、世界を無機界と生物に分けて考えれば、それぞれに異なる法則が支配するため、二神論と説明されることが理解される。

その意味では、神を擬人化して捉えること――人間とよく似た神が、あたかも建築家や劇場演出家として地球を支配しているようなイメージ――は、むしろ神を「気体状態の「目に見えない」脊椎動物」に貶《おとし》めるものなのだとされる。神というものは、はるかに崇高なのである。一元論的な考え方をすれば、神はあらゆる力と物質の総体であり、自然全体に遍在する一なるものである。そしてまた、神の精神と力はあらゆる自然現象に現れ出る。神は全能で、あらゆる事象の原因であり、自然の法則そのものである。一元論がもたらす「最大にして最も崇高なイメージは、神と自然が一つのものであるというイメージであり、それを認識できるのは、あらゆる動物のうちで最も完全な動物である人間だけなのである」(三〇章、四五二頁)。

筆者補足▼ このように『有機体の一般形態学』を見る限りでは、一元論の射程は主に自然科学の領域であり、人間の精神、世界観、神に関しては、最後につけ足された四つの章という短さを見てわかるように、それほどの量を割かれていない。それでも、挑発の強さは十分だっただろう。やがて(特に一八九九年の『宇宙の謎』では極めて明確に)、新しい(自然科学を基礎にした)世界観の樹立をめざして、一元論は人間の精神界、つまり人間の心理、社会、文化、倫理、信仰にまで広く深く適用されることになり、世に物議を醸すことになる。

以上が、従来あまり衆目の関心を引いてこなかった、この謎めいた冗長な本の概観である。反復も多く、複雑な内容となったが、ヘッケルの抱いた一元論については余すところなく紹介できたと思う。

第二部では、このヘッケルの一元論思想がその後の世界にどのような波及力をもったかを、各論的に述べていきたい。

✦——アンナ・ゼーテとアンナにちなんだ学名がつけられたクラゲ*Desmonema Annasethe*（中央）。ヘッケル『自然の芸術形態』（1904）より。063ページ参照。

✦——フリーダとフリーダにちなんだ学名がつけられたクラゲ*Rhopilema Frida*（中央）。ヘッケル『自然の芸術形態』（1904）より。063ページ参照。

『自然の芸術形態』の放散虫

✦——ヘッケル『自然の芸術形態』(1904)に掲載された放散虫。Acanthometra(左上)/Discoidea(右上)/Phaeodaria(左下)/Polycyttaria(右下)。第二部8章参照。

✦——『旅行画集』(1905)より。インドネシア、リンガ島遠景(上)とジャワ島のパンゲランゴの滝(左)。第二部第8章参照。

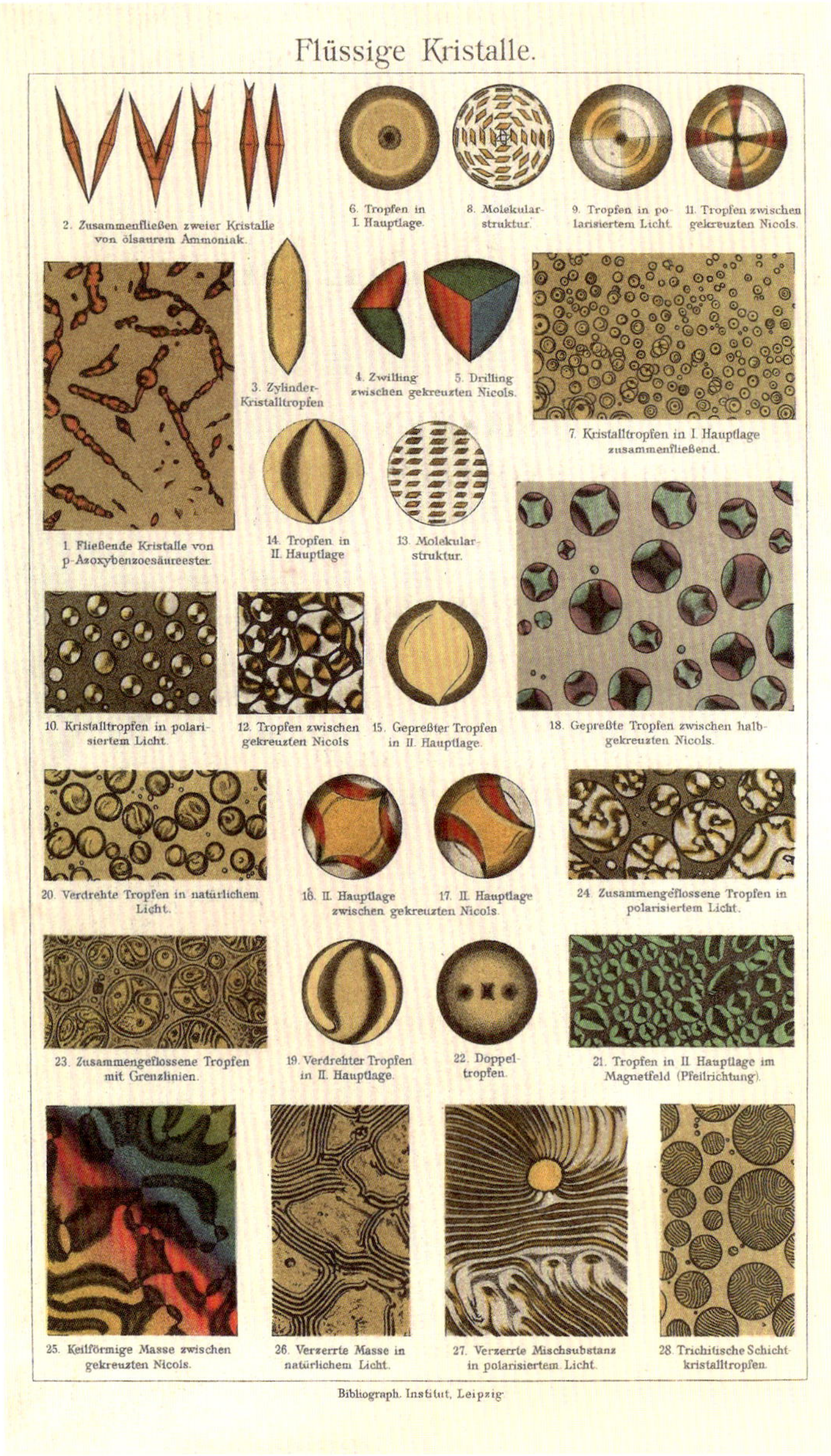
Flüssige Kristalle.
2. Zusammenfließen zweier Kristalle von ölsaurem Ammoniak.
6. Tropfen in I. Hauptlage.
8. Molekularstruktur.
9. Tropfen in polarisiertem Licht.
11. Tropfen zwischen gekreuzten Nicols.
1. Fließende Kristalle von p-Azoxybenzoesäureester.
3. Zylinder-Kristalltropfen
4. Zwilling
5. Drilling
zwischen gekreuzten Nicols.
7. Kristalltropfen in I. Hauptlage zusammenfließend.
14. Tropfen in II. Hauptlage
13. Molekularstruktur.
18. Gepreßte Tropfen zwischen halbgekreuzten Nicols.
10. Kristalltropfen in polarisiertem Licht.
12. Tropfen zwischen gekreuzten Nicols
15. Gepreßter Tropfen in II. Hauptlage.
20. Verdrehte Tropfen in natürlichem Licht.
16. II. Hauptlage
17. II. Hauptlage
zwischen gekreuzten Nicols.
24. Zusammengeflossene Tropfen in polarisiertem Licht.
23. Zusammengeflossene Tropfen mit Grenzlinien.
19. Verdrehter Tropfen in II. Hauptlage.
22. Doppeltropfen.
21. Tropfen in II. Hauptlage im Magnetfeld (Pfeilrichtung).
25. Keilförmige Masse zwischen gekreuzten Nicols.
26. Verzerrte Masse in natürlichem Licht.
27. Verzerrte Mischsubstanz in polarisiertem Licht.
28. Trichitische Schichtkristalltropfen.
Bibliograph. Institut, Leipzig

✦——オットー・レーマンが描いた液晶（ヘッケル『結晶の魂』（1917）扉）。第二部第9章参照。

第二部

一元論のもたらしたもの

文化・社会への影響

第1章

魅惑的な生物発生原則

道具としての生物発生原則

第一部で述べたように、ヘッケルが『有機体の一般形態学』でめざしていたのは、一元論的な自然像の確立だった。生物に限っていえば、地球上の全生物の形態を包括的に説明することであり、つまり、生物の自然体系を表す「系統樹」を完成させていくことであった。それは、隠されてきた真の世界を解明する壮大な試みでもある。系統樹とは、生物同士の現在の関連性を説明するために、過去の共通祖先からどのように生物たちが進化の道を辿ってきたかを、樹の枝の形で可視化したものである。その際に特に難しいのは、進化の分岐点に「いる」（あるいは「いた」）生物、つまりミッシングリンクが何であるかを証明することだった。例えば、無生物から生物に進化する途上の生物はどのようなものだったのか。単細胞生物から多細胞生物へのミッシングリンクはどのような生物だったのだろうか。はたまた、類人猿からヒトへのミッシングリンクはどうだろうか。それらが繋がれば、大きな世界像が浮かび出てくるはずである（ヘッケルは動物学者であるため、ここからの話はすべて動物に該当する内容である）。

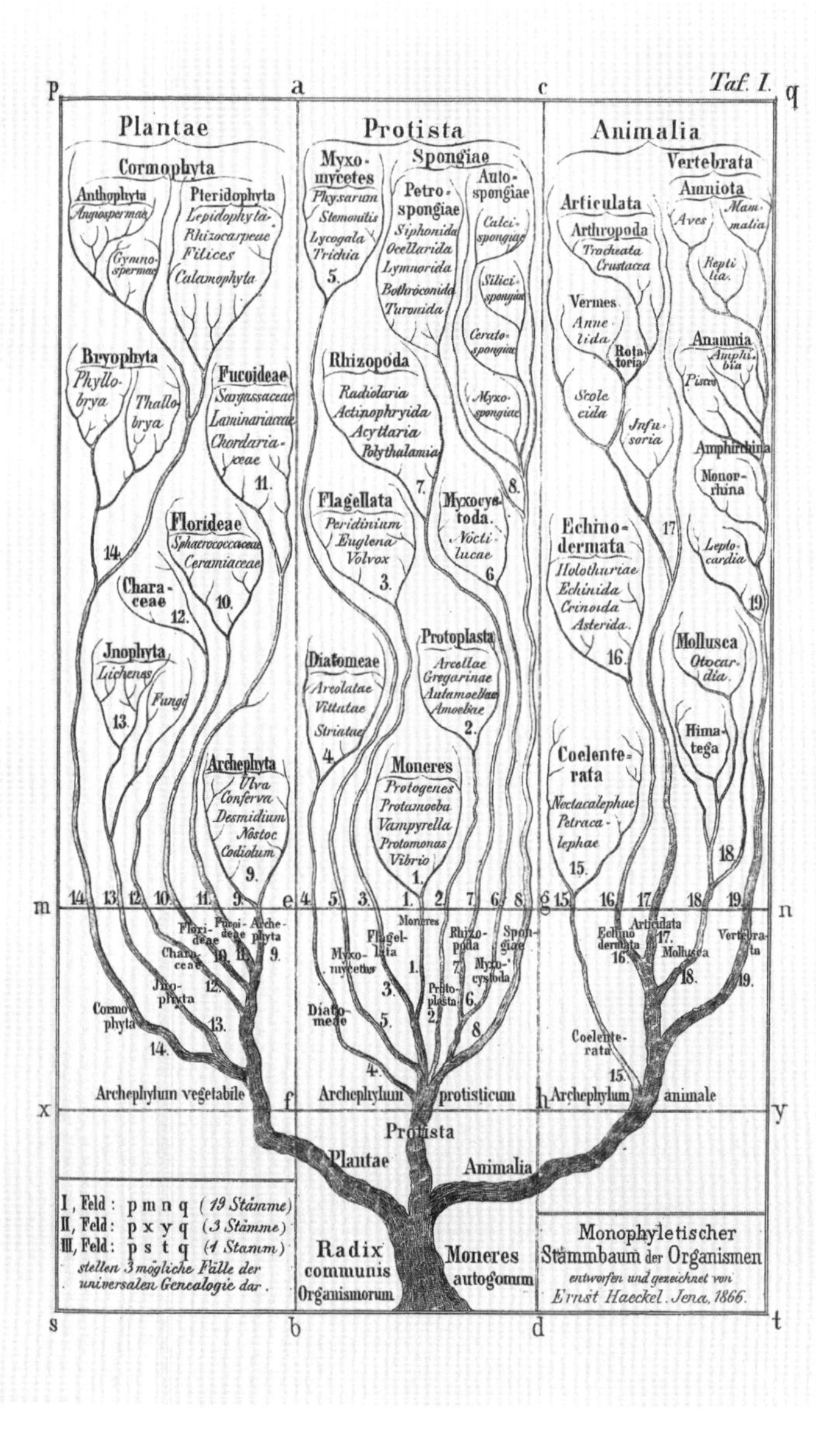

✦——系統樹（全生物界）。ヘッケル『有機体の一般形態学』（1866）第二巻の巻末。

しかし、過去の生物を直接に調査することはできない。それを語るには、わずかな、しかも不完全な形状で出土する化石以外には依拠するものがなかったが、これに頼っていれば途方もなく長い時間がかかり、目標達成の道はかなり険しい。そこで、それを強力に補うツールとしてヘッケルが用いたのが「生物発生原則」なのである。彼の一元論的な自然観によれば、ある生物個体の胚発生は、その生物種の辿った系統発生（進化の道筋）を反復するものとなる。これが正しければ、観察のできる個体発生のプロセスから祖先形態を推察して、進化の仮説をつくることができる。もしその祖先生物の存在が現実に証明されれば、つまり、化石や、あるいは世界のどこかで生息しているのが発見されれば、その仮説も、そしてまた生物発生原則も正しいものとなり、真実に近づくという方法論である。

第一部で述べたように、「個体発生は系統発生を繰り返す」という言説自体は、『有機体の一般形態学』にも登場していたが、「生物発生原則」という名前がついたのは、一八七二年の『石灰海綿』の中である（石灰海綿とは、炭酸カルシウムでできた骨格をもつ海綿動物のこと）。あたかも生物の発生という謎をすべて解明してしまったかのような、いかにも仰々しい呼称だが、ヘッケルはこの命名にあたり、こう述べている。

「このフレーズ［個体発生は系統発生を繰り返す］を用いて、私は……個体発生と系統発生とを結ぶ因果則の理論を表現した。揺るぎない確信をもってこういうことができよう。この理論に基づいてこそ、発生史というものが内的に隈なく理解されうるのだ、と。それゆえに、私はこの理論に生物発生原則という名前を冠したのである」と（傍点部分は原文では隔字体）（Haeckel（1872）471）。

ヘッケルは、石灰海綿の比較解剖学的研究と発生学的研究を通して、ようやく、この原則への確信を強め

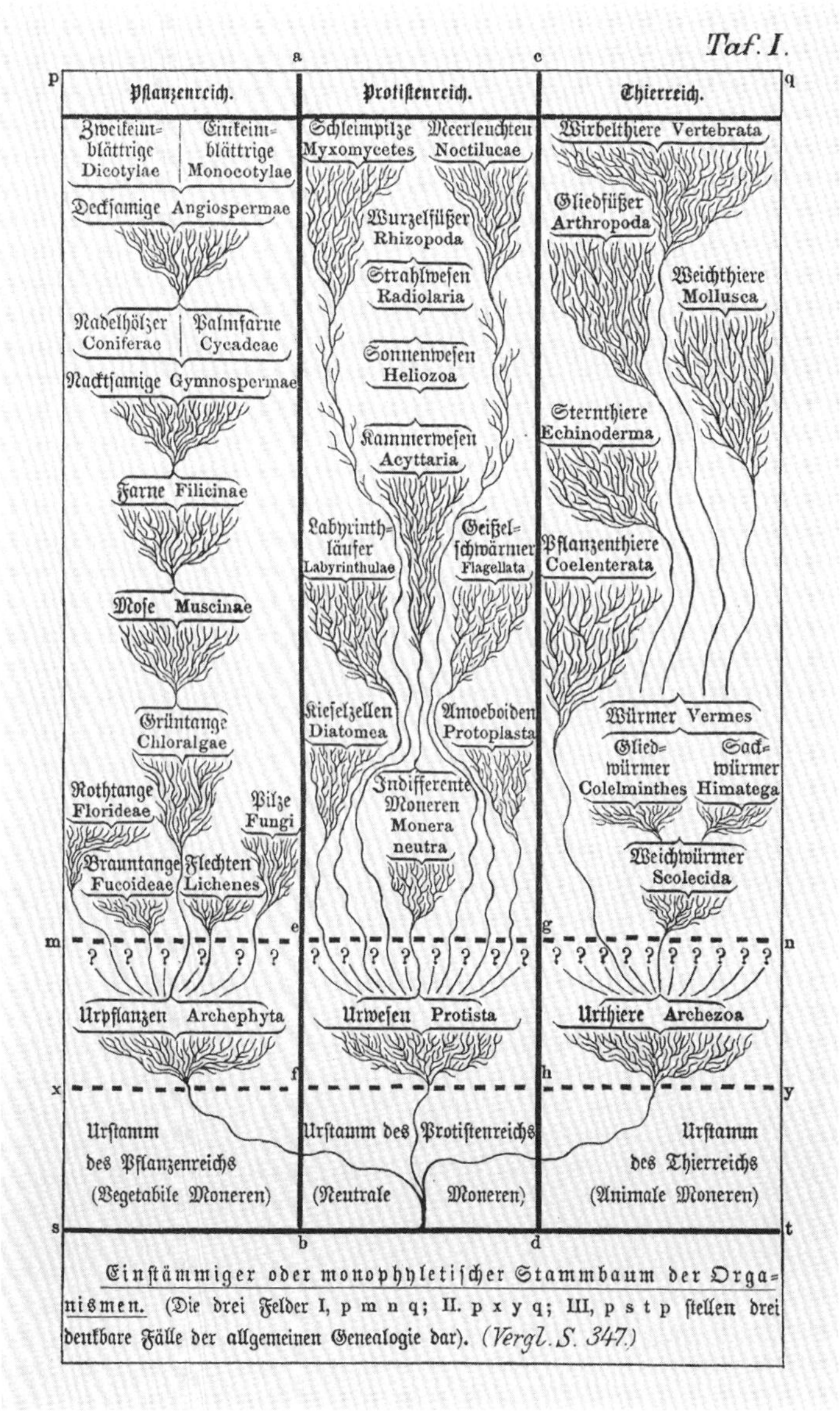

Einstämmiger oder monophyletischer Stammbaum der Organismen. (Die drei Felder I, p m n q; II. p x y q; III, p s t p stellen drei denkbare Fälle der allgemeinen Genealogie dar). (Vergl. S. 347.)

✦——系統樹（全生物界）。ヘッケル『自然創造史』（1868）巻末。

たといっている。彼にとってこの原則は、まさに感涙にむせぶほどの最大にして最高の発見なのだった。ただし、まだ確実に立証されたわけではない段階だったのだから、今の私たちから見れば、それは「ひらめき」あるいは「イマジネーション」にすぎないものだ。しかし、こうして生物発生原則は、石灰海綿だけでなく、全動物界に応用可能な一般原則となり、系統発生を推測するツールとして君臨することになるのである。以降、良くも悪くも「生物発生原則」は大きな影響力をもっていくことになる。

反復説の歴史

ヘッケルの生物発生原則を、簡単な言葉で表わしてみよう。例えばヒトの場合、胎児が母胎中で受精卵という一個の細胞から分裂を繰り返して分化し、ヒトとしての完全な形姿となって産まれ出るまでの展開を「個体発生」といい（場合によっては成人になるまで、あるいは死に至るまでを個体発生として考えることもある）、ヒトが、地球上に初めて出現した最古の祖先から綿々とした進化を遂げて、現在の種であるホモ・サピエンスになるまでの展開を「系統発生」という。したがって、ヒトの胎児の発育というごく短い過程の中に、祖先たちのあらかたの成体形が、単細胞から多細胞生物、やがて魚類、両生類、爬虫類、哺乳類へと系統発生の順番に次々と出現してきて、最終的にヒトに達するというのが、この説の大雑把な意味である。なんと美しく、整然たる壮大なイメージであろうか。これが、多くの人々の心を魅了したことは当然であろう。

実は、このような、個体発生の中に動物の系列（系統発生に限らず）が繰り返されるという説――「反復説」と呼ばれている――自体は、ヘッケルのオリジナルな発見ではない。反復説の歴史についてはＳ・Ｊ・グール

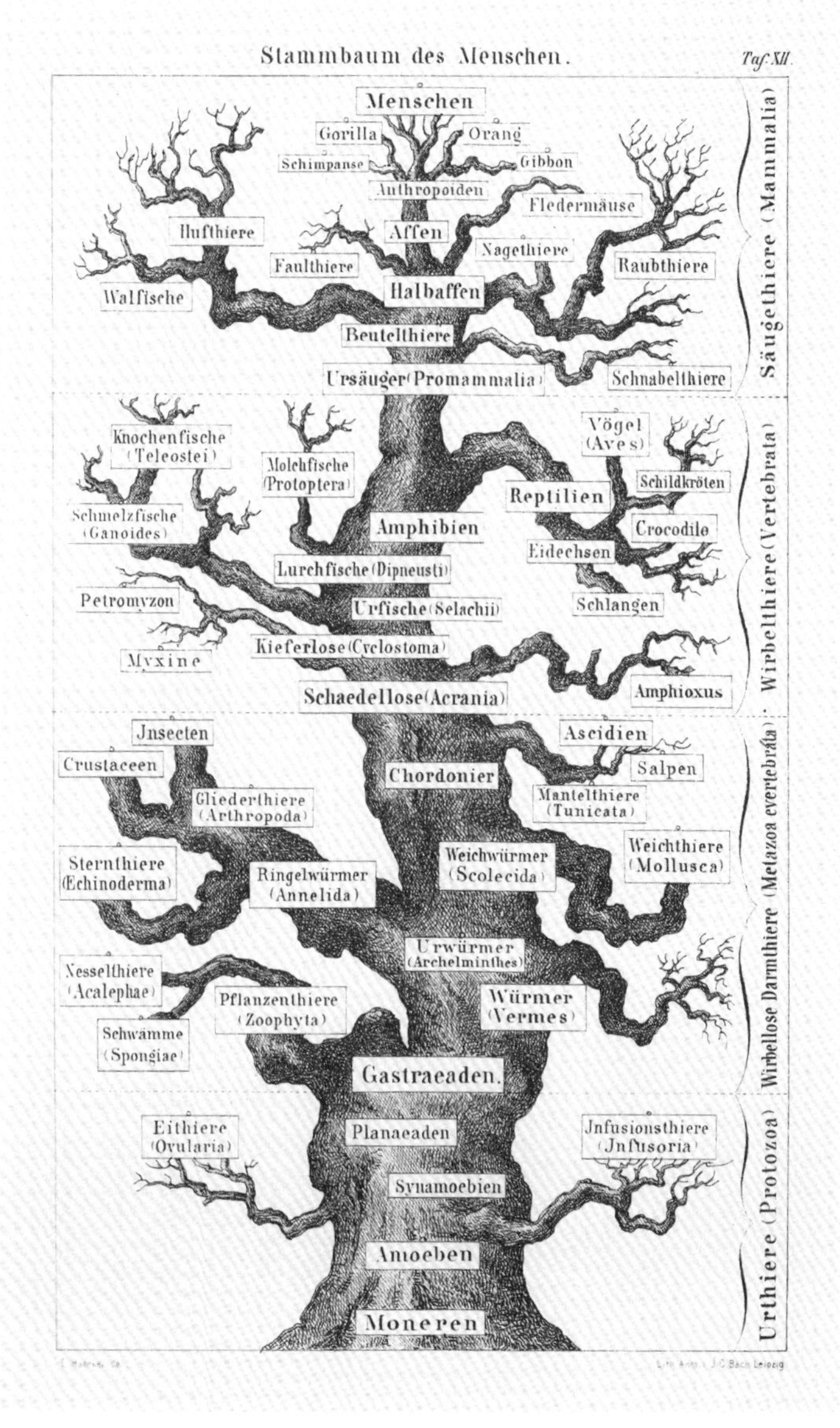

系統樹（ヒト）。ヘッケル『人類発達史』（1874）より。

ドが詳細な記載をしているので、ここではそれに沿いながら、ごく簡単に述べておきたい（グールド（1987，1977））。

そもそも、古代ギリシャには、個体の発生と宇宙の生成・発展とをアナロジーとして対比させる思考法があった。例えば、ソクラテス以前の多くの思索家（アナクシマンドロスやエンペドクレスら）が知られている。一方、万学の祖として有名な哲学者アリストテレスは、ヒトの個体発生と実在している動物の成体との間のアナロジーを引き出した（彼は、個体発生に関して、胚が均質で無形な状態から徐々に形づくられるという「後成説」に与《くみ》していた）。例えば『動物発生論』の中では、動物の成体がその完全さの度合いから、「哺乳類」「卵胎生の軟骨魚類」「鳥類、爬虫類」「魚類、頭足類、甲殻類」「虫類」というように五つのグループに分類され、それらが個体発生の各段階に対応するものとされている（アリストテレス（1967）149–151）。また彼は、ヒト胚の成長過程については「栄養的霊魂、感覚的霊魂、知性的霊魂」という、より高次の霊魂が段階的に宿っていくものと考えていたが、この霊魂の三段階に、それぞれ「植物」、「動物」、「ヒト」というように生物の成体が対比されていた（同書161–162）。このようなことから、アリストテレスは「反復説」の祖とも呼ばれているのである。

また、ヨーロッパを支配してきた思想として、古代ギリシャのプラトンに由来する「自然の階梯（scala naturae）」あるいは「存在の連鎖（chain of being）」という宇宙観も多大な影響力をもっていた。これは、鉱物、植物、動物のあらゆるものが下等なものから高等なものへ向かって、連続的に、隙間なく埋められて、一本の系列を成すという観念である。時代的にみて当然のことながら、まだ進化の観念はなかったが、階梯は、例えば、虫から魚類、両生類、爬虫類を経てヒトに（さらには神にまで）至るように、より完全なものに向かって上昇していくとする進歩主義的な側面を秘めていたことは確かである。この系列もまた、胚発生の過程に対比されやすい強固な階層的なイメージ群となっていた。

このような背景を経て、やがて反復説もまた、近代科学の衣を纏《まと》っていくことになる。一七世紀の科学革命の時代には、アリストテレス流の後成説は、発生を進める（生気論的な）力を機械的に説明できないために凋落し、代わって前成説――胚の中に成体の形姿、あるいはその器官が最初からミニチュアとして存在し、個体発生はそれが徐々にほぐれて成長していくという機械的な理論――が主流になる。これは、最初から形ができているため、およそ反復説を否定する論法のはずだったが、論者の中にはボネのように反復説を包含しようとした者もいたという（ボネについての詳細はグールド前掲書を参照のこと）。

しかし何といっても、反復説の近代化への大きな推進力となった思想的背景として重要なのは、一八世紀末から活発になるドイツ自然哲学である。その中心となる思想としては、「発展主義」と「自然の統一性」が挙げられよう。発展主義とは、自然は変化し、絶えまなき運動をするものだという思想、そして、自然の統一性とは、自然と精神、無生物と生物とは一なるものであり、同一の自然法則があらゆるものに等しく作用するという統一的な自然観である。これに基づけば、動物の個体発生も動物界全体の発展の系列も、同一の自然法則にしたがって変化するものとなる。

このような思想の流れの中、一八世紀末から一九世紀初頭にかけて（まだ進化の観念はないが）、オーケン（ドイツの生物学者）、メッケル（ドイツの解剖学者）、セル（フランスの解剖学者）、アガシ（アメリカの動物学者）らは、高等動物の個体発生の諸段階には、組織化の度合がより低い動物の成体形態が反復されると論じた。例えばメッケルは、哺乳類の心臓は、最初は昆虫のそれのようであり、次に甲殻類、魚、爬虫類のそれの形状を辿る、と述べている。

一方で異なる見解も生まれた。ドイツの動物発生学者フォン・ベーア（哺乳類の卵子の発見や胚葉説でも有名）は、個体発生は実際に動物の成体系列が繰り返されているのではなく、発生自体が「未分化で均質的なもの」から「分化した異質なるもの」へ進むものであり、また、「一般的な特徴」から始まり徐々に「特殊な形質」へと進むために、いかにも繰り返されているように見えるのだと主張した。ここでいう一般的な特徴とは何か。動物のグループを体系分類する際に「門」「綱」「目」「科」「属」「種」と階層的に分けるが（現在の分類階級）、例えばヒトの場合、門は脊索動物門となるから、「脊索をもつ」というのがヒト胚では発生初期に現れる一般的な特徴となる。それはまた、基本的形態、あるいは原型といってもよいだろう。それゆえ、フォン・ベーアは個体発生における動物の成体系列の反復を否定したとはいえ、やはり広い意味では反復説に与《くみ》する者だった。

そして一九世紀中葉になって、さらにこれらの説に決定的な影響を与えたのが、進化論（ダーウィン『種の起原』（1859））だった。個体発生と動物の成体系列の並行性は、進化論を軸として再編され、個体発生に反復されるのは、その動物の系統発生の諸段階であるとする論法が可能となり、この路線上にヘッケルの「生物発生原則」が生まれ出ることになったのである。しかしヘッケルよりも一足先にドイツの動物学者フリッツ・ミュラーは、甲殻類の形態研究『ダーウィンを支持する』（Müller（1864））の中で系統発生の反復について言及しているし、アメリカにおいては古生物学者のコープとハイアットが一八六六年に系統発生の反復に関する論文をそれぞれ独立に発表している。ヘッケルの『有機体の一般形態学』はこれと同年の発行であった。

以上、グールドの研究に沿って反復説の歴史を辿ってみた。このように、「生物発生原則」はヘッケル独自の発想力で生み出されたというものではなかったのである。しかし、この「生物発生原則」を生物学の世界に浸透させ、さらには生物学の領域を超えて、すべての学問、人々の世界観にまでも影響を広げたのは、ヘッケルの旺盛かつ強硬な普及活動の賜物なのである。

反復のメカニズム

それにしても、なぜ、動物の進化の過程(系統発生)が個体発生に再現されるのだろうか。それはどのようなメカニズムで起きるのだろうか。例えばヒトの進化の道筋において、ある時期に魚だったことがあるとすれば、個体発生において現れる鰓裂《さいれつ》をもった胚は(形態学的に)魚であることになるが、どのようにそこに祖先の魚が押し込められるのだろうか。また、系統発生の形態系列は、本当に忠実に再現されるのだろうか。いや、反復しているという考え自体が、誤りなのではないか。これらは、誰しもが抱く疑問であろう。ここでは、ヘッケルがそれについてどう答えたかを調べ、現在ではどう説明がなされているのかを考えたい。実は、現在でも明確な決着には達していないということを最初に述べておかねばなるまい。それほど、この反復説は謎めいたものなのである。

まずヘッケルは、なぜ個体発生は系統発生を繰り返すと考えたのか。第一部で見てきたように、彼は、ロマン主義的な自然哲学に基づいた一元論的な世界観を抱き、自然とは、一つの法則に従う統一的な自然であることを前提としていた。それによれば、生物の形態の発達・変化のプロセスは、どのようなものであれ、すべて同じ法則に従うわけだから、「個体発生と系統発生は不可分に関連したもの」になる。順序としては、まず進化の事実があり、それを原因として個体発生が起こる。彼にとって、それは揺るぎない真理なのだった。いわばドグマのように、すべてがここから始まる。それに何より、胚の形態発生の観察から得られた直観的な推理も、大きな確信をもたらしていったのだろう。

もう少し、詳しく見てみよう。ヘッケルはそのメカニズムについて、どう考えていたのだろうか（ただし現在の知識レベルでは容認されないことも多いので、注意が必要だ）。『有機体の一般形態学』の第二〇章における「個体発生のテーゼ」の中の「有機体の形成本能のテーゼ」によれば、個体発生の形態変化は、二つの相反する「形成本能（Bildungstrieb）」、つまり内的形成本能と外的形成本能の相互作用の結果であると記されている（まさにゲーテの影響である）。ここでいう形成本能は、「形態形成力」といい換えた方がわかりやすい。内的な形態形成力は「遺伝」であり、外的な形態形成力は「適応」である。親や祖先から受け継いだ形質が遺伝的形質であり、生物の形態を保持する上で重要なものである。一方、自分や親あるいは祖先が環境に生理学的に適応することで獲得した形質が適応的形質であり（しかも、このような獲得形質は遺伝するものとされる）、形態に独自性や多様性をもたらすものである。この両者の相互作用を通して、生物の形態が形成されるという（現代の「遺伝」や「適応」という概念とは異なっている）。

その中のテーゼ二五では、「個体発生が進む間、全般的に、遺伝的形質は適応的形質よりも先に現れ、個体発生の早期に現れる形質ほど、それを祖先が獲得した時期は遠く遡り、その形質の形態学的な価値がより重要になる」と書かれている。これは、各動物の形態形成に不可欠な基本的形態ほど、遺伝によって保持され、個体発生の早い時期に現れるという指摘である。また、そのような基本的形態は、系統的に近い動物間で共通のものであり、それはその動物たちの共通の祖先形態でもある。その見方でヒトを考えれば、ヒトの基本的形態として、哺乳類に共通な形態があり、またさらに遡れば脊椎動物に共通な形態があり、それらはまた哺乳類の祖先形態、脊椎動物の祖先形態でもある、といえるのだ(まさに、形態の入れ子構造であり、この点で、ヘッケル流の個体発生は「前成説」と批判されることにもなる)。

一方、逆に考えれば、環境の中で新たに獲得された形質は発生の最後の方に現れるわけで、もしその個体が生存中に獲得した形態があるならば、それはその個体発生の一番最後に付加されることになるだろう。もし類人猿との共通祖先からヒトが進化したのだとしたら、その個体発生の終端に、ヒトならではの新しい形質が加わるということとなる。つまり、形態の変更は個体発生の最後に生じる。各個体で起こった変更が、自然選択のメカニズムを通して選択され、やがて種全体の形態の変更へと及べば、進化を遂げたことになり、その集団の個体の発生の最後に再現されることになるのだろう。したがって、「遺伝的形質」もまた、遠い昔に祖先たちが獲得して発生の終端につけ加わったものといえる。

では、どのようにして、その順番が維持されつつ次世代に伝えられるのだろうか。「個体発生のテーゼ」の二一、二二を見ると、遺伝的形質は、プラズマ(原形質)を構成するタンパク質化合物によってもたらされ、それは世代を超えて受け継がれていくものであり、適応的な形質は、そのタンパク質化合物が外界の物質の影響を受けた結果であり、世代ごとに差異が生じるものであると書かれている。ヘッケルは、細胞の中のタンパク質が、物理化学的に、その生物の形質と発生の順番を伝えていくと説明しているのである。

しかし、タンパク質がどのように形質発現プロセスを伝えていくのだろうか。ヘッケルは一八七五年に、ダーウィンの「パンゲネシス論」に刺激されて、「ペリゲネシス論」を展開し、細胞の中のプラズマは単なるタンパク質ではなくて、生命を担う特別な物質であり、その構成分子プラスティドゥールが特有の分子運動により「無意識の記憶」を担い伝えていくとした（物質が情報を蓄えるメカニズムは、当時の知識レベルでは考えつかなかったため、分子の波動によるものとした）。このような物質の保持する記憶によって、遺伝現象が生じ、系統発生における形質発現の順番が個体発生において反復されるというのである（Haeckel（1875a））。

こう見てくると、ヘッケルの提示したメカニズムは説得性があって興味深いものである。このように単純で理想的な説が通れば安泰なのであるが、現実にはそうはいかなかった。その後、ドイツの動物学者アウグスト・ヴァイスマンの「生殖質連続説」や「メンデルの法則の再発見」などによって、親から受け継がれる粒子的な遺伝子の挙動が明らかになり、「獲得形質の遺伝」は否定される。そうなると、当然ヘッケルの説はこれに基づいて展開されているため、このままでは認められないことになる。何かしら、それに代わる遺伝子レベルでの変化を説明しようにも、当時は遺伝についてはほぼ何もわかっていなかった。

だが、提唱したメカニズムは失墜しても、反復の「現象」という確固たる観察事実があれば、生物発生原則はもちこたえられるのではないだろうか。ところが、その反復がきれいな形で生じることはむしろ稀であることもわかってくる。それについてはヘッケルも承知していた。『ガストレア理論』の二部でヘッケルは、系統樹をつくるためのツールになりうる望ましい反復とそうではない反復について次のように説明している（Haeckel（1877a）68–71）。

生物発生原則に従って忠実に反復が起こる個体発生のことを「原形発生(Palingenie)」(もともとは霊魂の輪廻を表す哲学用語を転用した造語)と呼び、これに、形態学的に系統発生を探るための重要なツールとしての一義的な地位が与えられる。一方、胚が生存条件へ適応したために本来の反復が歪んでしまった個体発生のことを「変形発生(Cenogenie)」(新しい形態が現れる発生という意味の造語)と呼び、発生プロセスの時間的順序が乱されたり、空間配置が乱されたりするために、本来の反復が覆い消されてしまい、系統発生の再現には役に立たないものとされている。例えば、ヒトの場合なら、二胚葉への分化、脊索、鰓弓、尾の出現などは原形発生であり、卵黄形成、羊膜や尿膜などの出現は変形発生と考えられている。

また、原形発生であっても、個体発生で祖先のすべての形態が辿られるわけではなく、「最も重要な祖先形態」だけを反復する、とヘッケルは述べている(『有機体の一般形態学』第二〇章)。つまり、祖先の進化に伴い個体発生の終端に新しい適応的な形態が付加されていくと、辿るべき祖先形態の数が増加して、個体発生にかかる時間が引き延ばされてしまうのだから、何らかの「圧縮」がなされることになるのは当然だ。しかし圧縮の仕方によっては、反復が忠実に起こらないケースが多々生じることになる。その意味では、あまり頻繁に進化を遂げなかった生物の方がツールとしては無難ということになる。

またヘッケルは、変形発生の種類のうち、個体発生に反復される祖先形態の出現時期が早まったり、遅くなったりする現象を「異時性(ヘテロクロニー Heterochronie)」、祖先形態の空間的な位置が入れ替わる現象を「転座(ヘテロトピー Heterotopie)」と呼んでいる。例えば、系統発生と比べてより早く個体発生に出現する器官として、脊椎動物の脊索、脳、眼、心臓などが挙げられている(Haeckel (1877) 71-72)。本来、これらの変形発生の現象は、「生物発生原則」を否定するのに格好の事実であった。

しかしその後、特に異時性に関しては、むしろ、これこそが進化の原動力であるとして、イギリスの発生学者ド・ビア、一九七〇年代にはS・J・グールドが論を展開したことをいい添えておこう（ただし現在では既に時代遅れになってしまっているが）。その場合、個体発生において胚が何らかの理由で発生の経路を変更し、それが自然選択によって選択されれば進化となる、という考えが基本である。それは成体の形態に変更が及ばずに、個体発生のプロセスだけの変更として残る場合もあるし、また、ネオテニー（幼形成熟）のように、生殖機能の発達が加速されて幼形のままで繁殖をするように進化するという場合もある。後者については、メキシコサンショウウオ（アホロートル）が、外鰓を備えたオタマジャクシの形態のままで繁殖するという例が有名であるし、私たちヒトが類人猿のネオテニー的な進化により生まれたのではないかという説もある（オランダの解剖学者ルイス・ボルクの「胎児化説」など）（田隅（1985）,（1990））。

さて、ここでヘッケルの考えをまとめておこう。

ヘッケルは、なぜ個体発生は系統発生を繰り返すのかについては、個体が発生プロセスにおいて生存条件への適応により獲得した新しい形態Aが、自然選択によりその動物集団の新しい形態になる（進化する）と、形態Aはその動物集団の各個体の発生の最後に再現されることになる（終端付加）、と考えた。さらに新しい形態Bを個体が獲得すると、同様な道筋で、各個体の発生の最後には形態ABという順序で再現される。

また、ヘッケルは、各動物にとって形態学的に重要な基本的な形態ほど、遺伝的な（保守的な）ものとなり、個体発生の初期に現れ、それはその動物のごく初期の祖先形態を再現している、と考えた。一方で、その動物に特有の多様な形態は、基本的な形態が生じたあとに現れ、それは進化の途上で生存条件に適応し、自然選択を受けた祖先形態を再現することになる。非常に巧みな説明である。

だが、終端付加が続いていくと、それを再現する個体発生の時間が途方もなく引き延ばされるので、その道筋は圧縮されねばならない。圧縮の仕方はいくつかあり、重要な祖先形態だけが再現されるような圧縮の場合であれば、個体発生に系統発生が繰り返されることになり、系統発生を再現できるツールとなるが、現実にはそれは稀である。ほとんどが、正しい反復を示さない「変形発生」である。つまり生物発生原則は、例外だらけの原則ということになる。

しかも、獲得形質は遺伝しないことが判明したため、ヘッケルの提唱したメカニズム自体が科学的にもちこたえられなくなった。こうして、生物発生原則は失墜した。しかし、その後もこの原則は、多くの人々に信じられていくのである。現在では、当時ヘッケルが答えられなかった問い、つまり、なぜ祖先の形態が個体発生に入れ込まれるのかという問いに答えようとする試みが復活している。

生物発生原則の行く末

その後、そして現在では反復説はどう受け止められているのだろうか。一九世紀末から二〇世紀初頭にかけて、個体発生の研究には大きな変革があった。それは、ドイツの動物発生学者であるヴィルヘルム・ルーらが打ち立てた実験発生学の潮流である。ルーは、イェーナ大学の医学部に進学する前に、哲学部で当時の権威者だったヘッケルの講義を聴き(一八七〇年代初頭)、多大な影響を受けた。ルーの研究関心は、個体発生における合目的的な形態形成を機械的に説明することにあった。最初は、進化における自然選択のメカニズム(闘争と選択)を、個体発生中の胚の細胞たちに応用してみたが、やがて限界を感じ、証明の不可能な系統発生に依拠する方法ではなく、直接的な観察と実験が可能な個体発生だけに着目していく方針に切り替えていく。これが「発生機構学」と呼ばれるものであって、ルーが、発生学を哲学的な方法論から解き放ち、実験に基づいてメカニズムを解明する近代的な手法をもたらした発生学者と評される所以である(佐藤(2010))。

ヘッケルの生物発生原則について、ルーはどのように語っているだろうか。ヘッケルは、あらゆる生物の共通祖先は、「モネラ」という細胞核も細胞膜もない原形質だけでできた単純な生物だったと考えたが、生物発生原則に従えば、これは発生プロセスの開始点にある受精卵に相当する。ということは、この受精卵は、すべての動物に共通する細胞であり、しかも単なる原形質の塊ということになる。ルーはこの点を批判する。ルーによれば、受精卵の内部には、その生物をつくり出すもととなる化学的な要素が入っている。化学的な要素の組成や配置の違いは、目に見えないが、形態の差を導き出すのである。だから、ヒトの受精卵とトリの受精卵の内容が同じはずはない。だから、生物発生原則は根本的に間違っている、と(Roux (2009, 1881) 57–58)。現代であれば、受精卵にはその生物種の個体をつくり上げるゲノム(遺伝情報)が含まれているのであるから、見かけは同じ一つの細胞であっても、質的に異なるものだ、という指摘になるだろう。ヒトの個体発生中の鰓《えら》のある胎児が、本当の魚でないことと同じ論理である。

だが、ルーはまた、こうもいっている。「生物発生原則には賛同するが、しかし、それが示すのは反復という事実、その大まかな必然性、したがって、極めて大雑把な因果的関連だけなのであって、その生起の仕方、それに関与する決定し実行する作用のあり方、それらの作用の規模については何一つ教えてくれない。これについての知識は、実験的な発生機構学が生まれて初めてもたらされうるのである」と（Roux（1905）253）。つまり、ルーもまた、反復している事実を完全に否定することはなかった。だがそこに秘められた多くの謎を解明することの困難さを承知しており、それには、ヘッケル流の方法論を捨てて、新しい実験発生学の手法をとり入れねばならないと考えたのだ（しかし、その後の実験発生学もまた、個体発生の機械的なメカニズム解明に向かって苦難の道を辿った。その解明のためには、少なくとも、遺伝子の実体とその作用機序が判明してくる二〇世紀の半ば以降の時代を待たねばならなかった）。

しかも、歴史的に見ると、生物発生原則が反証されたというわけではなかった。グールドはこう述べている。「また、そんなことはできるはずもなかった。あまりに多くの確固たる事例がその期待するところと合致していたからである」と（グールド（1987）299）。生物発生原則をあからさまに公言することはタブーとなったが、その抗しがたい魅力は生き続けることになったのである。

では現在は、どう考えられているのだろうか。比較形態学者である倉谷滋によれば、反復説は科学的観察によって打ち破られたのち、現在、あらためて進化発生学的な理論化を経てよみがえっているという。進化発生学とは、発生現象の理解を通じて進化のメカニズムや歴史を解明しようとする生物学の新しい分野であり、最近「エヴォデヴォ（Evo-devo : Evolution and Development）」と呼ばれて注目を浴びているものである。そこでは反復説はどのように扱われているのだろう。まだ研究は途上の段階にあることを念頭に置いた上で倉谷の考察を参考にすれば、結論としては、個体発生は系統発生を反復しているわけではないが、個体の形態形成には、祖先の使っていた基本設計をどうしても通らねばならないため、そう見える、ということになる。

動物の発生過程は、成体の姿をめざして一直線に進むものではなく、なにか踏まねばならないステップがあるということだ。例えば、ヘビは、最初から足をもたない形態で一直線に発生していくのではなく、一過的に足の原基が生じてから喪失する。いかにもヘビの進化の過程――トカゲのような祖先から足が退化していく過程――が再現されているように思われるが、ゲノムが解読され、遺伝子を基本にした発生プログラムの実態が明らかになるにつれ、それが夢物語にすぎないことが明らかになりつつある。「そもそも発生プログラムが、多かれ少なかれゲノムに組み上げられた遺伝子ネットワークに基づいて進行すると認めるなら、いったいどのようにして進化過程をその中に組み込むことができるというのだろう。一つの受精卵からヒトの形が出来上がるまで、胎児の中で各発生段階に発動している遺伝子プログラムは、常に単一の『ヒトゲノム』から読み出されてきたものなのだ。発生中、ゲノムが徐々に、魚類的なものから哺乳類的な状態へと変わっていくわけではない」(倉谷(2005)44-45)。

であるなら、なぜ、個体発生は進化を反復するように見えるのだろうか。倉谷は、『動物進化形態学』の中で、脊椎動物の頭部の解剖学的専門性に基づいた緻密な科学思想史的な研究を通して、この謎の解明に挑んでいる(ただしかなり難解な内容である)。詳細はそちらを見ていただくことにして、ここでは、彼が重要な鍵概念として挙げている「発生拘束」を紹介し、概略だけを述べることにしたい。

「発生拘束」という概念はメイナード・スミスらが提唱したもので、発生を通じて進化の方向性に何らかの制約が与えられた状態を指す。これでは何のことがわからないので、少し言葉を足そう。動物分類学では、他から区別される個別の単位として扱われる生物群を「タクソン」という単位で示す。例えば、ヒトであれば、「動物界」「脊椎動物門」「哺乳綱」「霊長目」「ヒト科」「ヒト属」「ヒト」という、いくつかの階層的なタクソンで示される。それぞれ特定のタクソンには、一般化された原型的なボディプランがあり（「バウプラン」とも呼ばれる）、脊椎動物であれば、左右相称性、背側に神経管が存在、その腹側に脊索が存在、脊索の前方に脳、脊索の両側に体腔が存在するというような相同的なパターンが挙げられる。このタクソンに属する構成メンバーの形態形成を考えれば、このような共通のボディプランを実現させるためには、何らかの共通した発生のルールが必要であることがわかる。これが「発生拘束」である。発生においては形態パターンが次々と現れるわけだが、その連鎖に何らかの因果的な拘束がかかるのである（それは当然、遺伝子セットの発現の仕方によるものだが、研究は途上にある）。

この「発生拘束」をもたらすものの一つに、ドイツの理論生物学者リードルが提唱した「発生負荷」という進化的論理がある（倉谷（2004）481-483）。例えば、鰓《えら》のない哺乳類の発生初期に「咽頭弓」――魚類であれば鰓となるもの――が現れるのは、祖先形態の名残なのではなく、これを基にして組み上げられた後期発生プログラム（頭部や頸部のさまざまな部分の発生）が存在するからである、と考える。このように、それ以降の発生過程の責任を負わされていることを「発生負荷」という。進化の帰結として形態発生の仕組みがいったん出来上がってしまうと、それが高度になるほど変更は不可能になる。つまり、祖先の発生プログラムや発生パターンを基盤として組み上げられたプログラムが蓄積するほど、発生過程において祖先と同じことをしなければならなくなる。たとえ、それが非合理的な回り道であったとしてもだ。

単純化するのは問題があることを承知で、あえて、こう表現してもよいだろうか。もし進化に伴いA→B→Cという形態形成が起これば、個体発生においてもCは必ずBを経なければ生じないような仕組みとなっている。なぜ、BをとばしてA→Cにならないのか。例えば、建て増しを繰り返した家屋と同じものをつくる時に、何も最初から同じように作っていく必要はないのではないか。それには、こう答えることができる。個体発生もまた自然選択を受けて進化してきたからだ、と。つまり、この場合はA→B→Cという個体発生プログラムが選択されて保存されてきたのだ。そう考えると、このような個体発生の進化の結果として、個体発生に系統発生が繰り返されているように見えることになる。なるほど、納得のいく説明だ。しかし、これもまた現時点ではあくまでも一つの説明にすぎないのである。さらなる進化発生学の研究を待ちたい。

生物発生原則の影響——犯罪人類学から『ドグラ・マグラ』まで

では視点を変えて、生物発生原則の影響力を見てみたい。グールドの研究により、生物発生原則は、特に世紀転換期頃のヨーロッパにおいて、生物学以外の広い分野に影響を与えたことがわかっている(グールド(1987))。そもそもヘッケルは、科学的知識の偉大な普及者だった。専門の研究者たちの世界だけに閉ざされてきた生命に関する知識を、その専門外の人々、さらには一般市民にもわかりやすい言葉で伝え広めたいという意図が随所に見られるのである。特に、進化論を阻もうとするキリスト教ドグマを打ち砕くための一般大衆への科学的な啓発は、彼にとって最大の課題でもあった。それは、版を重ねた数々の一般大衆向けの普及書、あるいは精力的な講演活動などに色濃く表れている。生物発生原則は、ヨーロッパ文化・社会にどのような影響を与えたのであろうか。

それは特に、人間の精神への応用と考えてよい。生物発生原則は、人間の精神の発達プロセスを合理的に理解するために援用されたのである。ここでの個体発生は、胎児がこの世に誕生するまでのプロセスをさらに踏み出して、成人になるまでのプロセスに着目している。

基本的には、人間の個体発生も系統発生を反復しているのだから、胎児から成人までの発達過程には、動物から猿人を経てホモ・サピエンスとなり、現在の文明人にまで発達してくる進化の道筋が次々と出現することになる。特に人間の場合は、生まれた時には、形態はほぼ完成していても、身体機能や精神能力はいまだ未発達である。したがって、一般の正常な成人であっても、その子供期は、系統発生段階では理性の未発達な原始人の段階にあると考えられるのである。子供はしかし、成長する間に系統発生の梯子を登り、文明人となる。確かに教育によるところも大きいが、本性の導くままに善へと発展し、精神の未熟性は、胎児に顕著だった下等動物の痕跡が徐々に消失するように、すべて消失するというのである。この生物発生原則の援用から形成された考え方を、グールドは「子供＝原始人」論と名づけている。

この論理を正常な人間の発達にあてはめてみれば、子供は人類の過去を繰り返さざるを得ない運命にあるということが認識され、子供を新たな視点から理解することが可能となる。したがって、教育はそういう子供の本性に合わせなければならないし、規律や倫理に関する大人の基準を未開人たる子供に押しつけてはならないという思いやりのある扱いが生まれてくる。グールドは、生物発生原則がこのような子供の発達観や初等教育に多大な影響を与えたことを、アメリカの児童発達研究家スタンリー・ホールやスイスの心理学者ピアジェ、あるいはドイツの教育改革家ヘルバルトを例に出して紹介している。ここでの生物発生原則は、人間に新たな自由を与える役割を担うものである

一方、この同じ論理をまたグールドは、生物学的に劣っていると見なされる人間に当てはめるとどうなるかを考察している。一つの例として、人種間には本質的に優劣の差があることを説明しようとする人種差別主義者にとっては、この論理は有力な武器となったことが示されている。つまり、劣った人種は成人になっても永久に高等人種の子供期に留まるのであるから、高等人種は彼らを子供同然に抑えつけ、しつけ、管理してもよいものと了解されてしまうというのだ。生物発生原則は、奴隷制度や帝国主義を正当化するための論理として使われることになる。

あるいはもう一つの例として、グールドは、イタリアの精神科医チェザーレ・ロンブローゾの犯罪人類学を挙げている。ロンブローゾは『犯罪人論』(1887)において、文明人の成人の間で犯罪と呼ばれるものも、動物、野蛮人の成人、文明人の子供では正常な行動であることを示し、さらに「生来の犯罪者」には肉体的にも精神的にも「先祖返り」の徴候が見られることを論じている。いわば、「生来の犯罪者」という異常個体は、その個人の個体発生が子供以下の段階、すなわち系統発生上の野蛮人以下の段階に留まるという異常なプロセスによって生じるものだとされる。これらの人種論と犯罪人論の二つの例において生物発生原則は、ある人種や個人を遺伝的に決定づけられた劣等な人間として振り分けて、自由を奪い去る論理となっているのだ(へ

ッケルの人種主義的・優生学的な思考法については、本書第5章で、もう一度彼の言説を見ながら検討することにしよう）。

さらにグールドは、二〇世紀の思想界に多大な影響を与えた精神分析の創始者ジークムント・フロイトの理論の中にも、生物発生原則の影響があることを指摘する。フロイトの神経症と精神分析に関する一般理論は、精神の反復という見解に基づいている。重要なのは、形態上の反復は次々と続く形態にとって代わられていくのに対し、精神は個体発生の間に系統発生の順序にしたがって出現するが、祖先の段階が後続の段階に道を譲って消え去ることはないということだ。こうして健全な成人の脳の中には、幼児期の初期の記憶や祖先段階の記憶が保存され続けているが、抑圧されて普段は思い出せないようになっている。だが成人の神経症では、幼児期の精神段階が抑圧されずに生き残っている。つまり神経症の患者は、いわゆる「先祖返り」の状態なのである。

このような精神の記憶、あるいは心理の遺伝とでもいうべき視点は、日本における生物発生原則の受容パターンにも見られる。ここで、グールドの研究から離れて、日本に目を向けてみよう。例えば、日本の解剖学者三木成夫は、生物発生原則を受け入れ、受精卵には祖先たちが経験した過去のすべての記憶が潜在し、個体発生とともに展開すると考えた。この人類のＤＮＡの中に累積された太古からの祖先の記憶は、「生命記憶」と名づけられ、個体発生中の胎児に見られる形態や表情は、太古の祖先たちの「面影」と呼ばれる（三木（1983）,（1992））。このような三木の考え方には、生物発生原則とともに、ゲーテの「直観」、あるいはクラーゲス（ドイツの哲学者）の生命論の影響も色濃く現れている（本書第9章で扱うゼーモンのムネーメもこれと類似している）。

また、夢野久作の探偵小説『ドグラ・マグラ』（1935）は、よく引用される有名な例である。

「人間の胎児は、母の胎内にいる十か月の間に一つの夢を見ている。その夢は、胎児自身が主役となって演出するところの『万有進化の実況』とも題すべき、数億年、ないし、数百億年にわたるであろう恐るべき長尺の連続映画のようなものである。すなわちその映画は、胎児自身の最古の祖先となっている、元始の単細胞式微生物の生活状態から始まっていて、引き続いてその主人公たる単細胞が、しだいしだいに人間の姿……すなわち胎児自身の姿にまで進化して来る間の想像もおよばぬ長い長い年月にわたる間に、悩まされてきた驚心、駭目すべき天変地妖、または自然淘汰、生存競争から受けてきた息も吐かれぬ災難、迫害、辛苦、困難に関する体験を、胎児自身の直接、現在の主観として、さながらに描き現してくるところの、一つの素晴らしい、想像を超絶した怪奇映画である」(夢野(1976, 1935)上巻233)。

このように始まる「胎児の夢」という節に描かれているのは、まぎれもなく生物発生原則である。胎児は個体発生のうちに体験する祖先たちの苦しみを、産まれ出ると徐々に忘れてしまうが、フロイトの理論同様、それらは消失してしまうのではなく、すべて無意識の底に沈んでしまうのである。だから、「いわゆる、文化人の表皮……を一枚剥くると、その下からは野蛮人、もしくは原始人の生活心理が現れて来る」。さらにその下には「畜生の性格」が、さらには「虫の心理」、「原生動物の心理」が現れてくる。人間の心理は、これらが入れ子構造になって出来上がっていることになる。この場合の胎児は、最終段階において原始人から現在の自分の直接の両親に至るまでの近い先祖たちの体験までも繰り返してくる。先祖たちは精神的進化の段階が低いのであるから、種々雑多の欲望に駆られてさまざまな罪業を犯してきたはずである。これは、ロンブローゾの犯罪人類学の論理と共通する。だがその悪徳の心理もまた、生まれる時に消失するものの、無意識の記憶として成人になっても生き続ける。この記憶が「細胞の記憶力」であり、受精卵というたった一つの細胞に含まれた「あるもの」――現在でいえばＤＮＡ――に、過去の記録がすべて記憶されていて、それが身体の細胞全体に行き渡る（当然だがＤＮＡにそのような記憶は記録されていない）。眠っている細胞の記憶が、何らかの刺激で目覚めた場合、その人間は無意識のうちに「先祖返り」をしてしまう、つまりこれが、犯罪をするとは思えない人間が突如、犯罪者に変貌する仕組みとなるのである。

こうして生物発生原則に基づいて、『ドグラ・マグラ』のテーマである心理遺伝を応用した犯罪が成立する。内容を詳しく述べることはしないが（実は内容をうまく説明できないほど奇怪な物語である）、生物発生原則はここで、自らの血筋の中にいる犯罪者に対する不安感、つまり自分の生まれる前の無意識のうちの罪に対する恐怖感、過去の因縁・怨念に呪縛された宿命に対する恐怖感を、生と性のおどろおどろしい領域で発動させる装置として機能しているのである。

さて、そもそも生物発生原則は、生物学の領域では実証されることのない仮説である。しかし、以上のように人間社会への影響を振り返ると、そのようなあやふやな仮説でも、科学のマントを纏《まと》えば正しい理論と理解されて、人心を捉え、強大な波及力を及ぼしかねないことがわかるのである。まさに戦慄せざるをえない歴史である。しかもここでの関心事は、精神の反復である。精神もまた個体発生において系統発生を繰り返すものとされ、さらには誕生後も成人になるまでは、野蛮人から文明人への精神の進化の階梯を登っていくというのだ。この言説は、あくまでも確証のないものであるにもかかわらず、それまで捉えどころのなかった精神や心理といった人間の本質的な要素を、科学的につまびらかにする魔法の呪文となったのである。

生物発生原則に従えば、人間は自分の出自、今の自分を形成する過去の因縁といった宿命から逃れることができなくなる。この強固な「生物学的な決定論」により、特定の人種や個人に、優劣の烙印を押して差別を助長することも自由自在に行えた。生物発生原則は、「生物としての宿命」という縄で、心理的に人間をがんじがらめに縛りつける危険な力ももっていたのである。

当時のヘッケル・イメージ——熱狂と憎悪

このように影響力の大きなヘッケルであるが、当時の彼は、他の動物学者たちにどう思われていたのかを見ておこう。前述したアメリカの動物学者ゴールドシュミット（ナチスに追われて一九三六年にドイツからアメリカに移住した）は、多くの友人知人からせがまれて書いた『記憶に残る肖像たち——或る動物学者の回顧』（Goldschmidt (1956)）の中で、若き日々を過ごした一九世紀末のドイツの大学における動物学者たちの風景を語り綴っている。彼はリアルタイムで、当時のドイツ動物学界の巨星たちと触れ合うことができたのである。そこでは、何度か噛みしめるように、現在の世代（一九五〇年代の人々のこと）には、ヘッケルが当時果たした役割の大きさ、その影響力の大きさを推し量ることはおよそ難しいだろうと述べられている。ヘッケルの書いた書物（特に『自然創造史』と『人類発達史』）は、多くの若者の心、一般の素人の心、また学者たちの心をも捉え、老いも若きも、ドイツ国内も国外も合わせれば、何十万という人々に影響を与えたという。そしてまさに、ゴールドシュミット自身も生き証人の一人だった。ギムナジウムに通う一六歳の彼は、当時の知的な若者たちと同様に、伝統的な信仰に対して深い疑いをもち、唯物論者カール・フォークトやビュヒナーらの本を隠れて読んでいた。そんなある日に巡り合ったヘッケルの『自然創造史』は、彼を魅了し、その魂を震撼させた。「天地のあらゆる問題が単純に、納得のいく形で解かれるように思われ、そこには若い心を悩ませるすべての疑問に対する答えがあった。進化がすべてのことを解く鍵となり、あらゆる宗教上の信条にとって代わることができた。創造もなく、神もなく、天国と地獄もなく、あるのは進化と生物発生原則だけ。これは、創造を信じる最も頑固な者たちに、進化の事実を証拠として突きつけることのできる素晴らしい法則なのだ」(同書35)。のちにゴールドシュミットは、異常なほどに突撃態勢をとるヘッケルとは距離を置くようになっていくものの、彼の若き日のエピソードは、当時のドイツの人々の精神的な状況を彷彿とさせてくれるものである。

さて、そんな状況を苦虫を噛み潰すように見ていた者の一人として、ドイツの動物学者ヤーコプ・フォン・ユクスキュルがいる。エストニア出身のユクスキュルは、「環世界(Umwelt)」という画期的な説——それぞれの動物の世界は、外界に対する自らの知覚と行動が紡ぎ出した、それ独自の環世界であるという説——を打ち立てたことで有名である。ダニにはダニの、イヌにはイヌの、ヒトにはヒトの独自の世界がある。この説は、それまでの人間中心的な自然観を根底から覆すものであり、一九二〇年代以降の哲学や文学、システム論や記号学にも影響を与えることになった。それが紹介されている『動物と人間の環世界の散歩』(邦訳は『生物から見た世界』)などを読めば、さも動物好きの研究者がほんのりと観察してのんびりと書いたものかと思われるが、実はそれを生み出すことになった背後の推進力は、ヘッケルへの憎しみであったといっても過言ではないのだ(佐藤(2007))。当時のヘッケル批判の一例として、ユクスキュルの言説を紹介しておこう。

若き日のユクスキュルはエストニアのドルパート大学で、動物学者ケンネル教授から、ダーウィンの進化論を学んだ（Uexküll (1936) 110–111）。ケンネルは「自信に満ちたダーウィニスト」として、「信仰でなく、学問こそが自然研究では真価を発揮する」という信条の下、学生たちを熱心に教育し、絶賛を浴びていた。ユクスキュルもまた、ダーウィンが示した動物形態の相互の関連性に心酔した学生だったのである。しかしやがて彼の目には、ケンネルが「ミッシングリンクをうまくでっちあげて、極めて異なる動物形態をつなぐことに喜びを見出している」ように見え始めた。それはつまり、生物発生原則をツールとすれば、あらゆる動物種間の相互類縁性を解明できるということへの盲信であり、その胡散臭さを彼は感じとった。幻滅感は最高点に達し、「もしこんなことが動物学の目的であるならば、動物学は機知に富んだ遊戯にすぎず、科学などではない」と確信したユクスキュルは、動物学をやめて生理学に転向してしまう。とにかくユクスキュルの文章の随所に表れるダーウィニズムやヘッケリズムに向けた批判は極めて痛烈で、彼はそれらを抹殺することによって、新たな生物学的な世界観を打ち立てるべきだと訴え続けたのである。

そもそも生気論に与《くみ》するユクスキュルは、種の進化プロセスを物理・化学的な機械的原因から説明しようとする自然選択説には批判的だった。しかも、自然選択説は実証されたわけではない仮説である。それなのに、ダーウィニズムは強大な権力をもち、新たな発想を阻むものになっている。「ダーウィニズムは、学問というよりは宗教である。それゆえ、ダーウィニズムに対するどんな反対根拠も効き目なく跳ね返されてしまう。［中略］結果として、進化思想は何千人もの人たちが納得する神聖なものになったのだが、しかし偏見のない自然研究にはもはや全く関係のないものなのである」（Uexküll (1920) 191）。

このダーウィニズムの強化に多大な貢献をしたのが、ヘッケルの生物発生原則なのである。ユクスキュルによれば、「あらゆる生物個体はその発生の間に、それの祖先系列全体を短縮された形で通過する」という説明では、胚の発生がなぜ自律的に進むのかという問いに答えることはできない。つまり、生物発生原則によれば、生物の祖先たちの形態が予《あらかじ》め受精卵に先在して入れ子構造になり、それらが個体発生の間に時間とともに機械的に出現してくることになり、これは、前成説的な機械論である。しかし、このような前成説は既に実験発生学者ドリーシュによって否定されており、胚は初期にその運命が決定していない期間のあることがわかっているのだから、生物発生原則は既に却下済みだ、というのである（Uexküll（1920）133）（ドリーシュは、ウニの初期胚の細胞を分離すると、それぞれが完全胚に育つことを確かめていた）。

こうして、自然選択説も生物発生原則も仮説でしかないのにもかかわらず、「学説というものが研究の補助手段にすぎないということを理解できない素人は、その価値を過大評価しがち」であり、「これらを自然法則と呼び、永遠の真実のごとくに崇拝するのである」。まさに「一元論という一種の半可通の宗教」を信じ込んだ人々を相手に回しては「神々ですら闘っても無駄なのである」（Uexküll（1913）35-36）。

ゴールドシュミットの回想にもあったように、生物発生原則に基づき展開されたヘッケルの一元論的な世界観が、当時の人々の精神に強い熱狂と陶酔をもたらしていたことは明白である。そして一方では、ユクスキュルのように、そこに潜む大きな危険性を察知し、その元凶たるヘッケルに対して激しい憎悪の念に駆り立てられた人々もいたのである。

次章では、生物発生原則をツールとして用いた進化研究の結果とそれにまつわるエピソードを紹介しよう。

第2章

ミッシングリンクの夢
——ガストレア、モネラ、ピテカントロプス

失われた過去への旅

前章で見てきたように、ヘッケルは、進化の道筋を明らかにすることによって系統樹の完成、つまり生物の自然体系の構造解明をめざしていた。ヘッケルが描こうとする系統樹は、いわば、この世界の隠されてきた真実の姿である。とはいっても、そのためには、失われた過去の事実を知らねばならない。わずかしか出土しない不完全な形状の化石証拠に代わって、彼が有力ツールとして生み出したのが「生物発生原則」だった。それによれば、個体発生は系統発生を反復するはずなので（実際にはそのように単純ではないことを前章で説明したが）、個体発生の形態観察からさまざまな祖先生物の仮説をつくり、それを現実に証拠づけることによって、信憑性を高めていくという方法が用いられた。

さて、実際にはどの程度の成果が得られたのだろうか。ここでは、ヘッケルの想像したミッシングリンクたちを紹介し、それにまつわるエピソードを見ていく。特に地球上に初めて登場した始原生物、つまり無生物から生物へのミッシングリンクである「モネラ」の物語、そして、類人猿と我々ヒトをつなぐミッシングリ

ンクと考えられた「ピテカントロプス」の物語をとり上げよう。

その前に、エピソード的な要素はないが、ヘッケルが多細胞生物の祖先と考えた「ガストレア」について触れておきたい。これは、個体発生のうちの初期胚の発生プロセスから想像されている点で、モネラと深く関わっているものなのである。

ガストレア説——後生動物の起原論

ヘッケルの描いた系統樹を見てみると、その根元は、すべての動物の共通祖先（単細胞生物）から始まり、その太い幹はやがて、多細胞生物の共通祖先を通過して、多くの枝を空に伸ばしていく。ここで説明するのは、この多細胞生物の祖先だ。ただし、多細胞生物といってもここでは動物のことで、「後生動物（Metazoen）」と呼ばれるものである。これは、多細胞体制をもつ動物の総称であり、単細胞の「原生動物（Protozoen）」と対置させるために、ヘッケルが造った分類上のグループ名である（Haeckel（1874）158）。

さて、祖先の仮説を打ち立てるためには、後生動物の個体発生プロセスについての詳しい観察がなされていることが必要なのだが、当時はどの程度のレベルだったのだろうか。その背景を簡単に見ておこう。

まず重要なのは、一八三〇年代に、ドイツの植物学者シュライデンと動物学者シュヴァンによって「細胞理論」が打ち立てられたこと、つまり、細胞が生物を構成する最小の構成単位であると認識されたことだ。現在では私たちの体が細胞でできているのは当然に思われるが、これは一九世紀の半ば頃にようやくわかってきたことなのだ（細胞は極めて小さい部分であるから、顕微鏡の発達とも関係がある）。それと同時に、多くの細胞からなる「多細胞生物」という概念も生まれたのである。

一方、一つの細胞でなる生物はどうだろう。かつて一七世紀にオランダの博物学者アントニー・ファン・レーヴェンフックが、ルーペのような単式顕微鏡を用いて、まさに神業のように、浸出液の中を泳ぐ微小生物たち(アニマルキュール)を発見していた。その頃は「細胞」という概念はなかったが、これが実際の単細胞生物であることを明らかにしたのは、ドイツの動物学者カール・テオドール・フォン・ジーボルトである(幕末頃に来日した有名なフィリップ・フランツ・フォン・ジーボルトとは親戚関係にある)。彼は一八四八年に、単細胞生物である滴虫類(せん毛虫とべん毛虫の類)と根足虫類(アメーバの類)を原生動物として定義した(Haeckel (1868a) 386)。

このような一九世紀の知的系譜の中で、初めて多細胞生物と単細胞生物が分類されることになったのである。しかし、多細胞生物の個体は、単なる細胞の寄せ集めではなく、細胞が集まり組織をつくり、組織が集まり器官をつくり、器官が集まって個体をつくるというように、階層的に構築されたものである。だから、受精卵という一つの細胞から始まる個体発生のプロセスは、何度も卵割をして細胞を増やしつつ、かつ、さまざまな組織や器官を形成するように何かしらの分化のプランに沿って進んでいかねばならない。それは動物の場合、どのようなものなのだろうか。

中でも、動物発生学者のフォン・ベーアらによって提唱された「胚葉説(Keimblätter-Theorie)」は、当時、大きな意味をもつことになる(「葉」は薄い層になった細胞群の形状を意味する)。それによれば、脊椎動物では、卵割で増えた細胞の塊である胚は、三層の構造——外胚葉、中胚葉、内胚葉——を示すようになり、やがてこれらの層から特有の組織や器官が形成されていくのである。例えば、外胚葉からは表皮、神経系、感覚器官など、中胚葉からは筋肉、腎臓など、内胚葉からは消化管などが形成される。つまり、未分化な細胞の塊が分化ステージに入る時に必ず「胚葉」が現れるのである。したがって、脊椎動物の個体発生のごく初期には、共通するパターンが存在するということになる。

さらにその後、胚葉は脊椎動物だけでなく、無脊椎動物にも出現することが見出されていく。特に、ロシア人学者のアレクサンドル・コワレフスキーは一八六四年に、ナメクジウオやホヤなどで、まずは外胚葉と内胚葉の二層の細胞層からなる中空の胚が共通して現れたのちに、内胚葉から中胚葉が分化してくる、という事実を突き止めた。最初は外胚葉と内胚葉の二つの胚葉が出現する――なんとわかりやすいイメージだろう。ヘッケルは、これを見逃さず、この発生パターンこそすべての動物に共通なものと考えたのである(Haeckel(1877a))。

この発生プロセスを、ナメクジウオを例にとって詳しく見てみよう。受精卵が卵割を繰り返していくと多数の小さな細胞(割球)からなる桑の実のような胚となる。この頃から胚の中心部に腔所が生じて、一層の細胞層からなる中空のボール状の胚となり、さらに、表面のある場所の細胞層が内部に陥入していく。どんどん細胞が内へ滑りこんでいくと、やがて二重の細胞層からできた袋状の胚となる。ここまではおよそ多くの動物で類似しているプロセスだ(西村(1983)40-42)。

ヘッケルは石灰海綿の研究で、これと同様な発生を確認し、それぞれの段階に名前をつけた。桑実胚をモルラ(Morula)、中空の胞胚をブラストゥラ(Blastula)(最初は先人が造ったプラヌラという呼称を使用していたが一八七五年に造語)、二重の細胞層でできた袋状の嚢胚(または原腸胚)をガストゥルラ(Gastrula)というようにだ。先に述べた胚葉説との関連性からいうと、嚢胚の外側の細胞層が外胚葉に相当し、内側の細胞層が内胚葉に相当する。そしてヘッケルは、このガストゥルラの状態を、石灰海綿のような単純な動物からヒトに至るまでのあらゆる後生動物に共通の胚形態と考え、生物発生原則を用いることにより、系統発生プロセスの初期においても、このような多細胞生物の共通祖先――原生動物から後生動物へのミッシングリンク――が存在していたに違いないと想定した。

この想像上の祖先が「ガストレア(Gastraea)」である(「腸祖生物」とも呼ばれる)。ガストレアは、口らしき開口部を備え、中空の二層の細胞層でできた小さな袋状の生物であり、外側の細胞層から生えたべん毛を使って、原始の海をくるくると泳ぎまわっていたと想像された。その後、環境への適応の違いから二方向の進化が生じ、海底などに固着した生き方をするようになったガストレアは放射状の形態となって、海綿動物や刺胞動物など(クラゲやイソギンチャクなどの仲間)に進化し、一方、這って動く生き方をするようになったガストレアは左右相称の形態となって、下等な扁形動物や環形動物などになり、やがてこのタイプから、脊椎動物を含む高等な動物群が進化したと考えられた(Haeckel(1877a)13)。

では、はるか昔に自然発生で地球上に誕生した始原生物は、いかにしてガストレアに至ったのだろうか。この過程も、個体発生のステージに対応させて、次のように想像された。

個体発生のプロセスは、モネルラ→キトゥラ→モルラ→ブラストゥラ→ガストゥルラ。

系統発生のプロセスは、モネラ→アメーバ→シンアメーバ(モレア)→プラネア(ブラステア)→ガストレア(系統発生で「ブラステア」を使わず「プラネア」を残したのは、この古い名称の方が世に浸透しているからだとヘッケルは説明している）（Haeckel（1877a）152）。

まず受精直後の卵「モネルラ（Monerula）」は、核のない段階の細胞（チトーデと呼ばれる）であり、系統発生上で対応するのは、自然発生で生まれた「モネラ（Moner）」（複数はMoneren：ギリシャ語で「単純な」という意味）である。あとから説明するように、これはまだ細胞に進化していない段階の、核も細胞膜もない生物と考えられた（ただし現在では核も細胞膜もない単細胞生物の存在は確認されていない）。第一卵割後の「キトゥラ（Cytula）」になると、核のある細胞となり、系統発生上では「アメーバ（Amoeba）」に相当する。アメーバは、現在でも生息している生物だ。さらに卵割が進み、同質の細胞の集合体になると（先に触れたように）桑実胚「モルラ」と呼ばれるが、これは系統発生上では「シンアメーバ（Synamoebium）」（のちに「モレア（Moraea）」と称する）に相当する。シンアメーバとはアメーバの集合体という意味であって、単細胞生物が寄り集まって群体を作っているイメージである。個体発生の次の段階では、胚は中空の一層の細胞層からなる胞胚「ブラストゥラ」となり、系統発生上では「プラネア（Planaea）」「ブラステア（Blastaea）」に相当する。この生物は、細胞から生えたべん毛で水中を泳ぎまわっていたと想像された。シンアメーバとプラネアについて、ヘッケルは現在の生物界にも類似したものがいると考えていた。そして、個体発生のステージでいよいよ分化が開始する嚢胚（あるいは原腸胚）に相当する祖先生物が、ガストレアということになる（Haeckel（1877a）66）。

ヘッケルの描いた系統樹で有名なものは、『人類発達史』（初版）の中に記載された、モネラからヒトに至るまでの進化の道筋を描いた樹である。太い幹から葉のない枝が何本も伸びる勇壮たる古木。そこには、多くの生物名のプレートがつけられている。その巨木の根元には、無機物から自然発生で生まれたとされる細胞以前の架空生物「モネラ」のプレートが全生物の共通祖先として置かれ、その上に「アメーバ」「シンアメーバ」「プラネア」と続き、さらに多細胞動物の共通祖先「ガストレア」が置かれている（本書155頁）。先に述べたように、このうち、アメーバ、シンアメーバ、プラネアには、現生の生物に類似したものが存在するので、ヘッケルの論法では仮説は強力に証拠づけられることになる。ここで問題となるのは、モネラとガストレアという仮説生物が本当に証拠づけられるのかということだ。

生物学者の西村三郎によれば、ヘッケルのガストレア説は、それ以降の動物の系統に関する研究に多大な影響を与えたが、そのまますんなりと受け入れられたわけではなく、さまざまな反論や修正意見が噴出したという。ヘッケルの想定した祖先形は、べん毛虫類の群体であったが（べん毛は細胞から生えた一、二本の長めの毛のこと）、イギリスの動物学者ランケスター（ヘッケルの弟子）は個体発生における体腔の形成プロセスに着目して祖先動物を想定した。また、ユーゴラスビア出身の動物学者ハッジは、せん毛虫型の祖先形態（せん毛は細胞から生えた全体を覆う短い毛のこと）を想定した。

しかし現在でもなお、後生動物の共通祖先が何であったかについては決着がついていないのである。では、モネラの方はどうなのだろう。このモネラに関しては、多くの学者たちが絡む熱い物語があった。次にこれを紹介しよう。

モネラの物語——始原生物をめぐる仮説

一八六八年八月、英国科学振興協会の集会において、トーマス・ヘンリー・ハクスリーは、北大西洋の深

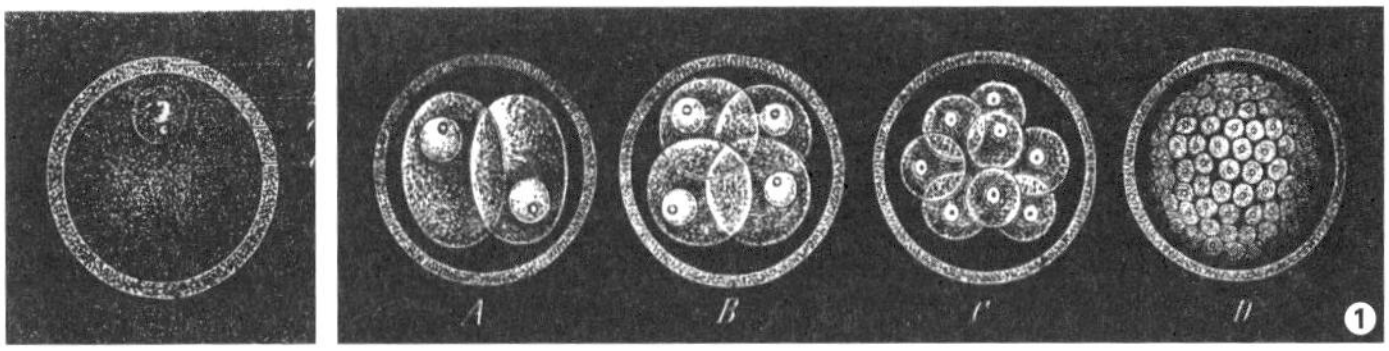

❶

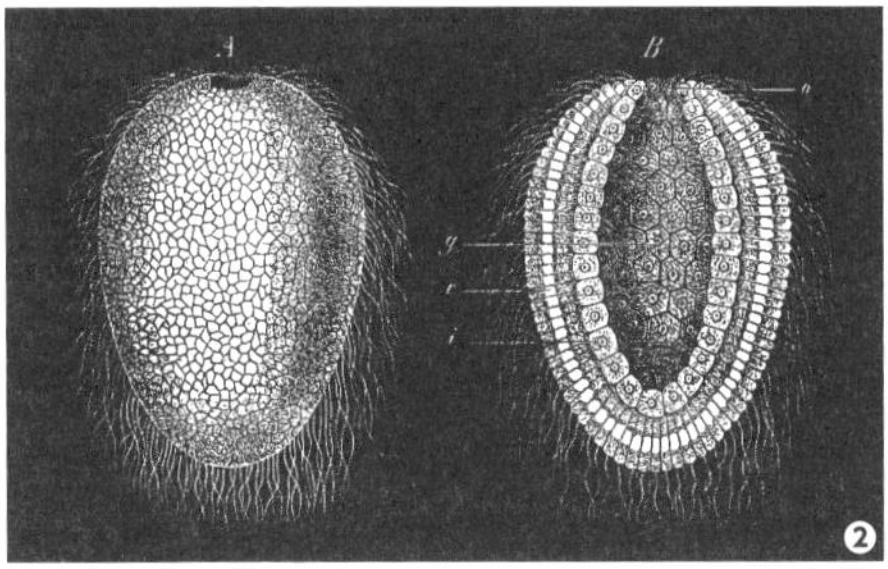

❷

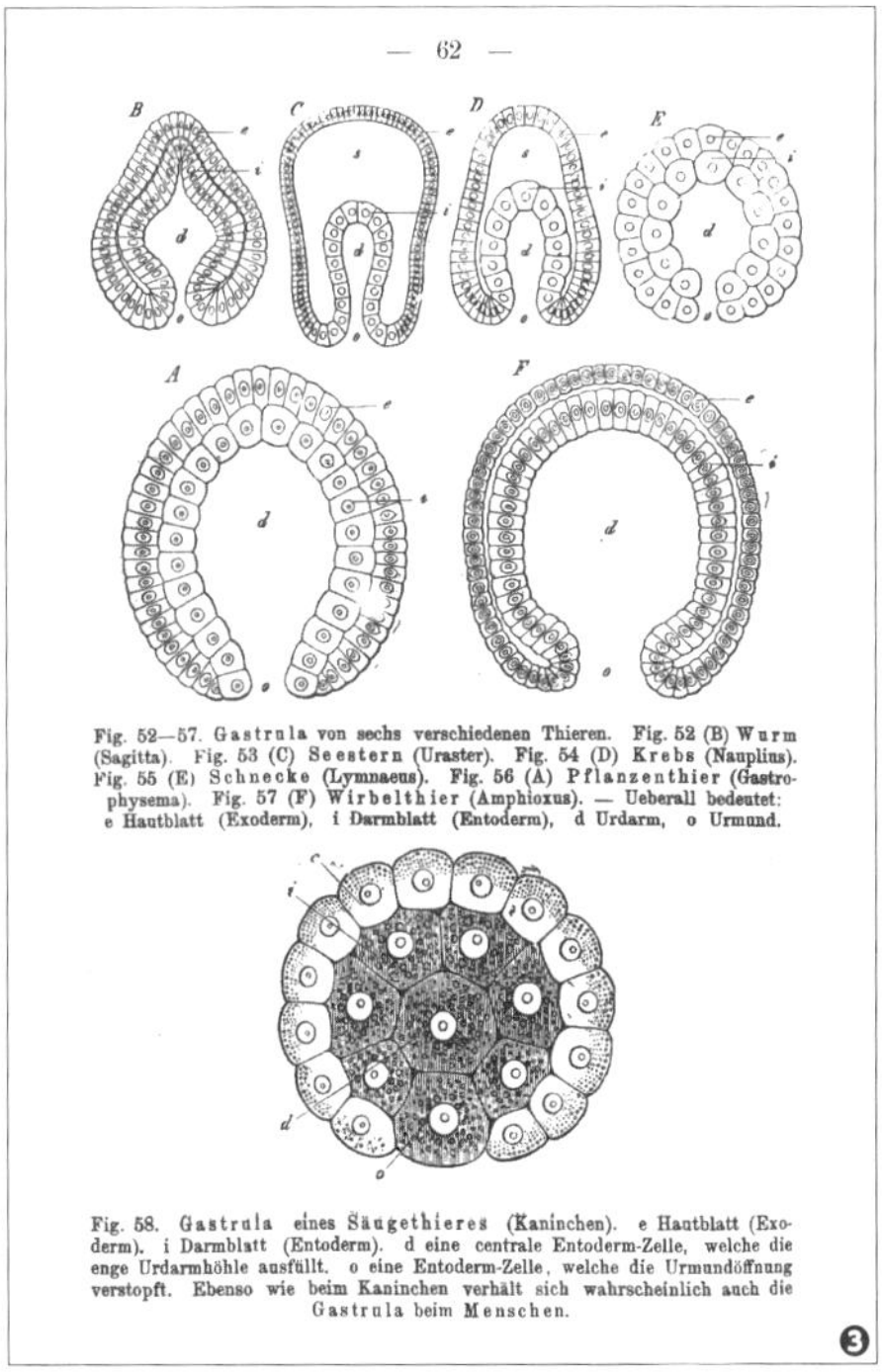

— 62 —

Fig. 52—57. Gastrula von sechs verschiedenen Thieren. Fig. 52 (B) Wurm (Sagitta). Fig. 53 (C) Seestern (Uraster). Fig. 54 (D) Krebs (Nauplius). Fig. 55 (E) Schnecke (Lymnaeus). Fig. 56 (A) Pflanzenthier (Gastrophysema). Fig. 57 (F) Wirbelthier (Amphioxus). — Ueberall bedeutet: e Hautblatt (Exoderm), i Darmblatt (Entoderm), d Urdarm, o Urmund.

Fig. 58. Gastrula eines Säugethieres (Kaninchen). e Hautblatt (Exoderm). i Darmblatt (Entoderm). d eine centrale Entoderm-Zelle, welche die enge Urdarmhöhle ausfüllt. o eine Entoderm-Zelle, welche die Urmundöffnung verstopft. Ebenso wie beim Kaninchen verhält sich wahrscheinlich auch die Gastrula beim Menschen.

❸

❶哺乳類の受精卵の卵割とモルラ（右端の図D）。ヘッケル『人類発達史』（1874）より。

❷ガストゥルラ（石灰海綿）。ヘッケル『人類発達史』（1874）／『原生生物界』（1878）より。

❸ガストゥルラ（様々な動物）。ヘッケル『原生生物界』（1878）より。

海底堆積物の標本を顕微鏡で観察した結果、その中に「始原生物」を発見したという驚くべき報告をした。たぶん、参加者たちにはどよめきが起こったことだろう。ハクスリーは、ダーウィンの友人であり、彼の自然選択説を支持し、「ダーウィンのブルドッグ」という異名を冠するほど果敢に熱く、その反対者たちを敵に回して闘った動物学者である。このハクスリーが観察した軟泥標本というのは、英国海軍の測量船サイクロプス号が一八五七年に北大西洋の深海底から採取したものであった。その標本を一〇年後に再びとり出して、顕微鏡で覗いてみた彼は、そこに「無数の透明でゼラチン状の物質」の小さな粒子を発見した。以前には気づかなかったこの奇妙な粒子こそ、未分化な原形質でできた新型の生物——それも始原生物——であるに違いないと考えたハクスリーは、この生物に、大洋の深海底に生息するという意味の「バチビウス（*Bathybius*）」という属名と、進化論支持の同志であるドイツの動物学者ヘッケルにちなんで「ヘッケリ（*haeckelii*）」という種名を与えたのである。

その頃のヘッケルは、放散虫の研究が認められて、三一歳の若さでイェーナ大学の教授になったばかりの精鋭だった。ダーウィンの進化論をいち早く受容し、ドイツで精力的にその普及に努力していた彼は、一八六六年には、進化論を基礎にして形態学を体系化する『有機体の一般形態学』を上梓し、ダーウィンやハクスリーもその成果を讃えていた。この二巻からなる大著の中で、ヘッケルは大胆にも、無機物から現在の生物に至るまでの壮大な進化の連続を謳いあげた。無機界も有機界も、同一の物理・化学的法則が支配していると説く、一元論的立場の彼にとっては、必然的に、無生物から生物へのミッシングリンクが存在しなくてはならなかった。その決定的な証拠を渇望する彼のもとに、思いもかけず飛び込んできたのが、この「バチビウス・ヘッケリ」なのであった。この、細胞にすらなっていない単純な生物、透明でゼラチン状の塊で、生物の基本物質である原形質(プラズマ)だけでできている生物——これこそ、ヘッケルが「モネラ」と名づけた始原生物の姿にぴたりと合うものだった。なんと、これらはまだ深海底にひっそりと生き続けているのか。もしや今もなお、自然発生を繰り返しているのだろうか。ヘッケルたちは大興奮の渦の中にいた。

だが——七年後の一八七五年、この期待はむなしくも崩れ去るのである。結末を先取りしてしまうと面白味が半減してしまうのだが、あえて述べておこう。その頃、英国科学探検船チャレンジャー号は、奇しくも、赤道を越えて北上し、日本へと向かう航路上にあった。その船上で、海底の泥の中からバチビウスの実体を探るべく観察を続けてきた化学者ブキャナンが、標本の海水にアルコールを加えて保存した時にのみ、バチビウスが出現することに気づいたのだった。つまり、ゼリー状の塊は、始原生物などではなく、海水中の硫酸石灰がアルコールと反応して沈殿した物質にすぎなかったのだ。こうしてハクスリーのバチビウス説は、水の泡となって消えることになった。

このエピソードは、確かに現在の科学の水準から見れば、滑稽な話に聞こえるに違いない。しかし、ハワイ大学の歴史家レーボックが論文の中で指摘しているように、当時の著名な生物学者や海洋学者や古生物学者たちが、バチビウスについて極めて真剣にとり組んだのである(Rehbock (1975))。その事実を考えれば、背景となる知的状況を分析し、この事件の意味づけをすることは思想史的に極めて重要であろう。始原生物の探究への熱意を生み出した、現在の私たちからは見えてこない、当時の知的状況とはどのようなものだっただろうか。

進化論的世界観と一九世紀の「常識」

ヘッケルは『自然創造史』(1868)や『宇宙の謎』(1899)などの啓発書において、宇宙生成史(カントの宇宙生成論に依拠)、地球史、生物進化の概観を述べている(例えば前書の第一三講、後書の第一章)。その内容をかいつまむと、次のようにまとめられるだろう。

宇宙の始まりは、気体状態のカオスだった。それが回転運動をするうちに、高密度の部分ができて、それ自体も回転しながら、恒星となった。その一つが太陽だった。回転する太陽は、求心力で内部に向かってつぶれ、赤道上の遠心力の強さによって粒子が外側にリング状に広がった。その粒子の帯から自転する惑星が生まれ、それと同じように惑星から衛星が生まれた。その一つのペアが地球と月であった。この高温でどろどろに溶融した原始の地球は徐々に冷えていき、内部には核、表面には地殻ができていった。やがて大気中に含まれていた水蒸気が液体になるまでに温度が下がると、地表に雨が激しく降り注ぎ、生命の故郷である海が生まれた。その海の中で、無機物がさまざまに反応した結果、特に炭素骨格に酸素、水素、窒素、イオウなどが付加した化合物が生じ、有機物のタンパク質ができ、そこから原形質でできた簡単な生物が誕生した。それが今から数百万年から一〇億年以上も前のことであった。やがてそれが単細胞生物となり、多細胞生物となり、無脊椎動物から脊椎動物が分岐し、魚類、両生類と進化し、そこから分かれた一方の爬虫類は鳥類へと進化し、もう一方の哺乳類の一部が類人猿となり、やがて私たち人類へと進化してきた。

これを見る限り、ヘッケルが当時(今からほぼ一〇〇年前に)、市民を啓発した内容は、年代がかなり浅く見積

❶

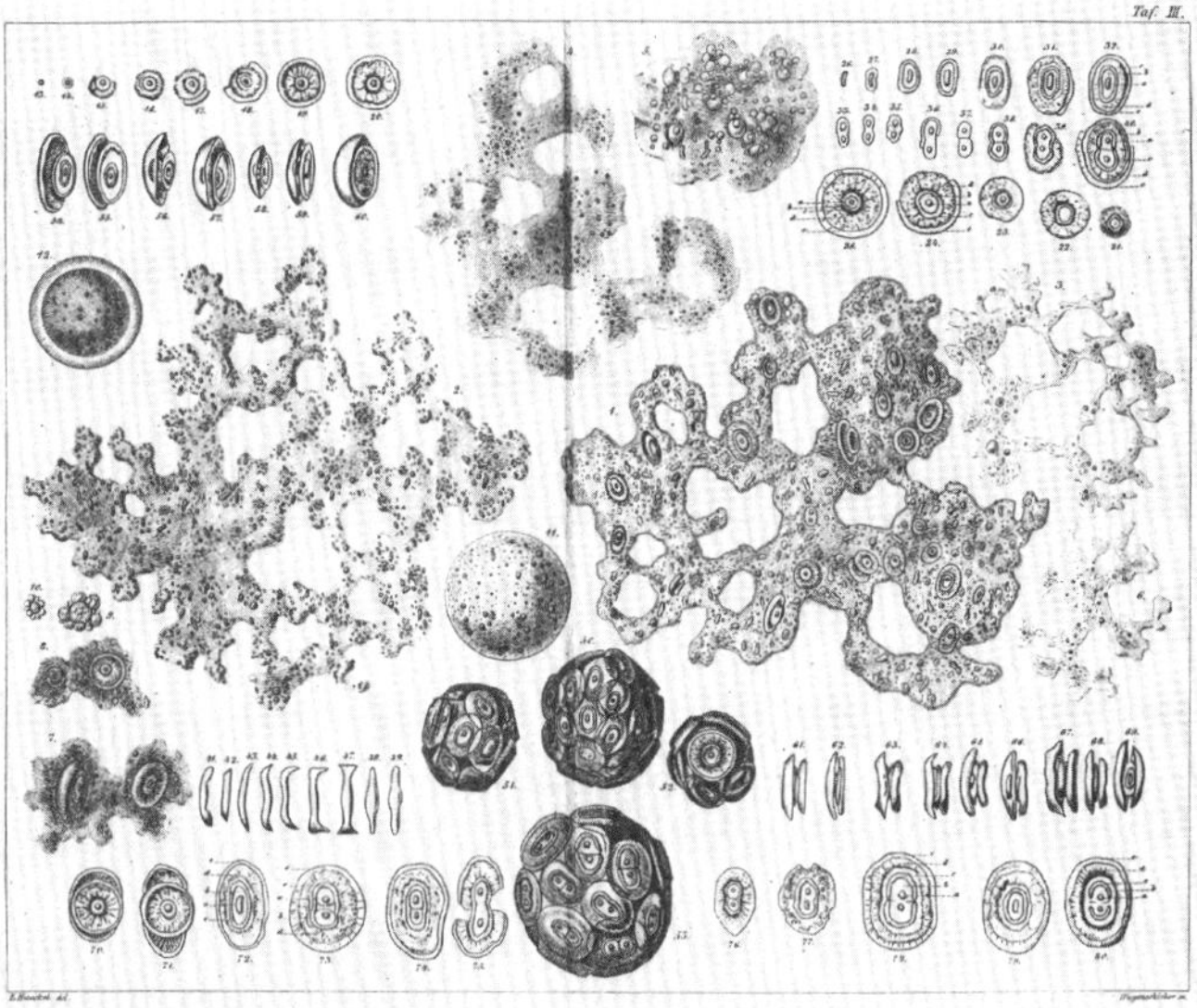

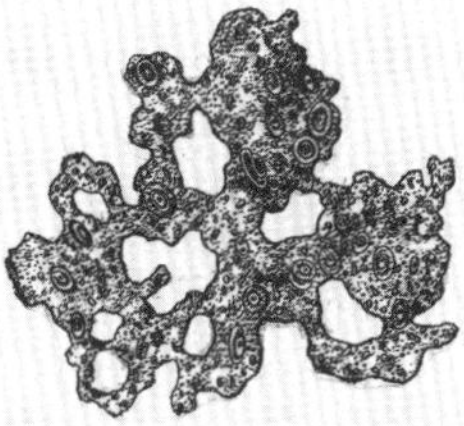

❷

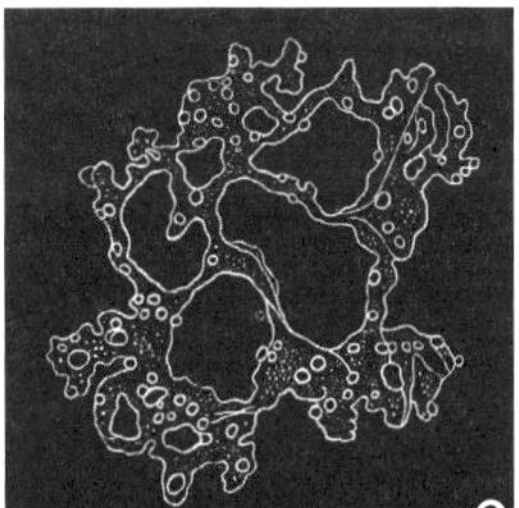

✦——❶❷❸バチビウス・ヘッケリ。
❶❷ヘッケル『モネラと他の原生生物研究』(1870)より。
❸ヘッケル『原生生物界』(1878)より。
❹トーマス・ヘンリー・ハクスリー。

もられていること以外は、現在の私たちにとってもほぼ違和感がない。詳細な点に目をつぶれば、当時の自然科学の水準は、既にここまでの仮説を可能にしていたのである。

だが、一九世紀後半のヨーロッパでこのシナリオを市民の前に公然と差し出すということは、大胆きわまりないことだった。なにしろ、ダーウィンの『種の起原』(1859)が出る前までは、地球の歴史に関しては、神による「創造説」が主流だった。人間の歴史は聖書の「創世記」を基に計算され、例えば一八世紀に考えられていた人間の歴史は、約五七〇〇年、地球創造と人間の創造とは数日しか違わないはずだから、地球の歴史も約五七〇〇年というような具合だった(もっとも科学者たちはこれに納得せず、独自な実験で算出を試みていた)(荒俣(1982)第一章)。ちなみに現在では地球の年齢が四六億年、生命の誕生の時期は四〇億年前とされている。もちろん、「創世記」では生物の種は不変なものであって、進化は認められていなかった。

だが、進化論が世に出たからといって、新しい世界観がすぐに創造説にとって代わったわけではない。むしろ、旧態を維持しようとする教会勢力の反撃はすさまじく、論争は激化していった。当のダーウィンでさえも、実は『種の起原』の中では、生命の起源を扱っていない。最終章で「人間の起原と歴史にたいして、光明が投じられる」のは遠い未来であろうと推量し、「生命は[中略]最初わずかなものあるいはただ一個のものに、「創造主によって」吹き込まれた」という書き方をしている(「創造主によって」という語句は第二版で登場)。ダーウィンは、予想されるキリスト教会側からの強い批判を警戒したのだろう。このように進化を語ることが難しい時代にあって、ヘッケルは、精力的かつ攻撃的に、大学での講義の他にも数多くの講演を行い、市民向けの啓発書を普及させて、無機物から人類に至る壮大な生命の進化史を目に見えるかのように示してみせた。

生命という神秘の世界の扉を開ける、巧みな話法と興味深い図によって、大衆は興味をかき立てられた。大衆側も、既に科学の進歩による宗教離れが進んでおり、機は熟していた。

当然、教会側を中心とするヘッケル攻撃は容赦のないものであった。科学的な知識が蓄積されたとはいえ、生命の自然発生も進化も生物発生原則も、実験による立証のできない「仮説」にすぎないのだ。ここに、ヘッケルの一元論の弱みがあった。この弱点を突いてくる批判者たちに対して、何かしらの証拠を突きつけて鼻を明かしてやりたい気持は常に、いや終生に渡ってヘッケルの心の中にあったに違いない。だから当然、バチビウスの発見は一大転機を意味していた。

ところで、もちろん現在でも、自然発生や進化が完全に実証されたわけではない。だが、どう考えてみても、近代的進化論を受け入れれば、少なくとも一度は自然発生が起きなければ、今の私たちは地球上に存在しないはずだ。当時、科学的にこのようなジレンマはなかったのだろうか。

パストゥールからヘッケルへ――自己発生

今日の通念では、一九世紀末にフランスの微生物学者ルイ・パストゥールによって、自然発生は最終的に否定されたとされている。腐ったものから虫がわくことはないのだ。これは、人間の知の系譜において、どのように辿りついた結論なのだろうか。最初に、自然発生観の歴史を簡単に辿っておこう。

古代から中世末期までは、小動物が親なしでも生まれうることは広く信じられていた。例えば、アリストテレスは『動物誌』の中で、ウナギが湿った泥から親なしで生まれることを記している。一七世紀の初期には、哲学者デカルトも自然発生を認め、機械論的に説明しようとしていたし、錬金術師でもある有名な医者ファン・ヘルモントは、小麦と汚れたシャツを壺に入れて口を塞いでおくとネズミが発生すると報告していた。だが、一七世紀の後半になると、イタリアの自然研究家で医師でもあったレディは、腐肉に薄いガーゼをかぶせるという簡単な実験によって、腐肉にはウジ虫がわかない、つまり親バエが卵を産みつけなければウジ虫は生まれないことを証明したのである。こうして、昆虫や小動物が親なしで「わく」現象、つまり自然発生は一掃されることになった（ただし体内の寄生虫に関しては自然発生は否定されていなかった）。

ところが、同じ頃に、先に紹介したオランダの博物学者アントニー・ファン・レーヴェンフックは顕微鏡下の一滴の枯れ草浸出液の中に繰り広げられる多種多様な微生物の世界を発見する。このミクロの生物の生態や出自は不明であり、これを契機として、一八世紀には自然発生説が再燃した。イギリスのカトリック司祭かつ自然研究家のニーダムは、予《あらかじ》め高温処理して中の生物を殺した密封容器内の植物煎汁にも微生物が生じることを確認したとして、思想的共鳴者のフランスの大博物学者ビュフォンと共に自然発生肯定の論陣を張った。これに対して、イタリアの生理学者スパランツァーニは、密封容器内の煎汁を徹底して加熱すると微生物がわかないことを示して、ニーダムおよびビュフォンの説を反駁し、大論争となった。

スパランツァーニは、ニーダムの実験の加熱不足を指摘し、逆にニーダムは、スパランツァーニが加熱しすぎたため液内の物質の生命力が破壊され、空気も劣化してしまったせいだと反論するなど、全体として、実験の信憑性が低く、どちらかの結論に辿りつくことは難しい状況であった。そして、それから約百年後に、あらゆる批判と実験的な問題点を一掃したのが、パストゥールなのである。一八六〇年（発表は翌年）、彼は、有名な白鳥の首フラスコを用いた巧みな実験を中心にして、肉汁を腐敗させる原因は空気中に浮遊する細菌であることを証明したのだった。こうして再び、自然発生は否定された（長野（1994）、横山（1980））。

ならば、最初の生物は地球上にどのようにして誕生したのだろう。一九世紀になり、進化論が受容されてくるとともに、この問いは大きな意味をもつようになる。

ヘッケルは、生命の起原に答えようとする当時の説として、①神の手による超自然的創造説（Creatismus）、②生命の永久説（Aeternal-Hypothesen）、③自然発生説（Archigonie-Hypothesen）の三つを挙げている（Haeckel（1904a）389-402）（ただし『有機体の一般形態学』では①と③のみが提示されている）。①は、科学的意味は認められないので却下される。②のうちの二元論的な説は、宇宙にはずっと昔から常に生物の胚種が存在していて、これが地球に飛来したという説（のちにパンスペルミア説と呼ばれる）で、一八七一年に二大物理学者ヘルムホルツとケルヴィン卿が賛成側に回ることにより、注目を集めることになった。この説では、地球上の生命の起原を問う必要はなくなるものの、宇宙の生命胚種の素性はわからず、ことの本質に答えることができない。さらに②には、実験心理学者フェヒナーや生理学者プレイヤーらの唱えた一元論的な説も含まれている。これは無機界と有機界の境界を否定し、宇宙自体が生命で、原始の地球も生命体であって、冷却とともにその中から生物が形成されてきたと考えるものだが、極めて思弁的な説であって、説得力がないとされる。となると、やはりヘッケルにとっては、生命の起原を語る説としては③の自然発生説しかないのである。

しかし自然発生はパストゥールによって否定されている。このジレンマからヘッケルはどう逃れたのか。彼は、自然発生（表記はUrzeugung, Archigonie, Generatio spontanae, Aequivocaなど多様）を二つに分けている。その一つが、腐肉や煮汁などの有機物から生物が発生する「プラスモゴニー（Plasmogonie原形質発生）」（ヘッケルはのちに多少軽蔑的に「ザプロビオーゼ（Saprobiose腐敗発生）」とも呼んだ。一般には「異種発生（heterogenesis）」と呼ばれる）であり、パストゥールが否定したものである。しかしパストゥールがとり上げなかった自然発生がもう一つあるというのだ。ヘッケルはこれを「自己発生（Selbstzeugung, Autogenie）」と呼んだ（一般には「無生発生（abiogenesis）」と呼ばれる）。これは、「私たちにとって唯一の重要で切実な問題、つまり地球の最古の有機的な生息者、すなわち単純な『始原生物（Urorganismen）』が、どのようにして、無機的な化合物から生じてきたのかという問題」に関係するものなのである（Haeckel（1904a）405–406）。

このように、無機物から生物が生じるという自然発生は、まさに進化論や細胞説を基にして登場した新しいタイプの自然発生観なのだ。これは確かに、パストゥールの実験によって否定されない。しかし、これを肯定する事実もない。もとより、その実験をしようにも、原始の地球という環境の諸条件（例えば大気や海の組成、温度、密度、電気的な状態など）は全くわからないのだから、実験室でそれを模倣・再現することは不可能である。のちに、旧ソ連の生化学者オパーリンは、『生命の起原』の中で、ヘッケルの自然発生観を振り返りながら、彼が重要な点を「暗い過去の未知の外的諸条件という概念で処理してしまった」と批判したが、これは一九世紀の知的状況の限界と見るべきであろう（オパーリン（1947）60–61）。

それにもかかわらず、ヘッケルが臆せずに「自己発生」を主張できた思想的な支えは、一元論的な自然観である。つまり、有機界も無機界も、同一の普遍的な自然法則に従う、という信念である。これに基づき、ヘッケルは生物と無生物の特性を、構成元素、形態、機能（生長、自己維持、適応など）の三つの観点から比較し、次のようにまとめている。

「地球上の私たちの知っている自然物、生物であれ無生物であれ、いっさいのものは、すべての構成物質のもつ本質的な基本特性、原子が集まって構成されている点、および形態や機能が構成物質の直接間接的な作用から生じたという点で、一致しているのである。両者に存在する形態や機能上の相違点は、単に構成元素の異なった化学結合の様式によってもたらされる物質的な相違が、直接に必然的にもたらした結果にすぎない。『生命』の名でまとめあげられ、有機体の固有の形態によってもたらされる固有の運動現象は、特別な（内部や外部にあるとされる）力（生命力）の現れではなくて、単にタンパク質や他の複雑な炭素化合物の直接間接的な作用の結果であるにすぎないのである」（Haeckel（1866a）164）。

つまり、生物だけに見られる柔らかさ、曲線的な形態、運動能力、生長、分裂、感覚（精神も含む）などは、ことさらに生物固有の性質というわけではなく、有機体を構成する「炭素原子」のもつ特殊な物理・化学的特性、すなわち酸素や水素や窒素やイオウなどと結合して複雑な分子構造のタンパク質などをつくり上げる性質と、こうしてできた有機体自体の柔らかさなどの諸性質がもたらすものなのだ。

さらに、このような生命観に進化の視点が加わることによって、一元論的な自然発生観が生まれるのである。ヘッケルは、自己発生のプロセスを二段階に分けて考えている（Haeckel（1866a）179–183）。

①無機物から、最も単純な原形質体（複雑な炭素化合物ともいえる）が生じるプロセス。

②この原形質体から、最も単純な生物個体モネラが生じるプロセス。

モネラは、原始の海の中で無機物が物理・化学的作用から集合して、「まるで結晶が母液の中で析出形成されるのと同じように」誕生したとヘッケルは考えた。無機物から生物へと連続的に進化の階段を上っていく時に、それをつなぐのが、結晶、原形質体、そしてモネラなのである。まさに、生命は、物質進化の末の必然的な産物として、ある時に海の中できらめきながら結晶化して生じてきたというイメージだろうか。

ここでヘッケルが重要視しているのは、第一プロセス、つまり「原形質」(プラズマあるいはプロトプラズマ)の形成である。これができてしまえば、モネラになるのは簡単だと思っていたようである。なぜなら「原形質」こそが、「生命活動の担い手」、「生命の能動的な物質的な基礎」だと考えられていたからだ(Haeckel (1866a) 275)。「原形質」とは、現在の理解では、細胞のうち細胞膜以外の部分、つまり細胞質と核からなる部分のことであるが、当時は、「生きている物質」として極めて重要な概念であった(ホール (1990, 1969) 下巻203)。

生命は構造のない原形質のうちに宿るとする「原形質理論」は、生命の源となる物質を生体内に求めようとする歴史的な流れの到達点ともいうべきものであり、フランスの動物学者フェリクス・デュジャルダンが水中微生物(今日の原生動物)をつぶすと出てくるゼラチン状の物質をサルコード(のちの原形質)と名づけて以来、多くの生物学者たちから注目されてきた。これはまた、後述するように、同時期に成立した近代的な細胞学と密接な関係にあった。だが、当時の生物学や化学の段階では、この物質の構造や性質を正確に把握できておらず、タンパク質が主要成分であるという程度しか明確にはわかっていなかった。

ヘッケルはこの原形質理論を熱烈に支持し、特に、個体発生や進化を推進する力を秘めた物質の呼称として「プラッソン(Plasson)」を採用した(Haeckel (1874) 101)(ただし造語したのは、ベルギーの動物学者ファン・ベネーデンである)。まだ細胞段階になっていないモネラは、まさにプラッソンの塊である。ちなみに、ヘッケルは、アメリカの医学者であるエルスバーグの影響を受け、このプラッソンを構成する生きた粒子を「プラスティドゥール（Plastidul）」と呼ぶことにした（ホール下巻308-318）。

さらにヘッケルは、プラスティドゥールには、生命特性があるとともに、無意識の「記憶」があるとし、その波状運動（ペリゲネシスPerigenesis）の伝播が遺伝のメカニズムであると考えた（本書129頁）。もっとも、ヘッケル自身もこれが、ダーウィンの考えたジェンミュール（Gemmule）と同様、遺伝子の実体も何もわからない時代の、「暫定的な仮説」であることを承知していた（Haeckel（1875）34, 51, 52）。やはり生命の本質は、均質な「生きている物質」だけでは説明がつかず、何かしら下位の粒子を想定するなど、「構造」を要求するものであったことがわかる。

バチビウス・ヘッケリ——細胞説とモネラ

だが、原形質の塊を生物と呼べるのだろうか。一体何をもって生物とみなせるのか。現在考えられている科学的な説明を引いてみると、生物とは、自己保存能力（栄養、同化、呼吸といったエネルギー反応によって生命を維持していく能力）・自己増殖能力（生殖により生命をふやしていく能力）・自己制御能力（全体的な反応の調節、制御により自分自身を管理する能力）のような基本的機能を備えたものである。この三つの機能を行うことができる最小限の構造が「細胞」である。一七世紀半ばにイギリスの物理学者ロバート・フックが簡単な複式顕微鏡を用いて、コルクの切片が無数の小部屋（cell）からできていることを発見して以来（これは死んだ植物細胞の細胞壁だったが）、顕微鏡の改良とともに、細胞のより詳しい観察がなされていった。先にも紹介したドイツの植物学者シュライデンと動物学者シュヴァンによって「細胞説」が確立されたのは、一九世紀になってからのことである。シュライデンは、植物組織について研究し、①生物体の基本単位が細胞であること、②細胞は独立の生命を営む微小生物であることなどを確認した（Schleiden（1838））。シュヴァンは、さらに研究範囲を動物組織に拡張して、①動物も植物もすべて細胞またはその生産物によって構成されていること、②個々の細胞はそれぞれ生命を有しており、かつ一定の寿命をもっていること、③個々の細胞の生命は、生物個体全体の生命の統御下におかれることなどを確認した（Schwann（1839））。

だがこの段階では、まだ細胞の増え方の説明に弱点があった。シュライデンは、細胞の内部で結晶と同じ原理で細胞が生じると考え、シュヴァンは細胞外の形成液から細胞が自然発生すると考えた。当時、単純な生物体の発生を無機物の結晶化になぞらえる傾向が強かったことが、ここにも見受けられる。この誤った見方は、その後まもなく細胞分裂の事実が確認されて訂正される。結局、細胞の増殖に関しては、一八五八年に、細胞説に基づいて病理学を体系づけた医学者フィルヒョウによって、「すべての細胞は細胞から生まれる（Omnis cellula e cellula）」、つまり、細胞は細胞分裂によって増えることが結論づけられるのである（フィルヒョウ（1858））。彼らの打ち立てた細胞説は、一九世紀になっても根強かった「生命力」を前提とする観念的な生命観（生気論）を打ち破り、生命現象を物理・化学的なメカニズムで捉えようとする思想（機械論）に基づくものであった。

また一方では、顕微鏡によって単細胞生物（まさに生きている個体としての細胞）の研究も進み、ドイツのコッホを代表とする細菌学も盛んになっていった。だが、細胞についての詳しい研究は、二〇世紀になってからの電子顕微鏡や染色法などさまざまな研究手段の進歩を待たねばならず、一九世紀後半では、その知識は限られていた。細胞の小器官(オルガネラ)についていえば、核や染色体が分裂すること、それらは遺伝に関係があるらしいこと、表面を囲む膜や壁があること、色素粒が存在することなど大雑把な知識にすぎなかったのである。

ヘッケルもこの細胞説に強い影響を受け、これが彼の形態学の堅固な土台となっている。しかし、逆に、細胞説は、自然発生説にとって不都合でもあった。まず、細胞は生命の最小単位といいながらも既に十分に複雑な個体であり、自然発生で生じる始原生物とは考えにくい。それに、もし細胞が始原生物だったと仮定すると、細胞は一回は分裂でない方法で発生しなくてはならない。そのため、ヘッケルは細胞説に依拠しつつ、これを崩しながら始原生物モネラを想定していくのである。

このモネラは、「細胞」よりもずっと単純な生物であり、「器官をもたない生物(Organismen ohne Organe)」でなくてはならない。つまり核も膜もなく(膜のない細胞は現在では想定できないが)、何ら構造のない均質なゼラチン状の原形質の塊なのである(ヘッケルはこのような生物を「チトーデ(Cytode)」と呼び、これと細胞を合わせて「プラスチド(Plastid)」と呼んだ。ただし後者は「色素体」ではなく、「細胞質体」と訳す)。モネラは、形は不定形で、内浸透で栄養を吸収して生長し、大きくなると分裂して増えるようになる。アメーバ状の足や糸のようなものを出して運動し、外環境にも適応する。これぞまさに原形質だけの生物、つまり、無機物と生物とのミッシングリンクの姿である。これが進化すると、タンパク質分子が凝集して核ができ、表面張力や化合物形成などで膜ができて、細胞になるというのである。

しかし、何といってもモネラは単なる想像の産物であろう。そのような生物が実在するはずはない。誰しもそう思うだろう。ところが、海生無脊椎動物の研究者であったヘッケルは、地中海やカナリア諸島にて、実際にモネラの存在を確認したと信じていたのだった。彼の描いた図版を見ると、それらは、透明（オレンジ色などの場合もある）のゼラチン状の小さな球体だったり、アメーバのような形だったり、糸のようなものを放射状に伸ばしていたりして、単細胞生物に似てはいるが、無核なのである（Haeckel（1870））。分類上は、彼が動物界と植物界の他に独立させた第三の界である「原生生物界」の中に位置づけられた。このモネラたちの行く末については後述しよう。ヘッケルは、現実に未分化のままのモネラがこれほどまでに自然界に存在しているとなると、あるいは今でも自然発生している可能性もあるのではないかと考えたのである。

そこに登場したのが、深海底のスライム生物バチビウス・ヘッケリだったのだ。それにしても、なぜ、英軍測量船サイクロプス号は、こんなものを北大西洋の深海底から採集してきたのだろうか。実は一九世紀半ば頃まで、「深海」は全くの未知の世界であった。もちろんヨーロッパでは海洋貿易も盛んで、海洋国家イギリスは先頭を切って海図の製作にも力を入れてきたのだが、大洋の水深、海底地形、生物の生息の有無など、全くわかっていない状況だった。一方、一八三七年にアメリカのモース（モールス）によって電信が発明されると、各国に長距離電信ケーブルが開通した。やがて一八五一年にイギリスのドーヴァーとフランスのカレー間の海底にケーブルが敷設され、一八五七年からは、アイルランドとニューファンドランドとを結ぶ北大西洋横断海底ケーブルの敷設作業が始まった。このためには事前の綿密な海底調査も必要とされ、深海底への関心が高まっていったのである。

ハクスリーが手にした軟泥標本は、そのような状況下でサイクロプス号が引き上げたものだった。彼は、そもそもヨーロッパに分布するチョーク層（白亜地層）の起源について関心をもち、それは大洋の深海底に有孔虫の石灰質の殻が堆積して形成されたのではないかという説を抱いていた。そのためハクスリーは、深海底の軟泥の観察をどうしても必要とした（ハクスリーが、一度観察した標本をそれから一〇年もたって、また引きずり出した理由ははっきりとしていない）。

さて、ハクスリーがその標本中に同定したものは、次の三種であった（Haeckel（1870a）86-87, Tafel III）。

①二種類のココリス（Coccolith）（一ミクロンほどの炭酸カルシウムの円盤のこと。のちに、これは円石藻と呼ばれるナノプランクトンの骨格であることが判明する）。

②ココスフェア（Coccosphere）（ココリスがいくつも結合してできた大きな球状の塊）。

③原形質のような無数の粒子と透明なゼラチン物質。

ハクスリーはこの三番目のものを、ヘッケルの想定した新型のモネラ、つまり今も自然発生しているモネラに違いないとみなしたのである。これを書簡で伝えられたヘッケルは、その返事でこう述べている。

「私は『バチビウス・ヘッケリ』の発見を至上の喜びと感じています。私の名前をつけて下さったことを誇りに思っています。［中略］なんといっても、オーケンの提唱した『始原スライム（Urschleim）』が、徐々に認められて復権していくことは明白ですし、私の細胞質体［プラスチド］説にとっても、極めてありがたいことです。『モネラよ、万歳！（Vive Monera!）』」と、まさに、はち切れんばかりの喜びが伝わってくる（Rehbock（1975）518）。

ちなみに、ここに引かれているドイツの自然哲学者オーケンは一九世紀初頭に、生命は海洋で始原スライムとして発生したと述べた人物で、ヘッケルはその影響を強く受けているのである。

ヘッケルも自ら一八六九年の秋に、実際の軟泥サンプルの観察記録を残している。

「この小さなガラス容器の中にエチルアルコールで保存されている軟泥標本は、既によく知られている諸特徴を示しているが、特に顕著なのは、その極めて粘稠な性質である。アルコール保存液の中でさえも、この強い粘着力は――すべてがそうとはいえないまでも、内部の原形質塊によってもたらされていることが明らかなものだが――極めて際立ち、軟泥が容器から出てくる際に、突き刺された針に強く粘着している様子はまさに、カナダバルサムや蜂蜜のどろりとした粘液のようである。アルコール保存液中で極めて細かい粒状になっている軟泥は、淡く茶色味を帯びた灰色を呈し、一見して全く均質な性状のものに思われる（Haeckel (1870a) 90–91）。

大きさも形もさまざまである。細粒だけでなく、アメーバ状のものや網状に広がったものもある。ヘッケルが描いたバチビウスの図版は、どろりとしたゼラチン質の本体が網状に広がり、小さな円盤状のココリスが表面に付着していたり、半ば埋もれ込んでいる奇怪な姿である（同書 Tafel III）（本書191頁）。

ヘッケルが、このバチビウスの出現によって、今までにない強烈な感銘を得たのは、これが今まで見つかっていたモネラよりもはるかに無機物に近い様相を呈していたことと、これが生命の故郷ともいえる深海の底に大量に生息しているらしいという情報からだった。バチビウスを目の前にすると「遠い昔に一度だけ自然発生があってモネラが変化もせずに生き続けてきたと考えるよりも、今日に至るまで自然発生が続いていると仮定するほうが、理にかなっている」(同書182)とヘッケルには思われた。

こうしてついに、無機的自然の進化と有機的自然の進化を結びつける架け橋としてのモネラ説が確立した！かのように見えたのであった。

だが七年後、冒頭に述べたように、英国科学探検船チャレンジャー号に乗船していた化学者ブキャナンによって、バチビウス・ヘッケリの正体は海水の沈殿物だと判明する。それは偶然ではなかった。チャレンジャー号に課せられていた任務の一つが、バチビウス説の真偽を確かめることだったのだ。乗船していた博学者たちは、ポーツマスを出港以来、二年半もの間ずっと、深海底からサンプルが揚がるたびに、顕微鏡下で観察を続けてきた。だがバチビウスは見つかっていなかった。そして、日本到着の直前に、ガラスの容器の中で海水とアルコールを混ぜて保存すると、ゼリー状の物質(硫酸石灰)が析出することを突き止めたのだった(西村(1992))。誤解の張本人のハクスリーは、すぐに非を認めたが、ヘッケルは簡単にはあきらめなかった。

一八七八年の『原生生物界』では、バチビウスの存在が否定されたことで、モネラの概念も、さらには近代進化論自体もが「嘘偽り」であるとして非難されている状況が綴られている。当時は、一元論を基礎とした世界観を学校教育の場に導入しようとするヘッケルに対して、すさまじい非難が浴びせられていた頃でもある(本書第二部第3章で扱う)。ヘッケルにしてみれば、チャレンジャー号の結論だけで、バチビウスを最終的に否定することはできなかった。たまたまチャレンジャー号の採取した場所にはバチビウスが生息していなかったという可能性もあるではないか。もしバチビウスが否定されたとしても、モネラ自体が否定されることはないとヘッケルは強調した(Haeckel(1878a)68-85)。

しかし残念なことに、顕微鏡下の細胞核の染色法が改良されていくにつれて、ヘッケルの観察したモネラたちには、実は核があることがしだいに判明していったのである。核があれば、立派な単細胞生物であって、モネラではない。先にも述べたが、ヘッケルは細胞と無核のチトーデをまとめて細胞質体(プラスチド)とした。当時は、ドイツの動物学者マックス・シュルツェやヘッケルのように、膜のない細胞質体が存在すると信じる科学者たちがいたのだが、そうでないことがわかってきていた。膜は、単なる被膜ではなく、細胞の内部構造と密接に関連した重要な部分なのである。そのため、核も膜もないチトーデ(バチビウスのようなモネラ)は実在しえない。ヘッケルは徐々にバチビウスをあきらめていった。

一方、膜はあって核がないチトーデは実在している。細菌やラン藻類である(のちに判明するように核がなくてもDNAは存在している)。一九〇四年の『生命の不可思議』第九章では、これこそが確信をもってモネラといえる生物だと述べられている。しかし、ラン藻の最も単純な形態である小さな球状のクロオコックスにしても、膜どころか、かなり厚い細胞壁をもつのであるから、ヘッケルには強い違和感があった。

同じ頃、カールスルーエ工科大学のオットー・レーマン教授が、「液晶」の存在を発表すると、ヘッケルは嬉々として飛びつき、それを基にして一九一七年に『結晶の魂』を書き上げた(ヘッケル八三歳)。「液晶」は、有機物を成分とする柔らかい結晶であり、従来の無機物からなる結晶の固体イメージを打ち破るものであった。これまでも生物学者たちは、結晶の析出、生長、物質の吸収と放出、再生などの現象を生命現象に比較してきた。この「液晶」は、さらに形態や運動の面でも、極めて生物に近い現象を示したのだ。そのうえ、「液晶」自らが膜を形成して、球状になることもあり、その形態はクロオコックスに似ていたのである。この著作には、人生の最後までミッシングリンク探しの執念をもち続けたヘッケルの凄まじさがにじみでている（本書第二部第9章で扱う）。

それから時がたった一九三六年に、オパーリンが、ゼラチン溶液とアラビアゴム水溶液を混ぜて「コアセルベート」という細胞に似た小胞をつくり出したことはあまりにも有名である。しかし、現在においても、無機物から生物への組織化プロセスは解明されていない。私たちは、実験室で細胞ひとつをつくり上げることすらできていないのである。

以上が、「モネラ」の物語である。無機物から生物へのミッシングリンクとしてのモネラは存在しなかったが、現在でも五界説（生物を原核生物・原生生物・菌・動物・植物の五つの界に分ける）のうちの原核生物の別名として「モネラ」は生き続けている。では、もう一つのミッシングリンクであるピテカントロプスはどのような顛末だったのだろうか。次の節で扱ってみよう。

ピテカントロプスの物語——ホモ・サピエンスの起原

私たち今日の日本人は、「ピテカントロプス」という名前をどこかで一度は聞いたことがあるに違いない。もう少し踏み込んで、これが人間の祖先の一つである原人で、北京原人とも近いものだったらしいという知識をもつ人も多かろう。だが、この原人が発見されることになった経緯を知る人は少ないかもしれない。とはいえ、ヒトの進化に興味のある者にとっては、これはかなり有名なエピソードでもある（ここで使う「ヒト」は「人類」と同様に、猿人から現生人に至るヒト科の総称とし、「人間」は現生人の意味）。かいつまんで素描すれば、ピテカントロプスは、一九世紀半ばにダーウィンの進化論が登場して以降、類人猿からヒトへ至る中間的な生物、つまり「ミッシングリンク」(失われた環)としてその存在が予言され、一九世紀末に一人のオランダ人の尋常ならぬ努力によって実際にジャワ島で化石が発見されたものである。がしかし、紆余曲折の末、現在では、もっと現生人に近い化石人類の一員であることがわかり、ホモ・エレクトス(ジャワ原人とも呼ばれる)と命名されているものである。

登場人物たちの大胆さとファンタジーと不屈な信念と偶然の幸運さによって織りなされた、この物語の顛末は、のちに展開される近代的な自然人類学の揺籃期を垣間見させてくれると同時に、ヒトの進化の道筋を再構成することの本質的な難しさを教えてくれる意味でも重要な資料の一つである。現在でもなお、ヒトの進化に関しての知識はまだ確立したものではなく、進化の道筋が徐々にわかるようになってきたのは極めて最近のことなのである。しかも進化は単線的な道ではなく、多くの枝に分かれて、ある期間は数種類のヒトが並存していたこともわかってきた。だが、現在地球上に満ちているヒトはすべて同種のホモ・サピエンスだけである。となると、化石となって発見される絶滅した多くのヒトの種類は、いかなる関係にあるのだろうか。それをめぐる研究はまだ途上にある。二〇〇四年にも、インドネシア東部のフローレス島で小型のヒトの化石が見つかり、ホモ属の新種として「ホモ・フロレシエンシス」と名づけられたばかりだ。

ここでは、ピテカントロプス発見の物語を例に挙げて、なぜ、当時にミッシングリンク探しが始まったのか、そして、なぜ人類発祥の地はアフリカではなく、アジアだと考えられたのかという背景について掘り下げてみたい。それを通して、ピテカントロプス仮説の生みの親であるヘッケルを主とした一九世紀末から二

○世紀にかけてのヨーロッパの生物学的な思想状況に光を当てることをめざしたいと思う。

ピテカントロプスの予言と発見

イギリスのチャールズ・ダーウィンによる『種の起原』の出版（1859）を契機として、進化論が劇的に登場し、ヨーロッパ・キリスト教文化圏の思想界を大いに揺すぶることになった。この進化論の観点から私たち人間の起源について述べた学者の一人がヘッケルだった。彼の『有機体の一般形態学』（1866）では、類人猿から進化した直立ヒト科には、ピテカントロプスとホモが属すと、ほんの暗示的に記述されているのみである（第二巻の「一般発達史への体系学的導入」の補遺）。しかし二年後の『自然創造史』においては、類人猿からヒトに至るミッシングリンクとしての意味合いがピテカントロプスに強く込められるようになる。その生物は直立二足歩行をしているが、まだ人間特有の言語を手に入れていない段階にある「猿人」であると想像したヘッケルは、これに「ピテカントロプス・アラルス（*Pithecanthropus alalus*）」（pithec=サル、anthrop=ヒト、alalus=言葉のない）と名づけ、後述するように、いつの日にか化石として発見されることを熱望した。

このような当時の進化論に強く影響を受けたオランダの若き医師ウジェーヌ・デュボワは、このミッシングリンクの化石を探すべく、一八八七年にインドネシア（当時のオランダ領東インド諸島）に軍医として赴き、自由時間を費やしてスマトラ島の洞窟を調べ始めた。しばらくは徒労に終わったが、デュボワは諦めず、論文「オランダ領インド、特にスマトラにおいて氷河期の動物相の存在を調査する必要性について」（1888）を書いて、政府から正式に調査委託を受けることになった。一八九〇年からはジャワ島に調査を広げ、一八九一年の秋にトリニール村のソロ川沿いの更新世（新生代第四紀の前半、約二百万年前から一万年前まで）の地層から、上顎の大臼歯一個と、眉弓（眼窩上隆起）が大きく突き出た平らな頭蓋冠一個を掘り出した。そして翌年の秋に一五メートルほど川上の同じ地層から完全な大腿骨一本を見つける。デュボワは最初は、これらの化石は類人猿のものではないかと考えたが、熟考の末に、この三つは猿から人間に至るミッシングリンクの体の一部だと信じるようになり、この生物に、ヘッケルにあやかって「ピテカントロプス・エレクトス（*Pithecanthropus erectus*）」という名をつけることになった。脳は類人猿に近いが、既にしっかりと二足歩行していた直立猿人の意味である。

一八九四年にデュボワの論文「ピテカントロプス・エレクトス、ジャワ島で発見された人間に類似した移行形態」が公表されたことを皮切りに、学問界では大論争が巻き起こる。これらはサルの化石ではないのか。猿人ではなく、現生人の骨ではないのか。三つの化石は別々の生物の部分ではないのか。特に一八九五年のライデン国際動物学者会議では、賛否両陣営に分かれての激しい論戦となった。結局、化石の質の悪さや年代測定法の未熟さもあり、この議論は決着がつかないままとなってしまった。その後デュボワは、自分の見解が受け入れられない状況に落胆し、人間嫌いとなって自宅に引きこもり、ピテカントロプスの化石を他の人には見せなくなったという。

デュボワの正しさが証明されるのは、実に発見後四五年たった一九三六年にドイツの地質学・古生物学者のフォン・ケーニヒスヴァルトが、ジャワ島のモジョケルトから出土したピテカントロプスの子供の頭蓋冠を発表した時だった。その後もジャワ島のサンギランを中心として、ピテカントロプスの化石が散発的に発見された。ただし、これらの化石は現在、中国の周口店から出土した「北京原人」とともに、「ホモ・エレクトス」という百万年前よりも新しいヒトの仲間であることが、専門家の間で合意されるようになった。つまり、デュボワが考えたようなミッシングリンクとしての「猿人」ではなくて、はるかに現在のヒトに近いジャワの「原人」だったのである。しかしこのホモ・エレクトスに関しては、いまだに、地層年代測定の困難さもあって、正確な生存期間はわかっておらず、確実な進化の道筋は描けていないのが現状である（ホモ・エレクトスの発見の物語に関しては、Koenigswald（1965, 1955）を参照した）。

ミッシングリンク探しの背景——進化論と人類学

まず、この時期にミッシングリンク探しが始まった理由を考えてみよう。そのためには、ヨーロッパにおける自然人類学の系譜に目を向ける必要がある。科学社会学者の山中浩司によれば、人間学という意味での「Anthropologie」という用語は、一八世紀のドイツにおいて徐々に普及していったという（山中（1996））。そのうちの一分野は、一七七二年のエルンスト・プラトナーの『医師と哲学者のための人間学』に代表される医学的人間学であり、続く一九世紀の人類学では、このような医師の視線が強く影響していることが指摘されている（例としては後述するフィルヒョウ）。

他方で、地理学的・博物学的な視線で人種を記述しようとする人類学の分野があった。そもそも、人間が自然界の中でどのような位置にあるかを客観的に捉えようとする分類学は、解剖学的・形態学的な特性から動植物を分類した一八世紀のリンネに始まるといってよいだろう。彼の『自然の体系』（第一〇版, 1758）では、ヒト（homo）とサル（simia）はともに霊長類（Primates）の中に分類され、ここで初めて、ヒトに属する私たち人類は「ホモ・サピエンス」と名づけられることになる。ただしその中には、多くの点で非近代的だと思われる分類もあった。例えば、ホモ・サピエンスには、アメリカ人、ヨーロッパ人、アジア人、アフリカ人の他に「野生人」と「奇形人」が含まれていたり、さらに、ヒトに属するのはホモ・サピエンスだけではなく、「ホモ・トログロディト」という種もあり、ここにはチンパンジーなどの類人猿や、「夜の人」や「カカーラッコ」といった逸話に基づく種族や、人間と猿の中間の「森の人」なども含まれていた。だが、人間は他の動物とは異なる上位にあるとするキリスト教文化の中において、このように人間を霊長類の一員とする分類は画期的であった。あるいはまた、解剖学的に類人猿や人種の分類を試みたドイツのヨハン・F・ブルーメンバッハやオランダのペトルス・カンパーの功績も挙げられよう。

しかし、ダーウィンの進化論によって、自然人類学は一九世紀半ばにコペルニクス的な転回を遂げることになった。つまり、進化という視点から、現生の類人猿や人種の類似性を関連づけて記述しようとする自然人類学が生まれ出たのである。その結果、人間は動物としての自分の出自を考えざるをえなくなった。だが、前節でも述べたように、最初ダーウィンは、キリスト教社会との軋轢を避けるためにあえてそれには触れようとしなかったのである。

そのような中、大胆にも最初にヒトの進化を説いたのは、トーマス・ヘンリー・ハクスリーとヘッケルだった。ハクスリーは一八六三年に『自然の中での人間の位置』を著して、類人猿とヒトとの形態学的な比較から、その系統的な類縁性を推察した。つまり「ヒトとゴリラおよびチンパンジーの間の構造上の差異は、ゴリラと下等なサル類の間の構造上の差異と比べれば全く小さい」という事実から、ヒトと類人猿の系統的な近さを裏づけようとしたのである(Huxley (2009, 1863) 第二章)。この論法は、化石証拠の乏しい時代において極めて重要なツールとなった。ヘッケルやダーウィンも、これを利用して論を展開している。ヘッケルについては、次の項で詳述しよう。

その後ダーウィンは、人間の起源を論じる学者が予想外の速さで増えいく様子を見て、一八七一年にようやく『人間の進化と性淘汰』を刊行して、人間にも進化論を適用することになる。序において彼はこう記している。「ヘッケルは、彼の偉大な業績である『一般形態学』のほかに、最近『自然創造史』を出版し、その中で人間の系統について十分な議論を展開している。もしも、私が自分の研究を書き上げる前にこの本が出版されていたならば、私は本書を完成させることはなかったかもしれない。いろいろな点について、彼の方が私よりもずっと豊富な知識を備えているのだが、私が到達した結論のほとんどは、この博物学者の結論と同じであることがわかった」と(Darwin (1871) 4)(引用は、邦訳書1999による)。

ヘッケルのピテカントロプス仮説

ではここで、ヘッケルがどのようにしてピテカントロプスを生み出したのかを検討してみよう。彼の最初の著書『有機体の一般形態学』(1866)には、次のような人類学的な見解が述べられている。

第二七章はハクスリーの著作を受けて「自然の中での人間の位置」というタイトルを冠しており、その問いに科学的に答えるには進化論がいかに重要であるかが力説されている。しかし、当時は、人類の進化史を如実に語るには古生物学的な証拠（化石証拠）が圧倒的に不足しており、発生学や分類学に頼るしかない状態であることが述べられ、それらのツールに基づき、ナメクジウオ類という脊椎動物の祖先から、軟骨魚類、両生類、有羊膜類などを経由して、原猿類、狭鼻猿類、無尾狭鼻猿類へ至る一〇段階の祖先系列が示されている。

ヒトをヒトたらしめる大きな特徴として、喉頭の分化（言語）、脳の分化（精神）、両手の使用、直立二足歩行が挙げられるが、これはある程度、他の動物にも見出されることだ、とヘッケルは考えている。しかし脚注には「真のヒトが真猿から進化するのを促した最も重要なステップは、『喉頭の分化』であると見なされる。それは結果として、言語の進化、それによる明確なコミュニケーション、歴史の伝承をもたらすものであった」と述べ、ヒトの進化における言語獲得の重要さを説いている。だが、ここにはまだ「ピテカントロプス」という表現は出ていない。先に述べたように、第二巻の「一般発達史への体系学的導入」の補遺に、直立ヒト科に「ピテカントロプス」と「ホモ」が属す、と述べているだけで、ミッシングリンクとしての地位は与えられていないのである。

一方、一八六八年に刊行された『自然創造史』は、この『有機体の一般形態学』の中の系統進化の部分をふくらませて、一般向けの講義形態で書かれた書物であるが、ここでは、ヒトの進化の道筋が二二段階のステップに分けられている。二〇番目が類人猿（無尾狭鼻猿類）で、現在のオランウータンやゴリラ、チンパンジーと類似した生物とされ、二二番目が現在のヒト、そしてそれらの間に二一番目として、ミッシングリンク「猿人あるいは話さない祖先人（Urmensch）」が仮定され、「ピテカントロプス・アラルス（*Pithecanthropus Alalus*）」と命名されるのである。ここで初めて、直立二足歩行など身体的な要素は進化しているが、分節化した言語がまだなかった段階の猿人として、具体的なピテカントロプスのイメージが誕生する（Haeckel（1868a）507）。

ではヘッケルは何を根拠にして、猿から人間への進化の道筋を組み立ててみたのだろうか。これは、個体発生からは読みとれないものである。前述のハクスリーやダーウィンの著作でも同様だが、当時は、現生の猿類や類人猿の形態比較を通して、その類縁性の図式が導かれ、そこから進化の道筋が推測されていた。ヘッケルの場合は、霊長類を、「原猿類」（キツネザル、メガネザルなど）と「真猿類」に大きく二つに分け、真猿類をさらにアメリカ現生の「広鼻猿類」（新世界ザル・西ザルともいう。キヌザル、マキオザルなど）とアジア・アフリカ現生の「狭鼻猿類」（旧世界ザル・東ザルともいう。ヒヒ、類人猿、ヒトなど）に分けている。広鼻猿類と狭鼻猿類は、その名の通りに鼻の形態が違うばかりでなく、歯の形態や数にも特徴的な差異がある。ヒトも類人猿も後者の狭鼻猿類に属す。類人猿には、ゴリラ、チンパンジー、オランウータン、テナガザルが属すわけだが、ヘッケルもまた、先にも述べたハクスリーの論法（差異の比較に基づき類縁性を推測する方法）を用いて、ヒトと類人猿の近縁性を説いた。つまり、これだけ形態的に類似している場合に、ヒトを他のグループに入れる正当性は見当たらないということである。

このような形態上の分類から、ヘッケルは次のようなヒトの系統樹を組み立てた（傍線部が道筋である）。すべての猿の共通祖先である絶滅種のLemuruavida（現生の原猿類に類似）から、原猿類と真猿類が分かれ、真猿類がさらに広鼻猿類と狭鼻猿類に分かれ、狭鼻猿類はヒヒ、テングザル、ホソザル、オナガザル、テナガザルの祖先形（Urgibbon）へと分かれ、テナガザルの祖先形から類人猿へと進化し、チンパンジー、ゴリラ（この二種はアフリカ生息）、テナガザル、オランウータン、猿人（ピテカントロプス・アラルス）（この三種はアジア生息）へと分かれ、このピテカントロプスを経て、現生のヒト（縮毛人種、直毛人種、未開人種などの亜種が含まれる）へと至る道筋である（ただし、現在の分子生物学的な手法によれば、この図式ではなく、他の猿から類人猿が分かれ（二八〇〇万年前頃）、その枝からテナガザルが分かれ、オランウータン、ゴリラが分かれ、最後にチンパンジーとヒトが六〇〇万年前頃に分かれたと考えられている）。

しかし、なぜヘッケルは類人猿とヒトとの間に言語をもたない直立猿人を考えたのか。その発想の源は何だったのだろうか。彼によれば、分節化された言語は人間の本質的な特徴であり、それによってこそ高次の自己意識と概念形成の能力を得られるのである。「そのような猿人が存在していたことの証拠は、比較言語研究、つまり子供における言語の発達過程、そしてまた各民族における言語発達史を見れば明らかである」とされる（Haeckel (1868a) 726）。人間の子供が徐々に言語を習得していく過程からヒトの進化を類推する手順は、実はヘッケルが提唱していた「生物発生原則」を応用したものであった。つまり、一人の人間が受精卵から細胞分化しながら育ちゆき成熟した人間になるまでの過程（個体発生）は、ヒトという種が単細胞生物から進化してきた過程（系統発生）を短縮して繰り返すという考え方である。母胎から生まれ出たのちの子供時代も、まだ反復は繰り返されているので、子供の言語習得は、猿人から現生人への過程を示すと考えられるのである。

このような道筋で、ヘッケルはミッシングリンクとしてのピテカントロプスの存在を確信し、あとは古生物学上の直接的な証拠、つまり化石が出るのを待つのみだった。この化石発見の予言を記したヘッケルの啓発書は、大勢の人たちの目に留まることになる。例えば、改版を重ねて出版が続けられた『自然創造史』や『人類発達史』である。これを読んで、大きな刺激を受けた人々も多かったに違いない。実は、デュボワもその

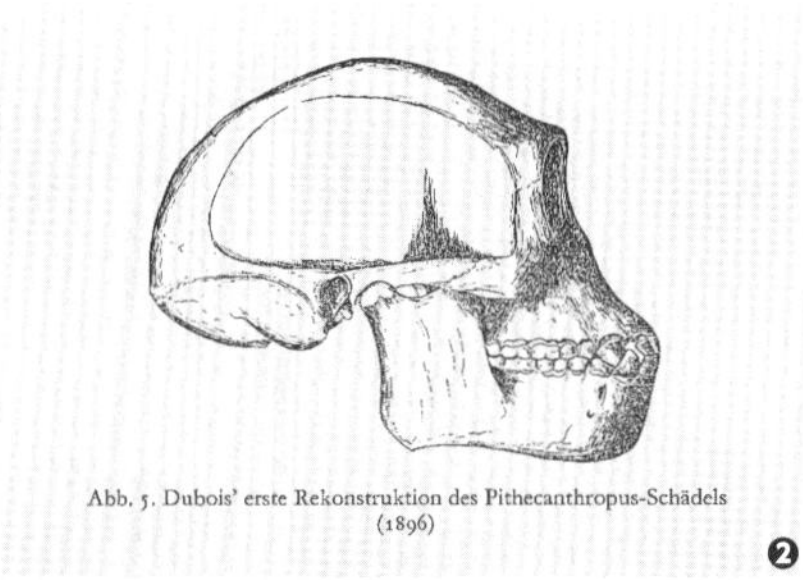

❷

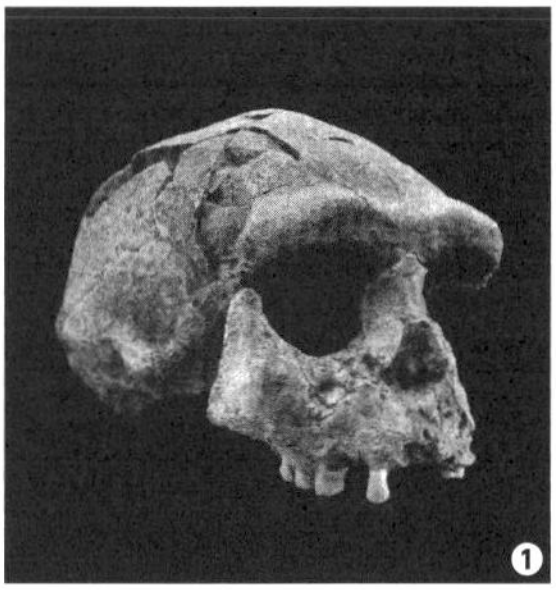

❶

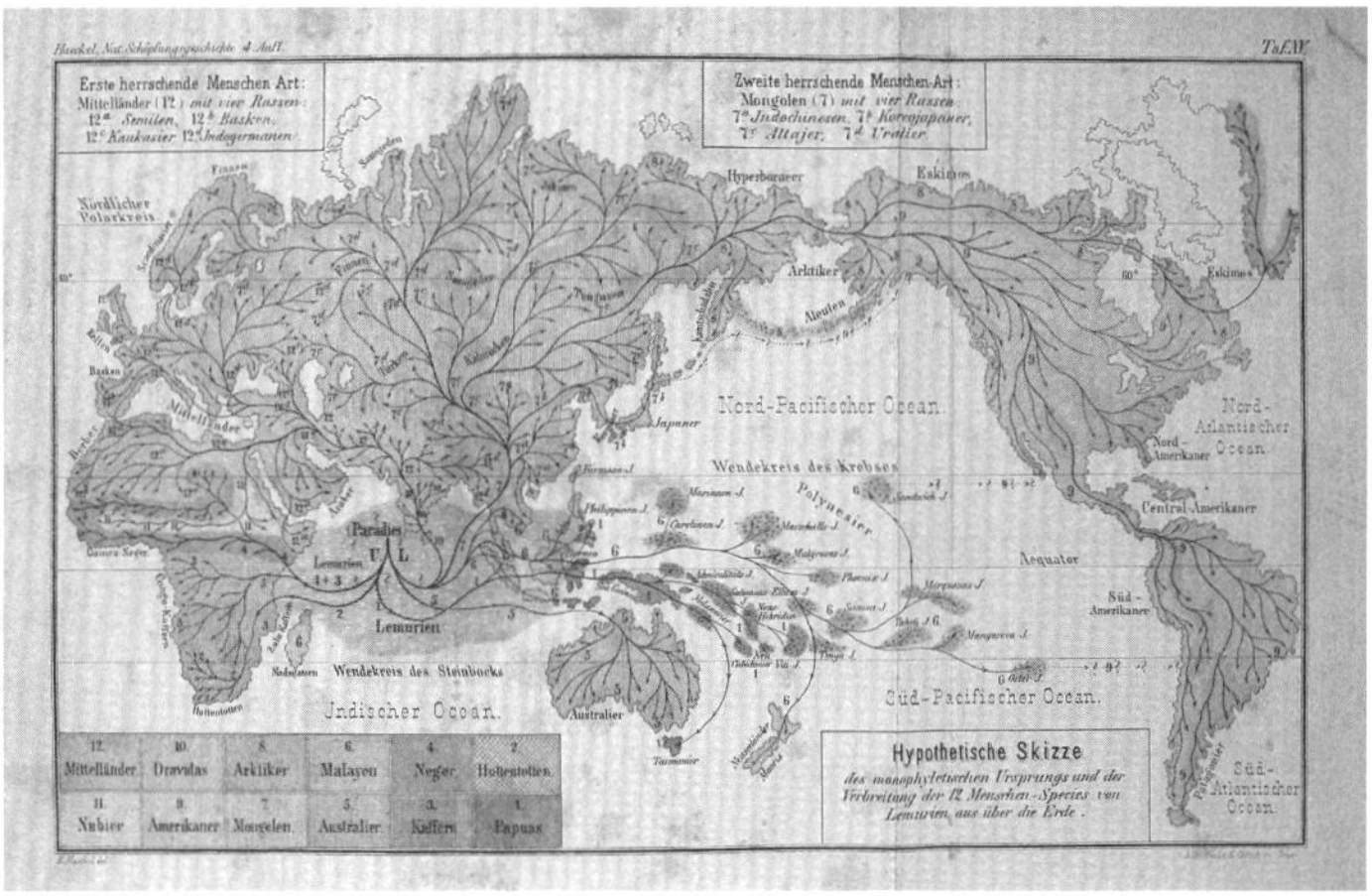

❸

❶ピテカントロプスの化石。

❷デュボワが再構成したピテカントロプスの頭蓋化石（Koenigswald（1965）30）。

❸ヘッケル『自然創造史』（1873年版）に収録された人類発祥と移動の地図。ヘッケルは、『自然創造史』の初版（1868）から第七版（1879）までは、祖先人（ピテカントロプス）の故郷が、現在はインド洋に水没してしまったレムリア大陸ではないかと考えていた。

一人であった。逆に、デュボワが発見したピテカントロプス・エレクトスもまた、その後のヘッケルの著作を通して、広く一般人に知られることになった（上記の二書籍の改版本の他にも、『宇宙の謎』、ケンブリッジにおける第四回国際動物学者会議での講演『人類の起原についての現在の見解』（Haeckel（1898））、マレーからの旅書簡『インズリンデより』（1901）などで、ピテカントロプスが紹介されている）。

デュボワが、ジャワ島でミッシングリンクらしき化石を発見し、ヘッケルのピテカントロプスにちなんで「ピテカントロプス・エレクトス」（直立猿人）と名づけたことを知らせた時（1894）、ヘッケルは自分の仮説が証明されたという無上の喜びに浸った。その頃までに発見されていた唯一の人類化石はネアンデルタール人であり、しかもミッシングリンクとは遠くかけ離れたヒト（現生人に近いヒト）だったので、なおさらであった。ヘッケルの周りは祝賀ムードで慌ただしくなっていった。画家のガブリエル・マックスは、ピテカントロプスの家族の想像図を油絵で描いて、ヘッケルの六〇歳の誕生日のお祝いとして贈っている。あるいはまた、チューリンゲンの手工業者組合は、木彫の「ピテカントロプス机」と呼ばれている小さな調度品を作って、ヘッケルに贈呈した（これらは現在もイェーナのヘッケル・ハウスの書斎に飾られている。Ernst-Haeckel-Haus（2004）110，111）。ヘッケルの影響力の強大さは、このようなところからもうかがい知れるのである。

人類発祥の地をめぐる仮説

現在では、人類の故郷はアフリカだと考えられている。では、なぜ、デュボワはアフリカではなくて、アジアに照準を定めることになったのか。これもまた、非常に興味深いテーマである。

当時オランダがアジアに植民地をもっていて、オランダ人のデュボワがいきやすかったということもあろうが、それだけで、空をつかむような調査をする勇気が出たとは思いにくい。当時、人類発祥の地の候補となったのは、現生の類人猿が生息する地、あるいは下等な人種(当時のヨーロッパ人から見るとそう思われた)が生活する地であった。となると、ゴリラとチンパンジーの生息するアフリカ大陸か、あるいはオランウータンとテナガザルの生息するアジアが浮上してくる。背景に、アフリカ説かアジア説かという、二つの説をめぐる攻防戦があったのである。ちなみにダーウィンは、推測はむだなことだとわかった上で、アフリカの類人猿は人間に最も近縁であることから、人類発祥の地はアフリカ大陸かもしれないと考えていた(Darwin(1841)199)。結果的には正しかったが、アフリカに初めてアウストラロピテクスの化石が発見(1924)されるまでには、かなり時間がかかったことになる。

一方ヘッケルは、『自然創造史』において、祖先人(ピテカントロプスのこと)の故郷は、南アジア、東アフリカ、あるいは「現在はインド洋に水没してしまった大陸」ではないかと述べている。この大陸は「現在のアジアの南に位置し、東方はスンダ列島まで、西方はマダガスカル島やアフリカにまで達する大陸」であったという(Haeckel(1868a)514, 515)。この大陸は、『自然創造史』の第二版以降になると「レムリア(Lemuria)」と呼ばれるようになる。これに関していえば、ヘッケルの勝手な想像と造語ではなく、当時、流行していた見解をとり入れたものであった。一体、どのようなものだったのだろうか。

レムリア大陸とは、一八六四年にイギリスの動物学者スクレーターが提唱した想像上の大陸のことである。彼は、マダガスカル島(アフリカ大陸の南東、インド洋西部に位置する大きな島)において、哺乳類の地理的分布を調査したところ、特に原猿類のキツネザル（レムール）がこの島で繁栄していることに気づいた。この仲間はまたアフリカやインドにも生息していることから、彼はそれらをつなぐ仮説を思いついたのである。つまり、インド洋にはかつて大陸があり、海に沈んでしまった。その一部として残っているのが、マダガスカル島、モーリシャス諸島、セイシェル諸島、コモロ諸島なのだという仮説である。スクレーターは、キツネザルにちなんで、この大陸に「レムリア」という名をつけたのであった。レムールとはそもそも、古代ローマ人たちが恐れていた、夜に徘徊して復讐する死者の霊魂のことである。ヨーロッパ人たちがマダガスカル島に上陸して初めて見たキツネザルが、主として夜行性で人間の泣き声のような鳴き方をし、人間のように後ろ足で歩くことを知った時に、レムールの名を与えたといわれている（コンドラトフ（1979））。

ヘッケルによれば、「レムリア大陸」は、アトランティス大陸やムー大陸と比べると周知度は低いものの、当時のヨーロッパではかなり人気のある想像上の大陸であった。ダーウィンと同時期に進化論を考えついたイギリスのウォーレスをはじめとして、多くの学者らによって支持されていたという。ヘッケルもその一人なのであり、彼に及んで、この大陸はさらに「人類発祥の地」の候補地という大きな意味をもって浮上したのであった。ヘッケルは、ジャワ島とスマトラ島からなるスンダ列島もまた、この失われた大陸の名残だと考えた。そこには、類人猿も現生しているのであるから、人類発祥の地として十分に可能性のある場所なのであった。こうして、当時、ヘッケルの著作を読んだ者が、人類発祥の地としてレムリア大陸の名残であるアジアの地域をめざしたとしても何ら不思議はないのである。

少しつけ加えれば、その後のヘッケルは、ジャワ島のピテカントロプス・エレクトスの発見だけで万事よしと考えたわけではなさそうである。例えば、『自然創造史』第八版（1889）では、レムリア大陸説は地質学的な証拠から怪しくなってきたことがほのめかされ、南インド、特にその西部こそが発祥の地としての可能性が大きいと記されている。理由は、インド半島の山岳民族（カニカラン族、クルンバ族、トダ族、ドラヴィダ民族など）やセイロン島のヴェッダ人が、未開な生活を営んでいることにあった。ヘッケルは、ジャワのピテカントロプス・エレクトスとこのような人種との間に、さらにさまざまな進化段階のヒトが存在していたことを推測し、それらの化石が南インドで発見されることを予言していたのである（Haeckel（1889）743-744）。しかし、これは間違った見解だった（ヘッケルは現生人、つまりホモ・サピエンスの中にも進化の度合いの差があると仮定していたのだが、これについては本書第二部第5章で詳述する）。

「夢想の産物」――反対者としてのフィルヒョウ

ヘッケルのピテカントロプス説は、当時、他の学者たちからはどのような反応を得たのだろうか。ここでは強大な批判者として、著名な病理学者ルードルフ・フィルヒョウの見解を紹介しよう。フィルヒョウは、一八六九年には「ドイツ人類学会」を創設し、同年に「ベルリン人類学・民族学および先史学会」を創設するほどで、人類学には極めて影響力の強い学者であった。彼は、仮説としての進化論には共感を示していたが、いかなる時も厳密な科学の方法に重きを置く立場を崩すことをよしとしなかった。それゆえに、かつてヘッケルの師でもあった彼なのだが、ヘッケルが広く公言したヒトの進化仮説に対しては、強く批判した。次章で扱うように、「近代国家における科学の自由」（1877）という講演では、科学的に証明されたものだけが真理と呼べるのであり、科学の自由を確保していくためには、仮説段階の科学を真理として世に広めることを戒めねばならない、仮説段階の科学を語ることも自由とはいえるが、いかにも事実であり真理であるかのように語ることは極めて危険であるばかりか、本当の科学の自由を危機に貶めるものでもあるとして、ヘッケルを批判した。フィルヒョウにいわせれば、ミッシングリンクとしての猿人など「単なる夢想の産物（nur im Traume vorstellbar）」にすぎないものなのである（ヘッケルが引用している言葉（Haeckel（1909）758））。

したがってフィルヒョウは、出土されるいかなる人類化石に関しても、極めて批判的な態度で吟味した。例えば、一八五六年にドイツのデュッセルドルフの渓谷で発見された人骨（これは有名なネアンデルタール人なのだが）に関しては、多くの病理的な徴候を認め、現生人のくる病の老人の骨と断定して一蹴している（アッカークネヒト（1985, 1953）239）。しかし、この人骨は、ドイツの解剖学者シャフハウゼン、前述のハクスリー、アイルランドの解剖学者キングの分析を経て、一八六四年に原始人類として「ホモ・ネアンデルターレンシス」と命名され、一九〇四年には解剖学者シュヴァルベによって、ピテカントロプスと現生人の中間態として人類進化系図の中に位置づけられた（もっとも現在では、このような単線的な進化説は採用されておらず、ネアンデルタール人は現生人と並存して約三万年前まで生息していたヒトである）。この件については、フィルヒョウの敗北に終わった。

デュボワの発見したピテカントロプスも同様に、フィルヒョウの抵抗に合うことになった。最初は強い好奇心を抱いたフィルヒョウであったが、大腿骨は現生人のもの（しかも骨瘤は治療の跡だという）、頭蓋骨はサルのものと断定し、抵抗勢力の旗頭となった（Haeckel（1898）378–380）。結果として、ピテカントロプスは、ミッシングリンクとしてヘッケルが想定した猿人ではなかったが、現在では、約一八〇万年前に生存していた原人ホモ・エレクトスであると同定されているのであるから、この件に関しても、フィルヒョウは慎重すぎて正しい判断を下せなかったといえるだろう。しかし、当時はまだ人類の進化について正当な評価ができるほど科学は進んでいなかったのであり、その中でのフィルヒョウの厳格な科学者としての慎重な態度は敬意に値するものである。

なにしろ、人類化石に関しては、先に述べたネアンデルタール人に次いで、一八八六年にベルギーのスピー近郊でも発見されたが、はっきりとした正体は不明であった。その他には、ピテカントロプスの化石ぐらいしかない状況であった。さらには、類人猿に関しての当時の知識も極めて乏しいものであった。出土されるサルの化石も圧倒的に少なかった。インドで初めてサルの化石が出るのが一八三六年、原猿類の化石は一八七〇年以降であり、地質時代第三紀の類人猿の化石としてドリオピテクスとプリオピテクスなどが出始めるのが一八七八年頃からであった(Haeckel (1909) 118)。

また、現生の類人猿に関しても、ヨーロッパには生息していない動物であるため、その知識の量も少なかった。ハクスリーが『自然の中での人間の位置』の第一章で記した「類人猿誌」は、そういう意味で重要な資料である。それによれば、類人猿に関する最も古い記録は、ポルトガルの船乗りエドゥアルド・ロペツの『コンゴ王国記』(1598)であり、そこではアフリカのチンパンジーらしき動物が紹介されている。以来、旅行記の中の記述やヨーロッパに連れてこられた類人猿の奇怪な記述などが徐々に蓄積されていくが、一八四七年になってようやく、アメリカのサヴィチとワイマンによって、四種類の類人猿(テナガザルとオランウータン、チンパンジーとゴリラ)の存在が明確に認められるようになったにすぎないのである(Huxley (2009, 1863))。

しかも、進化論が登場するのがようやく一八五九年。地層の年代を測定する方法もまだ未熟であった。そのような状況下で、人類の進化の道筋を探ろうとする試みは、おそろしく多難な道であったことはいうまでもない。その折にたまたま、厳密な科学的精神に基づくフィルヒョウが、その時代の科学の不十分さに足をとられて真理を見落とし、仮説であっても構わずに公言し、仮説の上にまた仮説を構築していく楽観的なヘッケルのファンタジー力が、その時代の科学を推進する大きな力の一つとなったというのは、まさに歴史の皮肉である。

以上が、ピテカントロプスの物語の顛末である。人類進化に目が向けられるようになって約一五〇年。徐々に、発見される化石や人工遺物が増え、年代測定法の進歩や遺伝子研究の向上などによって、予想外に錯綜したヒトの進化の道筋が描かれるようになったが、それは、ごく最近になっての話なのである。まだまだ謎は多い。進化の道筋は再現の不可能なものであり、その解明のためには、いろいろな証拠をジグソーパズルのピースのように関連づけていかねばならない。しかも全体の図柄が見渡せるかどうかは、適当な化石証拠の出土いかんにかかっている。そのような中では現在においても、ヘッケルのように、仮説に基づく、ある種の勘に頼った探し方は必要とされるのであろう。

第3章

科学の自由について

ヘッケルとフィルヒョウの進化論論争

前章において、科学に対する態度をめぐってヘッケル（大胆な仮説で発見を促す姿勢）とフィルヒョウ（科学の厳密性に重点を置く姿勢）が対峙していたことを記した。ここでは、二人の間で交わされた有名な論争を例にとって、さらにこの対立の意味を深めてみたい。

そもそも、進化論をめぐる論争といえば、進化論者と創造論者の間の対立が主流である。例えば、『種の起原』が発表された当時、オクスフォードでの英国学術協会の会合の席で繰り広げられたサミュエル・ウィルバーフォース主教とトマス・H・ハックスリーの論争（1860）は、古典的な例である。また、特に進化論を教育に導入する可否をめぐる進化論者対創造論者の論争で話題に上るのは、アメリカのテネシー州で「反進化論法」を犯して生物の授業で進化論を教えた高校教師ジョン・T・スコープスをめぐる裁判（「モンキー裁判」1925）である。

しかし、このヘッケルとフィルヒョウの論争は科学者同士の論争であり、それらとは趣を異にする。とはいえ、学説をめぐる学術的な論争でもなく、ある意味で、当時のさまざまな背景が複雑に絡んだ文化的社会的現象といえよう。それはまた、現在注目されている科学と社会との関係、科学の公共性、科学者の社会的責任といった問題の兆しを示唆する萌芽的な現象でもあり、極めて興味深いものである。

まず、このヘッケル・フィルヒョウ論争の経緯について紹介しておこう。

ヘッケルの講演――「総合科学との関連における今日の進化論」

一八七七年の秋、第五〇回ドイツ自然科学者医師学会(Gesellschaft Deutscher Naturforscher und Ärzte, 以下GDNAと略す)の大会がミュンヒェンにおいて開催された。このGDNAは、一八二二年に、ドイツの自然哲学者・生物学者ローレンツ・オーケンによって創始された由緒ある大規模な学会である。その初日の九月一八日に、イェーナ大学教授のヘッケルが「総合科学との関連における今日の進化論」という題目の講演を行った(Haeckel(1877b)ただし邦訳本では「綜合科学との関連における現代進化論について」と訳されている)。

振り返ればヘッケルが「ダーウィンの進化論について」という講演を行い、ドイツで初めて進化論を公的に紹介したのも、一八六三年にシュテッティンで開催された第三八回の同大会においてだった。それから一四年の歳月が流れ、ドイツでは、アカデミズム内部に限らず、一般大衆もまた進化論に関心をもつ時代が到来していた。当時のGDNAの大会は、オーケンの理念の下、研究者同士の交流と情報交換の場であるだけでなく、娯楽を伴った祝祭的な雰囲気の中で研究者同士、研究者と市民、市民同士が親睦を深める場としても機能していたという(櫻井(1999a))。ミュンヒェン大会においても、ビア・ホールにおける祝賀会などが催され、研究者も市民も入り混じって集い、大会に対する一体感を盛り上げていた。一方、公開講演そのものは、自然科学の知識の普及を目的とする場であり、ヘッケルらの講演には、各地から訪れた自然科学者はもちろんのこと、地元市民や各紙の新聞記者たちも同席していた。そのような聴衆に向かって、ヘッケルは何を語ろうとしたのだろうか。ただし、あとからも触れるように、論争の相手となるフィルヒョウはこの聴衆の中にはいなかった。

講演の冒頭でヘッケルは、めざましく進歩する自然科学が人間の精神に何をもたらしたのかという、現在の知識人なら誰しもが抱く問いに答えることを、ここでの目的と謳っている。いい換えれば、自然科学が人間精神とその発展過程に与える影響、もっと具体的にいえば、自然科学が人々の世界観や人生観に与える影響について話したいということだった。それには、彼自身の研究分野である進化論が、その他の多様な科学全体（ここでは「総合科学」をこのような意味で用いている）にどう関連するかを扱うのが、最も適切なのだという。

そこで、まずは進化論の歴史が語られ、現在、進化論は形態学、比較解剖学、胚発生学、分類学などを支える重要な基礎として認識されていることが確認される。問題は、進化に関しては、精密な実験による証明の不可能なことであるが、ヘッケルは、自然科学にも歴史学、考古学、言語学と同様に、実験的検証に頼らない方法を手段とする分野があることを力説する。それは「精密な数学的・物理学的方法」に代わる「歴史学的・哲学的な方法」なのである。この進化（系統発生史）を扱う分野では、化石（古生物学）、動物間の構造比較（比較解剖学）、胚発生プロセスの観察（胚発生学）を「資料」として「批判的に利用」し、そこから「慎重かつ大胆な思索」を行うことによって、「近似的な認識」が「間接的」に可能となるというのだ。例えば地質学を見れば、その真意を理解できよう、と。このような彼の考え方については、本書の第一部第2章と第二部第1章において既に紹介したので、詳しくはそちらを見ていただくことにして、話を先に進めよう。

とにかく、このようなロジックに従えば、進化は真理なのである。したがって進化論は、人類の由来に関する謎を解く鍵となる。しかも身体構造の進化のみならず、心(Seele)の進化も説明できるのだとヘッケルは述べる。人間の心的活動は中枢神経系に結びついているのだから、脳の進化とともにゆっくりと進化してきたのではないかという説明は、現在の私たちにも納得できる。しかし以下の論の展開は唐突な印象を受ける。ヘッケルの論点をかいつまんでいえば、こうだ。進化論的かつ一元論的な観点からすれば、多細胞生物から単細胞生物(細胞)へ由来を下り、そこからまたモネラ(原形質だけでできている無機物と生物とのミッシングリンク)へと遡ることができ、さらにまたそこから、プラスティドゥール(モネラを形成する原形質分子)へ、さらに炭素原子(有機物の基となる原子)へと遡ってゆけるのである。だから、人間のような多細胞生物の心の起源も、これと同様に炭素原子の性質にまで遡れることになるのだ。

ヘッケルによれば、単細胞生物には、多細胞生物と同様な心的活動として「感覚(感情)、表現、意志、運動」が認められ、それは原形質を構成する分子「プラスティドゥール」によってもたらされているものである。さらにまた、この分子をつくり上げる原子たちの結合の力も、一元論的な意味で「原子の心」なのである。つまり、原子には「牽引と反発」という運動形態があり、それは「快・不快」という最も単純な感覚に相当する。これらの要素を限りなく多様複雑に結合させていくと、あらゆるレベルの心的活動に辿り着くというわけだ。

ヘッケルの用いる「原子の快（愛）と不快（憎）」、「プラスティドゥールの心」などという表現を見ると、私たちは何かオカルト的な気配を嗅ぎ取ってしまうだろう。また、私が「心」と訳したゼーレ（Seele）はギリシャ語の「プシューケー」に相当し、「魂」とか「霊魂」とも訳せるのだが、そう訳せば、さらに古めかしい印象となっただろう（ゼーレについては本書第9章参照）。少し種明かしをすれば、ヘッケルの考え方は、歴史的に見れば、そう奇怪でも新奇なものでもないのだ。例えば、古代ギリシャの哲学者エンペドクレスは、世界の生成・消滅、変化は、根源物質である土・水・火・空気という四元素の「結合」と「分離」によりもたらされると説明し、それぞれを「愛」と「憎」と呼んでいた。アリストテレスは、「霊魂」を（栄養、感覚、欲求、運動、思考などに関連する）身体と不可分な生命の機能とした。また、霊魂には、植物的な霊魂、動物的な霊魂、ヒトの霊魂というように段階があるとも考えていた（本書第二部第1章参照。ただし、アリストテレスの霊魂論は簡単に解読できるものではない）。ヘッケルは、このような昔からある観念に、近代科学の衣を着せて再登場させたにすぎない。

その先の話の展開もいささか唐突である。このように新しい進化論から導かれた、有機界と無機界（あるいは心と物質、精神科学と自然科学など）を区別しない統一的世界観こそが「一元論」なのである、とヘッケルは宣言する。一元論的な思考をすれば、多様に分散した諸科学は結びあって、「すべて包含する統一的な一つの総合科学」となる（これがヘッケルの理想とする「総合科学」のあり方なのだ）。現代の進化論は、まさに諸科学――そこには広く、応用的な科学である医学、国家学、法学、神学も含まれうる――を統合する最も重要な「結合の手段」なのである。

さらに、進化論は人間形成にも重要な影響力をもつ、とヘッケルは確信している。その場合、当然だが、学校教育において進化論を「最重要の教育教材」とする「教育改革」の必要性が出てくるというのだ。

ヘッケルの掲げる教育改革の中身は二つだ。一つは、宇宙発生論、地質学、動植物の系統発生学、人間発生論など進化論の知識を教えること。もう一つは、「発生論的方法（genetische Methode）」を用いて教育するということだ。これは、物事の理解には、その原因、因果関係の認識が重要だという、既にゲーテが唱えていた方法である。「教師も生徒もともに、授業におけるどんな教材に関しても、これはどのように生じ、どのように発展してきたかと問うことにより、測り知れぬ大きな関心と理解をもって考察することになるでしょう。〔中略〕因果的理解によってのみ、死んだ知識が生きた科学になります。精神の発達過程の真の尺度は、経験的な知識の量ではなく、それらの原因についての理解の質なのです」（Haeckel（1877b）15–16）。

物事の理解には、細部だけでなく、それをもたらす全体の文脈・構造を見て考察し判断することが重要ということであり、それこそが新たな発見・創造を生み出す「総合的な」考察のあり方だということだ。このようなものの見方は、ヘッケルの思想の魅力ある部分だが、現在では、わざわざ進化論をその基底に据える必要性は感じられない。逆に見れば、まさにヘッケルにとって進化論は、世界を成立させる根本的な原則となっているのだった。

では、進化論は、教育の主たる課題でもある「道徳的品性」を育成することができるのだろうか。従来、これは教会宗教の手に任されてきたものだ。この懸念に関してヘッケルは、真の理性的な宗教は「自然宗教」であって、ドグマ的で神話的な「教会宗教」ではないことを主張する。「あらゆる教会宗派とは独立に、どの人の胸の内にも真の『自然宗教』の萌芽があるのです。〔中略〕その最高の戒律は『愛』、すなわち同胞の利益のために、また自分もその一員である人間社会の最善のために、自然に生じる自分の利己主義を抑制するものなのです。この自然の道徳律は、どんな教会宗教よりもはるかに古く、動物の『社会本能』に由来するものです」。ヘッケルはアリなどの社会性昆虫や群生動物を例に引き、愛と義務感が社会的本能であり、この本能もまた進化とともに形成されてきたことを示す。これが人類発生学から得られた倫理学の不動の原理なのであり、ゆえに、これからの神学は、このゆるぎない土台である進化論を受け入れてゆかねばならないと、ヘッケルは迫るのである(同書18-20)。

こうして「二元論に対する一元論の勝利」が高らかに宣言され、講演は締めくくられたのだった。

フィルヒョウの講演――「進化論」は真理ではない

ヘッケルの講演の四日後の九月二二日には、著名なベルリン大学教授のルードルフ・フィルヒョウが、「近代国家における科学の自由」という講演を行い、ヘッケルに対する大反撃を繰り広げた。しかし、実際にはヘッケルは講演の翌日一九日にミュンヒェンを発ち、フィルヒョウは二〇日に到着しているので、双方が同じ場で顔を合わせたわけではない。さらにその翌年一八七八年に、ヘッケルは『自由な科学と自由な教育』を著して、この事件を振り返り総括しつつ、フィルヒョウを批判し、進化論の真価に関してさらに意見を述べる。これが、この論争の流れであるが、互いに相手の話を直接に聞くことなく、相手の印刷原稿や新聞の記事などを情報源として戦ったものだった。

フィルヒョウは、医師・病理学者・政治家・人類学者として後世に大きな影響を与えた人物である(Virchow

という名前の発音・表記については、本書第一部第1章を参照)。彼のヘッケル批判を紹介する前に(本書では彼は既に何度も登場しているが)、あらためてその来歴を辿っておこう(川喜田(1988)等)。

ルードルフ・フィルヒョウは、一八二一年一〇月一三日に、プロイセンに属するポメルンの町シーフェルバイン(Schivelbein:現在はポーランドに属す)で生まれた。ヘッケルよりひと回り年上である。ギムナジウムを終えたフィルヒョウはベルリン大学で医学を修め、医師として、また病理学者として活躍する。一八四六年には、若くしてベルリンのシャリテ(慈善病院)の剖検医フロリープの後任となる。一八四八年の冬にシュレージエンの疫病(発疹チフス)調査に参加して、貧困層の惨状を目の当たりにし、社会衛生学の重要性を痛感。のちにベルリン市の都市衛生の改善(上下水道、学校衛生、食肉検査など多岐にわたる)に尽力する契機となった。政治活動にも関心をもつ彼は、同年の革命に参加したため、プロイセン政府によりベルリンを追われ(1849)、ヴュルツブルク大学に移り、「病理解剖学」の講座を担当する教授となった。

一八五六年に再びベルリンへ迎え入れられるまでのこの数年間、むしろ彼は研究者・教育者として充実した時を過ごすことができたのである。「細胞」を生命の基礎となる個体として捉え、それまでのロマン主義的な思弁を排し、精密な顕微鏡観察に基づき、病気の原因を細胞レベルで見出す学問体系(これをまとめあげたのが一八五八年の『細胞病理学』)は、医学に大きな進歩をもたらすことになった。ヘッケルとの出会いもこのヴュルツブルク大学時代だった(詳細は本書第一部第1章参照)。当時、ベルリン大学の医学生だったヘッケルは、在学中に二回ヴュルツブルク大学で学び、フィルヒョウの授業から溢れ出る唯物論的な思考法に深く感化されつつ思想的に成長した。のちにダーウィンが進化論を提唱した時も、フィルヒョウは共感を示した。また、その頃からは人類学にも傾倒していくのである。

一八五六年にベルリンに戻ってからのフィルヒョウは、左派リベラリストとしての政治色を濃くする。一八六一年には他の民主主義信奉者とともに、「ドイツ進歩党（Deutsche Fortschrittspartei）」を結成して、ドイツ統一と憲法改正をめざして、プロイセン国王ヴィルヘルム一世と宰相ビスマルクの政策に徹底して反対し続けていく（結局は、ビスマルクにより統一が達成され、一八七一年にドイツ帝国が誕生）。このフィルヒョウが唯一ビスマルクに協力したといってもよいのは、「文化闘争（Kulturkampf）」（これはフィルヒョウの造語）と呼ばれる反教会闘争であった。当時、イタリア王国と対立しバチカン宮に自ら幽囚の身となったローマ教皇ピウス九世が、近代思想と社会の発展に対抗する闘争を開始（一八七〇年の教皇不可謬説で布告）。その強力な支援により、ドイツ帝国でもカトリック系の中央党が結成され、政治的な勢力を伸ばしてきていた。ビスマルクは国政の維持のため、この勢力を「帝国の敵（Reichsfeind）」として押さえ込もうとし、一方フィルヒョウは一貫した自由主義者として、教会と国家の分離を推進しようとした（しかし、中央党勢力は衰えるどころか、ますます力を蓄えていくことになる）。

フィルヒョウは、このように、ヘッケルの師として思想的にも影響を与え、また文化闘争ではカトリック派と闘い、ダーウィンの進化論にも共感を示した。だとすれば、フィルヒョウは、ヘッケルの進化論の普及活動の支持派に回ってくれてもよさそうではないか。ヘッケルや他の人々もそう思っていた。ところが、このフィルヒョウの講演は、その予想を覆すものであった。

では、フィルヒョウの講演の内容はどのようなものであったのか。

実はフィルヒョウは、初日のヘッケルの講演内容（並びに植物学者ネーゲリの講演内容も含む）を印刷原稿で読んだあとに、当初予定していた題目を急遽変更した。冒頭、その理由を次のように述べている。

「私たちが営む科学と一般の人の生活との間に、ある種の対立関係が生じる時期が到来したと思われるため、また、私たちヨーロッパ大陸民族の歴史の中で、ここで下される価値ある決断が、将来の私たちの精神史を運命づけるといってもよい瞬間が、刻一刻と近づいているという理由から、私はこの場で一般的な要求を代弁することを決心したのです」と、いかにも深刻な事態が予想されるような語り口で、フィルヒョウは聴衆の関心を惹きつけるのだった。そしてその具体的な脅威は、隣国（フランス）に起こった革命（パリコミューンを指す）であることが示唆され、また軽微ではあるが、ローマ教皇を中心としたカトリック勢力の問題も絡むことが仄めかされる（Virchow (1877) 5）。

ここで補足しておけば、パリコミューンとは、フランスが普仏戦争に敗北して第二帝政が瓦解したあと（1871）、新しい社会秩序をめざしてパリの民衆が蜂起して立ち上げた人類史上初の労働者の革命政権である。約二か月の統治後、多くの犠牲者を出しつつ、政府軍に鎮圧されることになったが、その短い間に、行政の民主化、労働組合の設立、教会と国家の分離、教育改革、女性参政権など革新的な政策が打ち出され、後世に大きな影響を与えた。ドイツは、一九世紀の間、統一と自由をめぐって革命と反動を繰り返した波乱の歴史をもつ。そんなドイツ国民にとって、一八七一年の統一によって安定を獲得した今、再びの動乱は避けたいものであった。

歴史的には、自由をめざした革命ののちには、自由を制限する反動の政策が繰り返されてきた。フィルヒョウは、一八二二年にこのドイツ自然科学者医学者会議を創始したオーケンのことに触れ、その勇気ある行動を讃え、その失意に満ちた亡命生活を憂えることを通じて、現在、当然のように享受されている科学の自由は、多くの弾圧との闘いを経て獲得されたものであることを訴える（オーケンの場合は封建的官僚機構による大学の自由の抑圧だった）。つまり、今、フランスのように社会主義者による革命が起きれば、社会を混乱に陥れるばかりか、科学の自由が再び制限される可能性も高い。

「今だからこそ、このドイツにおいて科学の自由を語ることはたやすい」が、この自由の状況がずっと続いていくだろうという保証は、「私のように長年公的な活動経験をしてきた者」にはできないというのである。今成すべきことは、科学者が「自制し、趣味道楽や個人的意見をある意味で断念することによって、現在の我が国の良好な雰囲気を覆さないように」することである（同書6、7）。

「現在許されている自由をあまりに広範に用いれば、未来を脅かす危険があるのです。現在の科学分野の多くに広がっている勝手気ままな個人的思弁を続けてはならないと警告したいのです」（同書7）。

フィルヒョウの論理によれば、科学の理論が、広く非専門家集団にも浸透していく時代にあって、その影響力は極めて大きく、それが社会主義のような革命思想を育てるという危険性もあるのだ。それを考えれば、科学者は今こそ、自らの態度を戒めねばならないということになる。

ところで、冒頭で仄めかしたカトリック勢力の方はどうなのか。先に記したように、ローマ教皇を中心に近代思想や科学に反対する動きが活発となり、政治勢力も拡大していた。フィルヒョウはこれに「文化闘争」で対抗してきたが効果は薄く、現状を見ての政治的配慮（いわゆる日和見）もあったのだろう。この講演ではほとんど批判の対象にしていない（この態度がのちに、教会側を支持していると理解されて議論を生むことになるのだが）。

そこで、科学者に要求されるのは、思弁的な分野と確証ある分野の境界を明白にすること。確証ある科学の場合、例えば蒸気機関、電信術、写真術、化学的発見などは、社会や国家に物質的にも精神的にも影響を与えてしかるべきものであるが、「進化論」は真理ではない。フィルヒョウが憂慮する科学の状況を最も具現しているのが、ヘッケルの科学者としての姿勢であることが、ようやく明かされるのである。

ただしフィルヒョウは、大学などにおける研究の自由については担保する。科学者には未決の問題を研究テーマとして考察する自由は許されている。例えば、自然発生については、最初の生物が地球上に生じてきたことを考える場合、神による創造説を信じないのであれば、自然発生を用いた説明をするしか道はないのであり、それを研究することは制限を受けない。それに、科学は歴史的に見て、客観的な学説の流れと主観的な学説（ドグマ）の流れが絡み合ってきたことも確かなのだ。しかしその場合でも、「それはまだ証明されていないということを科学者は認めねばならない」（同書21）。それをいかにも客観的な真理のように伝えてはならない。これは科学者にとって「最も難しい断念」（同書11）でもある。

では、科学の理論はいかに非専門家集団に受け入れられていくのだろうか。その危険な例として、フィルヒョウは彼の細胞理論（これは真理ではあるものの）が、アメリカやヨーロッパにおいて、天文学と地質学の基本理論として用いられてしまったという仰天エピソードを示しながら、科学の理論が、非専門家たちの間で、

「確信が千倍にも膨れ上がって」伝わっていき、予想外の姿に変貌していく危険性があることに警鐘を鳴らす。まして、真理ではない思弁的な科学を伝えてしまった場合の危険性は、いかほどのものであろうか。フィルヒョウは、今や社会主義者たちが進化論を思想的にとり入れていることに深い憂慮を示し、フランスのパリコミューンもまた、進化論に類似した理論（マルクス主義。カール・マルクスが弁証法的史的唯物論に基づき、資本主義社会の崩壊と社会主義・共産主義の到来を展望した理論）が引き起こした恐怖なのであることを強調する。

フィルヒョウが、今こそ、進化論の横行を断じて許してはならないと判断した原因の一つは、ヘッケルが進化論を教育に導入する意欲を表明したからである。フィルヒョウたちもまた、自然科学を学校の授業科目として導入することを長年の目標として努力してきたのだった。当時、プロイセンをはじめドイツ全国で、教育制度の革新、教育設備の拡充、学校の増設などが行われていた。「最終的な問題は、この主たる内容は何にすべきか、何が教えられるべきか、学校はどのような目標をめざせばよいのか、どのような方針に従って活動すべきかということなのです」（同書10）。

「自然科学が学校に対して影響力をもつことを望み、自然の知識をさらに強く普通教育にとり込ませ、この実り多い教材を青少年の精神に早い時期から新しい考え方の基礎として与えることを要求するとしたら、自分たちにこういって聞かさねばならないでしょう。今こそまさに、私たちの求め得るものは何か、求めたいものは何かを了解しあわねばならない大事な時期なのだと」（同書10. 11）。この時期をチャンスとみなすフィルヒョウの慎重な態度が滲み出ているのである。

ヘッケルの進化論、プラスティドゥールや原子の心、無機物から生命が生じる自然発生、人類の猿起源という考えなどを、果たして学校教育に導入してよいのか。ヘッケルはそれを確実なものだと公言しているが、どれ一つとして、それを証明する肯定的な事実はない。よって、断じて教育には導入できないとフィルヒョウは論を進めていく。道徳倫理を教える教会の権利を剥奪してまで、仮説としての進化論を導入するのは時期尚早なのである。科学者は、教えるべきことと研究したいことを厳密に区別する必要がある。だから、ヘッケルには自制を促したい。

こうしてフィルヒョウは、終始、ヘッケルを批判の的に据えながらも、そこに見られる問題点を一般化して、科学と社会の良好な関係、科学者の社会に対する責任、一般大衆との関係のあり方を述べようとするのである。

ここで、しばし論争から離れて、その背後にあるドイツの中等教育（日本では小学校高学年、中学校、高等学校に対応する一貫教育）の改革を例にとって見ておきたい（Berg（1991）228–278等を参照）。一九世紀半ば頃のヘッケルが学んだギムナジウム（大学進学のための九年制高等中学校）の状況については、既に本書第一部第1章でも紹介したように、カリキュラムで重要視されたのは古典語教育であり、自然科学の比重は軽かった。ヘッケルの体験した自然科学の授業は、古典的な文献学に徹した味気ない内容であり、彼は不満を吐露していた。しかも、教育のモットーは「規律（Disziplin）」と「服従（Gehorsamkeit）」。折しも、産業革命により、人々の生活様式は変化し、科学と技術は未曽有の進歩を遂げつつあった。当然、それに合わせた教育改革が各方面から望まれたのである。

例えばプロイセンでは、古典語の習得を重視する伝統的なギムナジウムに加えて、一八五九年に科学的知識の習得を重視する実科ギムナジウム（Realgymnasium, Realschule）が新たに設置され、さらに一八八二年にはラテン語の授業を全く行わない高等実科学校（Oberrealschule）が認可され、三つの高等中学校が並立した。教育会議の審議に基づき、一八八二年、一八九二年、一九〇一年にそれぞれ新しいカリキュラムが公布されている。一八八二年のカリキュラムでは、時代の要請に応えて、数学と自然科学の授業が増やされている。自然科学の中身は物理学、化学、生物学であるが、大学教育での伝統をもつ数学と異なり、一九世紀になってから教育価値が認められてきた新しい教科であった。しかも主に教育上重視されたのは物理学だった。

では生物学はどのように教えられていたのだろうか。中心となるのは「自然記述（博物学）」の授業であり、リンネの分類学に基づいて、動植物を記述し分類することが主な内容であった。一八七〇年代後半には、ダーウィンの進化論を生物学の授業で教えてよいかどうかをめぐっての議論が現れ始めた。ヘッケルとフィルヒョウの論争の直前であるが、一八七六年にリップシュタットの実科ギムナジウム教師のヘルマン・ミュラー（植物学者）が、授業で進化論を教えたことが告発されるという事件が起きている（Kelly（1981）に詳しい）。これをきっかけにして、プロイセン議会において進歩党の党首フィルヒョウも加わった議論が繰り広げられ、生徒たちの宗教心を損なってはならないということで、高等中学校では、生物の授業で進化論を扱わないのはもちろんのこと、ダーウィンとヘッケルの本を読むことも禁止された（1879）。さらに、一八八二年の新カリキュラムでは、生物学は低・中学年では教えられるが、高学年での授業が廃止されることになった。この結果は、多くの領邦の教育に影響を及ぼしたのである。ヘッケルはのちに（Haeckel（1905c）36）、この件を振り返り、フィルヒョウの警告を受け入れて、ドイツの二大邦（プロイセンとミュンヒェン）で進化論の授業が禁止され、生物学の授業も極力減らされたのだと憤慨している（その後GDNAの改革運動によって、一九〇八年にプロイセン教育庁は高学年にも生物学の授業を認めている）。

ヘッケルの反論――メディアの煽動

『自由な科学と自由な教育』は講演ではなくて論文として発表されたものであるが、ヘッケルは最初はこの反論を出さないつもりだった。理由の一つは、進化論は既に生物学の確固たる基礎となっているのであって、フィルヒョウの批判に再度反論しても無駄であり、論争の決着は未来に任せたいということ。もう一つは、個人的には、尊敬してきたフィルヒョウの対立者として公的に登場するのは気が引けるからであった。「それでも今、私が反論せざるを得ないと考えるのは、沈黙を長引かせれば、私のこれまでの断念が既に呼び起こした間違った見解をさらに増大させる可能性があると確信したからだ」(Haeckel (1878c) 197)。

この一年間に何があったのだろうか。多くの者が口頭や文書で、フィルヒョウの講演や態度に対しての意見をヘッケルに迫ったという。特に、「進歩党の党首として政治的には自由主義者であるフィルヒョウが、なぜ、科学の領域では最も危険な反動的勢力（カトリック勢力）の味方となってしまったと思うか」という問いへの返答を繰り返し求められてきた。その問いかけの多くは新聞記者であった。一八七八年三月にウィーンのコンコルディアの祝宴の席で、この問いについてヘッケルが口頭でなした返答の内容が、新聞紙上でさまざまに曲解され、意図的に歪められて掲載されてしまった。結果として、ヘッケルは真意を伝えるべく、自ら声をあげざるを得ない状況に追い込まれたのだった。特に、進化論の壊滅を狙う「アウクスブルク一般新聞」の敵意に満ちた記事におけるヘッケルへの人格攻撃は凄まじかったという。いわば、メディアの扇動がヘッケルを突き動かしたのだった。

ヘッケルは異例なことに、この論文の巻末に、論争の経緯を知らない読者に向けて、新聞記事（キリスト教会系の「ゲルマニア」と「新プロテスタント教会新聞」、自由主義的な「アウスラント」と「フランクフルト新聞」）を付録として載せている（Haeckel(1878b)94–106）。実は、ミュンヒェンでのヘッケルとフィルヒョウの論争は、その直後から二人の間の論争にとどまらずにメディア空間の中に場所を移して展開されていったのである。

新聞というマスメディアは、一九世紀後半にめざましい発展を遂げた。ドイツでは、印刷技術の近代化とともに、一八七四年の出版法（出版・報道・言論の自由）の施行以降は、銘柄数、発行部数も劇的に上昇していた。そのような環境の中、本論争には、ジャーナリストや学者、一般人までもがさまざまな思惑で関与することになったのである。このような図式は、テレビやインターネットも発達した現在の情報化社会では尚更に、一般人をも巻き込みつつ広がりを見せている。まさに本論争の顛末は、その萌芽的な現象であるといえるだろう。このような視点で本論争を再評価する研究は、いくつかある。（Daum(1998)、櫻井(1999b)等）。詳細はそちらに委ね、ここではヘッケルとフィルヒョウのテクスト分析に焦点を絞って、話を進めたい。

そして、もう一つ、ヘッケルが反論を余儀なくされた原因に、教会側がフィルヒョウの言説をうまく「悪用」して、進化論攻撃の勢力を盛り上げてきたことがある。それをさらにあと押しする事件が起きていた。一八七八年の五月と六月の二回に及ぶ皇帝暗殺未遂事件である。高齢のドイツ皇帝ヴィルヘルム一世が狙撃されたことで（二回目には重傷を負う）、社会に「憤激の嵐」が吹き荒れた。その矛先は、社会主義者に向けられたのである。多くの自由思想の政治家でさえも、社会主義の理論への厳格な取締りを要求したほどだった。しかし、一回目の犯人はヘーデルというブリキ職人、二回目はノビリングという博士号をもつ者であり、社会民主党との直接の関係は何一つ立証されなかった。当時、ビスマルクが、カトリックの中央党と並んで、ドイツ社会民主党をも「帝国の敵」と考え、その勢いを削ごうとしていたこともあり、この暗殺未遂事件は、社会主義への国民の恐怖感を煽り、社会主義者の鎮圧にうまく利用されたのである（林（1979）等）。

しかし、まさにフィルヒョウが予言した通りの事件が現実に起きたわけだ。彼の論理では、憎むべき社会主義の理論の原因は進化論にあるのだから、それを教育に導入するなど以《もっ》てのほかとなる。これは、進化論の威力を大きく貶めることになり、教会側にとっては非常に喜ぶべきことだった。ここに至り、ヘッケルは「これ以上ためらってはならない」と反論の旗を揚げることになったのである。

この論文は、右に示した内容を含む序言から始まり、進化と創造、進化論の確かな証拠、頭蓋論と猿理論、細胞の心と細胞心理学、発生論的教育法と教義的教育法、進化論と社会民主主義、イグノラビムス（デュ・ボアーレーモンの不可知論）とレストリンガムール（フィルヒョウの制限主義）という七つの各論を置き、フィルヒョウへの批判を展開したものだ。ここですべてを紹介する必要はないだろう。

なかでも特に見ておきたいのは、進化論と社会主義の関係についてのヘッケルの反論である。「社会主義はすべての国家市民に等しい権利、等しい義務、等しい財産、等しい享楽を与えることをめざす。進化論はまさに反対のこと、すなわちこのような要求は全く実現不可能であること、人間の国家的な組織集団の中では動物と同様に、すべての国民の権利、義務、財産、享楽が平等になることはなく、むしろ不可能であることを証拠づけるものなのである」(Haeckel(1878c)268)。だから、両者は火と水のように対立するものである。さらにヘッケルは「生存闘争」「適者生存」の概念を挙げて、「優れて有能な少数の者たちだけが、この競争に幸福にも打ち勝つことができるのであり、大部分の競争者たちは必然的に惨めにも滅びていかねばならない。この悲劇的な事実をいくら嘆いても、これを否定することも変えることもできない」と述べ、進化論の政治的傾向は貴族的(aristokratisch)なのであり、民主主義ではないことを力説する(同書270)。

確かに、社会主義と進化論の政治的傾向は異なるものだ。しかし社会主義は、既存の社会秩序を革命により覆して平等なユートピア社会の実現をめざすものであり、思想的指導者マルクスやエンゲルス(ヘッケルの書物から影響を受けた)は、その理論に、進化論を含む当時の自然科学の最前線の知識をとり入れていた(エンゲルス(1970)など)。社会主義理論は「最先端の科学」でなければならなかった(西村(1987)280)。一方ヘッケルが、進化論を原理としてめざしていたものは、既存の世界観に代わるべき新しい一元論的な世界観の普及だった。それはいわゆる社会変革の意志とみなされたとしても、おかしくはない。「進化論を基礎とした社会改革」という図式では、社会主義とヘッケルの一元論は、非常に似通ったものと判断されても当然だった。事実、ヘッケルはその後、社会変革運動の闘士へと変貌していくのである。それとともに、周囲の警戒心はさらに強くなっていった。

このように、科学が多くの非専門家の心に関与し、社会のあり方に介入する時代にあっては、進化論もまた、創造説に対立する単なる科学理論という立場を超えて、当時の政治体制や社会思想、報道などとの複雑な文脈にからめとられていたことがよくわかるのである。

この論争の時期は、ドイツ国民の統一国家という念願の夢がようやく成就したことへの歓喜の声が、失望とともに消えかける頃であった。その後ビスマルクが退陣を余儀なくされて、ヴィルヘルム二世の統治時代がおとずれる。ヘッケルの思想はこれから先も、広く市民層に浸透していく。さらに出版された『宇宙の謎』(1899)と『生命の不可思議』(1904)は飛ぶような売れ行きをみせ、一般市民が彼の思想を熱狂的に受け入れたことがうかがい知れる。進化論は学校教育においてキリスト教と置き換えられることはなかったが、確かに従来の宗教的な世界観の崩壊に拍車をかけた。一元論思想は、いわゆる代替宗教となって、市民たちに必要とされていくのである。

それにしても『自由な科学と自由な教育』の最終頁が「Impavidi progrediamur!(ひるまずに前進しよう)」というヘッケルの言葉で締め括られているのは、極めて象徴的である。

第4章

ドイツ一元論者同盟と教会離脱運動

オストヴァルトとリープクネヒト

一九一三年一〇月二八日、ベルリンのハーゼンハイデ公園には、三千人から四千人に及ぶ人々がひしめくように集まり、異様な熱気に包まれていた。壇上には二人の男性。そのうち、白髪混じりの立派なあごひげをたくわえた男性は、四年前にノーベル化学賞を受賞した有名な化学者ヴィルヘルム・オストヴァルト、そしてもう一人は、この六年後にはかの有名な革命の女闘士ローザ・ルクセンブルクとともに暗殺され、シュプレー川で溺死体として発見されることになる社会主義政治家カール・リープクネヒト。ドイツ史上、著名な二人ではあるが、なんというミスマッチなとり合わせだろう。そして二人は、眼前の人波に向かって力強くこう叫ぶ。「皆さん、今こそ、国家に癒着した教会に反対し大規模ストライキを決行しようではありませんか」と。観衆から沸きおこる大歓声と拍手の嵐。この大集会は一体何なのか。

その正体は、オストヴァルト率いる「ドイツ一元論者同盟（Deutscher Monistenbund）」の下部組織「無宗派推進委員会（Komittee Konfessionslos）」が、リープクネヒト率いる社会民主主義グループと連携して、多くの人々を教会から離脱させるために開催したものだった（Krauße(1987)118, Domschke / Lewandrowski(1982)55）。この日、参加者のうち五八二名もの人々が教会を公に離脱したのである。だが、この場面は少し不思議だ。まず一元論者同盟といえば一元論者のヘッケルが創立した組織なのに、なぜ、この場面ではヘッケルではなくてオストヴァルトなのか。そして、本書前章でも見てきたように、ヘッケルたちは極力、社会主義とは距離を置いたはずなのに、なぜ、ここでは手に手を取っての行動なのだろうか。さらに、教会から離れるために、なぜ、これほどまでに大げさな仕掛けが必要なのだろうか。

本章では、これらの疑問を探っていきながら、「ドイツ一元論者同盟」とは何であったのかを紹介したい。

統一ドイツの政治状況

まずは、当時のドイツの政治状況を再度、簡単に見ておこう。

一八七一年、統一国家というドイツ国民の長年の念願が成就し、普仏戦争の勝利後、プロテスタントの国王を頂点とするプロイセンが中心となり（カトリックのオーストリアを排除した形で）「ドイツ帝国」が樹立される。プロイセン国王がドイツ皇帝となり、プロイセン宰相がドイツ帝国宰相を兼ねた。宗派的に見れば、全人口の約三分の一のカトリック教徒を含む、プロテスタント主導の国家となったのだった。プロテスタント教会は国家と強く結びつき、一方、カトリック教会は国家からの圧力を退けようとする構図となっていた。また、カトリック教徒は、宗教的にマイナーであるばかりでなく、社会的にも低所得層が多かった。

そのような中、ローマ教皇ピウス九世が、近代科学と近代国家に対抗すべく教皇権の復権を狙って活動を開始し、トリエントの宗教会議以来三〇〇年間絶えて開かれることのなかったバチカン宗教会議を召集して、「教皇の不可謬性」を可決した(1870)。これは、すべてのカトリック教会を、ローマ教皇を核として再度とりまとめようとするものであった。ドイツでは、国家に対するカトリック教会の自主権を守るべく「中央党」が誕生した。この中央党の勢力を「帝国の敵」として警戒した宰相ビスマルクは、「文化闘争」の名の下に圧力をかけて押さえ込もうとした。これにはフィルヒョウも関わったことは先に述べた。

当時のドイツには複数の政党があったが、主なものは、保守党、国民自由党、進歩党、中央党、社会民主党である。統一を推進した国民自由党が帝国成立時は最大の議員数一二五名を擁していたが、一八九〇年にかけて大幅に議員数を減らす(九九名)。代わって中央党がその年には票を伸ばし、一〇六名の議員数となった(社会民主党は、その年でも三五名だったが、将来的には一九一

❶オストヴァルト。
❷リープクネヒト。
❸ビスマルク。

二年に躍進して一〇〇名を超える)。これを見ても明らかなように、文化闘争はビスマルクの敗北であった。

ヘッケルはビスマルクを非常に崇拝していた。ドイツ統一という偉業を成し遂げただけでなく、体制が進歩的でエリート的な印象であり、何といってもカトリック勢力による政治介入を阻んだところに、極めて深く同調していた。しかしここに及んで暗雲が垂れ込めたのである。

一八八八年には、皇帝ヴィルヘルム一世の逝去に伴い、二九歳という若き皇帝ヴィルヘルム二世が即位し、ことごとく対立したビスマルクは一八九〇年に辞職。その後の皇帝の「新航路(der neue Kurs)」路線で状況は一変し、皇帝をはじめとするプロテスタント官僚たちがカトリック教会の容認化に向かい、ヘッケルたちには、由々しき不利な状況が到来していた。

例えば、『宇宙の謎』第一七章「科学とキリスト教」には激しい言葉で、この状況が描かれている。

「この大闘争の歴史的経過[宗教と科学の闘争史のこと]をここで批判的に一瞥することは有益かつ必要なことと考えられ、実にその理由は、戦闘教会の鉾先が一般に科学に向かって、ごく最近ことに進化論に向かって、特に鋭く脅威的になってきたためなのである。その上、残念なことには最近一般に精神が弛緩し、政治的・社会的・宗教的方面における反動の潮流が強くなってきたことは、かかる危険を増大させる上に思うつぼの条件になってしまった。このことを訝《いぶか》る人があったら、近年のキリスト教会議やドイツ帝国議会の議事を読んでみればよい。これに同調して、当然彼らの不倶戴天の敵であるはずの宗教的支配とできるだけうまく調子を合わせよう、即ちその羈絆《きはん》の中に身を投げよう、と努める俗人の政治が目立ってきたのである。ここで同盟者双方の共同目標としているところは、自由思想と自由な科学的研究とを圧迫し、かくして最もたやすく絶対的権力を確保しようともくろんでいるのである」(Haeckel(1899)358, 359)(訳はヘッケル(1961)193))。

そしてまた、学校教育への進化論の導入に関しても、情勢はますます厳しくなるのである。例えば、一八九二年一月に宰相カプリヴィと文相ツェトリツが議会に提出した「学校教育法案」(Volksschulegesetz)は、「宗教の授業を聖職者の監督に委ねよう」とする反動的な性格のものだったという(最終的にはこの法案は却下されたが)。

また、事態が混迷した理由の一つには社会主義政党の台頭があった。産業革命による工業化の進展とともに、ドイツの大都市には多数の労働者層が誕生し、一八六九年にはアイゼナッハ派による「社会民主労働党」、七五年にはこれにラサール派も合体して「ドイツ社会主義労働者党」が結成され、九〇年には「ドイツ社会民主党」と改称する。何よりも革命を恐れたビスマルクは、これもまた「帝国の敵」とみなし、「社会主義者鎮圧法」により、その活動を非合法化しようとした。

「新航路」政策下においても、社会民主党への抑圧方針は変わらなかった。例えば、カプリヴィのあとを継いだ宰相ホーエンローエは、政府への反対行為の処罰を厳重化する目的で、「転覆防止法案」(Umsturzgesetz)を議会に提出している。実際には否決された(1895)が、この法案をめぐる帝国議会の席では、ヘッケルの思想も社会主義と同じ類の革命思想と見なされ、攻撃の的となった。中央党議員のグレーバー裁判官が、ヘッケルの『自然創造史』などを「特に危険な転覆を狙った書物」だと指摘して、学校教育への介入を狙うヘッケルをも弾圧の対象にしようとしたという。また社会主義に対抗する最善の武器は、キリスト教信仰だという見方すらあったという(「新航路」路線下でヘッケルが受けた処遇については、Haeckel(1892a), Hackel(1895)を参照)。

そのような流れに抗して、実際に行動して社会を変革しようとする意欲がヘッケルに強まる様子は、一八九二年の『宗教と科学の絆としての一元論』以降、『宇宙の謎』、『生命の不可思議』、『神即自然』の中に見てとることができる。そして一元論者同盟の創設のきっかけとなるのが、『宇宙の謎』の出版である。このタイトルは、ヘッケルと同じくヨハネス・ミュラーを師とする生理学者エーミール・デュ・ボワ－レーモンが一八九一年に掲げた、人類には解けない七つの問題（『宇宙の七つの謎』（デュ・ボワ－レーモン（1928, 1916））を反駁する意欲を示すものである。すなわち、①物質と力の本質、②運動の起源、③生命の最初の誕生、④自然の合目的な仕組み、⑤単純感覚及び意識の起源、⑥理性的な思考とそれに結びつく言語の起源、⑦自由意志の問題の七つに対し、ヘッケルは、①②⑤は「実体則」（物質保存則とエネルギー保存則）によって解決可能、③④⑥は近代進化論によって解決可能、⑦は単なる妄想であって実際には存在しないのだから、科学的な説明の対象とならない、と切り込んでいる。

この戦闘的な書物『宇宙の謎』は、自然科学の知識のない一般人でも理解できるように書かれたもので、大盛況を博した（ただし、日本語訳を見ると、内容はそれほど明快ではないが）。出版一年目に第三版、一九〇五年には第九版を重ね、廉価版やポケット版を含めて一九一五年には三二万部を超え、一九二六年には四〇万部まで上り詰め、二五の言語に翻訳もなされた（Weber（2000））。この勢いに後押しされて、ヘッケルは一元論者同盟の組織化を現実的に考えるようになったのである。まわりを見回せば、教会に対抗する団体が既にいくつも結成されていた。例えば、唯物論者ビュヒナー率いる「国際自由思想家連盟」のドイツ支部（1881）、元来は北米の組織である「倫理的文化協会」のドイツ支部（1892）、芸術と科学の自由を守るための「ゲーテ同盟」（1900）、「火葬推進自由思想家連盟」（1904）などである（Nipperdey（1993b）515–516）。

一元論者同盟設立のためのテーゼ

一九〇四年の秋にヘッケルは、『宇宙の謎』の内容を簡略化した「一元論者同盟――一元論を組織化するためのテーゼ」を雑誌『自由な言葉』に発表した（Haeckel（1904b））。それは、「理論的一元論」としての二〇テーゼ（一元論哲学、世界の統一性、進化論、自然発生など、ヘッケルの基本的な考え方をまとめたもの）と「実践的一元論」としての一〇テーゼ（理論的一元論に基づく実践の仕方）からなる。ここでは前者の項目を簡単に記し、後者の項目を少し詳しく見ておきたい。

✹――理論的一元論

①一元論的哲学、②経験による知識獲得、③啓示（天啓）の否定、④カントの先験主義、⑤宇宙論的一元論、⑥宇宙論的二元論の否定、⑦自然の一元性、⑧自然の二元性（生気論）の否定、⑨世界の進化、⑩世界の創造（創造説）の否定、⑪進化論、⑫自然発生、⑬生物の変形プロセス、⑭系統発生、⑮人類発達史、⑯サル起源論、⑰魂の不滅性の否定、⑱意志の自由の否定、⑲神「人格神の否定と一元論的な神」、⑳実体則。

これらは、一元論の基本的思考をまとめあげたものであるが、ここでは、⑰、⑳で扱われている「魂」と「実体則」に関してのみ、補足の説明をしておこう。心の問題と世界を支配する法則は、キリスト教に代わる宗教としての一元論には不可欠のものであり、ヘッケルの後期思想に重要な概念といえるだろう（第9章で詳しく扱う）。

「魂」の原語は「ゼーレ（Seele）」である。そもそもヘッケルは、『有機体の一般形態学』の第七章の叙述でもわかるように、ゼーレといえば、人間の感情（感覚）、意志、思考など、高度に発達した中枢神経系の機能がもたらす現象（心的作用や心的現象ともいえる）を想定していた。だが進化の階段を下れば、下等な動物、植物、単細胞生物にまでその由来を探ることができる。つまり、究極的には、細胞を構成する無機物からなる原形質（プラズマ）の物理・化学的な性質にその原因があるとされる。そのため、細胞にもゼーレがあるという表現も用いられる。このような心、心的作用、心的現象といった意味のほかに、ヘッケルは一般的な生命現象（その中には、本書第9章で扱うように形態形成作用や遺伝作用も含まれる）の意味もゼーレに込めている。ヘッケルがゼーレを古代ギリシャの「プシューケー」あるいは汎神論の「精神（Geist）」と同一物であると述べるのは、そのためである。まさに非物質的で超自然的な「生命力」と捉えられかねないこの概念を、ヘッケルは一元論的に、つまり、物理・化学的に説明可能な自然物として位置づけようとしたのである（彼はゼーレの解明について、当時の知識水準ではまだ多くの課題があることも認めていた（Haeckel（1914a）446））。そうであれば、人が死ねばゼーレも消失する。そのような視点から見れば、霊魂不滅を唱えるキリスト教思想は、全く非科学的なものとして却下されるのである。

では、次に「実体則（Substanz-Gesetz）」とは何か。この概念は『有機体の一般形態学』では登場しておらず、『宗教と科学の絆としての一元論』（1892）で初めて扱われる。そこでは、フランスの化学者ラヴォアジェが発見した「物質（質量）保存則」（1798）と、ドイツの物理学者ローベルト・マイヤーが発見し、物理学者・生理学者ヘルムホルツが完成させた「エネルギー保存則」の二つの法則を一つの哲学的概念に融合させて、「宇宙の本質」すなわち「実体」の保存則としている（Haeckel（1892b）413–414）。これらの法則は、宇宙全体でも通用する万能の法則と考えられたのである。また、「実体」とは、スピノザの汎神論的哲学における「神」でもある。それは、物質と精神という属性をもつ一なるものであった。ヘッケルは、力や精神を「エネルギー」の仲間として扱うことによって、物質とエネルギーは一なるものであると考えたわけである。このように二つの法則の発見は、まことに都合のよいものであった。ヘッケルはこれを利用して、スピノザの汎神論的一元論に、自然科学の衣を着せたのだといえるだろう（実は、『生命の不可思議』以降、ヘッケルは実体に三属性を与えることになる。詳細は本書第9章）。

✸——実践的一元論（理論に基づく理性的な生活）

①社会科学。本能により群れを成す動物の社会性の進化形態として、人類は分業と協力の社会を形成するのである。

②国家形態と法律。法律による社会の秩序づけや統治が国家形態を決める。国民の自由を制限する正当な法律は、自然の知識を理性的に応用したものでなければならない。

③教会と信仰。「カトリックの政治権力は、世俗権力に宗教的装いを施し、その利己的な目的の推進のために無教養な民衆の軽信さを利用するものであり、あらゆる手段で克服されるべきである」。そのような信仰は保護しなくてよい。望ましい形の「国家と教会の分離」が必要である。

④教皇主義。最強のカトリック政治権力は、ローマ教皇主義である。これはキリスト教の元来の純粋な形態ではないにもかかわらず、世俗の諸侯に保護を受けている。教皇主義に対する文化闘争において、司祭の独身制、秘密告白、免罪符販売を法律で廃止すべきである。

⑤一元論的宗教。「宗教とは、迷信や非理性的な信仰告白を崇拝するものではなく、崇高な芸術と科学により心を向上させるもの」だから、一元論は「宗教と科学を結ぶもの」なのである。このような理性的な宗教の崇拝理念は、「真・善・美」である。文化国家における議会は、この一元論的宗教を国家として認可し、他の宗派と同等の権利を認めることを課題にするべきである。

⑥一元論的倫理学。一元論的宗教と結びつく自然に基づく道徳哲学は、進化論から見ると、高等動物の社会本能から派生したものである。人間もまた、社会性高等動物と同様に、自己愛の命令と他者愛の命令という二つの異なる義務の自然なバランスを得るように努めねばならない。

⑦一元論的学校。たいていの文化国家（特にドイツ）の初等・中等学校の多くは、いまだに中世スコラ哲学に縛られているので、「学校と教会の分離」が必要である。現代の自然についての知識を基礎として、学校改革を実現するべきである。授業の大部分を古典語や民族史で占めることはあってはならず、自然科学のさまざまな分野、とりわけ人類学と進化論を教えるべきである。

⑧一元論的教育。心の健全な発達は、体の他の器官の発達と密接に結びついているのであるから、小さな頃から精神と身体をバランス良く育てねばならない。毎日の体操、水浴、トレーニング、散歩、旅行、あるいはまた、自然観察や自然を楽しむことも大切である。成人教育のために、公共図書館、生涯教育

学校、一般向けの一元論の講演も必要である。

⑨一元論的文化。一九世紀になされた驚異的な文化の発展、すなわち自然科学とそれを応用した技術、産業、医学などの発展は、二〇世紀の文化をさらに向上させていくことが望まれているが、そのためには、理性的な一元論の自然知識が、教会のドグマや迷信に代わって支配権を勝ち取らねばならない。

⑩一元論者同盟。統一的な自然に基づいた世界観を広範囲に普及させ、一元論から導かれる成果を各方面で実践するためには、一元論者同盟を設立して、その中核とする必要がある。これはユニバーサルな一元論者の共同体であるから、自由思想家、一元論哲学の信奉者のみならず、純粋理性のみを思想や行動の原則として認める「自由主義の共同体、倫理的な結社、自由信仰の共同体」などの参加を認めることになろう。

このような方針を公表して、ヘッケルは一元論者同盟の設立に向かうことになった。これらのテーゼからは、一元論的世界観の勝利のためには、多くの人々を教会宗教から引き離すことが第一の実践行動であることがわかる（これが非常に難儀なことであることはいわずもがなであろう）。また、その装置としての一元論者同盟は、極めて寛容に、類似する団体の結集を呼びかけるものであったことも十分に推察できるのである。

一元論者同盟、トーマス同盟、ケプラー同盟

まずヘッケルは、一九〇四年九月にローマで開かれた第一〇回国際自由思想家会議を、一元論者同盟結成に力を結集するチャンスと考えたが、それは実らなかった（詳細はNöthlich et al.（2006））。しかし、「テーゼ」の

影響が浸透し、ドイツ各地で賛同するグループが誕生して機運は高まった。こうしてイェーナ大学の動物学研究所において「ドイツ一元論者同盟」が設立されたのは、一九〇六年一月一一日のことだった。しかしヘッケルは齢七二歳となり、さすがに会長として同盟を率先することには無理があった。そのためヘッケルは名誉会長となり、初代会長にはブレーメンの革新的プロテスタント神学者にして牧師でもあったアルベルト・カルトホッフが選ばれ(その年の五月に逝去)、ヘッケルの助手のハインリヒ・シュミットが事務局長となった。声明文に署名した四五名の同志の中には、優生学者ヴィルヘルム・シャルマイヤー、文学団体フリードリヒスハーゲン・サークルに属すブルーノ・ヴィレとヴィルヘルム・ベルシェ、雑誌「フォルクスエアツィーヤー」の編集者ヴィルヘルム・シュバーナーと雑誌「ユーゲント」の編集者ゲオルク・ヒルト、ムネーメ理論のリヒャルト・ゼーモン、精神科医・心理学者のアウグスト・フォレル(後者二名は本書第9章に登場)たちの名も見られる(Schmidt (1913) 740–750)。

同盟は、機関誌やパンフレットの発行と講演会の開催などを通して、一元論的な世界観を広めていく。設立の一年後には、加盟者数は既に約二五〇〇名となっていた。

当然、この一元論者同盟の活動を阻止しようと、反対勢力も活動を先鋭化させていく。興味深いことに、教会側も同じように同盟を結成して挑んできた。カトリック側からは「トーマス同盟」。中世スコラ哲学のトーマス・フォン・アクィナスの名を戴いたこの同盟は、近代科学の成果を認めてキリスト教にとり入れようとするが、あくまでこれをキリスト教教義の下位に位置づけようとするものであった。代表人物は、イエズス会神父にして昆虫学者のエーリヒ・ヴァスマン。他方、プロテスタント側では、ゴーデスベルクの高校教論のエーベルハルト・デンネルト率いる「ケプラー同盟」。天文学者ヨハネス・ケプラーの名を戴いたこの同盟は、動物学者アーノルト・ブラスを中心にして、二〇年前のヘッケルの図の捏造事件（『自然創造史』に掲載された脊椎動物の胚の類似性を示す比較図が捏造であるという指摘が、バーゼルの解剖学者ルートヴィヒ・リュティマイヤーから出されたもので、その後、教会側からのヘッケルの人格攻撃の格好の素材となった）を蒸し返し、ヘッケル撲滅運動を開始した。彼らは、ドイツ語圏の四六名の著名な生物学者たちに働きかけて、その力を借りてヘッケルを葬り去ろうとしたが、それは失敗に終わった（ちなみにケプラー同盟の中には、飛行船で有名なツェペリン伯もいた）（Haeckel（1910b））。

ところで、一元論者同盟の会長職の選任はなかなか難しかった。これに頭を悩ませたヘッケルは、任せるに足る有力な学者、しかも独立していて、厄介な仕事も厭わないような人材を探した。そこに浮上したのが、化学者ヴィルヘルム・オストヴァルトだった。化学反応速度、化学親和力、触媒理論などを研究していたオストヴァルトは、「オストヴァルトの希釈律」や「オストヴァルトのアンモニア製法」などに現在でも名を留めている（日本からも、味の素の発明者である池田菊苗や大幸勇吉が留学した）。その功績で一九〇九年にノーベル化学賞を受賞。だが、在職していたライプツィヒ大学の環境が合わず、一九〇六年に五三歳にて辞職してからは自由な思索の日々を送っていた。彼は、ヘッケルに劣らぬ多才な活動家で、エスペラント語を改良した世界言語イドの普及運動、学校制度改革と教育改革運動（化学教育への貢献として『化学の学校』は有名）、科学古典叢書（オストヴァルト科学古典叢書（Ostwalds Klassiker））の刊行、知的活動組織化のための国際研究所「橋（Die Brücke）」の創立、色彩研究などでも知られている（オストヴァルトに関しては、Domschke / Lewandrowski（1982）の他、廣田鋼蔵

（1983）、Ostwald（1926–27）等）。

で、なぜオストヴァルトだったのか。実は、彼は熱力学研究の立場から、エネルギー原理に基づき自然現象を説明する「エネルゲーティク（Energetik）」（エネルギー一元論）を掲げ、既に、自然現象を原子の力学的運動から説明すべきだという原子論（アトミスティーク）を唱えるウィーン大学の物理学教授ボルツマンとの間に激しい論争を展開していた。この論争は、一八九一年にハレで開催されたドイツ自然科学者医師学会の大会を前哨戦に、一八九五年のリューベックでの同大会における両者の激しい応戦として展開された、極めて有名なものである（これについてはここでは詳述する余裕がないが、論争は一九〇六年にボルツマンの自殺によって幕を下ろす）（渋谷・道家（1981）、廣政（1995））。

オストヴァルトのエネルゲーティクは、「熱力学第一法則」（エネルギー保存則）、「熱力学第二法則」（エントロピー増大則）を基礎とし、物質ではなく「エネルギー」こそがすべての現象に内在する唯一の本質だとする立場をとった。やがてそれは世界観となり、哲学となる。生命や精神現象もまた、エネルギーが基本であるとする。人間社会の歴史はエネルギー利用の歴史として理解される。エントロピーは増大するのだから、地球上では徐々に自由に使えるエネルギーの量が減っていくのであり、ある日、エネルギーの死が訪れる。したがって、人類の未来は有限でいつしか終りを迎えるのだから、意味のある生き方をするべきだ。それゆえ重要な絶対的道徳法則は、「エネルギーを無駄にするな。有効に利用せよ」（カントの定言命法を模倣）となるのである（Ostwald（1911）97–104）。これは現在の省エネの哲学を先取りするもので、極めて興味深いものである（ちなみに、教職を辞したあと、彼はライプツィヒから約二〇キロほど郊外のグロースボーテンという村に隠遁し、「エネルギーハウス（Landhaus

Energie)」と称する省エネ設計の家を建てて住んだ)。

オストヴァルトのエネルギー一元論に関して、ヘッケルは、物質を否定する「唯心論」だと批判してきた(『宇宙の謎』や『生命の不可思議』)のだが、結局のところ、その思想的な違いは克服可能なものと考えて歓迎した。オストヴァルト自身も、ヘッケルとは「科学的な世界観」という基本的な姿勢が共通しているので、自分は「ヘッケルのつくり上げた大きな精神的運動の管理者、ヘッケルの直接の後継だと思えるのだ」といっている(Ostwald(1912)356)。こうして一九一一年にオストヴァルトはドイツ一元論者同盟の会長に就任する。

それとともに、ヘッケルは、高齢のため、外見的には表舞台から消えることとなったのである。オストヴァルトの登場とともに、いよいよ一元論者同盟は実践的な段階へと突入するのだった。

教会離脱運動

オストヴァルトが会長の座に就いた時、同盟は四一の地域に支部をもち、五千人の加盟者を擁していた。彼は、一九一一年にハンブルクで第一回国際一元論者会議を開催して大成功をおさめ、その翌年から、新しい機関誌「一元論の世紀(Das monistische Jahrhundert)」、そしてその付録パンフレットとでもいうべき、彼自らの手による「一元論的日曜説教(Monistische Sonntagspredigten)」を発行し、精力的に活動を推進していった。こうして、最初は観念的なレベルだった一元論者同盟の反キリスト教的な姿勢が、現実に政治や社会に対して活動する姿勢へと変わった。まずは、実際に、国民を教会から解放するための行動である。この目標達成のために、下部組織「無宗派推進委員会」が誕生したのである。

一九世紀の近代化の流れの中では、信仰を捨て去る者が増えていたが、実際の教会離脱状況はどのようなものであったのだろうか。

無宗派推進委員会は、全ドイツで既に、教会から心の離れた者は二五万人はいるはずだと推定していた。歴史家ニッパダイによれば、自由思想家や社会主義のプロバガンダにもかかわらず、実際の教会離脱者は、一九〇六年から一九一四年の間では毎年一万六千人から一万七千人ほどにすぎなかったという。また、洗礼、堅信礼、婚礼、葬儀などのキリスト教の慣習は保持されているものの、日曜礼拝や聖餐式といった教会活動への参加は極めて減少し、それは特に男性、大都市住民に著しい兆候だった。実際のところ、教会離れは進んでも、教会からの現実的な離脱は少なかったのである(Nipperdey (1993b) 504)。

現にヘッケル自身も、あれほど教会側との闘争の人生を送りながら、教会を離脱したのは、意外にも一九一〇年一一月二五日、七六歳になってのことであった(Haeckel (1910))。その折の声明文によれば、「私は五〇年以上も前から、純粋理論的な確信によって、キリスト教教義から心が離れていたのだから、これをプロテスタント教会を離脱することによって外に知らしめることが矛盾のないあり方であっただろう。私がこの最後の行為を踏みとどまった理由は、単に、それによって家族や親友たちが重い苦悩と損害を受けることを配慮したためである」とあり、社会的な制裁への危惧が強い妨げとなっていることがわかる。

だが、教会離脱が非合法的な行為だったわけではない(以下、「一元論の世紀」を参考。号数のみ記載する)。帝国レベルでもプロイセンにおいても、すべての国民に「良心の自由(Gewissensfreieit)」(信仰の自由とほぼ同義)が法的に認められていた。プロイセンでは、一八七三年に「教会離脱法」も成立している。ただし、離脱に必要な諸手続に関しては、ドイツ内の二六の諸邦でも差があり、一般にカトリック系の領邦の方が簡単だった。例えば、カトリックのバイエルンでは、離脱は無料で手続きも簡単だったが、プロテスタントのザクセンでは極めて高額な費用と煩雑な書類作成が必要だった。カトリック教会側としては、内部結束を高めるためには、信仰心のない信者を引き留めておく必要性を認めていなかったということらしい(7,8,17,19)。

また、ドイツ帝国では、一八六九年七月三日に「宗教信条の相違に由来する、過去のすべての市民的公民的権利の制限は、これをもって廃止される。特に市町村代表、領邦代表になるための資格、公務員になるための資格は、宗教信条には無関係である」とする法律が発布された。したがって、法的には教会離脱をしてもいっこうに構わなかったわけで、妨げの元は社会の精神的な圧迫にあったのである。教会から離脱すれば、職場を辞めさせられるのではないか、社会的なアウトサイダーとなって家族に迷惑がかかるのではないかという懸念が大きく、離脱して得するのは「教会税」の納税義務がなくなる程度だったようだ。それでも、毎年、かなり多くの人々が離脱を決行していた事実は、瞠目に値する(3,10)。

しかし、ヘッケルらのめざした「国家と教会の分離」、「学校と教会の分離」の達成には、大衆の教会離脱が不可欠だった。無宗派推進委員会は、同じく教会離脱を進めようとする自由思想家の団体や社会主義の団体との連携を積極的に強めていく。一九一二年六月のヴュルツブルクにおいて開かれたドイツ自由思想家会議では、自由思想家グループのトップたちが一元論者同盟を支持して、「教会離脱プロパガンダは、自由精神運動と一元論運動にとって最も差し迫った現実的な課題である。なぜなら、私たちの子供たちがキリスト教の宗教教育から解放されるためには、教会から何百万人もの人々が離脱したという厳然たる事実を皆の目の前に突きつける以外に方法はないのだから」と宣言している。つまり、社会の偏見を打ち破って教会離脱者が現在置かれている不利な状態を改善し、離脱する権利を安心して行使できるような社会に変えるためには、既に教会から心の離れている人たちを真理に目覚めさせ、勇気づけて、集団離脱を成功させることが、最善の道だったのだ。ここに集団による教会離脱運動の意味があった(6)。

無宗派推進委員会の主催した大規模な集団離脱集会は、第一回が一九一二年一〇月三一日、第二回が一九一三年二月一六日、第三回が五月一五日、第四回が一〇月二八日、第五回が一一月三〇日だった。第一回目の開催前に、大衆に向けてどのような宣伝が行われたか、ブレスラウ朝刊新聞はこう書いている。

「ミュンヒェンで前代未聞のことが起こった。この日(八月一五日)、すべての公の掲示板に、人目を引く大きなレモン色の華やかなポスターが貼られた。『領邦教会からの離脱』という挑発的な見出し。署名にある『無宗派推進委員会』は、『そろそろ教会から卒業したいと考える何千人の人々』に向かって、領邦教会から離脱せよと激励している。さらに同委員会は、離脱実行に手を貸し、『集団離脱に合流したことによって生じる可能性のある社会的、職業的な損害を妨げる』準備があると宣言している。そして、もし人々が自分の内面の確信を表現し、『もう教会へのうわべだけの帰属を絶とう』と決意するならば、『一撃の下に、教会と学校、教会と国家を分離させることもできるだろう』と書かれているのだ」(11)。

またニュルンベルクでは、三万八千部のパンフレットが、二〇〇〇人の会員の手で路上配布され、一二〇本の掲示柱にポスターが貼られた。この行動が、教会離脱運動としては初めての一般大衆に向けた働きかけだったせいか、かなりの人々の関心を引いたようだ。この一九一二年に無宗派推進委員会の呼びかけに応えて離脱した人の数は、首都ベルリンで一万人、ベルリン近郊のノイケルンで千五百人、ハンブルクとミュンヒェンで各々千人を筆頭に、総計で一万七千人ほどに上った。大成功だった(14, 18)。

第二回目の大集会の開催前にベルリンで啓発集会が催された際には、無宗派推進委員会側と、これを阻止しようとする教会側との間に激しい衝突事件も起きた。だが、第二回目以降の離脱者数は、第一回のそれには及ばなかった(18)。

そこでオストヴァルトは目標達成のために、反目していた社会主義グループとの連携を進めることにした。そして第四回目の行動が、本章の冒頭に挙げた一九一三年一〇月二八日のベルリンのハーゼンハイデにおける集会なのである。偉大な化学者にして一元論者のオストヴァルトと左派社会主義者のリープクネヒトが手に手を取っての不思議な大集会は、こうして誕生したのだった。

しかし、一元論者同盟と社会主義者たちが、その主義主張を融合させたのではなく、あくまでも独自の路線を曲げてはおらず、互いに互いを利用したつかの間の協力行動だったのである。

その後の一元論者同盟

一元論者同盟の積極的な政治行動は、これらの第一回から第五回の集団離脱集会がその頂点だった。オストヴァルトの指揮下では、アイゼンベルクに一元論的な生活を実践するコロニーをつくったり(財政事情ですぐに閉鎖)、ハンブルク支部に「太陽(Sonne)」という青少年組織をつくり、青少年の一元論的な育成――自然に親しませ、体を鍛え、民族文化を習わせるなど――をめざしたりした(Nödlich et al. (2006) 31-32)。その後、一元論者同盟の内部で「種痘」の是非や「安楽死」の是非をめぐる意見の対立から分裂が起こり、結束力は急速に衰退していった(Domschke(1982)62)。そして一九一四年に第一次世界大戦が勃発すると、ヘッケルもオストヴァルトも、また多くの一元論者たちもがこぞって、盲目的な愛国主義の狂乱の渦に飲み込まれてしまう(特にヘッケルとオストヴァルトは、ドイツの著名な学者や芸術家など九三名による「全文明世界に告ぐ(An die Kulturwelt)」というドイツを正当化するマニフェストに署名をしており、同盟内の平和主義者からの批判をまねくことになった)。

一九一五年にオストヴァルトが会長の座を去り、一九一九年にヘッケルが永眠。それとともに一元論者同盟の活動は、事実上、幕を閉じることになったのである。しかし同盟は細々と存続し、一九三三年一二月一六日にヒトラー率いるナチ党によって禁止され(この同盟がナチス政権下で重要な役割を担うことはなかった)、第二次世界大戦の終結後、一九四六年に再設立されて現在に至っている。ただし、「人道的文化のための自由思想家活動」(Freigeistige Aktion für humanistische Kultur e.V.)と改称し、認可された登録団体となっている。

第5章

ヘッケルの人種主義と優生思想

ヘッケルの暗部

この章は、本書の中で、ヘッケルの思想の一番暗い部分を紹介することになる。いや、本人は当時の文脈からすれば、全くそうは思っていなかっただろう。しかし、現在の私たちから見ると、できれば封じ込めたい部分である。つまり、歴史研究者ダニエル・ガスマンの研究（Gasman（1971））を発端とする視点――ヘッケルの思想がナチスの蛮行の思想的基礎を準備したという視点である。彼の考え方は、多くの歴史学者たちに受容され、スティーブン・J・グールドもその一人に挙げられる（グールド（1987, 1977）128）。先にも書いてきたように、ヘッケルは過激な進化論者としてさまざまな面で批判を受けてきたが、この視点からの批判は、ヘッケル評価に極めて大きなダメージを与えるものである。しかも、本人の死後長い時間が立ったのちに生じた評価でもある。

過去においてナチスが犯した蛮行とは、生命の選別行為であるともいえる。一九四五～四六年のニュルンベルク裁判を通して明らかにされたユダヤ人の大虐殺、T4という符牒で呼ばれた精神病者や身体障害者の抹殺計画や強制収容所での人体実験などナチスの非人道的行為は、犯罪として糾弾されてしかるべきであり、その責任の所在を追求することは重要である。しかし、ナチス研究が冷静に客観的に展開されるようになるのは一九八〇年代以降のことである。それまでの研究姿勢には、ナチスの政策を生み出すに至った思想的な悪の先駆者たちを過去に探そうとする遡及的な試みが多かった。ガスマンもこの路線の代表といえる。

ヒトラーの抱いた考え、つまり、ユダヤ人を排除して最優秀人種であるアーリア＝ゲルマン人を増やそうという考え、人種によって構成される民族共同体としての国家は常により広い生存圏を求めて多民族と戦闘状態にあるという考えは、現代から見ればおよそ非科学的なものに思われるが、当時最新の生物学の理論（進化論と遺伝理論）により、極めて合理的かつ科学的に論理づけられたのである（米本（1989））。そこには、心身の健康状態の劣る人々を減らして強い国家をつくろうとする考え方も加えられるだろう。その源泉にあるのは、一九世紀末から二〇世紀初頭にかけての「生物学至上主義」、つまり、本来は生物に適用される原理を、広く人間の生活・行動やその社会の解釈にまで適用しようとする姿勢だった（ただし、それらが確実な理論でなかったところに悲劇性があるのだ）。

ナチス思想がどのような経緯を辿って成立に向かったのかを考える場合、当然、ヘッケルやその同時代人たちの生物学至上主義的な思想の影響があったであろうことは否めない。しかし、彼らに、あるいはヘッケルだけに、ナチスの思想を準備したという「責任」を問えるのかという議論はここでは扱わない。また、筆者の力不足もあり、ナチス思想の成立という大きなテーマも本章では扱わず（これに関しては前述の米本の研究や後述するモッセの研究書などを推薦したい）、ヘッケルのテクスト分析を中心にして、実際に彼はどのような考えを表明していたのか、ガスマンの指摘が妥当であるかどうか、について見ていくことにしたい。

まず、ヘッケルの言説を見る際のキーワードだが、一つは、ナチスの人種政策に絡む「人種主義」——もう少し踏み込めば、「反ユダヤ主義」、もう一つは、ナチスの優生政策に絡む「優生思想」という二点に絞り込んでみる。これらは、一八七〇年代から一九一四年（第一次世界大戦勃発）頃までに顕著だった「社会ダーウィニズム」という大きな思潮、すなわち、ダーウィンの進化論（それを支える遺伝理論、ヘッケルが提唱した生物発生原則なども含む）を人間や社会に適用して解釈しようとする思想的傾向を背景とするものだ。

進化については、現在では認められているが、当時考えられた進化の仕組みや道筋がすべて正しいわけではない。また、遺伝のメカニズムに関しては、当時はほとんどわからない状況だった。さらに、先に述べたように、生物発生原則の信憑性ははなはだ低いものであった。

となると、ここで予《あらかじ》め押さえておかねばならないのは、ヘッケルの言説を支える科学的な根拠は「薄弱だった」ということである。これを念頭に置き、以下の言説を見ていきたい。

ヘッケルと人種差別

ヘッケルは『自然創造史』初版の中で、仮説であることを承知の上で、人種（ヒトという種の亜種（Rasse））の系統樹を初めて描いてみた（巻末の第八表）。根元には、ミッシングリンクの猿人（ピテカントロプス）が位置し、そこから派生した九つの人種が区別されている。その区別をする際の徴表は、頭髪の形質（縮毛か直毛か）、肌の色、頭蓋骨の形状等である。猿人の幹のすぐ上には、現生の人種であるパプア人、ホッテントット人、アルフルス人（マレー半島などに住む「未開人」）が位置している。ヘッケルは、一般的には、縮毛人種は直毛人種よりも進化が遅れている、あるいは顎が（動物の鼻づらのように）前に出ているため歯が前傾している人種も進化が遅れている、などと考えた。

系統樹の最先端は、コーカサス人であり、それはさらにセム人とインドゲルマン人の枝に分かれ、前者はアラブ人、アビシニア人、ユダヤ人、後者はさらに二つに分かれ、アーリア人・ロマン人とスラブ人・ゲルマン人へと分かれていく。インドゲルマン人グループが、最も進化した「文化民族」とされる。彼らは、「文化」の大きな発展を通して、通常の生物の生存闘争による進化と同様に、他の人種よりもはるかに進化した人種といえるのだ。つまり、人種は互いに生存闘争にあると考えられ、現在既に、パプア人、ホッテントット人、アメリカ先住人、ポリネシア人、アルフルス人は急速に絶滅に向かっているのであって、今後インドゲルマン人とともに存続していけるのは、中部アフリカの黒人、北極人、モンゴル人だともいっている（Haeckel（1868a）512–520）。

「文化（Cultur）（現在はKulturと綴る）」という言葉が多くみられるが、ヘッケルは「文化」を「文明（Civilisation）（現在はZivilisationと綴る）」よりも進んだものとして扱い、使い分けている。これは当時のナショナリズムに燃えたドイツがドイツ民族の精神の表現としての「文化」理念を掲げて、フランスの「文明」に対抗したという背景があるようだ（しかし日本語ではこの使い分けは難しく、本書の訳出では日本語らしい使い方に沿って、「文化」と「文明」を訳し分けた）。

その後、ヘッケルがさまざまな地域の人種の性質や生態を知っていく過程で、少しずつ記述が変化していく。例えば、一九〇九年出版の第一一版の『自然創造史』では、現生の人種数は九から一二に増えており、さらにこれ以外にも、古代人種の生き残りと思われる少数人種として、セイロン島に住むヴェッダ人（Weddas）が挙げられ、体の大きさも含めて極めて猿に近く、自然の生活を営んでいると紹介されている。実は、これはヘッケルが一八八一年から八二年にかけて（念願の熱帯地方への旅行という夢を実現して）、インド、セイロン（現在のスリランカ）を訪れた際に、セイロンの原住民を目撃した体験が反映されたものだ（Haeckel (1882b) 49）。ヘッケルには、その未開生活の様子が、その人種の生来の精神の進化度を示すように思われたのだ。反対に、最高に進化を遂げたインドゲルマン人（つまりヨーロッパ系白色人種）は、「より高度に進化した脳の力で、他の人種・亜種を生存闘争で打ち負かし、地球全体への支配を広げている」（Haeckel (1909) 752）というのである。

ヘッケルは、進化論に基づけば人種間には生命の価値の差があって当然だとも考えていた（Haeckel (1882b) 449, 450）。世界に多様な人種が存在することを知らなかった間は、「人間」といえば、文化国家を築く高等人種だけを想定してきたために、人間の生命価値は平等だと「誤って」思い込んでいたというのである。では何が価値の差を生み出すのか。それは、人間が他の哺乳類から一線を画するところのもの、つまり「文化」であり、それを生じさせるための高度に発達した「理性」（精神といってもよい）である。それが生命の価値を測る物差しとなるのである。その物差しをさまざまな人種の生活状態にあてがってみれば、高等人種とヴェッダ人のような下等人種との間の差は、下等人種と猿や犬などの哺乳類との間の差よりもずっと大きいものにヘッケルには思われたのである。

また、ヘッケルは、人種を「自然民族（Naturvölker）」「野蛮民族（Barbarvölker）」「文明民族（Civilvölker）」「文化民族（Culturvölker）」という階級に分けている（Haeckel（1904）451–459）。まず現生の人種をこの四階級に分類し、さらに、過去の人種もそこに振り分けている。例えば、二〇〇〇年前の古代ゲルマン人は「野蛮民族」、一五世紀におけるドイツ人は「文明民族」というように。つまり、現在の高等人種は、その進化の過程でこの人種の段階を経てきたということであり、逆に下等な人種はまだ進化の途上にある、もしくは進化が止まっているということである。人種間の生命の価値の差は、進化の度合いの差でもある。

ここで再度、確認しておこう。今日の私たちは、地球上に現在生きている人間はすべて、ホモ・サピエンスという一つの生物種であることを知っている。確かに人種（亜種）は区別されうる。しかし、たまたま生存環境の差が、言語や生活の仕方などの文化の違いを生むのであって、例えば、ヘッケルのいうヴェッダ人であろうとイギリスで育てれば、イギリスの文化を身につけた人間に育つのである。すなわち、人種は素質的には同等であり、人種間に、固定した進化の度合いの差などはないのである。

さて、ヘッケルは人種差別主義かと問われれば、今日から見れば、確かにそうである。ならば、彼は植民地政策にも積極的だっただろうか。

一九一四年六月のサラエボ事件をきっかけにオーストリアがセルビアに宣戦布告して、第一次世界大戦が勃発する。ドイツはオーストリア側に立ち、セルビアを支援するロシアに宣戦し、ベルギーを侵犯してフランスにも宣戦する。このベルギーの中立を犯したドイツに対し、イギリスが八月四日に宣戦した。この直後

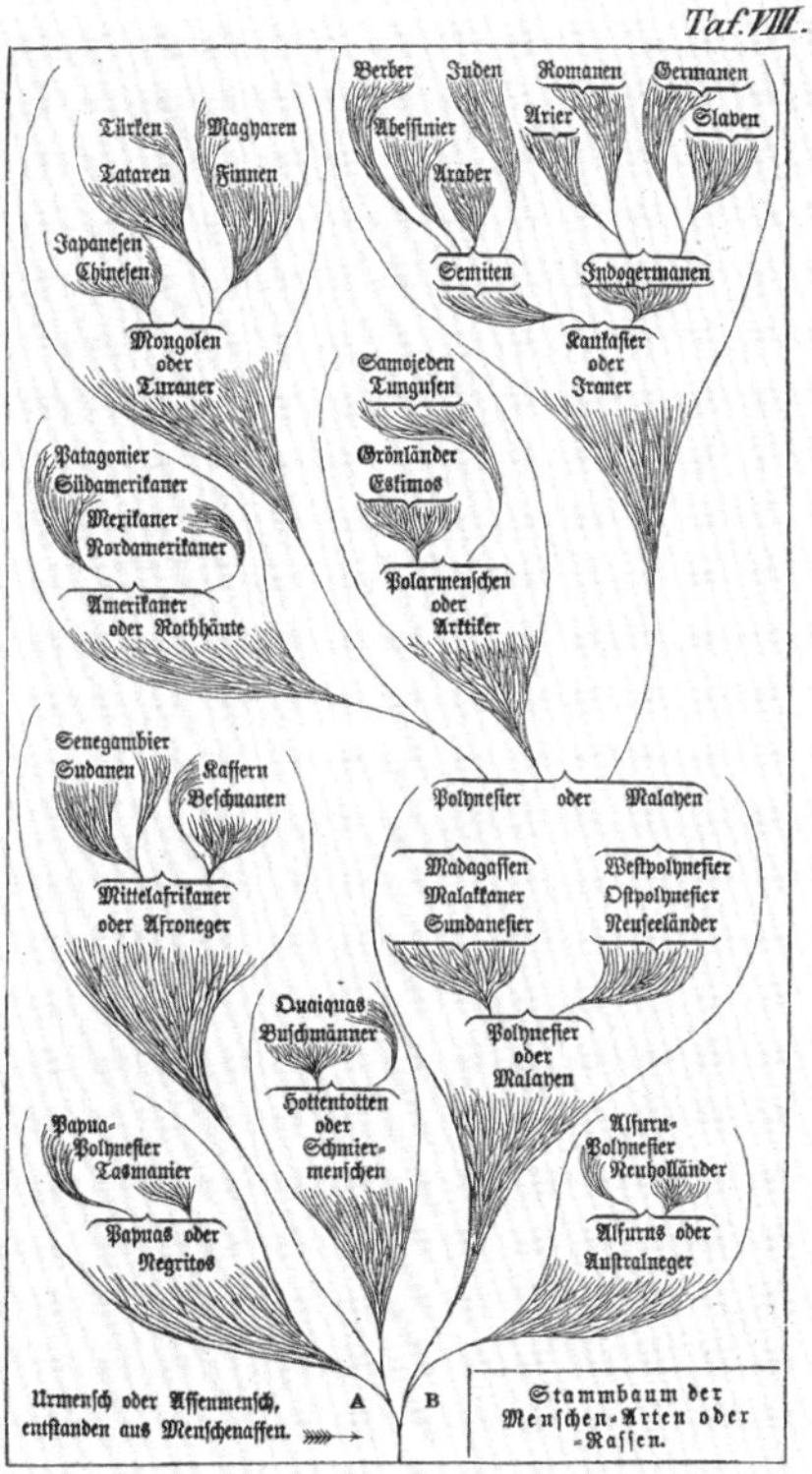

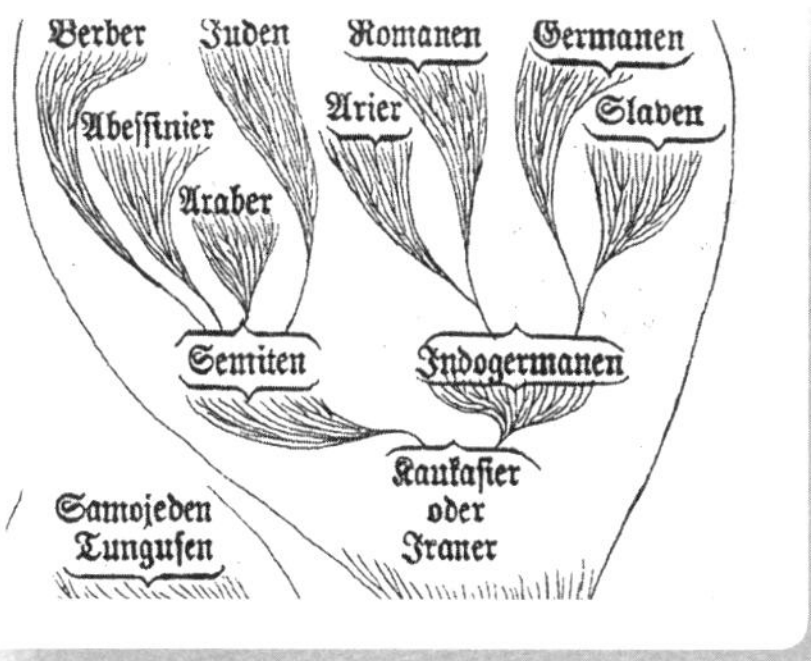

✦——人種の系統樹。ヘッケル『自然創造史』(1868)巻末。ユダヤ人(Juden)は高位にいる。

の八月一二日に、八〇歳のヘッケルは『世界大戦における英国の殺人罪』を著し、さらに翌年一〇月に『永遠。生と死、信仰と進化論に関する世界大戦思想』を出版する。ヘッケルは、まず、この世界大戦というものが、一九世紀後半の科学技術の進展によって未曽有の破壊力をもつ、極めて憂慮される戦争であること、それにより、高度に進化した文化民族を殺戮し、また長い間に築き上げた有形無形の文化を破壊し、野蛮な段階に突き落とすものであることを訴えている。

そしてイギリスに対して激しい批判を向けるのである。その理由は、ドイツ人と同じゲルマン民族という最も高等な文化民族であるイギリス人がなぜ、ドイツを攻撃するのかという疑問にある。先にも述べたように、ヘッケルは、現生の人種には優劣の差があり、生存闘争をしていると考えていた。彼の思い描いた理想の一元論的な平和な世界は、文化民族たちが指導権を握る世界だ。つまり、「ゲルマンの姉妹国家」であるドイツとイギリスの政治的連携と軍事的連携が世界の平和を築くはずだった。なのに、「ゲルマン同盟」なるものの世界制覇という「美しい夢」は、この大戦で引き裂かれてしまった(Haeckel(1915)111)。もともとヘッケルは個人的にダーウィンやハクスリーらとの親交も深く、親近感をもつていたイギリスだったのだが、それが今はドイツを裏切り、エゴイズムで世界制覇を狙う「仇敵(Todfeind)」となった。ヘッケルは一九一四年一〇月、ドイツの学者や芸術家など他の九二名の文化人とともに、この戦争におけるドイツの立場を正当化する「全文明世界に告ぐ(An die Kulturwelt)」というマニフェストに署名をしている。

さらに、イギリスはドイツを攻撃するために、世界中から、より低い等級の有色人種を動員しているとして、ヘッケルは嫌悪感をむき出しにしている(残念なことに、第一に日本人が名指しされている)(同書85)。高等なドイツ人が下等な人種に攻撃を受けるなど、あってはならないことである。本来、高等な文化民族国家であるドイツ帝国は、下等な民族を支配して領土を拡大しなくてはならないのだ。植民地では、ゲルマン化を進め、ドイツ文化や教育を定着させねばならない。この戦争終結後の平和条約では（もちろんヘッケルも、その時点では想像にすぎないことを承知の上で）、イギリスのアフリカ植民地化への野望を押しとどめ、ドイツこそ、アフリカ中部に「大ドイツ植民地帝国」を樹立させるべきであり、そうなればドイツはその広大な植民地から「数世紀に渡って最も割のいい収穫品を約束される」ことになる、と述べている（同書122, 123）。ヘッケルの人種観からすれば、当然、高等人種の植民地支配という図式が成り立つのである。

また、『アルジェリア旅行記』（1890）の中でも、ヘッケルのドイツの植民地支配への大きな期待感がわかる。当時のドイツは人口過剰のゆえに優秀な働き手が外国へ流出し、国力が弱まったと憂慮し、他国民との生存闘争に打ち勝つには、ドイツの植民地において貴重な労働力を活かすことこそ重要であると強く主張している（Haeckel（1890a）84, 85）。

反ユダヤ主義とフェルキッシュ思想

では、彼の言説の中に、「反ユダヤ主義」は見られるのだろうか。

そもそも、なぜユダヤ人は嫌われたのだろうか。極めて難しい問いであるが、ここで当時のドイツ帝国の状況に少し触れておこう（上田（1986）、シェインドリン（2012）、三島（2008）を参照）。

ユダヤ人の歴史は、古代イスラエル人が紀元前一〇〇〇年頃に、カナンの地に王国を築いたことから始まるという。その後、国内外の勢力争いの紆余曲折を辿り、紀元七〇年に完全にローマに制圧されて、国を失った。それ以来、一九四八年のイスラエルの建国に至るまでの二〇〇〇年近くにわたって、ユダヤ人はさまざまな国に身を寄せて歴史を生き抜いてきた。しかも、どこにいてもユダヤ人としてのアイデンティティを保ちながら生きてきたのである。ヨーロッパにおいて嫌われてきた理由には、そのような宗教的、文化的な面に見られる独得な閉鎖性があるのかもしれない。

しかし、ドイツ帝国はユダヤ人にとって比較的住みやすい国であった。上層知識階級では、ユダヤ教を棄てる者もおり、ドイツの文化を深く身につけ、知的分野で活躍する多くの人々がいた(カッシーラやアドルノのような哲学者、ベンヤミンのような思想家は著名である)。

だが、一八七〇年代から八〇年代にかけて燃え上がった「反ユダヤ主義(アンチセミティズム)」の思想は、従来のユダヤ人への憎悪とは異なり、その起源はフランスの外交官ジョセフ・ゴビノーに発するアーリア人種至上主義の人種論であった。いったんは鎮静化したものの、第一次世界大戦を契機にして、ユダヤ人に対する差別は増大していくことになる。

ガスマンは、ヘッケルが「最も強固な反ユダヤ主義者の一人」だったと記し(Gasman(1971)157)、しかも生物学的な見地から論拠づけたといっているが、前述したように『自然創造史』(初版)の人種の系統樹を見る限りでは、ユダヤ人は、ゲルマン人やアーリア人と同じ高さに記されているし、第一一版でも、インドゲルマン人より少し下がるが、蔑視されている気配は全くない(Haeckel(1909a)752)。

そのガスマンが証拠として挙げたヘッケルの言説の一例は、ジャーナリストのヘルマン・バールによるインタビューとして公表された談話内容である（Bahr（1894）62–69）。バールは一八九三年に、ヨーロッパの著名人三八名を対象にして、直接に出会って反ユダヤ主義に関する意見を聞き、『反ユダヤ主義――国際的インタビュー』としてまとめたのである。ガスマンはそこにヘッケルの「激しい反ユダヤ主義の吐露」が見られるといっているのだが、どうだろうか（Gasman（1971）157–159）。実際のインタビュー箇所を見てみよう。

ヘッケルは、自分には「心から尊敬する多くのユダヤ人の友人」がいるため、「ユダヤ人に向けられた中傷行為には納得ができない」と述べる一方で、自分の優秀な弟子の何人かが激しい反ユダヤ主義者であって、ながち「無教養で粗野な」者たちが関わっているという事態ではないとする。結局それは、「国民的な問題」、「人種的な問題」なのであり、愛国運動や民族主義が高まる時期には当然に浮上するものなのである。これをきっかけとして、「［ドイツに住む］ユダヤ人に、その特殊なあり方を棄てて、風習、習慣、感情において完全なドイツ人となるべきなのだという確信を目覚めさせる」ことを求めていかねばならない、とヘッケルはいう。

ヘッケルの友人は、教養もあり、気高く上品なユダヤ人であり、実は既にドイツ人と同化し、「ドイツ文化の重要な要素」なのである。「彼らが常に啓蒙と自由のために反動勢力に対して勇敢に立ち向かってきたことを忘れてはなりません。反啓蒙主義者たちに対抗する時にはいつも信頼のおける闘士であり、いたるところで教皇至上主義が再燃して力を回復する、この由々しき時代における諸々の危険の中で、私たちは彼らの信頼に足る勇気を欠かすことはできないのです」。

では、ドイツ化せよと促されるべきユダヤ人とは誰なのか。それは、ロシアから移入してくる「不潔で下品な」「道徳的に憂慮される」ユダヤ人なのである。彼らによって「ドイツ人化教育のプロセス」が妨げられる危険性があり、ドイツに住む優秀なユダヤ人たちの不利益になることが憂慮されている。こう見てくると、ヘッケルの汎ドイツ主義的な傾向は現れているが、全ユダヤ人に対する激しい反対感情があるとはどうも思われないのである。

さらにガスマンが挙げた（ヘッケルが反ユダヤ主義者であるという）証拠の言説は、『宇宙の謎』におけるキリストの出自についてのくだりである。実際にそれを初版本で見てみよう（Haeckel (1899) 379）。第一七章「科学とキリスト教」の「処女マリアの無垢懐胎」の箇所には、それに対する諸々の解釈が紹介されている。聖霊によって受胎したという説に対抗して、キリストはマリアの夫（ユダヤ人の大工ヨゼフ）の子であるとする説やギリシャの軍人との不義の子だとする説などである。その中に「通常は、キリストは純粋なユダヤ人と見なされる。しかしまさに彼の高貴な人格を際立たせ、彼の『愛の宗教』にその刻印を押すところの特徴は、明らかにセム人風ではなく、むしろ、より高度なアーリア人の、また特にアーリア人の中でも最も高貴な分枝［Zweig：系統樹を念頭に置いた枝のこと］である古代ギリシャ人の基本的特徴と思われるのだ」という部分があり、ガスマンはここに、ヘッケルの反ユダヤ主義が現れているとした。

これをヘッケルの激しい反ユダヤ主義的な態度と解釈できるだろうか。そもそも『宇宙の謎』は、一元論者ヘッケルが、反動の勢いを増す教会に対抗する目的で書いたということを思い出そう。この「科学とキリスト教」という章では、特に「啓示」に対する科学的な批判を通して、教会勢力の鼻をへし折るという気概が溢れている。章の最後は「本来の純粋なキリスト教の気高い倫理的な価値と、この『愛の宗教』が文化史に与える影響は、あのような神話的なドグマとは全く関係のないものだ。これらの［マリアの処女懐胎に関する］神話の支柱となっているいわゆる『啓示』などというものは、私たちの近代的自然認識の最も確実な結果と全く相容れないものなのだ」（同書380）と書かれているわけで、ガスマンの指摘した箇所は、ヘッケルが皮肉たっぷりに教会批判を述べていると考えられよう。先に述べた人種の系統樹でいえば、最先端はインドゲルマン人であることの方がヘッケルには重要で、キリストという最高の神を想定するのなら、進化論的にいえば、当然セム人ではなくてインドゲルマン人にするべきだ、というニュアンスであろう。つまり、ユダヤ人を徹底的に蔑視するというより、進化の理論を知らない教会を見下す言説と思われる。

それに、ヘッケルほどの饒舌な思想家であれば、反ユダヤ主義についての大量の文章が残っていても不思議ではないが、証拠を見出すのに苦労するほどの状況である。そういうことを考え合わせれば、ヘッケルが激しい反ユダヤ主義的態度をもっていたと、明言するわけにはいかないのではないだろうか。

科学史家リチャーズは、このほかにも、当時の強い反ユダヤ主義者には保守的なキリスト教徒が多く、そのような者とヘッケルが同志になるはずがないことなどを示して、ガスマンの恣意的な考え方を批判している（Richards (2008) 273）。また、この件について詳細な分析を行っている社会学者ヴォガヴァらも、ヘッケルの望んだユダヤ人の同化政策に関しては、ナチスは全く望んでいなかったことを指摘して、ヘッケルはナチスの反ユダヤ主義の源ではないとの結論を導いている（Wogawa et al. (2006) 228, 233）。それに、前章で述べたように、一元論者同盟はナチス政権下で重要な位置を占めるどころか、活動を禁止されてしまっていたのである。

ここで、反ユダヤ主義に深く関連する「フェルキッシュ思想」にも触れておきたい。「フェルキッシュ（völkisch）」というのは、ドイツ民族の先天的な優越性を主張する「民族至上主義的」の意味であるが、長く領邦国家に分断されて統一国家をもたなかったドイツ特有のロマン主義的な民族意識に源流を有し、一九世紀を通して同時多発的にいくつもの支流が発展し、世紀転換期頃のドイツ青年運動などの大きなうねりとなって、ナチスのイデオロギーに繋がった、とでもいうべき思想である。しかし、このイデオロギー形成の過程は、非常に複雑で難解であり、ヘッケルをそこに位置づけることは、私の力をはるかに超えている（詳しくは、モッセ（1998, 1981）を参照）。

ただ、テクストに沿ってヘッケルの言説を見ていくと、確かに、フェルキッシュ思想の基本的な要素を備えている。例えば、人種の系統樹の最先端にドイツ人（ゲルマン人）を置いていること、一元論的世界観は近代科学とロマン主義との折衷であり、キリスト教信仰を否定して自然という神を崇拝しようとすること、そのような方向性での社会や生活の改革を望んでいること、また、先に見たように、猿人（ピテカントロプス）のいた場所を、失われたレムリア大陸と想定していること、など。またヘッケル自身、「汎ドイツ連盟（Alldeutscher Verband）」のようなドイツ帝国主義と植民地拡大哲学をもつフェルキッシュ団体にも関与していた（モッセ同書278）。しかし、ヘッケルの考え方にフェルキッシュ独特のオカルト性を読み取れるかどうかといえば、彼は可能な限り自然科学者の態度をとろうとしており、その文章からは読み取りにくく、明言はしがたい。

ただし、ヘッケルの影響を受けた若者たちがフェルキッシュ運動の実際の担い手になったことは確かなようだ。年齢からすれば、ヘッケルより二、三〇歳ほど若い世代。例えば、ヴィリバルト・ヘンチェルは、イエーナ大学でヘッケルの弟子だった。また、青年運動を推進したルートヴィヒ・グルリット、フリードリヒスハーゲンというボヘミアン文学者たちのサークルの推進者ブルーノ・ヴィレとヴィルヘルム・ベルシェは、ドイツ一元論者同盟の創立にも関与した者だった。また、実際にヘッケルとつき合いがなくても、数多くの著作物から影響を受けた者も多いだろう。

次に紹介する優生学に関しても、ヴィルヘルム・シャルマイヤーは、一元論者同盟の創立者に名を連ねており、また、アルフレート・プレッツは、自伝の中で、ヘッケルの書物を読んで影響を受けたと記しているという。ドイツにおける優生学者に限っていえば、彼らもまた年齢的にも思想的にも、ヘッケルの影響を受けて育った次世代にあたるのである。

ヘッケルの優生思想

さて「優生思想」とは何か。「優生学の父」と呼ばれる英国人――ダーウィンの従弟でもある――フランシス・ゴルトンは、「優生学とは、ある人種の生得的質の改良に影響するすべてのもの、およびこれによってその質を最高位にまで発展させることを扱う学問」(1904)と定義した。「優生学(eugenics)」という名称は、彼が一八八三年に『人間の能力とその発達の研究』という書物の中で創出したものである(「eugenics」は「良い種」という意味である)。優生思想はこの優生学とほぼ同じ意味で用いられるのだが、ここではより一般的に、「人為的に、遺伝的質の劣る人間を社会から排除し、遺伝的質の優れた人間を残すことによって、人間集団の質を最高レベルまで引き上げようとする思想や運動」としておこう。

ドイツにおける優生学は、今挙げたシャルマイヤーの一八九一年の書物『文明人を襲う身体的変質(退化)』、プレッツの一八九五年の書物『われわれの種の屈強さと弱者の保護』をもって確立したとされており、したがって、優生学という学問がヨーロッパで明確な輪郭を得るのは、一九〇〇年前後のことだったといえよう。

では、実際に、ヘッケルの優生思想を、彼の言説から考察してみよう。以下、新生児の選別、犯罪者の死刑肯定、精神病者や不治の病の患者の安楽死是認、自殺肯定の四つに分けて、その表現を見ていくことにしたい。ただし、ヘッケルの表現は、現在の私たちから見ると、人道的にかなり危険なものに映るということを心に留めておいてほしい。現在使用不能な原語は、適宜、現代風に訳してある。

新生児の選別

ダーウィンによれば、種は自然環境への適応における生存闘争の結果、最適者が残ることによって進化してきたわけで、この仕組みが「自然選択」である。一方、自然に代わって人間が選択を施すのが「人為選択」であり、家畜や栽培植物の品種改良で威力を発揮してきた手段である。しかも人為選択は人間の意図が入るため、方向づけがなされ、かつ短期間で改良が進むのである。人間の場合も自然選択によって進化してきたわけだが、私たちが「世界史」と呼んでいるところの民族の歴史においては、人為選択がさまざまに働いているというのである(Haeckel (1909a) 152　初版には記述がないが、第二版以降にはある)。ヘッケルは、この人為選択の有効な例として、古代スパルタ人の子殺しのエピソードを用いている。

「古代スパルタ人たちは、ある特別な掟に基づいて、生まれたばかりの嬰児を即座に注意深く点検して選別していた。病弱な子供や何かしらの身体的欠陥をもつた子供は皆、殺された。完全に健康で力強い子供たちだけが生きることを許され、のちに子孫を残すことができたのである。それによって、スパルタの人種は、常に卓越した身体の力と能力を保てるようになっただけでなく、世代を経るにつれて身体的な完全性が増していったのである。スパルタの人々の大部分が、稀に見るような男性的力と英雄的力強さをもっていたのは、確かにこの人為的選択のおかげなのである」（同書152，153）。

この人種改良的な言説に対しては、当然多くの非難が向けられたであろう。それに対して、彼は次のように述べている。

「毎年生まれる数千の、身体に障害のある者、聴覚に障害のある者、クレチン病者［知能の発達の遅れた者］、不治の遺伝的素質をもつ者たちが人為的に命を長らえ、成長したとしても、そこから人類はどのような利益を得るのだろうか。それに、これらの同情すべき人々自身も、その生活からどのような利益を得るのだろうか。彼ら自身およびその家族にも惨めな生涯をもたらさざるを得ないような、この不可避な不幸を最初の時点ですぐに断ち切ることは、はるかに理性的で良いものではないだろうか」（Haeckel（1904a）135，136）。

しかし、利益だけの表明では、なぜこのような残忍なことをヘッケルが肯定しているかはわからない。彼の論拠は何か。

彼の生物発生原則（個体発生は系統発生を繰り返すという仮説）によれば、新生児段階は、まだ心や思想を司る脳内の器官が発達していないために、「思考・認識・理解・意識などの総体概念である精神」はほとんどないと考えられるというのである（同書22，23）。他方でヘッケルは、生命の始まりは生殖細胞の合体の瞬間にある（Haeckel（1868a）155）といい、また胎児の身体は出産直前には完全に成長している（Haeckel（1899）169）ともいっている。にもかかわらず、胎児には精神はない。新生児も然り。それは、その器官が他の下等脊椎動物と同様の純粋な反射器官に過ぎないからなのである（Haeckel (1904a) 375）。精神の発達が認められなければ、生命の価値は著しく低いものとなる。これが、新生児の段階での選別を認める論拠なのである。

死刑肯定

ヘッケルの考えた人為選択の「好ましい影響例」として特筆すべきは、犯罪者に対する死刑である。それは、当時の死刑廃止の思想傾向とは逆行する考え方であった。

「確かに、今日なお、死刑廃止は多くの人々によって『自由主義的処置』として賞賛され、はき違えた『人道主義』という名の下で、一連の極めて説得力の無い理由がまかり通っている。しかし死刑は、多くの矯正不能な犯罪者や無能者に対する正当な報復であるばかりか、人類の善良な者たちにとっては大きな善行になることは真実である。これは、庭園で栽培植物をうまく成長させるために行う、繁茂する雑草を根絶するという行為と同じである。念入りに雑草を抜きされば、高貴な有益植物だけが光と空気と土地の恩恵に浴することができるのと同様に、すべての矯正不能な犯罪者を仮借なしに絶滅させれば、善良な人々にとっては生存闘争が大幅に軽減されるだろうし、それればかりか、この人為的な選択によって多くの利益がもたらされることになるであろう。なぜならば、それによって、退化したならず者が、遺伝を通してその悪い性質を伝える可能性を奪われることになるからである」（Haeckel (1909a) 154–155　この考えは第三版から登場する）。

本来ヘッケルの想定した「優良な人間」とは、自然の中で生き残り、自然と調和した美しく逞しい存在のはずだが、ここでは逆に優良な人間とは、文化という庭園に意図的に植えられたものであり、もともと人為選択された希少な生物であるというニュアンスがうかがえる。一方で、雑草は、極悪で劣等な人間の象徴で、しかも生殖能力が強いために放っておけば多くの子孫を残すという先入観があると考えられる。このような者に積極的に死を与えることによって、その遺伝素質が子孫に伝わることを阻止しようとする断種の思想には、既に極めて人為的な人種改良をめざす姿勢が見られ、遺伝管理型のディストピア社会を彷彿させるものである。

精神病者や不治の病人の安楽死

一九世紀の科学の進歩により、人間の個人的かつ社会的生活が合理的に改善されてきた反面で、社会生活における神経の消耗と身体の過労などが招く文明病（Kulturkrankheiten）が増加したことをヘッケルは指摘する。この場合の文明病とは精神の病である。

「特に、神経衰弱と他の神経の病気が毎年多くの犠牲者を出している。毎年、精神病院の数は増え、規模も拡張されている。疲れきった文化人が悪疾から逃れて癒されようとする療養所が至るところに設立されているのだ。これらの悪疾の多くは全く治癒の見込みのないもので、多くの患者が言語に絶する苦痛の下で確実な死を待つばかりである。このような哀れな人たちの甚だ多数が、悪疾からの救済を切望しており、苦痛に満ちた生命の終わることを望んでいる。ここにおいて、私たちが同情心ある人間として、彼らの願いを叶え、痛みのない死によって彼らの苦悩を短縮することが正当かどうかという重要な問題が生じるのである」（Haeckel（1904a）130，131）。

また、不治の病人をも含めたうえで、こうも述べている。

「数十万の治癒することのない患者、特に精神病者、ライ病患者、癌患者などは、私たちの現代の文明国にあって、人工的に生命を維持され、絶え間ない苦痛を入念に延長されるが、それは自己自身にとっても社会全体にとっても何ら有益ではない」(同書134)。

ヘッケルは、このような病人の死を幇助することは人間の義務であると明言して、いかなる絶望的な苦痛の場合でもその生命を維持するべきであり、死の幇助は犯罪だとする多くの医師や法律家たちの考え方に真っ向から対立するのである。

さらにヘッケルは、治癒の見込みのない精神病者には「一服のモルヒネによって」安楽死をもたらすべきだと述べるが、ただし「この同情的かつ理性的行為はただ一人の医師の裁量に任せて秘密裡に行われてはならないのであって、信頼に足る良心的な医師たちの委員会の決定によってなされなくてはならない」としている。同様に癌のような苦痛を伴う不治の疾病の場合は、「患者自身がはっきりと自らの希望によることを示し、場合によっては希望を法律的な書類に記録したのちに、宣誓した委員会の手によって」無痛の即効性の毒薬によって安楽死させるべきであると述べている(同箇所)。

現在の私たちには、重篤な不治の病の場合に、本人の意志の下に安楽死の是非が問われるのは理解されても、精神病患者に安楽死が該当するという言説には戸惑いを覚える。ヘッケルがここで想定したのは、自殺を願う鬱病患者なのだろうか。何よりも気にかかるのは、その安楽死の手続きである。意志の明確な疾病患者の場合と比べて、精神病患者の場合はその意志の確認が必要ないように読めるのである。つまり、ここでの安楽死の場合は必ずしも本人の意図であるとは限らず、「名状しがたい苦痛」と判断した他者（医師）が同情的に死をもたらすことも許されるという考え方が推測されるのである。

自殺の肯定

これは上記の安楽死問題と共通する考え方である。しかし自殺の場合は、確実に本人の意図である。ヘッケルによれば、自殺は特に宗教的な理由から重大な罪悪だとされているが、そもそも人間の生命は「愛する神よりの賜り物」などではなくて、卵細胞と精子細胞の偶然の出会いによって生じたものであり、このような偶然の結果生まれた人がもし苦渋の人生を余儀なくされたとしたら、「人は任意の死によって、そのような苦痛を終結させる権利を有する」のは当然だとされる（同書127，128）。これは自己決定権の行使をめぐる問題である。キリスト教から放たれた個人は、自分の身を自分の意志でいかにしてもよいとする一方で、それはまたキリスト教的倫理においても「救済」として尊ばれるものであるとする。したがって、自己の決定による故意の死である自殺とは「自己救済の一行為」であり、同情に値するものであって、決して軽蔑されてはならない行為だというのがヘッケルの意見である。

ここでは特に、当時のヨーロッパの「最も高度に発達した文化国家」において自殺の数がますます増加していく傾向が指摘されている。それでは誰が自殺するのか。ヘッケルによれば、分業の発達とともに人口が増えれば、下層階級は困窮して苦痛を得る。勤勉で有能であっても、機械化に伴い、労働の場はますます減って失業状態となる。彼らが、狡猾にぬくぬくと暮らす人々を見れば、絶望も当然である（同書128，129）。だからそういう人々は自殺をしても、責めてはならないといっているのである。一見、ヘッケルの自殺肯定観は慈愛に満ちた考え方のようだが、社会的な弱者や社会的生存闘争での敗者は淘汰されても致し方ないという視点が背後にあることが明らかだ。

ここで挙げた言説は、今日から見ればかなり危険な思想に映るのだが、当時は、それを裏打ちする科学的で説得的な基盤があった。

人種の格差と個体の格差

先に述べたように、ヘッケルの人種観では、同じ人類であっても人種（亜種）には進化の段階、あるいは生命の価値の段階があった。それは「文化」や「理性」という物差しで測られるものである。進化の遅れた人種は、将来的に生存闘争によって淘汰される宿命にあり、結果として優秀な人種のみが生き残り、さらに進化の階段を進むというものであった。系統樹の頂上にはヨーロッパの白人種が乗っているのであるから、ヨーロッパ至上主義でもある。

だからといって、その社会を見れば、高等な人種の成員が皆優秀なわけではない。つまり、優秀な人種の集団の中でも、進化の度合いの異なる個人が存在する。そもそも生物発生原則によれば、人間は誰もが受精卵から出生までの発生過程に、単細胞生物からヒトという種までの進化を繰り返すはずである。しかし、新生児から幼少期、青年期を経て成人になる過程でも尚、人類として猿人からの進化の階段を上るとも考えられる。場合によっては、遺伝的に現生人種まで到達できない人間が存在する。個人にも、自然人だったり、野蛮人だったり、人類進化のさまざまなレベルに留まっている者がいるということだ。精神の発達度がその物差しとなる。当然、その人の質が遺伝的であれば、進化の程度は決定されていると考えられているので、その人はいくら教育され、自ら努力したところで進化の階段を上昇することはできないことになる。

自然界であれば自然選択だけだが、人間世界では人為選択も行えるので、積極的に進化の度合いの低い個人を淘汰させ、進化の度合いの高い個人（精神能力と身体能力の優れた個人）を増やして、さらに進化した人種をつくることができると考えられていたのである。

人種の進化を妨げる要因——近代文明の弊害

ヘッケルは、近代文明そのものに、人間の進化を阻む原因があると考えている。一つは、フランス革命以降の人間の自由と平等の理念である。ヘッケルの理想とする社会は、分業による相互協力をめざした「階級社会」である。それは進化論に裏打ちされるものである。彼は、アリやハチの「国家（Staat）」を例にとって、その分業社会の緻密性と合理性をアピールする（Haeckel（1868b）112）。その社会は、自然選択を経て進化した、自然の法則に従った高度な社会形態なのである。人間の社会もまた、そのように進化を遂げたはずだ。個々人に能力の差があるのは当然で、あえて平等にすることは自然に逆らうことになるという論理である。さらにこの分業社会の成員は、自分の幸福を追求する自己愛と同様に、共同体の幸福、その成員たる他者への隣人愛（博愛）（Haeckel（1899）404）と、「全体のために奉仕する犠牲精神」（Haeckel（1877b）18，19）を本能としてもっているのだ。

このように自然の流れにまかすことによって、ユートピアが実現するのであって、この意味で一九世紀末の自由主義的な社会概念と社会主義的な社会概念は間違いだと考えられているのである。しかし問題は、ヘッケルの社会観が、「全体」の健全な存続のためには「部分」が犠牲になることをよしとする思想として、いともたやすく読み替えがきくことにある。

さらにもう一つ、ヘッケルが弊害と考えたことは、当時の医学分野の進歩に伴い、病気や怪我を負った人間が生き延びられるようになったという事実だった。これは、よい遺伝的素質をもつた者が無意味に死ぬことを阻止するという意味ではプラスの面である。しかし一方で、不治の病で苦しむ患者をいたずらに延命することになるのはマイナス面であろう。だがここでヘッケルが問題としている点は、淘汰されるべき悪い遺伝子をもった者が命を長らえて子孫を残す可能性をもたらすというマイナス面である。すなわち医術による自然淘汰の阻害――人為的な逆淘汰――への批判である。逆淘汰とは、遺伝的な質の劣った者の数が増えて優れた者の数が相対的に減ることによって人種の質が低下することを意味する。しかし「遺伝」のメカニズムに関しては、一九〇〇年のメンデルの法則の再発見を経てようやく本格的な遺伝子研究が展開するのであって、当時は全くの模索状態であった。一体どのような素質がどのように遺伝するのかは、はっきりとわかっていない状況だったことを心に留める必要があるだろう。

例えば、ヘッケルは遺伝する病気として、肺結核、梅毒、精神病、アルコール依存症、白子症、多指症などを挙げている(Haeckel(1909a)157–159, 191, 192)。しかも、ある個人に初めて現れたと思われる病気でさえも、獲得形質として子孫に遺伝すると考えられている。今日の私たちの常識とはかなりの食い違いがあることは否めない。

そしてもう一つ考えられるのが、自然に沿わない生存闘争ともいうべき巨大な世界大戦である。先にも述べたように、高等なドイツ人、しかも有能で健康な青年たちが戦場で犠牲となり、敵側のより劣った人種が生き残るという現実は、ヘッケルにとって、まさに進化に逆行する由々しい事態なのであった(Haeckel (1915) 35-36)。

転換期の不安

さて、以上のようにヘッケルの言説を検討してみたが、彼は人種主義者であったが、激しい反ユダヤ主義ではなく、フェルキッシュ思想も完全ではなかった、しかし一方、優生思想はしっかりともっていた、とまとめることができるだろう。先にも述べたように、進化論は実証的に確立された理論ではなかったし、そこで重要な概念となる遺伝という機能に関しても当時はその仕組みはほとんどわかっていなかった。生物発生原則も信憑性は低い。そのような理論を基礎に置いて人間や社会を解釈し、生命の価値の差という間違った物差しを用いて人間を測り、改良あるいは改革しようとすることは、現在から見れば、恐ろしいほどに危険である。しかし、当時は信じ込む者が多く、この類の考え方が世にまかり通ったのである。

それはヘッケルばかりではない。例えば、ダーウィンもまた『人間の進化と性淘汰』(1871)では、未開人の場合、体や心の弱い個体は自然淘汰ですぐに除かれるが、文明人では逆淘汰により、人種の質の劣化をもたらしうることを憂えているし（第五章）、人種同士の生存闘争があることも認め、その際文明化の度合が勝敗に大きな影響を与えうることを認めている（第七章）。

当然、そのような間違いに気づく人々もいたであろう。しかし、社会の仕組みや価値観が大きく変化する一九世紀から二〇世紀への転換期には、人々の不安定な心の隙間を埋めるような何か新しい、熱狂できるような哲学が求められていた。そのような折に、自然科学を一切の根底においた世界観は、説得力をもち、人々に非常に魅力的なものに映ったに違いない。その点で、ヘッケルの言動が多くの人々に影響を与えたことは間違いないだろう。ただし、一元論者同盟の中でこの種の議論はあったものの、結局この同盟が、ヘッケルの人種・優生思想を社会的な実践へとつなげることはなかったのである。

第6章

エコロジーの誕生

エコロジーとビオトープ

現在、ヘッケルの名を聞く機会があるとすれば、それはエコロジーの創始者というくだりであろうか。今日の私たちにとって、地球規模のエコロジー運動は非常に重要なものとなっており、その意味で、ヘッケルは歴史上極めて注目される人物といえそうである。それにしても、彼は、なぜ、どのような文脈でエコロジーを生み出したのだろうか。一九世紀末に既に彼は、将来の地球を配慮していたのだろうか。そもそもエコロジーとは何だったのだろうか。

エコロジーといった場合、私たちは「自然環境の保全やそれとの共存をめざした思想、生活のあり方」というものを思い浮かべるが、それは、近年に普及した広い意味でのエコロジーである。その一方で、エコロジーは元来、「生態学」という学問を指す。ヘッケルが生み出したのは、後者の学問分野の方であった。したがって、本章では、彼の言説に基づきながら、生態学としてのエコロジーがどのように生まれたかを紹介する。実際にヘッケルは生態学者として、どのような研究をしたのだろうか。この問いに関して答えを先取りすれば、実は、彼は現在の生態学者のような活動はしていない。唯一、生態学の歴史研究でとり上げられる有名な例は「プランクトン論争」であるが、これについては次章で紹介したい（その内容は、ヘッケルの科学者としての本業ともいえる「海生無脊椎動物の形態学と分類学」に密接に関連するものである）。

それでも、ヘッケルと現在のエコロジー運動をつなぐものがあるのではないかと、内心、期待するところもあるだろう。イギリスの現代史家アンナ・ブラムウェルが『エコロジー　起源とその展開』（Bramwell（1989））の中で、現代の政治的なエコロジー思想（エコロジズム）の源流の一つとして、ヘッケルの「全体論的生物学」をとり上げている。つまり、彼女は、ヘッケルの一元論的な自然観とそれを政治的に実行しようとした一元論者同盟の活動に、エコロジズムの起源があると考察しているのだが、それはあくまで、現在から遡及してみた時に、そう解釈されうるということであり、ヘッケルの思想や行動を当時の背景から読み解くという本書の立場とは全く異なるものである（この書物の中のヘッケルに関しての叙述には幾分か粗雑さが見受けられる）。そういうわけで、本章では、あくまでヘッケルの言説に基づき、ヘッケルの提唱したエコロジーとは何だったかについて紹介していくつもりだ。また合わせて、「ビオトープ」「生態系（エコシステム）」という名称と概念とヘッケルとの関係についても述べることにしたい。

「エコロギー」の誕生——一元論の中のエコロギー

では、エコロジーの誕生の場を、ヘッケルのテクストに探ってみよう。それが出てくるのは、『有機体の一般形態学』の中である。ただし、ドイツ語なのでエコロジーではなく、エコロギー（Oecologie）である（ヘッケルの言説に関しては「エコロギー」を使うことにする）。この書物は、本書第一部で紹介したように、一八六六年に二巻本で出版されたヘッケルの一元論思想の根幹を成す書である。ダーウィンの提示した進化論に基づき、実証科学として遅れていた形態学を再編し、そればかりか生物学や人類学や他の学問に至るまで再編しようとする意欲的な（しかし、かなり荒っぽい筆遣いの）書物であった。

さて、『有機体の一般形態学』は、生物の完成した形態を扱う「解剖学」と生成する形態を扱う「（形態）発達史」の二つに分けられて構成されている。「解剖学」はさらに、内部形態を扱う「構築学」と外部形態を扱う「基本形態学」に分けられており、一方「発達史」はさらに、「個体発生学」と「系統発生学」に分けられていた。エコロギーが登場するのは、個体発生学を扱った第二巻の第五部（ここには第一六章から第二〇章が含まれる）の第一九章「由来理論と選択理論」の第一一項「エコロギーとコロロギー（Oecologie und Chorologie：生態学と生物分布学）」の中である（Haeckel（1866b）286–289）。

まず、エコロギー（ならびにコロロギー）は、なぜ、この項（由来理論と選択理論）でとり上げられているのだろうか。ヘッケルの定義によれば、エコロギーとは「生物とそれを囲む外界との関係を扱う総合的な学問」である（対してコロロギーとは「生物の空間的な分布、つまり、地球表面上における生物の地理的かつ地形的な広がりを扱う総合的な学問」）。これらは、生物の実際の生きざまを環境に関連づけて研究しようとする分野であるが、何しろ、茫漠たる外的環境の中の生物集団という、科学的に捉えるのが極めて難しい現象を研究対象とする。

しかし当時既に、生物と環境の関係を扱う分野もあり（特に昆虫学）、それは広義の生物学（ドイツ語ではBiologie）の中に含められていた。それを新たな重要な学問として独立させようというのがヘッケルの意図であった

(Haeckel (1866a) 8)。この分野は、関係や機能を扱う生理学の一部であるのだが、研究方法の難しさからなおざりにされてきた。そこで、ダーウィンの自然選択説に基づく進化論(由来理論は大きな意味での進化論であり、それに機械的な説明をもたらしたのがダーウィンの選択理論。詳細は本書第一部第2章を参照のこと)を軸として、新しく整理し直そうというのである。それとともに、学問の名前も新しくなった。一つが、「家計」を表すギリシャ語の「オイコス」(οἶκος)に「学問」を表す「ロギー」をつけた「Oecologie」、もう一つが、ギリシャ語で「土地や住処」を表す「コラ」(χώρα)に「ロギー」をつけた「Chorologie」である。造語の意味についてはあとで触れることにして、ここで、再度、テクストを見てみよう。

「エコロギーとは、生物とそれを囲む外界との関係を扱う総合的な学問と理解され、外界には広い意味ではすべての『生存条件』が含まれうる。これらの生存条件は、生物的自然の場合もあるし、無機的自然の場合もある。両者ともに、前述したように、生物の形態にとっては極めて大きな意味をもっている。なぜなら、生物は、これらの条件に適応するように強いられるからである。あらゆる生物が適応を強いられる無機的生存条件には、何といっても、その生物の生息場所の物理的化学的な諸特性、気候(光、熱、大気の湿度と電気的状況)、無機的栄養、水と土壌の性状などが含まれる。生物的生存条件とは、生物の、それが接触することになるあらゆる他の生物との関係のすべてであり、そのような生物のほとんどは、有益であるか、有害であるかのどちらかになる。各々の生物にとっての仲間と敵というのは、自分の生存に好ましい生物と自分の生存を侵害する生物のことである。他の生物にとっての有機的な栄養となる生物や、他の生物に寄生して生きる生物も、同様にこの生物的生存条件のカテゴリーに入る」(Haeckel(1866b)286)。

このように、エコロギーでは、生物の生存に関わる重要な要素として「生物をとり囲む外界」が強調され、当然ではあるが、生物にとって逃れることのできない地球という無機的な環境、そして、ある生物個体をとり巻く同種生物と異種生物たち、これらの環境に適応することが、生物の形態の合理的な変化をもたらすと、述べられていく。言葉を変えれば、環境との相互作用が、生物の進化をもたらすということだが、前提となるヘッケルの考え方を振り返っておこう(本書第一部第2章参照)。

ヘッケルによれば、選択理論(自然選択説)とは、種の変化というプロセスがどのように自然の中で必然的に起こり、進行するのかを機械的に説明するものである(同書167)。この選択のメカニズムの根本には、二つの生理学的機能、つまり「遺伝(Vererbung)」と「適応(Anpassung)」という機能の相互作用があるとされる。そしてこの二つの働きが、生物の形態を形成する二つの力に対応するのである(ここには、ゲーテからの影響があった)。遺伝的な形態形成力は生物内部に潜在していて、もともとの形態を維持しようとする物理・化学的な力であるのに対し、適応的な形態形成力は「生物をとり巻く外界の物質に内在し、その生物に作用する物理・化学的な力」(同書224)であり、それにより生物個体は遺伝形質の一部を変更して、新しい形質をとり入れるのである(ヘッケルの考え方は獲得形質の遺伝を前提としているので、その形質は遺伝的形質となって子孫に伝えられることになる。しかし、これは過ちであり、現在では、生物個体に現れる遺伝的に多様な形態などのうち、環境の圧力下でより適したものが選択されるというメカニズムとして説明される)。

つまり、生物の（成熟期に至るまでの）個体発生プロセスにおける外界との相互作用が、いずれは、その生物種の形態を変えていくのである。現在の多くの生物種の形態の限りなき多様性は、どれも、このようにして生じてきたものだと考えられる。そうなると、エコロギーが扱う現象は、まさに、自然選択が起きる現場そのものなのであり、その意味でもエコロギーという学問は極めて重要なものと認められることになる。

エコロギーは家計学か

ここで、エコロギーという名称をもう一度確認しておきたい。先ほど述べたように、これは「家計の学」という意味である。なぜ、これが生態学なのだろう。何かそぐわない感じがするのではなかろうか。

実は、同じく「オイコス」に「ノミー」（学）をつけてつくられている「エコノミー」という言葉は、一六世紀頃には「家計をやりくりする技術」を指すのに用いられていたという。これとは別に、神学の分野では、ラテン語の「オエコノミア（Oeconomia）」はずっと昔から「神の定めた秩序」という意味で用いられていたという。一七世紀になると「自然の経済（エコノミー）」という語が登場し、一八世紀には、『自然の体系』で有名なスウェーデンの植物学者カール・フォン・リンネがこれに関して優れた論稿を著した。リンネは、自然の中に神の手、つまり神のつくり給うた合理的な秩序と調和を見出そうとしていた。リンネによれば、地球上の驚くほど多数の生物種は、神により、特定の食物と生息の地域を割り当てられており、それによって永続的な調和した共同体をつくり上げている。つまり、自然は、一つの完全な統一体あるいは全体として存在し続け、そのシステムの一部分として、各生物種は自分の居場所を与えられている。これが「自然の経済」という意味である

（オースター（1989，1977））。

ヘッケルもまた、この「自然の経済」という概念を支持しているが、リンネとは異なり、創造主としてのキリスト教の神を否定し、自然を支配する法則としての汎神論的な神を想定している。ヘッケルにとっては神即自然であり、自然は、時間とともに運動しつつ進化していく大きな有機体のようなものであった（本書第一部第2章）。このように、神の概念や変転する自然という視点は異なるが、自然を一つのシステム（全体）として捉え、その中で生物がさまざまな環境的要素とやり繰りして生きているという考え方は、リンネから引き継いでおり、そのため、エコロギーは「（自然の）経済学・家計学」と共通の語根からつくられることになったのである（このようなヘッケルの考え方を、ブラムウェルは「全体論的生物学」と呼んでいるのだが、現在のエコロジーも、地球という有限な環境の下での生物たちのやり繰りの仕方、生き方を扱っているので、確かに現在から見れば、思想的な共通点は認められる。ちなみに、日本語訳の「生態学」は、生物学者三好学による（1895））。

ここまで説明すれば、ヘッケルのテクストの次の箇所は理解しやすいと思われる。

「しかし、このような［生物と外的生存条件との］関連状況のもつ極めて大きな意味を考えると、それに対する学問的なとり扱いは全く不当である。これを扱うべき生理学は従来、極めて狭い視野で生物の保存能力（個体と種の維持、栄養、生殖）のみを研究してきたにすぎず、関係機能については、生物体の個々の部分の相互関係あるいはそれらの全体への関係をつくり出すような機能だけを研究してきたのだ。ところが生理学は、生物の外界に対する関係、つまり各生物が自然の家計［Naturhaushalt］、自然全体の経済［Oeconomie des Natur-Ganzen］の中でとるべき立場というものをほとんど無視し、これに関連した諸事実の収集を無批判な『博物学』にまかせきりにして、その機械的な説明を試みることすらなかった。このような生理学の大きな欠落部分は今や、選択理論とそれにより導き出される［証明される］由来理論によって完全に埋められるのである。由来理論が示してくれるのは、各生物が外界に対してもちうる限りなく複雑なすべての関係や、各生物とすべての生物的・無機的生存条件との不断の相互作用は、計画に即して自然に手を加える創造主が意図的に整えたものではなくて、存在する物質に内在する重要な諸性質とそれらの時間的空間的な絶え間のない運動の必然的な結果であるということだ。したがって、由来理論は、諸原因の作用がもたらす必然的な結果として、生物のやり繰り状況［Haushalts-Verhältinisse］を機械的に説明してくれるのであり、それによってエコロギーの一元論的な基礎をもつくってくれるのである」（Haeckel (1866b) 287）。

「コロロギー」と「エコロギー」

次に来るコロロギー（生物分布学）について要約しておこう。「コロロギーとは、生物の空間的な分布、つまり、地球表面上における生物の地理的かつ地形的な広がりを扱う総合的な学問である」という定義に続き、次のように説明されている。この学問の研究対象は、陸地のさまざまな地域のみならず、深海の底などもその射程に入るのである。植物の地理学に関しては従来から、例えばドイツの自然地理学者アレクサンダー・フォン・フンボルトらによってなされていたが、現象の因果関係を解明するには、進化論が必要であった。地球上のさまざまな場所にさまざまな生物種が分布すること、それらの分布範囲が非均質であること、境界線が変動すること、狭い一つの範囲の内部における生物種の類似性、淡水の生物と海水の生物の関連、島の生物と大陸の生物との関連、南方の生物と北方の生物との間の差異、東半球の生物と西半球の生物との間の差異などといった現象は、進化論によって、つまり生存闘争による自然選択の必然的な結果として説明されるのである。

エコロギーは、生物の個体レベルでの一定空間における環境との関係の学問であるのに対し、コロロギーは生物の集団レベルの分布、棲み分け、移動を扱う学問である（だからコロロギーは、「分布学」の他に「生物地理学・地形学」とも呼ばれるのである）。進化論的にみれば、エコロギーの研究対象は自然選択の起こる現場であるのに対し、コロロギーは自然選択の結果を扱う学問ともいえるのである。したがって、「生物とその外界との間に実際に存在する諸関係は、エコロギー的な諸関係とコロロギー的な諸関係の総体」であり、進化論によって機械的に説明されるものであると同時に、これらの中に進化論の真実性を支える証拠が見出せると、ヘッケルは考えているのだ。

実は、ヘッケルのこのような発想は全くのオリジナルというわけではない。例えば、従来の「自然の経済」という概念を引き継いでいるだけでなく、自分でも指示しているように（同書165）、ダーウィンの『種の起原』の第三、七、一一、一三章には、生態学や生物分布学に関する豊富な事例と考察が挙げられており、それらに依拠しながら、ヘッケルは論を展開している。ヘッケルは、あくまでも、散逸していたさまざまな生物学の部門（さらには他の学問も含めて）を進化論を基にして整理しなおすこと、新たな一元論的な世界観の構築を念頭に置いていたのである。しかし、新しい学問として定義づけ、新しい名称を授けた功績は、後世への影響力を鑑みれば、極めて大きいといわざるを得ない。

その後の「エコロギー」

その後、ヘッケルが創始した「エコロギー」はどのように育っていったのかを述べておきたい。ヘッケル自身もその後、エコロギーの定義を若干変えている。例えば、一八七八年の『総合科学との関係における今日の進化論について』の中のエコロギーの定義を見ると、研究対象に、生物の「生活習慣(Lebensgewohnheiten)」という行動学的な要素がとり入れられている(Haeckel(1877b)21)。また一九〇四年の『生命の不可思議』には、エコロギーの研究範囲に、「寄生」も含められているだけでなく、異種生物の混じり合いを示す「生物群集(Biocoenose)」や異種生物が行動的生理的に結びついて一緒に生活する現象を示す「共生(Symbiose)」という新しい語も引用されている(Haeckel(1904a)107)。このようなヘッケルによる概念の拡張は、エコロギーの誕生後の二〇年ほどの間に、ヘッケルとは別の場所で生態学的な分野の研究が進展していき、そこからヘッケルが再び知識を得ていったことが推察されるのである。オースターは、ヘッケルの新語が「エコロジー」として一般に流通するようになるのは、一八九三年の国際植物会議以後と考察している(オースター(1989, 1977)239)。エコロジーの影響を受けたのは、一九世紀の生物地理学者の一部だった。特に、「ヨーロッパの偉大な生態学的植物地理学者の三人組、オスカー・ドゥルーデ、アンドレアス・シンパー、エウゲニウス・ヴァーミングの一八九〇年代の著作が、エコロギーを単なる新造語の一つから、現実を独得に捉えた実際に機能する科学へと変えさせたのである」(同書245)。

ヘッケルは、進化論に基づく分類学として、放散虫、クダクラゲ、石灰海綿、サンゴ、ミズクラゲ等の研究業績を残しているが、エコロギーとしてのまとまった研究は見当たらない。しかし頭の中には、海生無脊椎動物の生態に関する考えはあった。これは、「プランクトン論争」の章で扱おう。

ところで、現在の日本では、「ビオトープ」、それどころか「エコシステム」(生態系)という造語まで、ヘッケルによるものだ、という言説が広まっているが、それは事実ではない。これについて紹介しておきたい。

「ビオトープ」とヘッケル

「ビオトープ(Biotop)」は、ギリシャ語で「生物」を表す「bios」と「場所」を表す「topos」からなる「生物の生息場所」を意味するドイツ語であり、一九〇八年にドイツの動物地理学者フリードリヒ・ダールが造った言葉である。

現在の日本では、環境保全に関連した分野で「ビオトープ」の名を目にすることが多い。そもそも一九七〇年代以降、自然環境の破壊が進む中で環境保全の重要性が認識されるようになるとともに、特に言葉の発祥地でもあるドイツでは、連邦自然保護局(Bundesamt für Naturschutz)を中心に、自然のビオトープを保護し、あるいは失われたビオトープを復元させて、そこに生息している野生生物を保全するという政策がとられてきた。日本にもこの考え方が導入され、特に一九九〇年代以降、環境庁(現在は環境省)の指導の下に小中学校における環境教育の一環としてとり入れられ、校庭や屋上に池や緑のある水辺をつくり、生物を棲まわせ、一片の生態系を学ばせるという「学校ビオトープ」が広まることになった。これを通して、ビオトープの名は日本で広く知られる環境保護関連の重要な用語の一つとなったのである。

そのような状況において「ビオトープ」の名の由来が随所で述べられるようになったのであるが、この言葉と概念を初めて提唱したのはヘッケルであるとする誤情報がなぜか横行している。この蔓延状況は、インターネット上で「ビオトープ＋ヘッケル」で検索してみれば一目瞭然だ。これを引き起こすことになった最初の発端は何であったかは定かではない。ドイツ語圏、英語圏のインターネット上で検索しても、このような誤情報は見出せず、極めて日本特有の現象なのである。

右に挙げたような典型的な誤情報の内容を見ると、ヘッケルが生物の生息空間の重要性を説いたこと、ヘッケルがそれにビオトープという名を与えたことの二つの部分に分けられる。この点から、一つの筋道が推測されるのである。ドイツ語圏においては、ヘッケルのエコロギー概念を説明する時に、次のような決まった表現の型がある。「エコロギーは生物とその環境との間の相互作用を扱う学問であり、エルンスト・ヘッケルによって定義された」ものであると紹介したのちに、「……生態系とは二つの大きな領域からなるものであり、一つは光、温度、水のようなすべての無機的な要素の総体であるビオトープと、もう一つはある限られた空間に生息する多様な種の生物たちからなる生物共同体である生物群集(Biozönose)なのである」と続ける説明の仕方である。このような「ヘッケルがエコロギーを定義した」→「その中に無機的な環境という重要な考え方が出ている」→「それを現在では生態系の一要素としてビオトープと呼ぶ」という説明構造が一気にまとめられて、「それをヘッケルが生態系の一要素としてビオトープと呼んだ」と誤解されたのが、現在の日本における誤情報を引き起こした原因の一つであるのかもしれない。場合によっては、「ビオトープ」だけでなく

「生態系」もヘッケルが造語したものだと堂々と記載される例もあるほどである。いずれにせよ、後述するように、ヘッケルは「ビオトープ」という言葉を造っていないし、「生態系」についても語ってはいないのである。そもそも、このような説明図式（生態系＝ビオトープ＋生物群集）が出てくるのは、後述するようにタンズリーが一九三五年に「生態系（ecosystem）」の概念を提唱したあとのことになるはずである。

さらに、「ビオトープはダールによって造語された」という正しい情報が日本にないわけではないが（岩澤 2005）、ダールがどのような文脈で、どのような意味で、これを生み出したのかについての紹介は見当たらない。通常、ヘッケルが『有機体の一般形態学』の中で、生物の生存の前提になっている生息空間という概念の重要性を述べ、その後、ベルリン動物学博物館の教授であったダールが、このような生息空間をビオトープと呼んだというように説明されると、表現が簡潔すぎるために、読む者には、ヘッケルが用意した概念に対して、あとからダールが相応しい名前をあてがったような印象を与えてしまう。ダールの原典を読むと、実際には、そこにはヘッケルからの直接的な影響が存在しておらず、「ビオトープ」という言葉は全く違う文脈において生まれてきたことがわかるのである。

以下、テクストに基づき、ビオトープや生態系という言葉が、どこで、どのような意味をもって生まれたのかを紹介しよう。

まず、本当にヘッケルはこれらの言葉を使っていないのかを確認しておこう。

ヘッケルは、進化論に基づいて従来の生物学を再編成する試みの過程で、さまざまな新しい概念を定義しつつ、多くの用語を造ることになった。現在でも、生物学関連の用語として、「個体発生（Ontogenie）」、「系統発生（Phylogenie）」、「生物発生原則（Biogenetisches Grundgesetz）」、「ピテカントロプス（Pithecanthropus）」、「モネラ（Moner）」、「ガストレア（Gastraea）」（ここまでは既に本書で紹介済み）、「ネクトン（Nekton）」、「ベントス（Benthos）」（「プランクトン論争」にて紹介）などの「造語」が生き残っている。「エコロギー」もその一つに数えられる。そのせいもあって、造語ならばヘッケル、というように誤解を生みだす源となっていそうだ。

先ほど紹介したエコロギーの定義の箇所では、確かに「あらゆる生物が適応を強いられる無機的生存条件には、何といっても、その生物の生息場所（Wohnort）の物理的化学的な諸特性、気候（光、熱、大気の湿度と電気的状況）、無機的栄養、水と土壌の性状などが含まれる」と述べられており、生物の生息場所の性質の重要性が指摘されているのだが、「ビオトープ」の語は出てこない。次の箇所で説明される「コロロギー」の箇所にも、ビオトープの語は見当たらない。それ以降のテクストで、エコロギーやコロロギーを扱う箇所でも、やはりビオトープという語は使われていない。このようにヘッケルは最後まで、ビオトープという言葉を知らなかったのである。

また、「生態系（エコシステム）」という語も見当たらない。そもそもエコロギーの語源自体が「自然の経済」を示すものであり、生物と無機的環境、生物と生物が相互に関連し合った総体としての自然というものが想定されているのも確かである。しかしこのテクストでは、これが「系（System）」であるとは述べられておらず、当然、エコシステムという具体的な名前を与える部分も見出せないのである。それ以降のテクストでも同様である。なぜなら、この語が生まれたのはヘッケルの亡くなったあとのことなのだから。

実は、「生態系」という概念の誕生は、生態学史上極めてよく知られた重要な出来事だ。それは、イギリスの植物生態学者アーサー・タンズリーが、一九三五年に「植生概念と用語の使用と誤用（The use and abuse of vegetational concepts and terms）」という論文の中で造語・定義したものである。彼は、野外群落の研究を通してイギリスの植生図を作成し、生態学的な単位として「生態系（ecosystem）」を主張することになった。以下がそのテクストである。

「しかし最も基本的な概念は、生物の複合体だけでなく、いわゆる生物群集（biome）の環境を形成している物理的な要素の複合体、つまり最も広い意味での生息場所（habitat）の要素の複合体全体も含む、（物理学的な意味での）系全体（the whole system）であるように思われる。［中略］生態学者から見ると、それは、地球表面の自然の基本的単位になるように形成された系なのである。生来の先入観によって私たちは、この系において最も重要な部分は生物だとみなしがちだが、無機的な『要素（factor）』もまた同様に重要な部分であることは確かである。［中略］どの系の内部でも、常に極めて多様な相互作用が起きている。それは生物同士のみならず、有機的なものと無機的なものの間でも起きている。これらの生態系（ecosystem）――私たちはそう名づけることが許されるであろう――の種類と規模は、極めて多様である」（Tansley（1935）299）。

ここにおいては、生態系が定義されただけでなく、それを形成する無機的な要素の重要性が強く宣言されたことがわかるのである。これはヘッケルのエコロギー概念とも符合する内容ではあるが、いわゆる現在普及している「生態系は生物的な要素と無機的な要素との総体である」という図式は、タンズリーの生態系概念に基づいていると考えるのが妥当であろう。しかしタンズリーのこのテクストには、無機的な要素全体を示す言葉として「ビオトープ」という言葉は使われていない。

ならば、先に述べた「生態系＝ビオトープ＋生物群集」という説明図式はどのようにして成立したのだろうか。これに関しては諸説あるのだが、ここでは詳細に立ち入らない。ただし、生態学者Ａ・クラトホヴィル（オスナブリュック大学）らの指摘によれば、昆虫を専門とするドイツの生態学者フリーデリクスが既に一九三〇年に、「ビオトープ概念にはすべての無機的要素の総体が含まれる」と記述していること、さらに一九七三年にはドイツの植物生態学者エレンベルクが「生態系は生物群集とビオトープ（生息空間）の間のシステム的な相互関係の構造として理解される」と定義している（Kratochwil (2001) 92, 101）。いずれにせよ、ヘッケルが亡くなってから時間を経て、特にヨーロッパ大陸において生態系とビオトープの関連づけが行われたと考えられるのである。

「ビオトープ」の誕生

では、実際にダールによって「ビオトープ」が造語されたテクストを紹介しよう。動物地理学者であるフリードリヒ・ダールについては日本ではほとんど知られていないので、簡単に紹介しておきたい（Damker (1980) 467–471）。

彼は一八五六年に、当時はデンマーク領であったホルシュタインの農家に生まれたが、家業を継ぐことはせずに、動物学者になることをめざしてライプツィヒ大学に入学。その後、フライブルク大学、ベルリン大学を経て、キール大学へ移り、一八八四年に昆虫に関する論文で博士号を得た。その当時の研究対象は主に昆虫とクモであったが、キール大学の動物学研究所で、海洋動物学者カール・メービウスに師事して海生無脊椎動物の研究に入り、私講師となった。メービウスは、生態学の分野では、一八七七年に「生物群集（Biozönose）」（英語ではbiocenosis）という新たな概念をもつ専門用語を作ったことで有名である（Möbius（1877））。生物群集とは、ある地域に関連し合いながら生息している複数の生物種の個体群の集合を意味する。先に見たように、ヘッケルもこの言葉を受容している。

ダールは、一八八九年の「プランクトン調査」（次章で紹介するキール大学教授のヴィクトール・ヘンゼンを中心とした調査団）にも参加して、海洋性プランクトンの研究も極めた。その後、ベルリン動物学博物館（現在はフンボルト大学附属自然史博物館）へ移り、一八九八年にはクモ部門の責任者となった。同時にキール大学で知り合ったロシア出身のマリアと結婚し、二人で研究を続けていくことになる。「ビオトープ」が誕生するのは、それから一〇年後だ。

では、造語の現場としてのテクストを見てみよう。一九〇八年に、ダールは、ドイツ動物学会の機関紙である「動物学報告」に「生物群集研究の諸原則と基本概念」という短い学術報告を載せている。これは、動物地理学を志す初心者たちに向けられた教育的な文章であった。ダールによれば、動物種の地理的な分布の境界線を確定することは、大型の目立つ動物ならともかく、大半の動物は小さくて隠れているため、極めて難しい。そういう動物たちがどのような生存条件下に生きているか、その条件の特徴を知らずには、調査は行えないのである。そのような個別の動物種に関する科学的なデータを地道に蓄積しつつ、生物群集の研究は進められるべきなのであって、恣意的な態度は許されないことが強調されていく。その結果、区分される生物群集のそれぞれには、少なくとも一つの特徴的な動物種を指摘することができるのだという。このような流れの中で、動物地理学の学術用語の整理が試みられている。

「植物学者たちが、いくつかの規模の大きい『植物群系(Pflanzenformation)』を区別し、これらをまたいくつかの『植物連合(Pflanzenverein)』に分類するのに倣って、私は上に述べた論文[一九〇三年に書いた論文のこと]で、一方を『陸地および水界のタイプ(Gelände- und Gewässerart)』、すなわち『動物の生息場所(Zootop)』、他方を『生物群集(Biocönose)』[綴りは原文のまま]というように区別した。——私の『動物の生息場所(Zootop)』という表現に対してエンダーライン氏は『生物共生体(Biosynöcie)』という新しい名称を提案してきた。——名称変更しても学術上の大きな進展を認められないと思われるので、私がつけた名称のままにしたいと思う。もし、動物だけでなく植物も名称に含ませることを望むならば、独語の『水界および陸地のタイプ(Gewässer- und Geländeart)[原語のまま]』の代わりに『生物の生息場所(Biotop)』とすることが可能だ」(Dahl(1908)350, 351)。

少し補足をしよう。引用の冒頭部分には、植物学者の例に倣って分類してみたという表現があることから、当時、植物生態学に比べて動物生態学(ダールは動物地理学といっている)は遅れていたことが読み取れる。マッキントッシュも『生態学』の中で、当時の生態学の分野は海洋生物学、陸水学、植物生態学、動物生態学の四つがあったが、陸上の生態学者といえばほぼ植物学者であり、動物学者は遅れをとっていたことを示唆している(McIntosh(1985)22, 32, 56, 128)。植物生態学の分野では既に、一八九五年に出版されたデンマークのヴァーミングによる『植物群落(*Plantesamfund*)』が大きな貢献をしていたが、動物生態学の分野ではそれに匹敵する影響力のある書物、すなわちイギリスの生態学者エルトンの『動物生態学(*Animal Ecology*)』が出るのは一九二七年になってからである。

同じく引用文の冒頭部分には、植物学者は、上位概念の「植物群系」の下位に「植物連合」を分類するという表現があるが、それは何を意味しているのであろうか。「植物群系」自体は、一八三八年にグリーゼバッハが「構成する種の多様性にかかわらず、類似の気候から生じた植物の類似の群がり」に対して与えた名称であり、熱帯雨林や落葉樹林や大草原など、植生の単一のタイプを示している(オースター(1989))。「植物連合」という名は見慣れないものだが、「植物群落(Pflanzengemeinschaft)」に相当するものと考えられ、ある地域に生えている何種類もの植物個体群の総体を示している。つまり、群落と群系の関連性は、ある地域に生息する個体群の総体(群落)が存在し、それが表出する特徴的な相観によって上位概念としての群系が認識される、という意味として理解することができる。ここでは群系は、群落の代表的な特徴で示される広範囲の地域的な区分けであると考えられる。植物学者たちは、実際に群落を調査することも可能であるし、群系を観察により定めることも可能なのだ。

一方、動物生態学では、そのような階層構造は認識されていなかった。地域内に固着した植物とは異なり、移動性の動物の場合は調査が難しい。当時はまだ、ある地域に生息する個体群の調査データの蓄積もままならない状況ではあったものの、植物群落に匹敵する、メービウスの定義した「生物群集」という概念は既に存在していた。生物群集とは、一般には動物群集のことであり、生物共同体(Lebensgemeinschaft)とも呼ばれ、複数の個体群が関連し合いながら一つのまとまりを作っているような集団を意味する。

そこでダールは、動物生態学にも、植物生態学の階層概念をとり入れようと考えたのである。生物群集は植物群落に相当するものなので、その上位には、それらの動物集団の特徴的な相観を示すような区分が存在するはずだ。それはどのようなものであるのか。一九〇三年、彼はそれを「Gelände- und Gewässerart（陸地および水界のタイプ）」であるとして、「Zootop（動物の生息場所）」という言葉を造語して披露することになった。しかし通常のドイツ語では、「Geländeart」の意味するところは、平野、森林、丘陵、沼地などの陸地の種類であり、「Gewässerart」は河川、湖、小川、池など水界の種類である。つまり、動物の生息場所である地形的な空間を、生物群集の上位概念とする提案である。行間から推測すると、ダールは「森林型動物相」のような区分を想定していたのではないだろうか。しかし呼称自体は、単なる生息場所、地形的な分類を示すものに過ぎず、「植物群系」に相当していないものであることは明白だった。この論理的な矛盾を見抜いて批判したのが、当時、ベルリン動物学博物館の助手であった若き動物学者エンダーラインだったのである。

実は一九〇八年のダールの文章全体が、エンダーラインに対する反撃文であるように見えるほどなのである。ダールは彼からさまざまな批判を受けて、気分を害していたに違いない。テクストからは、ダールの論理矛盾に気がついたエンダーラインが、「Zootop」に替えて「Biosynöcie（生物共生体）」という言葉を提案したことがわかる。この呼称自体の妥当性は定かではないにせよ、少なくとも生物群集の上位概念としては、単なる地形の名前よりも相応しいものに思われる。この提案をダールはにべなく退けることになるのだが、その際につけ足すように、「植物も含めたければビオトープと呼んでもよい」というのである。このように、「ビオトープ」という言葉自体は、かなりあっけなく生まれ出たのだった。したがって、現代の私たちが期待するような定義もここには見当たらないのである。

このように、ダールは、ヘッケルのエコロギー概念、特に無機的環境の重要性などを全く念頭に置くことなく、ビオトープという言葉を造った。当然、ここには「エコロギー」という言葉すら出てこない。加えるに、ビオトープという言葉は、植物群系に相当する階層概念として誕生したのであって、外見上は単なる「生物の生息場所」を示していても、ダールの意図では、各地形に特有な生物相のことを意味するものだったのではないかと推察されるのである。

ビオトープ概念の成長

しかし、ダールはそれから一三年後に、エコロギー概念をとり入れた『生態学的動物地理学の基礎』(1921／23)という二巻本を書き、その中で、ビオトープの定義を修正しているのである。ここでは、時の経過とともに、ビオトープ概念が確実に成長し、動物生態学の分野における重要な概念に変化したことが読み取れる。

「動物の地理的分布についての研究は、満足な結果を出そうと思えば、生態学的な研究 (ökologische Untersuchungen)、つまりその動物の生存のあり方についての研究と緊密に結びつかねばならない。なぜならば、ある地域に、ある動物種が本当にいないとするならば、特に、その動物種が持続的に生存可能であるような場所、したがって、その種が必要とする生存条件にあらゆる点で合致するような場所がその地域にあるのかどうかを知らねばならないのだ。その地域に、適切な『ビオトープ』が存在することが確かめられたあとにようやく、その動物種がそれにもかかわらずその地域にいないことを地形学的にいかに説明できるか、なぜその動物種はそれ特有の分布拡大の手段を用いてその地域に今まで到達できていないのか、なぜそれに相応しいビオトープに到達しなかったのかという問いを吟味することができるのである」(Dahl(1921) 1)。

ここにおいてようやく、ダールの「ビオトープ」は「ある動物種が持続的に生存するための条件を満たしている場所」であると明瞭に宣言されることになった。つまりビオトープという言葉は一九〇八年に誕生したが、その時には「動物地理学」における区分概念としての意味しか担っていなかった。しかし一三年の間にダールは「生態学」的な概念を受容し、動物の生息場所の重要性を認識した結果、ビオトープ概念を修正しつつ、ここで再定義したものと考えられる。ダールにおけるビオトープ概念は、両テクストを踏まえねば理解できないことといえよう。

この段階では、ビオトープには「生息場所の地形的な意味合い」が強いのであるが、先に述べたように、一九三〇年代になってビオトープは、他の研究者たちによって、「生息場所の無機的な要素の総体」という意味に変わり、さらには、生態系を構成する重要な要素としての無機的環境という概念へと変遷していくことになる。

以上のように、「ビオトープ」も「生態系」も、ヘッケルには与《あずか》り知らぬ将来の話なのである。

書籍やインターネットなどを通じて文字情報が広く早く伝達される現在の社会においては、学術用語の紹介や概念の説明における簡単な間違いが否応なしに増幅され、いずれはそのまま「常識」と化す危険性があることを如実に示すものといえよう。

第7章

プランクトン論争

深海の科学

地球表面の七割を占める広大かつ深遠なる海、生命の源であり、私たちの生活と深く結びついているこの海に関して、私たちは、一九世紀半ばにはまだほとんど科学的知識をもっていなかったのである。もちろん、人間は昔から船をつくって海に繰り出し、魚を採り、遠い島や対岸の地にまで辿り着いてきた。漁業従事者たちは海の生物たちの知識をそれなりにもっていただろうし、船乗りたちは海の道の知識をもっていただろう。だが、海岸や浅瀬とは異なる深い海の中や海底がどのようなものであるか、これを知るのが方法的に難しいのは当然だった。未知なる深海の神秘性やそれへの畏怖感は、例えば、日本の昔話にある竜宮城をはじめ、沈んだ大陸、巨大イカやタコなど、さまざまなファンタジーの源となってきた。

深海を科学的に知ろうとする関心がヨーロッパで生まれるのは大航海時代の頃であり、はじめは、麻縄を船から降ろして深海の深さを測ろうとしたという。しかし、博物学者たちが本格的に着手するのは一八世紀の後半、金属製の開口部のついたネット(ドレッジ)が発明されて、それを船から降ろして海底を曳いて採集ができるようになってからだった。さらに深海の調査にはハイテクを備えた特殊な船舶や莫大な資金も必要であり、実際にそれが可能になるのは、一九世紀の半ば以降になってのことである。例えば、イギリスの軍艦サイクロプス号(H. M. S. Cyclops)やチャレンジャー号(H. M. S. Challenger)による海洋調査などは有名である(本章では、当時の海洋学に関して西村三郎の『チャレンジャー号探検』を多く参考にした)。

こうして海洋学や海洋生物学が発展する道が開けるが、その中でも一八九〇年から一九〇〇年の期間は、海洋生物学が現実の漁業と関係しながら発展し、生態学と認められる諸々の顕著な要素が現れ出るようになった重要な時期と捉えられている。特にそこで重要な役回りを演じるのが、ドイツのエルンスト・ヘッケルとヴィクトール・ヘンゼンとの間に繰り広げられたプランクトン学をめぐる論争である。ヘンゼンはキール大学の生理学教授で、海洋生物学に大きく貢献した人物である。

ヘンゼンは、魚の餌となる浮遊するすべてのものを「プランクトン」と呼び、この個体数を測量する方法と統計学的な計算方法を編み出そうと模索し、ヘッケルがそれをあまりに不確実なものとして批判する、というこの論争は、今日でも海洋生態学を悩ます難問に初めて切り込んだものとして、生態学史の研究書に取り上げられてきた(McIntosh(1985), Damker(1980))。本章では、この論争を、その背景的な事実と、ヘッケルとヘンゼンという二人の人物像から捉え直し、生態学史の教科書的な記述では語り尽くせぬ部分に光を当てたい。

海洋生物学と電信ケーブル——当時の深海底イメージ

ヘッケルは、クラゲや放散虫といった海生無脊椎動物の形態学、分類学が専門領域であった。一元論思想の普及活動に多忙な間もその研究意欲は衰えることなく、調査研究を地道に続けていた。彼が一八七〇年に書いた『深海底の生命』をひも解くと、当時の深海生物に関する研究の状況をうかがい知ることができるのである。それに沿って概観しておこう（Haeckel（1870b））。

深海底の研究には大型船を用いる大規模な調査が前提となるのだが、それを促したのは、電信ケーブルの敷設工事であった。一八三七年にアメリカのサミュエル・モースが発明した有線電信は、その簡便性と迅速性ゆえに北米とヨーロッパを中心にネットワークを拡大していったことはよく知られている。ヨーロッパでは「英仏海峡海底ケーブル」が一八五一年に開通したことにより、初めて海を隔てた大陸とイギリスが結ばれ、一八五七年からはアイルランドとニューファンドランドを結ぶべく北大西洋横断海底ケーブルの敷設工事が開始された。この工事は数々の困難を経て一八六六年に完成するのだが、この前人未踏の深海底への介入作業のためには、予《あらかじ》め深さや性状等を詳しく調べる必要があったのである。イギリス、スウェーデン、アメリカの各政府は、多数の軍艦を投じてこの任務にあたることになった。

一方、当時の一八五〇年代には、深海底には全く生物がいないという考え方が支配的だった。多様で豊かな生物がいるのは海岸と浅瀬のみであって、それ以上深くなると徐々に生物は減って最後は全くいなくなるというものである。その理由は、深海底は光の届かぬ暗黒の世界であって、それゆえに極低温であり、また途方もない水圧がかかり、水にも動きがなく、このような環境では生物の生存は不可能であるからだという。したがって、深海底には死の世界が広がっていると考えられていたのである。イギリスの博物学者エドワード・フォーブスは、東地中海の調査に基づき、三〇〇ファゾム（約五五〇m）で生物は全くいなくなると推定した（無生物帯説（azoic zone theory））。

最終的にこの説を打ち砕いたのは、博物学者ではなく、電信ケーブルであった。イタリアのサルディニア島とアフリカを結ぶ地中海の電信ケーブルが六〇〇〇〜八五〇〇フィート（約一八〇〇〜二五五〇m）の海底に二年間敷設されたあと、一八六〇年に、修理のために引き揚げられたのである。その表面には、多くの貝やヒトデやサンゴが付着していた。特にサンゴは自ら石灰質を分泌してケーブルにしっかりと固着しており、引き揚げられる時に偶然に付着したのではなく、それが深海底で生きていたことはまぎれもなかった。こうして、無生物帯説というパラダイムは完全に破綻することとなった。しかしまだ、深海底にはどのような生物たちがどのように生息しているかについては、全く不明なままだった。

無生物帯説の次に現れた深海底のイメージは、折しも、一八五九年に公表されたダーウィンの進化論（『種の起原』）に触発されたものであった。右記の地中海の海底ケーブルに固着していた深海サンゴについて、ヘッケルは「それまで化石としてしか知られていなかったサンゴであり、まさに生きている化石だ」と述べている（Haeckel（1870b）21）。ダーウィンの自然選択説によれば、生物は徐々に変化するまわりの環境に適応できるものだけが生き残り、長い時間をかけて多様な形態に進化してきたとされる。陸上と比べると深海は環境の変化が緩慢であるのだから、そこに生息する生物たちは進化の度合いも低いはずだ。つまり、深海底は始原生物たちが生息している場所なのではないか。一八五七年にイギリスのサイクロプス号が海底から軟泥標本をもち帰ったのを皮切りに、一八六〇年代のノルウェー、スウェーデン、アメリカ政府による海底の軟泥調査が明らかにしたのは、深海底は粘液性の軟泥の層に覆われていることだった。その標本を顕微鏡で観察する

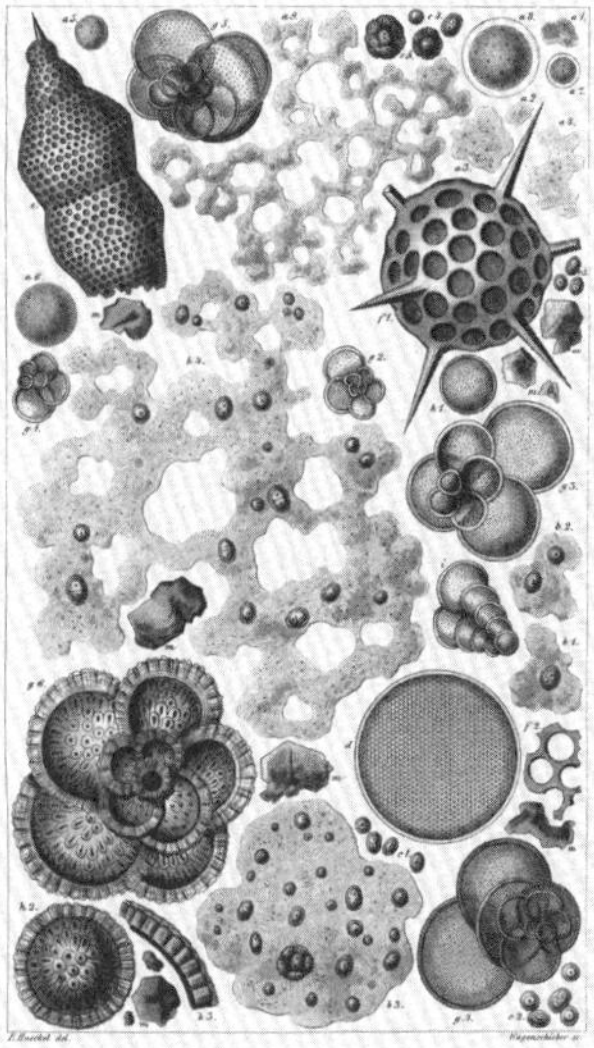

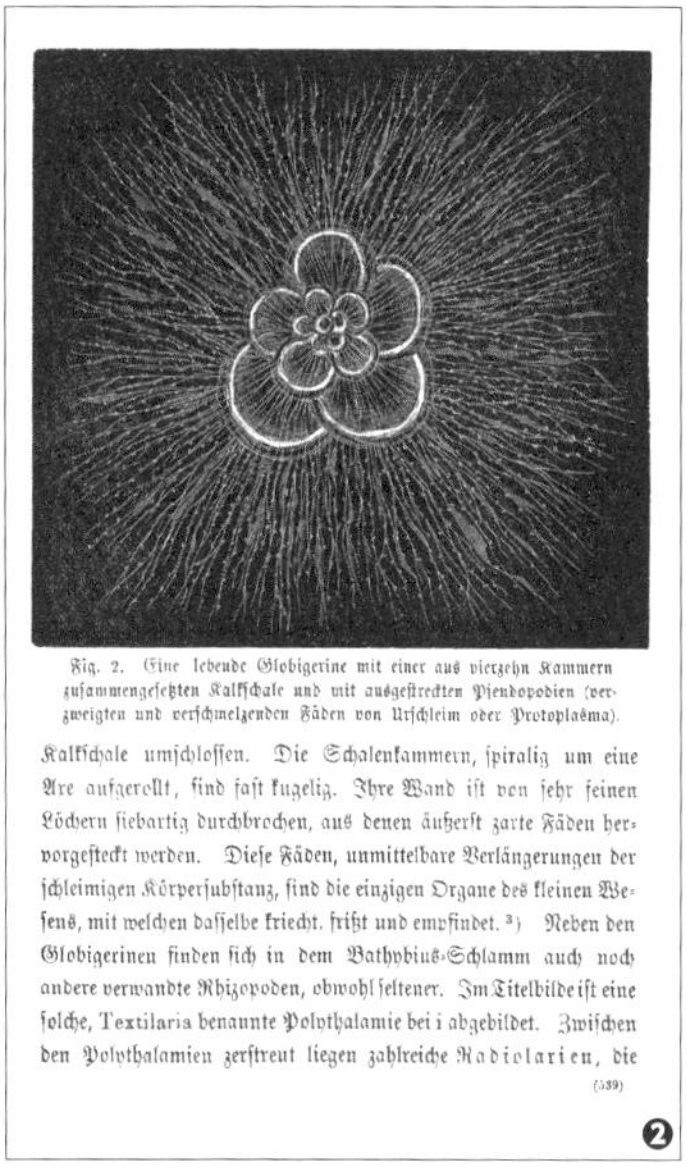

Fig. 2. Eine lebende Globigerine mit einer aus vierzehn Kammern zuſammengeſetzten Kalkſchale und mit ausgeſtreckten Pſeudopodien (verzweigten und verſchmelzenden Fäden von Urſchleim oder Protoplasma).

Kalkſchale umſchloſſen. Die Schalenkammern, ſpiralig um eine Axe aufgerollt, ſind faſt kugelig. Ihre Wand iſt von ſehr feinen Löchern ſiebartig durchbrochen, aus denen äußerſt zarte Fäden hervorgeſteckt werden. Dieſe Fäden, unmittelbare Verlängerungen der ſchleimigen Körperſubſtanz, ſind die einzigen Organe des kleinen Weſens, mit welchen daſſelbe kriecht, frißt und empfindet.[3] Neben den Globigerinen finden ſich in dem Bathybius-Schlamm auch noch andere verwandte Rhizopoden, obwohl ſeltener. Im Titelbilde iſt eine ſolche, Textilaria benannte Polythalamie bei i abgebildet. Zwiſchen den Polythalamien zerſtreut liegen zahlreiche Radiolarien, die

(539)

❶ヘッケル『深海底の生命』(1870)の❶扉と❷本文(図は有孔虫)。
❸ヴィクトール・ヘンゼン。

と、放散虫や珪藻類や有孔虫の死後に残された殻のほかに、生きている有孔虫類も認められた。

最初にサイクロプス号の軟泥標本を観察したトーマス・ヘンリー・ハクスリーは、まず「白亜連続説」を提唱した（説の名称は西村）。これは、ヨーロッパに分布するチョーク（白亜）の地層の起源を、深海底の軟泥（特に有孔虫の石灰質の殻からなる）とする説である（これはのちに、深海底ではなくて浅海底に沈殿したものが起源であると訂正された）。ハクスリーはまた一〇年後に同じ標本を顕微鏡で再観察した結果、珪藻類や有孔虫の他にゼラチン状の奇妙な物体をみつけ、これはひょっとして、深海底に生息する始原生物バチビウス（*Bathybius*：ギリシャ語で「深海に生きるもの」の意）ではないかと考えた。これが「バチビウス説」である。バチビウスについては、既に本書第二部第2章にて扱っているが、『深海底の生命』に沿って簡単に振り返っておこう。

当時、ダーウィンの進化論に深く感激していたヘッケルは、生物の起源には、無機物から単細胞生物に進化する途上にある中間的な段階、つまりミッシングリンクがあると考えていた。それは原形質だけでできていて、核もないし、細胞膜にも覆われていない状態の生物だったとして、彼はそれを「モネラ」と名づけていた。ハクスリーは、まさにヘッケルのいうモネラこそ、軟泥標本の中の不定形でゼラチン状の始原生物だと考え、これをヘッケルに因んで「バチビウス・ヘッケリ（*Bathybius haeckelii*）」と名づけたのである。自分の仮説が証明されたと信じたヘッケルは喜びに溢れ、バチビウスは深海底で今も自然発生によって生まれているに違いないとの確信を強めたのであった。

さて、バチビウス説はその後どうなったのだろうか。これが真実であれば、現在の私たちの世界観は大きく変わっていただろう。イギリスの調査船チャレンジャー号は一八七二年の年末に出港して以来、この説の真否を問うべく採集した軟泥の検査を続けてきたが、バチビウスは見出せなかった。しかし一八七四年、日本に到着する直前に、軟泥標本をアルコールで保存すると、海水中の硫酸石灰がゼラチン状に沈殿し、原形質と同じような性質を呈することが判明する。こうして、今なお始原生物が自然発生している深海底、という、まことに魅力的なイメージもまた、海の泡と消えたのであった。

ヘッケルはこうしてバチビウスの夢はあきらめることになったが、そのあとも海洋の生物についての研究は地道に続けていく。彼の祖国であるドイツは一八七一年に統一国家となるまでは大小さまざまな領邦国家の集まりだったせいか、科学的調査のために公的に軍艦を使用するということを行っておらず、ヘッケルにとっては悔しい限りであった。一八七六年、イギリスのチャレンジャー号が三年半かけた世界一周の旅から戻り、その時にもち帰った一三〇〇〇種を超える標本のうち、放散虫等の同定作業を依頼されたヘッケルの興奮と意気込みは相当のものであった。一二年間に及ぶ奮闘の末、彼は、当時まだ不明な点の多かった放散虫に関して四三一八種の分類記述をこなし(三五〇〇種を超える新種を含む)、一四〇枚の図版を添えて二七五〇頁の『放散虫類報告書』(Haeckel(2010．1887))を上梓して学術的な貢献を果たした(詳細はHaeckel(1896))。英国にて発行された、いわゆる「チャレンジャー・レポート」は全五〇巻に及ぶ偉大な学術報告書となり、その一端を担えたことは、生物学者としてのヘッケルの甚大なる誇りとなったのである(ちなみに、散逸したヘッケルの放散虫スライド・コレクションの調査(ヘッケル・エーレンベルク計画)が二〇〇四〜五年に、国立科学博物館、東北大学、宇都宮大学、フンボルト大学、ロンドン自然史博物館、ヘッケル・ハウスの共同でなされている。詳細は、谷村・辻(2012))。

ドイツ調査船ナツィオナール号――論争の前夜　その一

そのような頃、プロイセン主導で統一されたドイツ国家においても、調査船が繰り出されることになった。ヘッケルは一八八一年頃、チャレンジャー号航海を手本にしたインド洋の深海底調査を企画し、ベルリン王立科学アカデミーのフンボルト基金に資金援助の申請をしたが却下され、諦めざるを得なかった(Krauße(1987)98)。ところが、そのフンボルト基金からの援助に加え、皇帝ヴィルヘルム二世からの援助、ドイツ漁業組合や個人の寄付金まで貰って、ドイツ初の大規模な海洋調査船ナツィオナール号(National)が大西洋調査のために一八八九年、キール大学の生理学教授ヘンゼンを団長にして出港することになったのである(Porep(1970)108, 109)。なぜ、ヘッケルではなくてヘンゼンなのか。

政府が大金を供出するには、それなりの理由があった。一九世紀半ば頃には、海の魚介類の減少が次第に明らかになり、漁業の危機感が募っていたのである。それは漁業技術の革新により捕獲量が増えたため、また鉄道網の拡大により新鮮な魚介類が食材として遠隔地まで運ばれてその需要が高まってきたためである。前章で紹介したが、キール大学のカール・メービウスが「生物群集」という造語と定義をしたことは、生態学の歴史上有名な話だが、これは実はカキの研究のためであった。つまり、当時、自生のカキが乱獲されて減少したため、ドイツ政府の委託により、北海沿岸における養殖が経済的な利益をもたらしうるかどうかを調査する目的であった(Möbius(1877))。当然、海水さえあればどこでも育つというわけではなく、その場におけるカキの生態をよく理解しなければ答えは出ないのである(この調査では北海での養殖は無理という結果だった)。

沿岸・遠洋漁業も似たような状況にあった。同じくキール大学のヘンゼンもまた、漁業を視野に置いて海洋の生産性というテーマで研究をしていた。彼の尽力で一八七〇年にキール大学を本拠地として、プロイセン政府からの援助を受けた「漁業向上のためのドイツ海洋調査委員会(Preußische Kommission zur Untersuchung der deutschen Meere im Interesse der Fischerei)」が設立され、漁獲高の減少という焦眉の問題にとり組む必要不可欠な学問としての「海洋生態学」が育ちゆく土台ができたのである(Porep(1970)97, 98)。

このように、ヘッケルとヘンゼンでは、そもそも海の生物に対する研究姿勢が全く異なっていたのである。ヘッケルは純粋に進化論に基づいて、生物の種類を同定し、その生態を解明するという関心である一方で、ヘンゼンの関心は、海の生産性という現実的な問題の解決策を探る目的を帯びた生物の調査であった。後者に対して政府は資金援助をしたのであって、ナツィオナール号は科学調査船チャレンジャー号とは趣旨を異にしていた。

ナツィオナール号の調査は、別名「プランクトン調査(Plankton-Expedition)」と呼ばれているが、この「プランクトン」という言葉はヘンゼンが一八八七年に造ったものだ。それまでは、ヨハネス・ミュラー(ヘッケルの師でもある)が「アウフトリープ(Auftrieb：浮いているもの)」と呼んできたものだった。ヘンゼンの定義によれば、プランクトンとは「浅瀬であろうが深海であろうが、死んでいようが生きていようが、とにかく水中に漂うすべてのもの」のことである(Porep(1970)104)。このプランクトンこそが魚類の餌になるわけだから、これの生態、海中の量などがヘンゼンたちの大きな関心になるのは当然である。

ヘンゼンを団長とし、キール大学から五名の研究者、副団長で動物学者のブラント、動物学者でのちにビオトープを造語するダール、植物学者シュット、地理学者クリュメル、細菌学者フィッシャーを乗せたナツィオナール号は、一八八九年七月一五日にキール港を出港し、一一月七日に帰港した。航路は大きな8の字を描いて、キールからグリーンランド南部に出て、カナダ沖を南下してバミューダ諸島、そこから大西洋のど真ん中のサルガッソー海を横断し、西アフリカのセネガル西方海上に浮かぶカーボヴェルデ諸島を抜け、赤道を越えてアセンション島にいき、そこから航路を西に向けてアマゾン河口のパラにいき、大西洋を北上してアゾレス諸島を抜けてキールに戻るという、総航路が一六〇〇〇海里（約三五〇〇km）に及ぶものであった。彼らは、ヘンゼンが改良した目の細かい絹製ネットを垂直に長さ二〇〇m、断面積一㎡の水柱になるように引く方法で、多くの地点でプランクトンの量を測定した。このゆえにヘンゼンは「定量的プランクトン生態学の父」と呼ばれることになるのである（Taylor（1980）515）。

生態学の父としてのヘッケルの自負──論争の前夜　その二

だが、「生態学の父」は、ヘンゼンではなくヘッケルだったはずだ。本書前章で詳しく扱ったように、生態学としてのエコロギーを新しい学問として世に広めたのは、ヘッケルの功績であった。生物がいかに生活しているかは単に観察記述するだけでは理解されず、生物が、その外界である他の生物や無機物との諸々の影響関係の中でそれに適応するように生きているという観点から（つまり進化論的な観点から）理解することが重要なのだ。それによって、生物の形態や機能についても合理的に説明できるのである。

しかし、ヘッケルには放散虫、クラゲ、サンゴ等の海生無脊椎動物に関する（進化論に基づく）分類学的な研究論文はあるが、今日的な意味での生態学的な研究は見当たらない。生態学史の中で、ヘッケルの名が登場するものといえば、エコロジーの造語と定義の他には、このヘンゼンとの間に展開された論争ぐらいである。もし、次に紹介する一八九〇年のヘンゼンによる短い報告書が公にならなかったとしたら、ヘッケルは本格的に海洋生態学に首を突っ込むことはなかったのではないだろうか。ナツィオナール号の帰港後、公式の学術調査結果が出される前に、科学アカデミーの前でフンボルト基金の事務報告がなされた際(一八九〇年三月一三日)、団長のヘンゼンによるB5版のごく簡単な報告書が提出されたのである(Hensen (1890))。これを読んだヘッケルは、故ヨハネス・ミュラーの弟子でもあり、海生無脊椎動物の中でも特にプランクトンを研究し続けてきたという自負もあって、猛然と批判を行うことになる。しかも、ここから、のちの海洋生態学に影響を及ぼす諸々の概念が生まれ出ることになるのである。

ヘンゼンの報告書——論争の口火

ヘンゼンの報告書は、『フンボルト基金によるプランクトン調査のいくつかの結果』と称する、全体で一一頁の短いテクストである。ヘッケルとヘンゼンの論争は、このヘンゼンの報告書が発端となり、その内容に対してヘッケルが批判し、それにまたヘンゼンが批判を返すという形で進んだ。しかもヘッケルによる批判には相手を侮辱する言葉が多く、さらに輪をかけるようにヘンゼンが中傷的な言葉を連発するという極めて感情的な論争であった。ヘッケルの怒りの対象は、特に、ヘンゼンらの調査結果として掲げられた以下の二点に集約される。

まず、外洋ではプランクトンは均一に分布しているという調査結果。それゆえに、ネットによる採集は、プランクトンの分布の正確な情報となると主張されている。次に、北方の海の方が熱帯の海よりもプランクトン量が豊富であるという調査結果。それは、プランクトンの生育に必要な窒素化合物が熱帯の海に乏しいからと推測されている。これらの調査結果に対するヘッケルの批判はあとで紹介するが、いずれの結果も、それまでのいわゆる「常識的な」考え方――つまり、プランクトンは不均一に分布しており、また、陸地の生物と同様に、熱帯の方が寒帯よりも生物量も多様性も豊富という考え方――とは大きく食い違うものであった。

ヘッケルが憤然とした理由は他にもある。例えば、ヘッケルの伝記作者クラウセは、ナツィオナール号調査に声のかからなかったことが、ヘッケルのプライドを損ねたと指摘している。それもありそうだ。しかし、次のこともヘッケルの怒りの原因となった可能性がある。すなわち、ヘンゼンは、観測データとしての数字を連発して論を展開し、ヘッケルの旨とする哲学的な論証のタイプとは、全く趣を異にしていたのだ。また、短い報告書のせいもあって、論を煮詰めずに、軽い推量で書かれた印象もあった。例えば、バミューダ諸島からカーボヴェルデ諸島までの水域でのプランクトン測定についての記載を見ると、ネットにより二〇〇mの長さの断面積一㎡の水柱を引き揚げた時のプランクトン量(cc)を三一回測定したところ、最小値は一五、最大値は七〇、平均値は三五であったこと、この平均値より少ない収穫は他ではなかったが、これより大きな収穫は北では八〇倍、南では二〇倍の値だったことが記され、そこからこう結論づけられている。「これらの獲得された量から、この調査は大成功だったことが証明されたといってよいだろう。なぜならこの調査は、外洋にはプランクトンが十分に均一に分布しているはずであり、そのため少ないサンプル収集からも極めて大きな海域の状況が確実に示されるだろうという純粋理論的な見解に基づいて行われたものであり、しかもこの前提の信憑性が期待した以上に大きいことが証明されたからである」(Hensen (1890) 1-2)。

ヘンゼンの計画ではこの報告書のあとに、データに基づく本当の分析が行われるので、軽い気持ちで書いたのかもしれない。しかし矢は放たれてしまったのである。

ヘッケルの批判――プランクトンのエコロギーとコロロギー

ヘッケルはこの報告書を見て、くすぶっていたものが一気に噴き出てきたようである。しかも時は、チャレンジャー号の膨大なレポートが最終的な完成をみる一八九五年の直前である。チャレンジャー号による海洋の科学調査は、イギリスの王立協会の立案で、政府と海軍省の全面的なバックアップにより企画された一大プロジェクトであった。一八七二年一二月末から一八七六年五月末までの三年半を費やして得られた世界の海の外洋部・深海底に関する科学的なデータは膨大なものであり、それを二〇年近くかけてまとめ上げた全五〇巻に達するレポートはまさに偉業であった。確かにその意味ではナツィオナール号のプランクトン調査とは比べものにならない。ヘッケル自身も放散虫の専門家としてその同定作業に協力し、他のさまざまなデータを手に入れていたのであるから、ヘンゼンに一家言したくなるのも当然であろう。

ヘンゼンに対する批判の書物は、一〇五頁に及ぶ『プランクトン研究』である(Haeckel (1890b))。ここにおいて、ヘッケルは自分を「現在の自然科学者のうちで、粘り強い独自の現地調査によってプランクトンの生息環境を最も詳しく紹介し、最も深くこの海洋生物学の難解な問題にとり組んできた一人」と自負し、この長年にわたる経験に基づき、ヘンゼンの打ち出した主張の不備を明らかにしようと考えたのである。ヘッケルは、海の生物たちの分布を扱う海洋コロロギーが陸生の動植物の分布学と比べると立ち遅れていて、しかも基本概念がしっかりと確立されていないことを指摘し、これを土台から築きなおそうとする。いかにもヘッケルらしい。そしてエコロギーは、外洋の生物同士の複雑な関係性やそれらの生息の仕方を扱うものと述べている。もちろんコロロギーもエコロギーもヘッケルが生み出した概念である。

彼はヘンゼンが造語した「プランクトン」という言葉を称賛し、自らもこれを用い、さらに形容詞「planktonisch」をつくり、プランクトンを扱う学として「Planktologie」という言葉もつくる。さまざまな概念定義をしていくことがヘッケルの特徴であるが、それは、観察や実験といった経験的・帰納的な方法だけではなく、哲学的・演繹的な方法による論理的な概念規定からこそ、望ましい答えが得られるという確信をもっているからであった。自然理解のためには、経験に基づいて、予《あらかじ》め論理的な基本枠をつくっておくという立場である。

まずは海の生物を動物と植物に分ける。したがってプランクトンにも動物性のものと植物性のものがある。さらに海の生物を、生態学的な観点から二種類のグループに分ける。プランクトンと「ベントス（Benthos：日本語では底生生物）」である。ベントスは泳がない海の生物であり、海底に固着しているか、自由に這ったり歩いたりして動けるようなすべての動植物を意味するものとして、プランクトンに対置させたのである。「ベントス」という語は、ヘッケルが海底の意味を表すギリシャ語から造語したものだ。ベントスの形態学的な特徴は、生活の仕方の生理学的な特異性により、プランクトンとかなり違うとはいえ、この二つのグループは世代交代などで深く関連しているのである。例えば、深海クラゲは通常はプランクトンとして生活しているが、幼生のポリプ時代はベントスである。

さらにヘッケルは、ヘンゼンの定義したプランクトン概念の曖昧さを次のように解決した。つまり、プランクトンの中には受動的に漂うものと、能動的に泳ぐものが混在するので、前者をプランクトンとして、後者を「ネクトン（Nekton：日本語では遊泳生物）」として対置させた。これもヘッケルの造語であるが、語源は示されていない（小学館の独和大辞典によれば、ネクトスはギリシャ語で泳いでいるという意味）。ただしネクトンには、魚やクジラの他、カメやペンギンまで含まれてしまう。また魚はネクトンだが、泳がずに漂っている場合もあるので、本当は恣意的な分け方であることもヘッケルは認めている。

また「外洋性プランクトン（oceanisches Plankton）」と「沿岸性プランクトン（neritisches Plankton）」を対置させたのもヘッケルである。neritischはギリシャ神話の海神ネレウスが語源である。さらには、一生涯に渡ってベントスにはならないプランクトンを「ホロプランクトン（Holoplankton：日本語では終生プランクトン）」、一時期だけの浮遊生活以外はベントスであるプランクトンを「メロプランクトン（Meroplankton：日本語では一時プランクトン）」と称するのも、ヘッケルの提案である。

このように考えると、このヘッケルの著作の中で、ヘンゼンのつくったプランクトンの概念がより明確に体系化されたことがわかるのである。海洋学史研究家テイラーによれば、ヘンゼンが考えていた「プランクトン」には生きていないものも含まれ、死骸だけでなく、無機物も含まれていたのだが、ヘッケルの定義づけによって生物にのみ使われるようになったという（Taylor（1980）510）。このような用語と概念が現在もなお生き続けて使用されているという事実は、ヘッケルの個人的な威力だけでなく、彼の書いた『プランクトン研究』の学術的な影響力がいかに多大であったかの証拠ともなるのである。

こうした概念規定の済んだあとに、ヘンゼンの提示した「外洋でのプランクトンは均一に分布しているという説」、「熱帯の海のプランクトン量は少ないという説」について、徹底的に批判を展開する。これについては、先に挙げた生態学史の研究書に詳しいので（McIntosh（1985）, Damker（1980））、ここでは『プランクトン研究』の流れに沿って、簡単に述べておきたい。

まず、前者の説に関してだが、ヘッケルにいわせれば、さまざまな生物からなるプランクトンの構成は質的かつ量的観点からも極めて不均一であり、同様に外洋におけるその分布も場所と時期によって全く異なるのは当然であり、これこそプランクトンのエコロギーとコロロギーの基本なのである。プランクトンにはさまざまな種類があること、年間・月間・日間・時間における質と量の変動があること、極帯・温帯・熱帯という気候帯による違いがあること、外洋性・深層性・沿岸性の海流によって変動が起こることなどを述べたあとで、こういうエコロギー的な状況を考えれば、外洋におけるプランクトン分布が均一であるはずはないとする。しかもヘッケルは、ヘンゼンが用いた統計学というもの自体が、そもそも、いくつかの不完全な観察から、全体を示す近似的な平均値を引き出すという点で危険だと述べている。数字で結果を表すと、確実であるような外見になるのだという。生理学者はとかく厳密な数学的方法を好む（ヘンゼンは生理学者である）のだが、特にプランクトンのエコロギー的・コロロギー的な研究は、数えたり計算したりする方法では足らず、プランクトン研究の祖でもあるヨハネス・ミュラーの用いていた「観察と省察」という方法が必要不可欠である、とする（このようなヘッケルの研究態度は本書第一部第2章にて紹介した）。ちなみに、プランクトンの定量の仕方は現在でも難しい問題であるようだ。

それでは、熱帯の海のプランクトンの少なさについては、ヘッケルはどう述べているだろうか。陸上であれば、熱帯のジャングルと北方の自然を比べてみれば、当然、前者に生物の多様性も個体数の多さも見出せる。同じように、太陽の光が燦々《さんさん》とふりそそぐ場所であれば、深海といえども、大量で多様な生物たちがいて当然である、と、ヘッケルをはじめとする多くの同時代人たちが信じていた。ところが、ヘンゼンたちの調査結果は逆のことを示していたのである。ヘッケルは極めて厳格に、もっと長い時間をかけてもっと多くの箇所で調査を行うべきだという趣旨の文章を連ねている。

ヘンゼンは自ら得たデータに戸惑いながらもそれを信じ、その理由を植物性プランクトンの栄養素である窒素化合物の不足にあるとし、それはこの成分が特に雨や雷雨とともに供給されるのであり、北方の海では雨が多いが、熱帯の海にはほとんど降らない（降るのは陸地だけ）からだと考えていた。しかし例外的な海域もあり、これに関してはさらに詳しい分析が必要だと述べて慎重な態度をとっている（Hensen（1890）6–8）。

この問題について、現在はどう考えられているのだろうか。NASAのデータ等を見ると、確かに植物プランクトンは北の海に多い。これは、北の海では冷やされた表層の水が沈み込み、窒素やリンなどの栄養塩を含む深層水が押し上げられるためである。また、栄養塩は陸から川を伝って運ばれるため、河口付近にも植物プランクトンは多くなる。植物プランクトンが多ければ、それを食べる動物プランクトンも増え、魚類も増えて、よい漁場となるのである。結果として、この点においては、ヘンゼンたちの考え方が正しかったのである。

さて、将来の結末を知るはずもなく、ヘッケルは威圧的に『プランクトン研究』の末尾を次のように閉めたのである。ナツィオナール号調査の正式な報告書はまだ出ていないが、ヘンゼンの短い報告書はさまざまな点で憂慮すべきものである。プランクトン学もまた、他の生物学と同様に、ダーウィンによる進化論を基本にして研究しなければならない、と。

ヘンゼンの反論——定量的生態学へ

『プランクトン研究』を読んだヘンゼンは、ヘッケルから激しく侮辱されたように感じ、またナツィオナール号調査の意義まで貶められたようにも感じて、すぐに徹底抗戦の態勢に入った。彼は一八九一年に、『プランクトン調査とヘッケルのダーウィニズム』を出版し(本文の分量八七頁)、その冒頭において、生物に関わるあらゆる分野が仮説的な進化論に支配されているとは思わないと明言し、進化論に基づかないプランクトン研究を「世界中で最も無用で無益で不器用で失敗に終わった愚かなもの」と批判したヘッケルを徹底的に打ち負かす宣言をするのである(Hensen(1891))。しかし、ここでヘンゼンの述べようとする調査結果の内容は、先に出された短い報告書の中に示されたものと同様であり、この書物の意図は、副題の「記述自然科学のいくつかの課題と目標」に示されているように、ヘッケルに代表されるプランクトン学の古い研究方法の問題性を明らかにし、プランクトン学の研究方法の新しい方向性を強く提示することであった。

章立てを見ると、第一章「プランクトン調査」、第二章「ヘッケルの独善的な攻撃に対する防御」、第三章「さらに大きな問題」、第四章「付録」となっている。第一章では、ナツィオナール号のプランクトン調査に対するヘッケルの批判をはねつけ、第二章では、ヘッケルが展開したヘンゼン批判に対して一つひとつ反論し、第三章では、今までヘッケルが提示してきた種の概念、進化の概念、系統樹、生物発生原則、多細胞生物の祖先ガストレア説などをとり上げて批判している。先にも述べたように、どの部分においても、ヘッケルを仮説にすぎない進化論をドグマと掲げて学問の進歩を妨げる悪い科学者として、辛辣な中傷攻撃の言葉を浴びせかけているのである。その意味で、第四章だけはむしろ独立した部分といえる。これは「付録」と称されているが、この書物の中で唯一、客観的な説明や資料が含まれているのである。特に、付録1では、調査結果の正確さを確かめるための数学的方法、付録2では、外洋におけるプランクトン分布測定の際の定点の決め方、というように(極めて簡単ではあるが)、プランクトン学の新しい方向性を示す具体的な方法が記されている。

これ以降、ヘンゼンが率いる形で、海洋プランクトン学における定量的、実証的な方法が急速に確立されていったのは確かである。しかし、それを強力に推し進めることになった原因は、ヘンゼンの心理的状況にあったと考えられる。

ヘンゼンは、ヘッケルを誹謗中傷しているのだが、実はこうも記している。「私が今まで自然科学で行ってきたこと、そして現在行っていることは、論争のさ中であってさえも、ひとえに自然の中の法則の真の表現とみなされるはずのものの真価を発揮させて、それに支配権を握らせる努力なのである。私は以前は、このような方向性において、ヘッケルと一致していると信じてきた。だが今はもう違う。なぜなら私には、彼が自然の現象を自分で掲げた規準にしたがってモデル化しようとしているような印象を受けるからである」

(Hensen (1891) 6)。この文からわかるように、ヘンゼンは、ヘッケルの『プランクトン研究』が出るまでは、ヘッケルからまさか攻撃を受けるとは思っていなかった。むしろ、同じ科学的な姿勢をもち合わせた同志とすら思っていたのだ。

それに、ヘンゼンは、チャレンジャー号の主な任務は世界の深海底の学術的な調査であり、ナツィオナール号の任務である漁業対策のためのプランクトンの量的な調査とは全く異なるものであるということも了解していた。本来、自分とヘッケルは同じ土俵で勝負するものではないと思っていたに違いない。

ところが、一大権威であったヘッケルが突然自分に向かって立ちふさがろうとする。それはヘンゼンにとって、予想外の大衝撃だったはずだ。当時のヘッケルの威力がどの程度のものであったかについては、既に本書第二部第1章にて紹介した(ゴールドシュミットやユクスキュルの証言)。ヘンゼンもまたこう述べている。ヘッケルは自然科学の分野で「政党(Partei)」のようなものをつくり上げていて、まるで党首のごとくに君臨し、特にそれに盲従する素人の大衆から多くの支持を得ている。「その党に刃向えば、あまりに多くの敵をつくることになるだろう」と(同書64)。

だがヘンゼンは、それを承知で自分は闘うのだ、と覚悟を述べ、「重要なのは事実のみ。可能な限り入念に突き止められた容積、重さ、数という事実」なのであり、このような確実な証拠をもたないヘッケルの反論など、「つむじ風が道に高く巻き上げた塵の柱のごとくに吹き飛ばされてしまう」運命にあるのだ、と断言するのである(同書64)。

これほどまでの強い語気から推測されうるのは、ヘンゼンはこの時点で堅く決意したのであって、最初から定量的生態学の鬼ではなかったのかもしれないということだ。それは、短い報告書の軽い書き方に表れた一種の気楽さからもうかがえる。そうであれば、ヘッケルの不愉快な批判がきっかけとなって、ヘンゼンの気持ちに火がつき、さらに油が注がれたとでもいうべき状況になった、と考えてもよさそうである。それによって、海洋プランクトン学における定量的で実証的な研究のあり方が、予想外に、より迅速に、より徹底されたのではないだろうか。このような、ヘッケルに対するヘンゼンの勝負の気持ちこそが、実は海洋生態学を大きく発展させる機動力となった可能性もあるのである。

第8章

自然の芸術形態

神即自然

私たちは日頃より、誰に教わったわけでもないのに、大自然の景観に心洗われ、植物や動物の形姿に驚嘆し、宝石の煌《きら》めきや雪の結晶に心惹かれる。もちろん、自然界には私たちに恐怖心を与える景観や生物体の内部外部の様相もある。しかしここでは、なぜ私たちは自然の形態に「美しさ」を感じるのか、という問いに話を絞ろう。ヘッケルは、そのような人間の感性や心理までも一元論で説明しようとしていた。いや、むしろ、そういう自然の美こそが、神即自然というロマン主義的で汎神論的なヘッケルの思想を根底から支えるものであったともいえるだろう。

本章では、このようなことを踏まえて、ヘッケルが自然形態の美をどのように説明しようとしたのかを紹介する。まず、一元論的な意味での美とは何かを概観し、ヘッケルの基本形態学をもう一度振り返り、自然形態がなぜ美しく感じられるのかという説明、自然の美の観察と再現のもつ意味を彼に聞いてみよう。そしてその一元論的な自然美の再現としての『自然の芸術形態』という図版集を紹介し、それが与えた影響についても言及したい（Haeckel（1904c））、（図版の復刻版についてはHaeckel（1998, 1904））。

一元論的な美

本書の第一部でも述べたように、ヘッケルの一元論は、スピノザやゲーテに影響を受けた汎神論的な世界観である。自然は神そのものであり、神は、世界のあらゆる現象の唯一の原因である。そしてまた神は、精神であって同時に物質でもあり、時空間に遍在し、ある時は精神として、ある時は物質として世界に現れ出る。あらゆるものが、因果的な自然法則に支配されているのだ。その世界では、生物（有機体）と無機物にも境はなく、進化の差として説明される（『有機体の一般形態学』第二〇章参照）。

このような一元論的な思想に基づく社会を実現させるために、ヘッケルはキリスト教に代わる一元論的な宗教を提案するのである。

「［二〇世紀に真の平和を迎えるという］この崇高な目的に向かって歩を進めるには、迷信の妄想体系を粉砕し、その穢《けが》らわしい残骸を片づけるだけでなく、清められた敷地のあとに人類の心が心地よく住める新建築を準備するということが近代自然科学のとるべき道として極めて重要であると思われる。私たちが新たに獲得した一元論的世界観によって一九世紀の真の『三位一体』、即ち真・善・美の三位一体を敬虔に崇拝しつつ棲む理性の宮殿というのがこの新建築である」（Haeckel（1899）388, 訳はヘッケル（1961）206）。

いつものようにキリスト教への攻撃口調には激しいものがあるが、ここでは一元論的宗教の三位一体としての「真・善・美（das Wahre, Gute und Schöne）」に注目しよう（キリスト教における三位一体は、一つの神が神・キリスト・聖霊という三つの姿で現れることを指すが、ここでは、自然でもある神が普遍的な三つの価値として現れること)。一元論的宗教において、「真理」は、批判的な観察と省察による自然認識を通してのみ得られる自然法則、中でも進化の法則に基づく世界の姿である。「善(徳)」の内容は、キリスト教とほぼ同じ倫理的な内容であるが、社会性動物の進化という事実からわかったように、利他主義だけでなく利己主義も重要視する点で自然のバランスに合致したものである。さて、「美」についてであるが、ヘッケルは、自然科学や技術の発展とともに新しく姿を現した(私たちが見ることのできるようになった)神なる自然の美というものを、一元論的な美といっているのである。これは非常に興味深いものである。

もう少し詳しく見てみよう。『旅行画集』(Haeckel(1905b))の序には、こう書かれている。

「自然の美は無尽蔵であり、自然の形態形成力は無限であり、自然の多様性ははかり知れない。このような深い真実が、感じて思考する人間精神に、この世紀後半ほど強く訴えかけてきたことはない。一九世紀におけるすべての科学における自然認識の大幅な進歩と、それが著しく興隆する技術と産業に応用された有益性が、以前には予想できなかったほど、人々の心と自然を親密にさせたのである。私たちの悟性が自然法則を究めることにより、私たちの理性が『宇宙の謎』の秘密を洞察することによって最高の満足を得ただけでなく、私たちの心情もまた[自然の]無限の美、『生命の驚異』たる形態と色彩における限りない多様性を知ることによって最高の満足を得ることになった」。

科学と技術の進展により新しく発見された自然の美が、まさに一元論的な美なのである。ヘッケルは、自然の美をマクロの美とミクロの美に分けて考えている。マクロの美とは景観の美である。このような美は以前から知られていて、特に新しいものではないように思われるが、ヘッケルによれば、一九世紀初頭には高山や大海の景観は壮大ではあるが不気味で怖ろしいという考えがなお支配的であった（『宇宙の謎』第一八章）。しかし、一九世紀後半になると鉄道や船舶などの輸送技術の革新、道路網の整備などによって遠隔地への移動が容易になり、多くの人々がこのような風景の荘厳さや魅力に気づき理解するようになったのである。

またミクロの美は、まさにヘッケルにとっての美への開眼の契機ともいえる。彼はよく、ヴュルツブルク大学時代に師ヨハネス・ミュラーに率いられて訪れた北海のヘルゴラント島における人生初めての採集体験（1854夏）を回想している。そこで恍惚感を覚えるほど感動したのは、海に生息する肉眼では見えない微小な生物たちの結晶のような美しい形態であった。さらには、技術の粋を尽くしたチャレンジャー号を頂点とする多くの調査船が、世界の深海底から引き揚げてきた数多くの放散虫などの微小生物たち。それは、顕微鏡という技術がなくては見ることのできなかった、まさに一元論的な美なのである。

このように発見されたマクロの美やミクロの美は、「描く」という行為を通して、また当時の印刷技術と出版活動の発展により、図版集となって多くの人々に普及し、自然の美の追体験を可能にしていくことになる。ヘッケルの有名な画集についてはのちほど紹介する。

しかし、なぜ私たちはこのような自然の形態に美しさを感じるのだろうか。ヘッケルはどう考えていたのだろうか。まず前段階として、ヘッケルが自然の形態、特に生物の形態を科学的にどのように説明しようとしたかについて、「基本形態学(Promorphologie)」(翻訳によって「根本形態学」と記す場合もある)の内容を紹介しておく。これは、『有機体の一般形態学』の第一巻で扱われているもので、既に本書の第一部第2章・第3章で概要を説明したが、重複を承知で少し振り返っておきたい。

ヘッケルの基本形態学とミクロコスモス

一八六六年に出された二巻本の『有機体の一般形態学』は、ヘッケルの一元論思想の根幹となる書物である。ここでヘッケルは、当時の形態学が生物形態を記述することばかりに専念している点を痛烈に批判して、むしろ、数多く集められた個々の形態現象の中に「関連性・法則性」を見出すことこそが重要であると力説していた。彼のめざした新しい形態学は、「完成した形態」を扱う「解剖学」と「形態の生成プロセス」を扱う「発達史」の二つに大きく分けられている。「解剖学」はさらに、「構築学」と「基本形態学」に分けられ、「構築学」は生物の内部形態を扱う学問であり、つまり形態がその要素からどのように構成されているかを探るものである。一方、「基本形態学」は「生物個体の外部形態、そしてその形態の基礎となる幾何学的な基本形態を扱う総合的な学問」である。その課題は、現実の生物形態を抽象化して、理念的な(幾何学的な)基本形態を決定し、有機物質が生物個体の全外形を構築するための特定の自然法則を認識することである(Haeckel(1866a)377)。

この「基本形態」という名称は、ゲーテの「原型(Urbild, Typus)」を強く連想させる。しかしヘッケルが「基本形態」という場合、あえて「Grundform, Promorphe」を使ったことからも明らかなように、すべての植物もしくはすべての動物に共通して認められる理念的な基本的構造を指すのではなく、あくまで完成形態を科学的に分類しようとするものなのである。つまり、完成形態を、全く物理・化学的な「幾何学的立体」として分類しようとする。ヘッケルの基本形態の特殊性はこの面からも明らかである。彼にとって、ものの形態とは「一般的にはその構成要素の数・大きさ・位置関係・同質性・非同質性から生じた結果」(同書380)であり、生物であっても無機物との差はないという大前提がある。したがって「抽象化」も直観力によるものではなく、数学的なものとなるのである。この点こそが、ヘッケルの自負する新奇性であった。

ヘッケルによれば、一九世紀初頭から多くの形態学者たちが生物の基本形態を幾何学的に求めようととり組んできた。だが、ほとんどの場合、生物の表面の形態から考えたために、例えば、不規則形、規則形(放射状形態)、対称形態というような分類にとどまっていた。葉や種子や花粉など植物の形態ならばまだしも、動物の形態のつかみどころのない曲線形態、時間とともに変化する形態を考えれば、数学的な規定は困難であった。そこでヘッケルは、ゲオルク・ハインリヒ・ブロンとグスタフ・イェーガーの研究を引き継いで、無機物の「結晶学」に倣って基本形態を抽出することを思いついたのである。つまり、外的な表面の形態ではなく、その形態を支える内的な軸(Achse)とその軸の両極(Pole)の状態に注目する分類であった。そもそもこの発想の背景には、彼が長年親しんできた顕微鏡下での放散虫の観察という体験があったことは間違いない。その小さな単細胞生物の殻に現れた多種多様な形態には結晶を連想させる形態が多く、彼はその対称性の美からある種の霊感を得たといえるだろう。

では実際にはどのような形態を抽出したのだろうか。結晶学では、その個体の結晶軸の本数と長さ、それらの軸の交差角度によって、七つの晶系（System）が分類されている。これをヘッケルは「結晶の理念的幾何学的基本形態」と呼んでいる。結晶も多種多様な形態になっているのだが、軸を基本にして、三斜晶系、単斜晶系、斜方晶系、正方晶系、立方晶系、六方晶系、菱面体晶系という七つの基本的形態に分類されているのである。例えば、立方晶系の基本形はサイコロのような立方体で、三本の等軸がすべて直角に交わっている。ダイヤモンドや岩塩の結晶に見られるものである。ヘッケルは「軸の両極」という表現をしているが、これは軸の両端と基本形態の面との接し方を表すと考えられる。つまり、軸の両極とは、軸の本数と長さ、それらの交差角度からもたらされるものであり、一つの基本形態の面を定めるものである。

ヘッケルは結晶学に倣って、実際に生物の基本形態を求めていく。まずは生物形態を中心点・軸があるか否かで大きく二分し、軸の長さ、軸の本数、軸の両極、中心面の存在など多様な条件を掛け合わせながら、非常に細かな分類を試みている。あまりに複雑であり、ヘッケル自身もこののちには、徐々に、よりわかりやすい分類に改訂していった。

比較的わかりやすい後期の分類法を見てみよう（Haeckel（1904a）198-206, 215）。まず、生物個体の形態を、幾何学的中心の性質によって四つの綱（Classe）に分ける。

①一つの中心点をもつ基本形態（主軸無し）（Centrostigma）
②一本の中心線をもつ基本形態（垂直主軸を有する）（Centraxonia）
③一つの中心面をもつ基本形態（Centroplana）
④幾何学的中心のない基本形態（Centraporia）

これらのうちの①を軸の性質から、「直径を同じくする同軸」と「異なる長さの複数軸」の二つに分け、②も軸の性質から、「一本だけの軸」と「交わる軸が存在する」の二つに分ける。この場合、③は「互いに直角に交わる三本軸」となり、④は「無軸」となるので、全部で六カテゴリーとする。

さらにこの六つを軸の両極の状態から見ていくと、②が四種類、③が二種類となり、結果として、結晶の晶系に相当する次のような九つの基本形態のカテゴリーが出来上がる。括弧の中は、実際の生物形態の例である。

❶完全な球（単細胞生物や卵細胞）
❷板球（単細胞生物の殻、花粉、卵細胞）
❸紡錘形・楕円体（単細胞生物、多細胞生物の組織細胞）
❹円錘体・半球（単細胞生物、多細胞生物の組織細胞）
❺重複ピラミッド（特に放散虫、ケイ藻、多細胞生物の組織細胞）
❻ピラミッド（単細胞生物、花弁や実、イソギンチャク・クラゲ・ヒトデの個生物）
❼左右対称的放射形（六出の花弁、四出の花弁、クダクラゲ、五出の花弁、三出の蘭の花弁、左右対称の棘皮動物）
❽左右対称形（左右相同：植物の葉、高等動物の個生物、左右非相同：カタツムリ、貝類、カンナの花弁）
❾不規則形（アメーバ、成長途中の細胞、多くの器官、海綿）

先に述べたように、この分類は後期に改訂されたものであり、『有機体の一般形態学』での基本形態はずっと細かく分類されて四〇カテゴリーとなっており、極めて複雑難解な分類体系であった。しかもヘッケルはこの四〇カテゴリーによる分類体系を、生物の形態だけではなく、無機物、人工物も含む世界のすべての形態を説明する「一般形態分類系(generelles Formensystem)」として提案しようとしたのだった(Haeckel(1866a) 554-558)。この意味でも、基本形態は極めて一元論的なものである。

しかし生物は変形するが、基本形態は一定不変で連続的な変異はない。そのため、生物はある時点においてただ一つの基本形態を有するものであり、形態が変化する際には、時間とともに基本形態も入れ代わると説明される。また、基本形態の構造上の「完全度」という面では、不同軸が多くて形態が複雑になるほど段階が高いとされている。しかしさまざまな進化段階の生物、さまざまな発生段階の生物、あるいはまた生物を構成するさまざまな部分に関しても、その基本形態は単純なものから複雑なものまであらゆるスペクトルを示す可能性があるのであり、基本形態の完全度段階(複雑性の増加)は、実際の生物の進化的な段階に対応するものではない。

ヘッケル自身は、何らかの生物の分類学的説明の際には、その基本形態についても述べているが(例えば、『放散虫のモノグラフ』第三部「アカンタリア」(Haeckel(1888))や『クダクラゲの発達史』(Haeckel(1869))等)、確かに大雑把に形態の特徴をイメージするのには役立つ。しかし実際には、学術的にはほとんど認められないままで終わったのである。

形態の美と基本形態

それではヘッケルは、形態の美についてはどのように考えていたのだろうか。形態の美に関しては『有機体の一般形態学』の中では扱われていないが、その他の書物では頻繁に扱われている。ここでは特に『生命の不可思議』と『自然の芸術形態の補遺』(Haeckel(1904c))に基づき、ヘッケルの言説を見ていこう。

まず、私たちが美しいと感じる形態とは具体的にはどのような形態なのか。ヘッケルは生物を単細胞生物と組織をもつ多細胞生物(Histon)に分けて、その形態美を次のように述べている(Haeckel(1904c)13, 18)。単細胞生物の場合、私たちが美しく感じる形態は「基本形態」そのものである。特に放散虫の微細な殻の骨格に現れ出た多種多様の幾何学的基本形態が、そのよい例である。一方、多細胞の動植物では多くの細胞が生命維持のために役割分担をしつつ、しかも統合されている。その高度な機能性を有した統一的な全体の形態に、私たちは美を感じるのである。このように生物の種類によっても、美的感覚が発動する要因は違う。しかし、マクロの美を引き起こす「風景」ではどのような形態が該当するのだろうか。これに対する答えは難しいようである。

ではもう少し詳しくヘッケルの説明を見てみよう。彼は、形態に美を感ずる人間の仕組みについて、神経生理学的に捉えようとしている(Haeckel(1904a)210-214)。まず、私たちの脳神経細胞には、快楽を感じる美的感覚神経細胞と、その感覚から連想を惹起する理性的神経細胞の二種類があるとされる。感覚器官を通した直接の刺激から美を感じるのが前者の働きであり、その美の段階は次のようである。

①単純な美(球のような単純な形態や明るい単色)
②リズム的な美(ある単純な形態の連続的繰り返し)
③放射的な美(多数の単純な同種の形態が一点をめぐって放射状に秩序よく配置されたもの)

④左右対称の美（二つの同種の部分が鏡像関係に位置するもの）
これらは基本形態に対応する美といえるだろう。

一方、理性的神経細胞の働きによって生じる美的快感は、高等動物（主に人間）の脳の発達と連動するものであり、この神経細胞と美的感覚神経細胞が協働することによって複雑で高等な美を感じることになる。これに属する美の段階は次のようである。
⑤生物学的な美（動植物の個々の形態やその器官の形態）
⑥人類学的な美（人間の身体やその器官、特にその運動や均整など）
⑦性的な美（異性を互いに引きつける魅力）
⑧風景の美
特に風景は絶対的な不規則性、すなわち対称性と基本形態の全くの欠如を特徴とし、人間のみに与えられた最高の美の段階とされるのである。

ヘッケルによれば、ここに挙げた自然形態の美の八段階は、単純なものから複雑なものへ至る進化系列であり、これはまた、子供から大人へ、あるいは野生人から文明人へという人間における美的感覚の発展に対応するものなのである。すなわち私たちの進化の過程で、ある種の形態に対して「美」を感ずる装置が出来上がってきたと考えられている。

それはなぜ美しいのか

なぜそのような形態が選ばれたのかについては、ヘッケルは具体的には説明していない。動物行動学者コンラート・ローレンツの弟子のアイブル-アイベスフェルトはこの点を補うような説明をしている（Eible-Eibesfeldt（1998）21-26）。彼によれば、私たちの知覚装置は系統発生の結果として、規則性やそれによる秩序的形態を認知しやすいように遺伝的に仕組まれているという。本能的に私たちは自然環境の中に「秩序」を求める。この知覚の「秩序愛（Ordnungsliebe）」に合致する形態が、明確に地から図として浮き上がるような、対称面と対称軸を備えた形態であり、私たちが結晶を美しいと感じるゆえんはここにあるとされる。さらにまた彼によれば、私たちの知覚には、植物形態の繊細さ、複雑性、多様性を好む「植物愛（Phytophilie）」も備えられているという。

しかし、ヘッケルにとって、その説明は無用なのかもしれない。なぜなら、ロマン主義的な一元論的自然観に基づけば、「神なる自然」は一つのものにして、かつ、あらゆる現象に現れ出ているのであり、神の属性である美もまた、自然の姿に現れ出ているのだ。私たちもまた、自然の一部であり、自然と呼応するものであれば、美には説明がいらない。私たちに必要とされるのは、ただ、それを知るための感覚というツールの進化なのである。

ヘッケルはそのような美の体験を「描く」ことに、大きな意味を見出している。この章の冒頭で、私は「誰に教わったわけでもないのに」美を感受できるように書いたが、この審美感覚が真の意味で発動されるためには、幼少期に、自然環境との関係の中で美的な感動を体験する、つまりトレーニングする必要があるようだ。『宇宙の謎』で彼はこう書いている。「子供たちに早期に、風景を楽しませ、それを線画や水彩画で描かせることによって心に刻み込み、さらに極めて骨折り甲斐のある芸術へと導いていくことが、あらゆる学校教育の任務である」と(Haeckel(1899)396)。幼少期に美的自然への関心を育て、美を享受させ、自らの手でその美を再現させることとは、自然の美を認識させることである。一元論的な世界観では、特に自然を描く教育が重要とされるのである(これもまた、ゲーテの自然観と風景画観の影響を受けたものである)。

ヘッケルは実際に、放散虫などの海生動物の観察の際に、学術的に「描く」ことのトレーニングを積む一方で、その気晴らしのために風景画もたしなんでいった。その手ほどきを、イタリア滞在中に画家のアルマースから得たことは既に述べたとおりだ。『旅行画集』の序においてヘッケルは、より深く自然の美を味わうためには、自然の美に愛情をこめておのれを沈潜させ、鉛筆や筆で深い主観的な印象を描くことが重要だと述べている(Haeckel(1905b))。こうして描かれた水彩画は、確かに自分用の記録にすぎず、芸術的な作品とはいえないだろうが、生き生きとした自然描写という点で写真よりも感動を生むものである。それゆえ、この画集では、これを見た人々もまた絵筆を取って描いてみる気持ちになってほしいというヘッケルの願望が含まれていたのである。

『自然の芸術形態(Kunstformen der Natur)』

一方、『自然の芸術形態』という図版集は、普通の人々には見ることのできないような自然の美を対象とするものである。これは、各々一〇枚の図版の載った一〇シリーズの冊子として一八九九年から一九〇四年にかけて出版されたもので、そのほとんどの図が、放散虫、有孔虫、珪藻、クラゲ、ヒドラ、海綿、サンゴ、ヒトデ、フグ、エビなど海に生息する生物である。すべての図に共通するのは、それらが単に図鑑にでてくるような記述的な図柄ではなくて、私たちの目に極めて異質で奇怪かつ幻想的なものとして迫ってくる形態と構図になっていることだ。それぞれの生物や各部分が非常に精緻に描かれてはいるが、その生物が生息する実際の環境は無視されて、一つの図版の中で複数の同種の生物が装飾的な構図で配置されている。まるで万華鏡のような幾何学的形象の反復連続性と色彩の多様性、あるいは透明感、表面の光沢、深い陰影に醸し出されてくる三次元性と触感性、有機的な曲線と結晶の対称性の織り成す妖艶さ、まさにこのような技法が私たちの視覚に作用して迫真性を生み出しているといえるだろう。私たちはしばし幻想の世界にいざなわれるのである。

この異質で幻想的なものに最も当てはまるのが、深海底から採取された放散虫などの微小な原生動物の殻である。それらは、それまで全く人の目に触れることのなかった、まさに未知の生物、それも宝石さながらの美しさを兼ね備えた自然形象であり、生物の立体幾何学としての基本形態学を具現化するものであった。ヘッケルは、この図版集の一つの目的は、広範な教養層の人々に、深海底に隠されていた、顕微鏡でしか見えないような微細な生物の素晴らしい形態の美を知らしめることであると述べている(Haeckel(1904c)4)。そして実際に、当時の大衆に広く受け入れられて生活の領域に浸透しただけではなく、工芸や建築など当時の文化にも影響を及ぼしていくことになった。

では、この『自然の芸術形態』を生み出した当時の諸技術の進歩、そしてそれを迎え入れた大衆社会の誕生という背景を分析してみたいと思う。

顕微鏡と印刷術

まずは、どのようにして深海底の生物が引き揚げられたのか（本書のモネラやプランクトン論争を扱った部分でもすでに紹介した）。この図版集には、『放散虫のモノグラフ』の図版が多く収録されていると書いたが、実際の標本は英国探検船チャレンジャー号が深海底から採集したものが多い。当時、世界最大の海洋通商国家であり、強大な海軍力を誇る大英帝国が、未知なる深海の科学的な調査を意図して企画した一大プロジェクトが、コルヴェット艦チャレンジャー号による世界の海の探検周航だった。ワイヴィル・トムソンを団長とする六名の科学調査団を含めた二四三名の人員を乗せ、最新式のハイテクを備えた颯爽たる科学船チャレンジャー号は、一八七二年の暮れにポーツマスを出港して、喜望峰回りで進み、途中で明治時代の日本にも立ち寄りながら、一八七六年の五月に三年間の長い航海を終えて帰港した。

それまでの深海底は謎に包まれていたといっても、アメリカのサミュエル・モースによって一八三八年に発明された有線の電信技術が急速な普及を見せて、陸上から海底へとそのケーブルを伸ばし始めていた。一八五一年の英仏海峡海底ケーブルを皮切りに、一八五七年から一八六六年にかけてアメリカとヨーロッパの大陸間を緒ぶ壮大な北大西洋横断海底ケーブルの敷設も完成している。確かにその頃には、この敷設ルートを決定する目的で、ある程度は深海底の水深や地形、底質の測量も行われていたし、それに用いた測深索にからみついた未知の生物が海底から引き揚げられたりもした。しかし、世界の海を特に生物調査に重点をおいて徹底的に解明するという偉業は、このチャレンジャー号によってなし遂げられたのであった。

チャレンジャー号の主な調査目標は、世界の深海の物理的性状を深度や水温などとの関連から調査すること、海水のあらゆる層における化学組成を決定すること、海底に堆積した底質の物理的ならびに化学的特徴を明らかにすること、深海底および種々の深度における生物の分布実態を調査することだった。深海底からの生物の採取方法は、金属の広い口がねのついたネット(ドレッジという)を麻縄で海底に降ろして曳くというもので、チャレンジャー号に備えられた縄は総延長四〇〇〇ファゾム(七三二〇m)にまで達するものだった。こうして得られた動植物の標本は総計一三〇〇〇種を超え、そのほぼ半数が新種と見積もられた。

膨大な標本を整理して報告書の出版を行うために、イギリス国内に限らず当時の欧米における第一級の学者たちのもとに作業が依頼され、その中の放散虫類とクラゲ類の分類が、ヘッケルに回されてきたのである。彼の意欲的な研究作業の結果、それまでよくわかっていなかった原生動物の放散虫類について、実に四〇〇〇種以上もの分類が成し遂げられたのだった。ヘッケルと深海底の未知の生物との出会いは、このように果たされたのである。人間が近づくことのできない場所の自然の実態を「見る」ためには、かくも大がかりな技術や装置が必要とされることが納得される。これは、今日の専門化した科学の現場が一般人には体験不能であるという現実とも通底するものを含んでいるといえよう。

これは、ヘッケルに与えられたもう一方の技術である「顕微鏡」にもあてはまる。一六世紀の末にオランダのヤンセン父子によって発明された複式顕微鏡は、一七世紀半ばのロバート・フックに至るとコルクの切片に「セル」（つまり死んだ状態の細胞）が見出せるほどに発展を遂げていた。一方では虫眼鏡の延長にある（つまり一枚レンズの）単式顕微鏡も発達し、フックと同時代にアントニー・ファン・レーヴェンフックは、自分で作った顕微鏡（なんと最大倍率二七〇倍）でバクテリアや血球、精子などを生きたままの状態で観察したことも有名である。

このような顕微鏡の揺籃期の歴史はよく知られているが、その後一九世紀になると顕微鏡開発はまた新たな局面を迎えるのである。一九世紀は、生物学における「細胞」研究の世紀だった。ドイツのシュライデンとシュヴァンによって、生物体を構成する単位は細胞であるという「細胞説」が提唱され、さらには多くの生物学者によって、この細胞の構造はどうなっているのか、いかに分裂するのかという研究がなされていくと、必然的に、より性能のよい顕微鏡が製造されなくてはならなくなった。ヘッケルのいたイェーナ大学には、実は、今も名の残るレンズ製造家のカール・ツァイスがいた（ヴァイマー（1996））。ツァイスは大学の教師ではなくて職人であって、工房の主催者として顕微鏡を製造し、研究者たちに供給していた。その頃までは、もの造りの職人と大学の研究者は歴然と分かれていて、顕微鏡の性能の良し悪しはレンズの磨き具合と職人の手による調製にかかっているという、まさに職人芸の領域だったのである。しかし、そのような手仕事では当時の学問の水準とスピードには合わず、既に発展の限界にきていた。

そもそもツァイスは、先見の明のある父親の計らいでギムナジウム（ドイツの中高等学校で通常は大学進学をめざす）に通って自然科学や人文的教養を習得していたうえに、職人になるための修業のかたわらで大学の講義も聴講していた。彼はレンズ製造の後進性を強く自覚し、この分野における科学的理論の必要性を感じたのである。ある日ツァイスは、イェーナ大学の若い私講師で物理学者のエルンスト・アッベの才能を見抜いてスカウトし、共同研究を始めた。天才的なアッベはその期待にこたえて、一八七一年に科学的根拠に基づいた顕微鏡の理論を発表。その一年後には、精密な計算に基づくレンズを装備した顕微鏡が発売されて、大成功を収めることになったのである。

こうして、カール・ツァイス財団の現代に繋がる不動の地位が確立されていった。さらにまた、アッベの顕微鏡の分解能に関する公式は、光学顕微鏡の限界をも明らかにした。つまり、可視光線を利用する限り、顕微鏡の分解能には理論的な限界があり、それ以上の性能をもたすためには可視光線よりもずっと短い波長を利用せざるをえないということである。こうして来るべき二〇世紀の電子顕微鏡への展望も拓けてくることになるのだった。

ヘッケルはツァイスの顕微鏡を愛用し、特にアッベに関しては、「私の友人であり同僚だったエルンスト・アッベのおかげで、現代の顕微鏡は驚異的な発展を遂げ、自然認識を予想もしなかったほど広め深めてくれた」と絶賛している(Haeckel(1913)13)。

こうして、産業と密接に関連し高度に専門化した技術を用いた自然観察は、非専門家にはのぞき込むことのできないものとなっていく。ヘッケルは、動物学者という専門家だったからこそ、最新で高価で大規模な技術の恩恵を受けて、深海底に生息する微小な生物を自分の視線の下に置くことができたのだった。こうした専門家と非専門家との間の知識の乖離は、現代においてますます深くなる傾向にある。

ヘッケルは、顕微鏡下に繰り広げられる光景に、生物の形態と色彩の多様性の美を見出し、観察者としての驚きと感激を経験する。彼は、一元論的な宗教の要としての自然の真・善・美を普及するという使命感をもっていたので、自分の見たものを、その感激を込めて大勢の人々に伝えようとするのであるが、本物（オリジナル）から伝わってくる実感を、見ていない人に伝えるためには、どのような手段が有効だったのだろうか。

現代だったら、高度な写真映像技術やコンピュータ・グラフィックスを用いることも可能だが、当時はようやくモノクロ写真が撮れる程度の水準だった。確かに写真技術は既に一九世紀前半にフランス人のニエプスとダゲールによって発明されて依頼、その発展はめざましく、名刺版写真の登場とともに広く一般化されてはいた。しかし、ミクロの生物の精緻さを写真によって再現することは不可能だった。しかも、ヘッケルは、ミクロの生物を、単に再現するのではなくて、彼の感じたままの美しく秩序づけられた世界として再現しようとしたのだだから、当然、写真では無理なのであった。

こうして、ヘッケルは自らの手で描くことにより、それを実現していくことになる。元来、絵画の才能にも恵まれていた人間だからこそ可能だった芸当ともいえるだろう。

次には、これらのイメージを大勢の人々の手に渡す段階、つまり複製技術によって多くのコピーをつくり、流通させるという段階になる。一五世紀にグーテンベルクが開発した文字の印刷技術は、その後の産業革命において高度に発展し、一九世紀には大量生産時代に突入していたし、グラフィックの複製技術も、木版画や銅版画に代わる石版画（リトグラフ）の登場とともに大量生産が可能になっていた（もっともこれはすぐあとに登場する写真をはじめとする複製技術によって追い越されてしまう運命にあった）。そのような背景の中、ヘッケルの図版は、イエーナの石版画家アードルフ・ギルチの手によって石版画として作成された。もちろん、この美しい精緻な複製づくりには、ギルチと出版社の技術担当部の並々ならぬ努力があった（Haeckel（1904c）4）。

一方、当時の出版界もまた、従来の国家、教会、大学、わずかな教養層に依存していた出版体質を改め、特に一九世紀後半になると、そのようなエスタブリッシュされた秩序の外にあった文芸や芸術の出版を目的として独立するようになっていた（上村（1984））。出版社は、文芸や芸術を育てる重要な装置となるとともに、当時の広範な読者層の要求を敏感に嗅ぎ分けて、それに応えるような知識や情報を媒介する装置にもなっていた。これも現代の状況に連なる大きな変化である。

大衆という読者

復刻版の巻頭言によれば、『自然の芸術形態』は、当時どこの市民家庭にも大事に置かれていて、それは家庭の教養レベルを示すものであるばかりか、実際に子供から老人までもが折にふれて頁を開いては鑑賞したものだったという（Haeckel（1998, 1904）7）。このように実際に売れたという事実は、この図版集が消費者のニーズに合っていたということだ。背後にいる人々は一体どんな存在だったのだろうか。

当時の人々の心理を探るのは困難なので、ここでは思想家ベンヤミンの分析を参照して考えてみたい（ベンヤミン（1997, 1935–36）592–593）。ベンヤミンによれば、この人々とは「大衆」、つまり一九世紀後半から出現した概念で、少人数のエリートと区別される不特定多数者の集団であり、大量生産と大量消費、メディアの発達、高等教育の普及、都市的生活様式の浸透など、近代化の進展とともに成立してきた人々である。ベンヤミンは、この大衆が増大し、大衆の運動がますます強力になっていくと、大衆の熱烈な関心事は、まず、事物を自分たちに「より近づけること」になるといっている。例えば、芸術作品は一回的な価値をもっているが、大衆はそれを「複製」として受容するということに意欲をもつ。そのような所有の欲求がますます増してくるにつれて、技術的複製が大量に彼らの方に運ばれてくることになるというわけだ。おそらく、資本主義社会を背景として生じてきた大衆の欲望というものが原動力となって、次々と新たな欲望の対象となる「モノ」や「複製物」を生成させて流通させるのだ。

このような芸術的なものを複製で所有したいという大衆の心理は、『自然の芸術形態』にも当てはまるだろう。いったこともない、見たこともないものを知識として共有する願望、最新の知識や流行を知る願望は、さまざまなメディアの発展とともに広がっていったと思われる。できれば手軽なダイジェスト版、特に図像や映像として示される情報が好まれるのは、現代の状況と似ている。当時の人々は、ヘッケルが観察して描いた図版を眺めることによって、遠い深海底の生物の世界を疑似的に観察して知るようになったのである。

芸術・工芸への影響

ヘッケルの生み出した放散虫やクラゲのイメージは、特にユーゲントシュティールなどの当時のヨーロッパの芸術傾向に合致し、斬新な装飾的モチーフとして、工芸作家、彫刻家、デザイナー、建築家たちに受容されていった。この背景には産業革命の強い影響もありそうだ。クラウセによれば、家具や小道具、カーペット、壁紙、生地などが産業機械によって大量に製造供給されるようになると、多様なデザインが必要となり、それまでのモチーフでは足りなくなってしまった。そのため新しいモチーフが探し求められ、最初は万華鏡柄、波動柄、植物図柄などがとり入れられたが、最終的に、従来全くの未知の世界だった顕微鏡下の「海の生物界」が斬新な局面を切り拓くことになったのである（Krauße (1995) 361）。

例えば、ヘッケルの図版は、画家ヘルマン・オーブリストやガラス工芸家のブラシュカ父子への影響があったことが知られているし、何より、ヘッケルの自宅の天井の装飾画（クラゲ）やチェストの装飾品（クラゲ）、またモナコ海洋博物館のシャンデリア（クラゲ）は、まさに『自然の芸術形態』の中の図版を基にしてつくられたものだ（Breidbach (2006) には豊富な資料がまとめられている）。ここでは特に、実際にヘッケルの図版との直接的な関係が知られているフランスの建築家ルネ・ビネの作品の一つをとり上げてみよう（Haeckel (1913) 14–15) (Krauße (1995) 363–366)。

一九〇〇年のパリ万国博の開催時、コンコルド広場に面して高くそびえ立つ柱廊建築の正面玄関口（コンコルド門）が、多くの人々の目を引いたが、これが、ビネがヘッケルの放散虫のモチーフをとり入れて設計した作品だった。この鉄骨を基本とする建造物は、三本の支柱に支えられ、大きな丸屋根に覆われていて、頂上までの高さは四五メートル、三つのアーチ型の門はいずれも幅二〇メートル以上で、堂々たる印象を与えるものだった。これを正面から眺めると、まさに『自然の芸術形態』の図版三一に描かれた放散虫（キルトイデア）の形象がモデルになっていることがよくわかる。

全体の基調となる色彩はクリーム色で、いたるところに青色、緑色、金色の装飾がちりばめられて、「風変わりでカラフルな」感じを与えていた。そしてこの門全体と両脇に従えた二本の塔の表面には、何千という白熱電球が配線されていて、夕闇に包まれてこれらの電球が輝き出すと、その美しさは人々を恍惚感に浸らせるに十分だった。フランス人の批評家ババンはこういっている。「電灯とは違って、情け容赦なくギラギラ光ることも、網膜を傷つけることもないし、目を細めて絶えずまばたきしなければ見ることができないような光でもない。むしろ紺色のビロードのようなほのかな光であって、内側から紫の火花がぱっと燃え上がり、頂上はエメラルドのように煌々と輝いている。しかしこうした比喩も印象を伝えるには十分ではない。なぜならこの光は、ベールをかぶったような淡い光でありながら、同時にちらちらと日光に輝くエナメルや、いくつもの宝石の燦然たる輝きを想起させるからだ」と（シヴェルブシュ（1997, 1992）8）。

こうして、放散虫の幾何学的な骨格形象だけではなくて、その神秘的な美しさもまた、夜のイルミネーションという非日常的な設営の下に再現されたのである。

ちなみに、この万国博覧会では、当時発明された新しい技術として「X線」と「無線電信」も展示されており、また、特に来訪者たちを感激させたのは、コンコルド門と並んで、電化製品の展示場である「電気館」という建造物が、内側からの電気照明によって自らが柔らかい神秘的な光を発しながら明るく夜空に浮かび上がるという壮観なスペクタクルだったという。まさに現在の高度技術・消費社会の到来を予見させるものだったに違いない（同書13–13）。

以上のように、ヘッケルの考えた一元論的な美とは、自然そのものに秘められた美を、新しい科学技術と一元論的なものの見方を通して発見することにほかならない。そして、発見の際の感激を、多くの人々に伝えることが、ヘッケルの責務ともなったのである。

❶

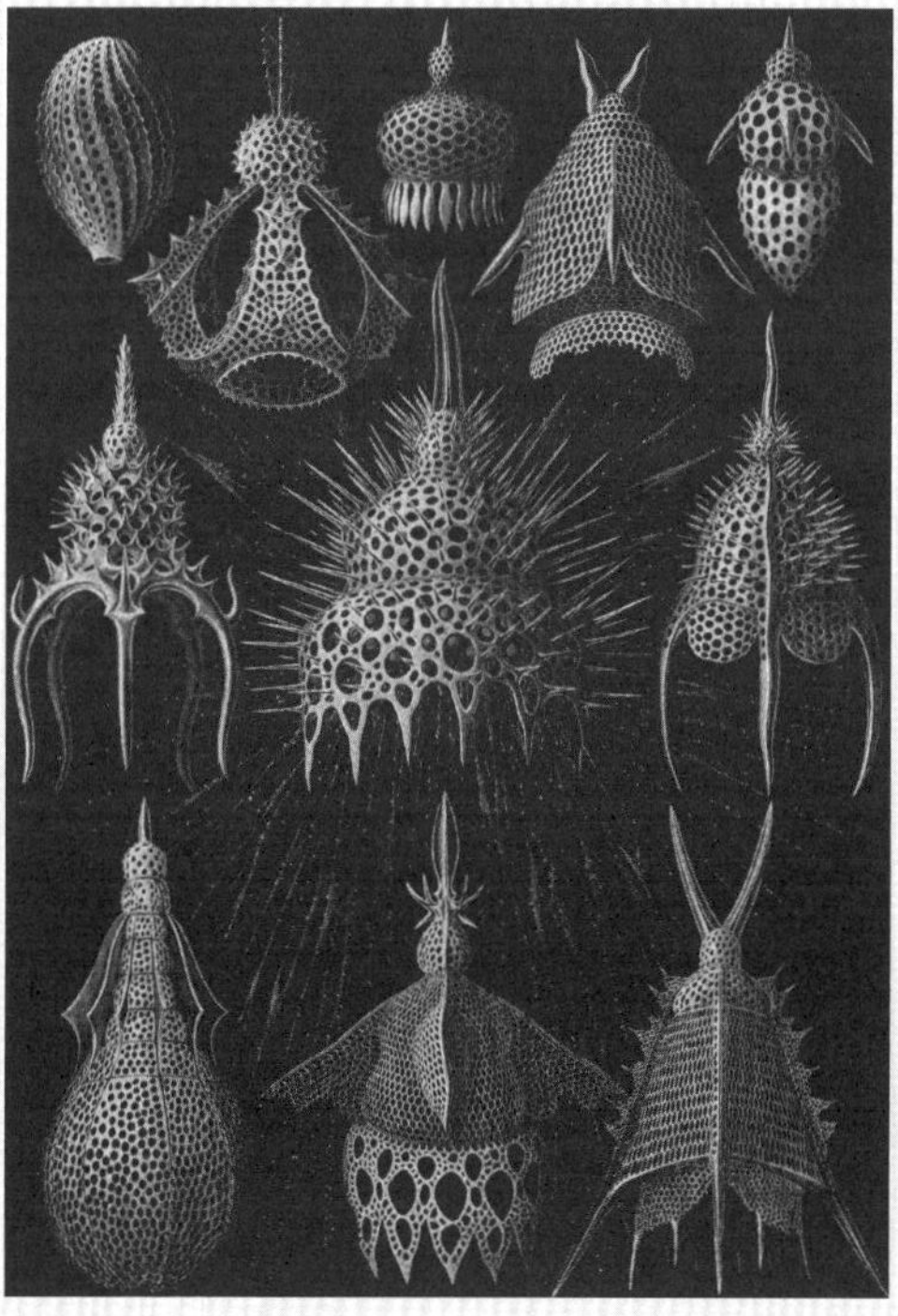

❷

❶ビネによる「コンコルド門」(1900)。
❷ヘッケル『自然の芸術形態』(1904)に描かれたキルトイデア(Cyrtoidea)。

第9章

結晶の魂
――結晶、ゼーレ、実体則

結晶とは何か

この最後の章では、ヘッケルの遺作となった『結晶の魂』を紹介し、「結晶」と「ゼーレ（魂）」という全く性状の異なるものを融合させた概念がいかなる意味をもっていたかを考えておきたい。

その前に、結晶とは一般にどのように理解されているのかを見ておこう。日本語の名称は、「結」と「晶」からなる。「結」という漢字は、しっかりと縛って守るという意味で、「晶」という漢字は、きらきらと輝く明るい光の意味である。まさに、物質が密に集合してできた硬くて透明できらきらと輝く美しいイメージを兼ね備えた言葉である。英語の「クリスタル（crystal）」の語源となったギリシャ語の「クリスタロス（κρυσταλλος）」は、透明で硬い氷のことを指しており、特に深山の岩の隙間にできた、永遠に溶けることのない氷と見なされた「水晶」が念頭に置かれていたという（水晶は、実際は水の結晶ではなくて二酸化ケイ素の結晶である）。

結晶といえば、まずはこの六角柱の水晶、そして雪の樹枝状結晶、またあるいはエメラルドのような美しく輝く宝石の類が思い浮かべられるだろう。人間は遠い昔から、その清逸な美しさに、何か精神的なもの、神聖なものを感じてきたのである。愛の結晶とか、努力の結晶などという場合には、精神的なものが結び合って完成し、具体的な姿を得たものと捉えることができる。また、宝石のもつ神秘的な力として、病や怪我を癒す薬効も信じられてきた（これに関しては、小林晶子（1991）などを参照のこと）。

一方、結晶の規則正しい多面体の形態に対する関心も、古くギリシャ時代からあったという。例えば、ピタゴラスは、結晶という言葉に「完全、調和、美」という意味を込め、プラトンは、有名な「正多面体五種類」をまとめ、それぞれを火、土、空気、水、宇宙に結びつけた。最古の鉱物学の書を著したテオフラストスは『石について』という著作の中で、鉱物の示す多面体を指摘しているし、ローマの著名な自然史家プリニウスの大著『自然史』では、緑柱石や水晶などの記述で多面体の形に触れられている（砂川（2003））。

しかし、なぜ多面体ができるのだろうか。結晶の形に特別の関心が寄せられるようになったのは一七世紀になってからであった。雪の樹枝状結晶の千差万別に変化する形に驚いた天文学者ケプラーが、同一サイズの「球」が構成単位となって外形を成すという概念を提唱したことに始まり（1611）、一八世紀にはフランスの鉱物学者アウイが、方解石を割ると破片がすべて菱面体になることから、この場合の基本単位は球ではなくて菱面体であると考えるようになる。一七世紀にはまた、デンマークの医師ニコラス・ステノが、観察に基づき、水晶は外形がさまざまに異なっても、対応する結晶面の面角は一定であることを見出した（1669）。彼はまた、水晶は、高温の水溶液の中で無機的なプロセスで微粒子がつくられ、それが寄り集まって多面体の結晶に成長するのだと説明した。当時、水晶は、地下に生きる微生物の働きで成長するという考え方が主流だったというのだから、これは極めて革新的な見解だったといえる。このような流れの中で結晶形態学が進展し、一九世紀になるとフランスの物理学者ブラベーが、単位格子（レンガ造の家を構成するレンガのような基本単位）は一四タイプしかないこと、軸の長さと軸角を基にすると七つの結晶系（立方、正方、斜方、単斜、三斜、菱面体（三方）、六方晶系）に整理されることを提唱して、現在の理解へと繋がっていくのである（同書）。

では、現在、結晶はどのように定義されるのだろうか。そもそも物質は、液体から固体になる時に分子が集合するのだが、集合の仕方は多様であって、すべてが結晶になるわけではない。結晶とは、厳密な幾何学のルール（対称性）に従い物理的な力で原子・分子が三次元的に配列した特別な状態を指す。その並び方は整然としていて、どの部分を切り出しても、原子・分子同士の相対的配置は、まるで金太郎飴のごとくに同じである。結晶の美しい幾何学的な外形と輝きは、まさに、この限定された配列が生み出すものなのである（平山（2012））。

こう見てくると、結晶と生物は関連性がないようだが、実際には、細胞や器官の中に無機物や有機物の結晶が生じて、重要な働きをしている。例えば、歯や骨、貝殻や真珠、サンゴや円石類や放散虫の骨格などが挙げられる。さらには、タンパク質やウィルス、ＤＮＡでさえも結晶化するのである。生物の体も原子・分子の構造体であるから、条件が整えば、それも当然であろう。しかし、現在の私たちはさすがに、原始生物が結晶から進化してきたとは思っていない。しかし、ヘッケルはそう考えたのである。

ワーグナーの台詞——執筆の動機

ヘッケルは一九一四年に、齢八〇にして『神即自然』を書いたが、気力体力の限界を感じ、これが一元論哲学を扱う最後の書物になると宣言して、紙面上で読者に別れを告げた（Haeckel（1914a）475-480）。ところが、その後もなお、時勢の要求で数冊を書き上げ、八三歳という高齢にて書き下ろした『結晶の魂』が本当に最後の作品となったのである（Haeckel（1917）以下この本からの引用はKS頁数で示す）。二〇世紀になって「結晶」と「魂」を結びつけるとは、なんと奇抜なことか。片や物理学的に解明されつつある無機的な現象、片や人間精神という心的領域の現象。一見して、融合できそうにない両者を結びつけるとなると、何か古い錬金術的なオカルト的雰囲気ではないか。

現に、この書の扉の冒頭には、ゲーテの『ファウスト』第二部からの一節が掲げられている。

自然の神秘として讃えてきたことを、
われわれが悟性の力であえてやってみよう、
そして自然が従来有機的に組成したものを、
われわれは結晶させて造ろうというわけです。（ゲーテ（1958）153の訳文）

これは、実験室のレトルトの中でホムンクルス（人造のこびと）をつくろうとするワーグナーが、メフィストフェレスにいう台詞である。物質を結晶化させて生命をつくりだすという話だからといって、この書物の中で人造生物の話をするわけではない。むしろ、生物と無機物とは連続していて、そこには境がないことを語りたいのである。生物は無機物であり、無機物にも生命がある。しかし、生物が無機物と同じという点については理解できなくはないが、無機物に生命があるという点は簡単には納得がいかないだろう。この本の副タイトルは「無機物の生命についての研究」である。何か、特別な説明の仕方が披露されているに違いない。それに「魂」といいながら、含意は「生命」のようである。魂に関しては、のちほど詳述しよう。

そもそも一元論では、生物も無機物も、同じ原子から同じ物理・化学的法則に則って構成されたものであり、互いを分かつ境界はないのであるから、進化を考える場合、必ず無機物から生物への移行形態(ミッシングリンク)が存在するはずなのである(『有機体の一般形態学』第五、六章)。それが何であったかは、いまだに解明されていないし、私たち人間の手で実験的に再現することもできない。ヘッケルは当時、無機物の最高に進化した形態が「結晶」であり、そこからモネラを介して、最も簡単な単細胞生物が誕生したと考えてみたのである。それはヘッケルの独創的な発想というわけではない。生物の体が細胞からなることを明らかにしたシュライデンやシュヴァンでさえ、細胞の形成過程は、結晶の形成過程と本質的に同じであると本気で考えていた(Schwann(1839))。この考え方は一九世紀半ばをすぎて、フィルヒョウが細胞は分裂によって生じることを解明して否定されることになった。しかしそうなると、最初の細胞はどうやって生まれたのだろうか。

確かに、溶液から結晶が析出する現象は、始原生物のモネラが海水中で生じたイメージを最もよく連想させるものに違いない。しかしどう見ても、結晶は、生命の宿らない硬い物体である。一方、モネラは内部構造をもたない原形質(プラズマ)の塊でありながら、それは有機物特有の柔らかさを有し、かつ感覚し運動するものなのであるから、そのギャップは悩ましい問題であった。進化の過程で、結晶とモネラを直接つなぐの

❶

❷

❶ヘッケル『結晶の魂』(1917)の表紙に掲載された放散虫(Acanthophracta)
(自然の芸術形態』(1904) Tafel 41と同じ)。

❷雪の結晶(『結晶の魂』)。

は難しい。まして、精神の連続性や進化を唱えることは極めて難しい。ヘッケル自身も本当はそう思っていた。そんなヘッケルのもとに、一九〇四年、彼の心を再び赤く燃やす二つのニュースが飛び込んできたのだった。

その一つが、カールスルーエ工科大学の物理学者オットー・レーマンが著した『液晶』（Lehmann（1904））だった（現代の液晶の概念はまだなかったため、場合によって、「液体結晶」、「流れる結晶」などとも訳される）。そして、もう一つが、ミュンヒェン在住の動物学者・進化学者であるリヒャルト・ゼーモンが発表した『有機的事象の変遷過程で保存される原理としてのムネーメ〔記憶〕』（意訳すれば、生物の次世代への移行の際に保存される原理としてのムネーメ〔記憶〕）であった（以下、本書は『ムネーメ』と記す）（Semon（1911, 1904））。

ヘッケルは『結晶の魂』の序において、この一九〇四年を一大転機と捉え、それによって自分が続けてきた「自然哲学的な研究」が完結されるに至ったと述べている。いわば「結晶の魂」とは、自然哲学の最新バージョンを意味しているのである。「一九世紀の間に途方もなく広がって分散し、止まることを知らない各学問分野の専門分化は、その分野を代表する数多くの者たちを互いに分断化してしまったため、一人の研究者が各分野に習熟し、関連するすべての専門分野において徹底的かつ包括的な知識を得る可能性はありえない」のだが、今こそ、科学と哲学を総合して普遍的な結果を導くことが極めて重要なのだと主張する。そのため、彼自身は結晶学や心理学の専門家ではなく、「素人研究」との誹《そし》りを免れないことを承知のうえで、あえて大胆な試み、つまり科学と哲学を総合して一元論的な世界観を提示したいと述べるのである。

そもそもヘッケル自身は一元論者として、長い間、無機物と生物との連続性を説いてきた。しかし、彼はこの重要性が「今日ではほとんどの自然科学者や哲学者には意識されていない」ことを承知していた。そこに、一九〇四年の二つの研究が発表されて、自然の統一性が再び確認され、「無機的自然と有機的自然、死と生、自然科学と精神科学とを分かつ人工的な境界線が一撃の下に打ち砕かれた」と信じたのである。「あらゆる実体は生命を有し、あらゆる事物には魂がある」。すべての事象には統一的な内的関連性があり、普遍的な自然法則が全面的に支配しているのである（実体則についての詳細は後述する）。ゲーテが述べたように、自然の中には「永遠なる偉大な法則」が存在することが、いよいよ明らかになったのだから、この『結晶の魂』という小品が、きっと、今後の結晶学、細胞学、放散虫学、心理学に刺激を与えることになるに違いないというヘッケルの自負が滲み出ている。

『神即自然』は、それまでの一元論哲学の総括であったが、『結晶の魂』はさらに新しい知見を加えての総括であり、ここに見られる研究者人生の最後に至るまでのヘッケル持前の意欲と大胆さと楽観主義には頭が下がる。しかも、さすがに屈強なヘッケルも、大腿骨の骨折（1911）、第一次世界大戦の勃発（1914）、妻アグネスの死（1915）という苦しい時期にあった中での執筆である。だが、液晶などのニュースは一九〇四年のことであり、それから一〇年ほどたってから書いたことになる。ヘッケルはそれについて何も述べていないようだが、一九〇四年といえば、『生命の不可思議』の出版、二年後にはドイツ一元論者同盟の設立（1906）、その後も講演や執筆などの啓発活動をこなし、批判勢力にも対抗し、極めて多忙に暮らしていたはずだ。たぶん一〇年の間、ずっと温めてきたことを最後の力で書き上げたのだろう。

では、ヘッケルに青天の霹靂のごとくにインスピレーションを与えたという、液晶の発見とムネーメの発見とは、どのようなものであったのかを見てみよう。

液晶理論

『結晶の魂』の最初のページには、彩色された多様な幾何学的な図像が並んでいる。一見して、綺麗なビー玉やボタン、色彩が変化するシャボン玉、あるいは水面に落ちた油の干渉縞のような抽象的な模様が並んだ不思議なページである。これこそが、外見上生きているかのように見える無機物の液滴たち、すなわち「液晶」たちの姿なのである（本書「ヘッケル図像抄」参照）。

液晶といえば、現在は液晶ディスプレイ、液晶モニターなどとして世界で注目を浴びる技術であるが、最近ようやく、この発見の歴史が一般向けに紹介されるようになってきた。特に、ダンマーらの研究書『液晶の歴史』は非常に示唆に富むものであり、ここではこれに沿って、当時の液晶事情に目を向けてみよう（ダンマー（2011））。液晶の物語は、一八八八年にオーストリアの植物学者フリードリヒ・ライニツァーが、ニンジンから抽出したコレステロールに安息香酸を反応させて合成したコレステリル・ベンゾエートの融解現象を確認したところ、驚くべき発見をしたことに端を発する。物質は固体・液体・気体という三つの相をもっている。固体から液体になる温度を融点というが、このコレステリル・ベンゾエートは二つの融点をもっている、つまり、ある温度で固体（白色）から濁った液体（白色）になり、さらにもう一つの温度で透明な液体になるのであった。しかも二つの転移点では紫、青という劇的な発色も見られるのである。この不思議な液体を詳しく調べてもらうため、彼は、アーヘン工科大学の三三歳のレーマンに研究を託したのだった。

オットー・レーマンは、一八五五年にスイスとの国境近くの町コンスタンツに生まれた。数学教師だった父親が顕微鏡好きで自宅に実験室を作ってしまった影響で、レーマンは小さい頃から顕微鏡に親しむ生活を送った。一七歳の頃には、結晶成長の見事な研究を成し遂げるほどになっていた。シュトラスブルク大学で物理化学の学位を取得し、結晶学の専門家となる。そんな彼の主たる武器は顕微鏡、それも自分で設計して組み立てた特製の「晶析顕微鏡」(試料を温める試料台と偏光器を備えている優れもの。のちにイェーナの光学会社ツァイスで商品化)であった。ライニツァーから依頼された翌年にカールスルーエ工科大学の物理学の正教授となり、本格的に研究に没入した。その年の夏には、自慢の顕微鏡を駆使した研究の結果、このコレステリル・ベンゾエートの白色の液体が結晶の一種であること、つまり液体なのに結晶であることが論文として発表されたのである。結晶性と流動性が両立するなんて、まさに驚くべき内容であり、レーマン自身もこれの本質についてははっきりとわからなかったが、研究結果はそれを示すものだったのだ。当然、彼は多くの痛烈で執拗な批判を浴びることになり、長い闘いの日々に突入することになった(その後の液晶研究は、紆余曲折はあるものの、一気に加速していくことになるのだが、その経緯については本章では扱わない)。

一九〇四年に、レーマンはそれまでの研究をまとめて『液晶』という大著をライプツィヒのヴィルヘルム・エンゲルマン社から出版した。これが、ヘッケルが言及している研究書である。その後、レーマンは、この液晶と生命現象との関係について思惟をめぐらせることになる。一九〇六年九月、彼はシュトゥットガルトで開催されたドイツ自然科学者医師学会の第七八回の大会で、「液晶と生命理論」という講演を行った(Lehmann (1906))。同時期に、『生命があるかに見える結晶(Die scheinbar lebenden Kristalle)』(1907)も出版している。

彼が顕微鏡下で観察した液晶は、生物の発生や成長などに極めて類似した様相を呈していたのであり、そこには「分子の自己集積、分子の組織化、そして組織化した複雑性が結集する」（ダンマー（2011）207）という共通点が見出されたのである。特に直接的にレーマンに影響したのは、細胞病理学者で著名なルードルフ・フィルヒョウのミエリン研究（1854）だった。ミエリンとは、人間の神経線維のことであり（今日では電気信号パルスが神経を伝わるのを助ける、神経を囲む絶縁層のことを指す）、このミエリン繊維が液晶の光学的性質をもっていることがわかったのである。しかも、ある種の石鹸と水から、これと類似した人工繊維をつくることもできた。それぞれの写生図を見比べても、確かに、くにゃくにゃとしたミミズが何匹も同じところから生えたようなイメージは非常に似ているのであり、レーマンが液晶には生命があると考えたのも無理はない。こうして、レーマンは、生物も無生物も同じ自然法則に従っていることを強調するようになった。その背景には、青少年時代に惹かれていたヘッケルからの思想的な影響もあったのである。

ヘッケルにとって、レーマンの研究は非常に大きな意味をもっていた。この液晶こそ、ヘッケルが探し求めていた無機物から生物へと繋がるミッシングリンクの発見を意味していたのだったから。ダンマーらによれば、そこから二人の間で頻繁な文通が始まり、ヘッケルの死に至るまで続いたという。

ちなみに、その後、X線回折の技術が登場すると、固体結晶の構造が明瞭に認識可能となり、液晶研究も進んでいった。人工ミエリン繊維（石鹸膜）やミエリン繊維が確かに液晶であり、二分子層構造をもっていることがわかっていく。この構造から、なぜ液晶が柔らかく流動性をもつのに、分子が規則的に配列するのかという謎がようやく解けるのである。結果として、液晶が生命そのものであることは否定されるが、今日では、液晶は細胞壁や細胞膜として生体にとって極めて重要な寄与をしていることが知られている。本書第二部第2章でもふれたように、一九三六年にオパーリンが「コアセルベート」という細胞に似た小胞を人工的につくり出したことは有名だが、結局、現在でもなお、無機物から生物への組織化プロセスはわかっていないのだ。

ムネーメ理論——記憶と進化

では、ヘッケルにインスピレーションを与えたもう一つのゼーモンのムネーメ理論は、どのようなものだったろうか。まず、シャクターによる伝記『忘れられた思想、無視された先駆者：リヒャルト・ゼーモンと記憶の物語』(Schacter (2011, 2001))に沿って、ゼーモンの略歴を見てみよう。

リヒャルト・ゼーモンは、一八五九年に、ベルリンの裕福なユダヤ人家庭に生まれた。父は株式仲買人であった。ゼーモンは、カイザー・ヴィルヘルム・ギムナジウム(大学進学のための高等中学校)に入り、学業のかたわらでダーウィンやヘッケルの主要著書を読みふけっていたという。その影響もあり、一八七九年にイェーナ大学に進み、絶大な力をもって君臨するヘッケルに師事し、海洋生物を対象に解剖学と進化論を学ぶことになる。一八八四年に医師国家試験に合格し、翌年免許を獲得。一八八六年にイェーナ大学で博士号を取得し、大学付属の解剖学研究所にて個体発生の研究を積みつつ、翌年に私講師、九一年に員外教授となった。九一年から九三年のオーストラリアへの調査旅行が功を奏して、一流の動物学者として名を馳せるようになったゼーモンは、まさに前途洋々たる身であった。

ところが、はからずも同僚の病理学教授の妻マリア・クレールとの道ならぬ恋に落ち、二人はイェーナを逃げるように去り、ミュンヒェンの地にて人生を再出発することになったのである(1899)。親しんだ友人も町も輝かしい未来も捨ての旅立ちであった。ゼーモンは一介の理論家としての新しい道を模索し、四年間を費やして、生物学と心理学を基礎とする『ムネーメ』を書き上げた。これが、ヘッケルの絶賛した書物である。しかし、ゼーモンはヘッケルのような門外漢に褒められても喜びを感じず、専門の心理学者にどのように捉えられるかが一番の関心事だった。その意味で、ゼーモンの理論に賛同し、その後も彼を支えてくれたスイスの精神科医アウグスト・フォレルの存在は大きかった。しかし、不安的な身分と不確かな自信の下で生きるゼーモンは、やがて第一次世界大戦でのドイツの敗北、妻マリアの癌死による絶望とともに一九一八年、自らの命を絶ったのである。

ゼーモン自らが語っているように、ヘッケルからの一番の影響は、学問的にも日常的にも一元論的に思考する習慣を与えられたことであった(Schmidt(1914)217–222：ヘッケルの八〇歳の誕生日祝いにドイツ一元論者同盟が企画した出版物)。またゼーモンは、一元論者同盟創設の際の協力者でもある。ヘッケルは、イェーナを去ったゼーモンを常に気にかけ、一九一三年にはオーストラリア調査に基づく研究書の最終巻を出版してゼーモンを力づけたりもしている。

さて、このムネーメ理論を少しひも解いてみよう(Semon(1911, 1904))。第一章において、生体に対する刺激と反応について生理学的に説明され、第二章で、新しい概念と造語が紹介されている。有機物質に刻み込むような刺激の作用のことを「刻印作用(engraphische Wirkung)」と称し、そのような作用を受けて引き起こされ

Rheokristalle: Bewegungen; Myelinformen. 37

Fig. 6 u. 22). Wenn zwei hohle Sphärokristalle zusammenfließen (wie bei der Kopulation von einzelligen Protisten), verschmelzen

Fig. 22.

Fig. 18.

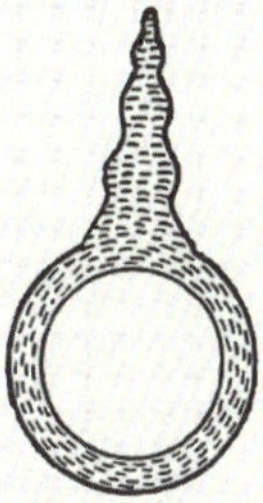

Fig. 20.

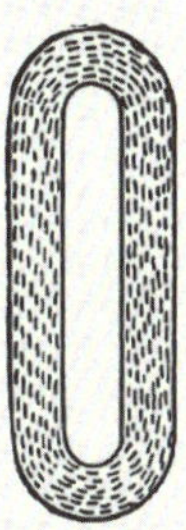

Fig. 21.

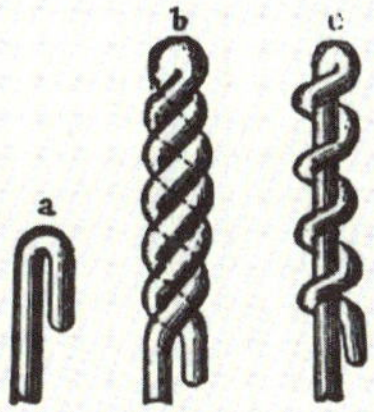

Fig. 19.

Fig. 18—22. Myelinformen von Ammonium-Oleat,
nach Beobachtungen von Otto Lehmann, 1887.

Fig. 18. Eine Gruppe von „lebenden“ Rheokristallen, die sich andauernd lebhaft bewegen und ihre Form beständig verändern.

Fig. 19. Ein einzelner Rheokristall von zylindrischer Form, in drei verschiedenen Zuständen der Bewegung; derselbe krümmt sich (*a*) und dreht sich spiralig um seine eigene Achse (*b*, *c*).

Fig. 20. Ein hohler Sphärokristall, in Abrundung begriffen.

Fig. 21. Derselbe verwandelt sich in einen hohlen Zylinder. Später geht dieser in einen soliden einachsigen Kristall von Spindelform über (Fig. 22).

Die Richtung der Moleküle ist durch kleine Striche in der flüssig kristallinischen Haut des hohlen Kristalls angedeutet; zuletzt steht ihre optische Achse senkrecht zur Oberfläche der Flüssigkeit.

Nach Lehmann, „Die neue Welt“ (1911), S. 259.

auch ihre beiden Kerne (Fig. 23). Bei weiterem Wachstum gewinnt im „Kampf ums Dasein unter den Molekülen“ die stärkere Molethyne (kristallinische Richtkraft) das Übergewicht über die schwä-

✦——感じて動く「生きている」結晶（液晶）。ヘッケル『結晶の魂』（1917）より。

る有機物質の変化のことをその刺激の「記憶痕跡（Engramm）」と称する。ある生物に、ある記憶痕跡が先在することによって引き起こされる現象を「ムネーメ（記憶）の出現（mnemische Erscheinung）」と称し、ある生物のムネーメ（記憶）能力の総体を「ムネーメ」と称す（同書15）。ちなみに、ムネーメは記憶を意味するギリシャ語である。例えば、子犬が、生まれて初めて子供から石を投げつけられたとしよう（同書18）。刺激には二つある。一つが、石や子供から引きこされる視覚的な刺激、もう一つが石が肌にぶつかって引き起こされた痛みであり、どちらもあとに残る刻印作用をもつ。これが子犬に生じた記憶痕跡であり、変化である。次の刺激が来た時には、以前の記憶に影響を受けて反応するのである。そもそも有機物質には、外界からの刺激を得て刻印的な変化を生じる能力が備わっているためであるとされる。

第一七章では、生物の生殖現象においても、この刺激生理学的な法則が支配していることが説明される。個体に蓄えられた記憶痕跡が、世代を超えて引き継がれていく。外界に適応して進化するには、ダーウィンの提唱した自然選択の作用が重要だが、保存的なムネーメ原理もまた必要なのである。個体発生におけるムネーメの力は、ヘッケルの提唱した生物発生原則をよく理解させてくれる。つまり、受精卵には過去の祖先たちのムネーメ（記憶）が保持されているため、それが個体発生プロセスに順次出現し、系統発生を繰り返すことになるというのである。このような説明から容易にわかることだが、ムネーメ理論には「獲得形質の遺伝」が前提とされているため、ネオラマルキズムに分類される。ただしゼーモンはこう考えていた。刺激生理学に基づく考察は、ラマルクの考え方よりも一元論的かつ科学的な意味をもっている。生命現象を純粋に物理・化学的に説明しつくすという最終目標には、まだはるかに及ばないが、生物の進化メカニズムに関して同一の刺激生理学的な法則が存在することを見出せたのである、と（同書402-410）。

現在であれば、細胞の有機物質に刻まれた記憶というよりは、DNAという物質のもつ能力という方が適当であろう。しかし当時は、ようやくメンデルの法則が再発見された頃であり、まだ遺伝物質も不明という時代であったことを考慮しなければならない。シャクターによれば、著名な解剖学者J・Z・ヤング、ゲシュタルト心理学者クルト・コフカ、物理学者エルヴィン・シュレーディンガー、哲学者バートランド・ラッセルらは、ゼーモンの功績を大いに讃えたという。ムネーメ理論は、『ムネモシュネ・アトラス』の著者である美術史家アビ・ヴァールブルクにも影響を与えた。また、現在、文化が世代を超えて受け継がれ進化していくという「ミーム理論」が提唱されているが、ムネーメ理論はその先駆的な研究であるとも評価されている（ミーム理論とは、進化生物学者リチャード・ドーキンスが一九七六年に『利己的な遺伝子』で提唱したもので、ミームとは、遺伝子の類推で、人々の脳から脳へ伝えられる情報単位）。

結晶の魂

以上のような「液晶」と「ムネーメ理論」に依拠して、ヘッケルが望んだのは、生命現象が無機物から有機体へと連続していること、つまり一元論の正しさの証明だった。四章立ての『結晶の魂』の内容を見ると、第一章「クリスタロティク」（生きている自然物としての結晶を扱う、いわば一元論的結晶学）、第二章「プロビオンティク」（現実のミッシングリンクを扱う、いわば一元論的チトーデ学）、第三章「ラディオティク」（結晶の骨格をもつ単細胞生物を扱う、いわば一元論的放散虫学）、第四章「プスィヒョマティク」（実体則の面から魂を扱う、いわば一元論的心理学）となっている。無機物から有機体への橋渡しともいうべき、結晶、液晶、チトーデ、そして均一なプラズマから結晶骨格を生じる放散虫を扱い、そこに同一の生命原理を見出していき、最後にその実体としてのプスィヒョームを考察するという構成である。簡単に内容を概観しておこう。

第一章では、さまざまな結晶の成長、形態、適応力、再生、死、代謝、膜形成、分子構造、排泄、運動、感覚などを観察していくと、結晶は成長発達していく限りにおいて「生きている」のであり、結晶の分子の「運動（Bewegung）」とそれに結びついた「感覚（Fühlung）」は生物の生命現象と同一であり、特に液晶と最下等な生物には境界がないことがわかるとされる。

第二章では、液晶とチトーデ（核をもたず細胞まで進化していない段階の前細胞。現在の原核細胞に近い想像物）とを比較しながら、その類似性が説明される。現実的なチトーデとしてはモネラ、クロオコックス（最下等な藍藻植物）、バクテリアが想定されており、それらを構成する「生きている実体」としてのコロイド状の「プラズマ」（原形質）に注目する。プラズマでできたチトーデが結晶に、プラズマ分子（プラスティドゥール）が結晶を構成する分子に対応するのである。スイスの植物学者ネーゲリは、「生きている物質」の最小単位をプラズマ分子ではなく、「ミセル（Mizelle）」（分子の集合体）とし、それが結晶構造をもつと考えた。これはヘッケルの発想に弾みをつけてくれることになった。彼は、分子が法則性に基づいて形態を形成していくためには、「クリスタロティクとプスィヒョマティクの融合」、一語でいえば「結晶の魂」と表現されるこの融合こそが根本的な重要性をもっていると確信するのである。

第三章では、単細胞生物のうち結晶の骨格を有する放散虫をとり上げ、結晶の魂とは何かを探っていく。ここでは単細胞生物なので「細胞の魂」、そしてそれのもつ未分化な状態の「感覚と意志」について、さまざまな形態の放散虫をとり上げて説明していく。骨格は、球状のものから徐々に複雑な結晶形態へと変化するが、それは、骨格を分泌する細胞の仮足部分の有する「立体的な距離感覚（Distanzgefühl）」（空間把握能力に近い）と、プラズマに刻み込まれて遺伝してきた「ムネーメ」によるとされる。同一の法則性に沿った形態形成には、「細胞の魂の繊細な感覚」と「分子の運動を特定の方向性に組織化する確固たる意志」が必要であり、それは結晶化の場合と同じなのである（実は放散虫に関しては現在もなお、栄養摂取、繁殖など生態もほとんどわかっておらず、結晶骨格がなぜ、どのようにして形成されるのかも謎であることを念頭に置く必要があるだろう）。

第四章は、『有機体の一般形態学』、『宇宙の謎』、『生命の不可思議』、『神即自然』などを基にした総括的な内容である。生物界と無機物界を含む宇宙は、唯一の永遠なる偉大な法則である「実体則」によって支配されている。この実体に備わるのは、「物質（Materie. Stoff）」、「エネルギー（力）（Kraft. Energie）」、「プスィヒョーム（Psychom. Fühlung）」の三属性とされている。この普遍的な実体が、生物や無機物にも同様に、ある時は物質として、ある時は力として、またある時はゼーレとして現出するのである。詳細はあとで説明しよう。

ゼーレ（魂）とは何か

今述べた第一章から第三章を見れば、ヘッケルの主張は次のことである。つまり、固体結晶や液晶における形態形成を司る力と、単純な生物のもつ形態形成力は、どちらも同一の物理・化学的力なのである。それはまた、生命に特有とされてきた形態形成力と同じものなのである。その証拠として、生物なのにもかかわらず立派な結晶骨格を形成する仕組みをもっている放散虫類が存在する。形態形成力のような生命力が「魂」なのであり、それは物理・化学的な力である。したがって、無機物の結晶にも「魂」があるといえるのだ。その力が保存されていく仕組みが、物質の記憶、つまりムネーメなのである。しかもムネーメは、生物だけではなく、無機物にも証明されているという。例えば、鉄が電磁気的な刺激をくりかえし被ると、次の刺激を受ける際に影響が残っている「ヒステリシス」という現象があるのだ（KS101）。

さて、今まで「魂」と訳してきた原語の「ゼーレ（Seele）」について、その訳語の是非も念頭に置いて、まとめておこう（本書第4章でも概観した）。この言葉は、ヘッケル自身もいっているように、多義的なイメージをもつものであり、内容が豊かで意味深い一方で、極めて不明瞭で曖昧な概念でもある。「ゼーレ問題」については数えきれないほどの研究があっても、いまだに解決しておらず、二千年来、意見が対立したままなのである（Haeckel（1914c）195）。では、ヘッケルの考えるゼーレとはどういうものなのか。彼は『有機体の一般形態学』第七章で、ゼーレとは人間などの高等動物に見られる「中枢神経系のもつ、高度に分化したさまざまな機能の総体」であり、中でも「意志」「感情（感覚）」のことであるとしていたが、これは極めて常識的な捉え方である。つまり、「心」や「精神」のことである。それは、身体の特別な器官、例えば感覚器官や神経系や筋肉システムに結びついたものだ（Haeckel（1878d）165）。しかし、一元論的な見方をすれば、ゼーレは動物、植物、原生生物にも存在する、いやそれどころか、モネラや結晶などにも存在する、と説明しなければならなくなるのだ。神秘性をもたさずに科学的に説明するにはどうすればよいだろうか。ヘッケルが苦心したのはそこであった。

ヘッケルはゼーレのことを「プシューケー」ともいっている（KS92）。アリストテレスやプラトンのような古代ギリシャ哲学者は、これを、心だけでなく生命原理を含む概念として用いていた。例えば、アリストテレスは、プシューケーのことを、身体が、ある一定の能力――栄養摂取能力、感覚能力、思考能力、運動能力のような基本的な生命現象を司る原理――をもった状態であるとした。ヘッケルの用法はこれに近い。なぜなら、身体とゼーレは不可分で一つのものなのである。ゼーレは生命活動の総体であり、身体の構造から生まれる機能であり、無数の細胞たちの活動に基づくものとされる。

こうなるとヘッケルの考えているゼーレは、「魂」や「霊魂」という日本語で表すとニュアンスが異なってくることがわかる。魂や霊魂のイメージは、身体とは独立して存在する非物質的な実体で、身体に一定の期間宿ることにより諸活動を司り、身体が死ぬと離れていく不滅なる実体、というものである。キリスト教における霊魂がまさにそれである（「ゼーレ」の訳出の悩ましさについては、岩渕（2014）を参照のこと。精神物理学の創始者G・フェヒナーを扱った本書における「ゼーレ」の分析は、極めて示唆に富むものである。また、アリストテレスの『霊魂論』を訳した桑子は、そういう誤解を防ぐために、プシューケーを「心」と訳し、あえてタイトルも『心とは何か』に変えている（アリストテレス（2012，1999）））。

そういうわけで、ヘッケルのゼーレには、心、生命、心的現象、生命現象、心的作用、生命原理などという語の方がふさわしいのである。しかし私の推測では、ヘッケル自身は、むしろ『結晶の魂』『結晶霊魂』というニュアンスが伝わることを意図して、このタイトルを付けたのではないだろうか。それは、『自然創造史』や『宇宙の謎』、『生命の不可思議』のように、あえて新旧の用法をもつ不思議系の言葉を入れて大衆の関心を誘うというヘッケル独特のアピール精神があったと思われるからだ（いずれの本も読者をそうやって引き込んでおいて、その通念を覆す、つまり、「自然は創造されたのではない」「宇宙に謎はない」「生命は不可思議ではない」、同様に「結晶にあるのは魂ではない」という見解に導いていくのである）。だが、とりあえずこれから先は、ヘッケルのゼーレは「ゼーレ」と訳しておくことにしたい。

ではヘッケルは、一元論的な意味でゼーレをどのように説明したのだろうか。彼によれば、ゼーレには二つの基本的な性質として、「運動」と「感覚（感情）（Empfindung, Fühlung）」があり、これらによって生命現象が生じるとされる（KS92）。この運動は「意志」（Wollen）とも捉えられる。このようなゼーレには二つの根源的な原因があり、一つは、「快感覚」（Lustgefühl）、すなわち引力（方向づける力）、もう一つが「不快感覚」（Unlustgefühl）、すなわち斥力（抵抗し反発する力）とされる。ヘッケルの念頭には常に、古代ギリシャの哲学者エンペドクレスの「原子の愛（結合）と憎しみ（分離）」の概念（万物は四元素から成り、愛と憎が動力因として多様性をもたらすという説）があるのである（KS94）。

結晶を生じさせる力と生物形態を生み出す力は、原子や分子のもつこの「引力」と「斥力」が基礎となるというのだ。無機物の結晶と放散虫の結晶骨格では、なぜ両者ともに、対称性を備えた幾何学的な形態形成が可能なのか。それは、物質に備わった「距離感覚」（KS76）、「平衡感覚」（KS97–98, 131）、「対称性感覚」（KS131, 136）というゼーレのためである。物質を構成する分子は、意志と快感覚（能動エネルギー）に基づき、一定の方向に配置されていく（KS91）。このメカニズムは、結晶でも生物でも同様なのである。

こうして、ゼーレの性質である原子や分子の運動と感覚により、「生きている」状態が生まれ、複雑な組織化、形態形成が行われるのである。そしてまたこれが、ムネーメ（記憶）となって繰り返され、次世代にも伝わっていく。これらについては物理・化学的な説明が可能なのであり、したがって、形而上学的な二元論や神秘的な目的論・生気論などで仮定した非物質的な「生命力」は全く必要ないのだ。ゼーレは物質に内在した、生命を司る実体なのである。人間の精神のみならず、下等生物や無機物にも備わった生命原理なのである。

プスィヒョームと実体則

ここでは、『結晶の魂』第四章において展開される、このゼーレをどのようにして実体則に組み入れるかという問題について見てみよう。ヘッケルによれば、一元論の神は、宇宙を支配する自然法則であった。『有機体の一般形態学』の第三〇章での表現はこうであった。一元論の神（汎神論の神）は自然全体を司る唯一の原因、つまり普遍的な因果律なのである。神は精神（力）と物質としてあらゆる現象に現れ出るのであり、自然界のあらゆる精神（力）の総和、あらゆる物質の総和が神なのである、と。しかし当時は、これがどのような因果律なのかについては、はっきりと記されていなかった。これが「実体則（Substanz-Gesetz）」という新たな名称で登場するのは、一八九二年の『宗教と科学の絆としての一元論』だった。

ヘッケルの説明によると、それは、フランスの化学者ラヴォアジェが発見した「物質（質量）保存則」（一七七四年）と、ドイツの物理学者ローベルト・マイヤーが発見し、物理学者・生理学者ヘルムホルツが完成させた「エネルギー（力）保存則」（一八四七年）の二つの法則が合体したものである。「物質保存則」とは、化学反応の前後において物質（質量）の全量は一定であるという法則であり、「エネルギー保存則」は閉鎖系においてエネルギーの種類が転換しても総量は一定であるという法則である。つまり、宇宙の物質とエネルギーの総量は一定であるという物理・化学的な法則が「実体則」なのである。一元論の神は、その法則自体でもあり、物質とエネルギー（力）の属性を備えた実体でもある。このようにヘッケルは、まずはスピノザの汎神論的な一元論に、自然科学の衣を着せることを試みたのである。

しかし、スピノザの掲げた神の属性である「精神」を、「エネルギー（力）」に含めてしまってよいものだろうか（KS92）。自然科学の進歩の中でエネルギーの正体が判明するにつれて、その違和感も大きくなったことだろう。そこでヘッケルは『生命の不可思議』で、次のような提案をした。「精神」は、思考、力、、エネルギー、プシューケーでもあるので、運動に関係する「エネルギー（力）」とプシューケーに関係する「感覚（Empfindung）（プスィヒョーム、プスィヒョーマとも）」という二つに分け、「物質」と「エネルギー（力）」と「プスィヒョーム（感覚）」の三属性を、三位一体なる神の実体となす、と（Haeckel（1904a）520–526）。

このプスィヒョームという言葉の訳語がまた難しいのである。およそ、「物質」と「エネルギー」は自然界のあらゆるものに共通する用語なのだが、「プスィヒョーム」は生命・精神現象として現れる属性なので、一般的にいえば、生物に固有なものである。これを物理学的で普遍的な実体の意味合いで呼ぶために、あえて、心や精神を表す「プスィヒョ」に、塊や部分を示す「オーム、オーマ」を付けて造語されている（「精神物理学的原理」ともいっている（KS96））。超自然的な印象を避けたいヘッケルの気持ちがわかるところだ。ヘッケルはこれを「感覚」の他に「世界霊（Weltseele）」とも呼んでいる（KS96）。これは、ゲーテも影響を受けた哲学者シェリングが「有機体としての（生きている）宇宙」を表すために用いた概念であるが、もともとは古代ギリシャ哲学で用いられていたものである（松山（2004）35）。ここからも、プスィヒョームは、宇宙（神）の生命的な性質を指していることがわかるのだが、よい日本語は思いつかないので、そのままで用いることにしたい。

プスィヒョームが非物質的な神秘的な原理ではないことを、ヘッケルは次のように説明している。プスィヒョームがあらゆる事物に宿っていることを「ベゼールング（Beseelung）」（ゼーレが物質に内化するような意味）といっている（KS94）。それを認識するための学問が「プスィヒョマティーク」なのである。例えば、化学反応の場合、化合物の質量は測定可能だが、その結合の深い原因、つまり化学的な親和力（Wahlverwandtschaft, Affinität）について解明できるのは、この学問なのである（KS106）。『神即自然』では、「物理学における重力」、「化学における親和力」などについては、物質がエネルギーだけでなく、感覚を有しているという仮定によって説明がつくとされている（Haeckel（1914a）483）。つまり、原子や分子、あるいは物体の間に空間的に働く引力や斥力、また、分子の屈性（ある一定の方向に自然に運動する現象）など、物質的にもエネルギー的にも説明ができない現象に、第三の説明の可能性として、プスィヒョームを登場させているということだ。先にも述べたように、その基本的な原因は、原子や分子の「快感覚、不快感覚」なのである。つまり、外界からの刺激を受けとり、内面で感じ、意志や運動となって外に表出するというプロセスが、心的活動なのだと理解できよう。これに基づき、今まで神秘的な力や現象だと思われてきたものに対しても、物理・化学的な説明がつくとされる。もちろん、進化した生物では、その高度な心的現象、生命現象もまた物理・化学的に説明できるのである。

ヘッケルは次のように注意を促している。「すべてのものが生きている」というのは、それが感覚と運動を有している場合なのである、と（KS142）。つまり、こういうことだろうか。無機物も、まわりの環境から刺激を受けて能動的にダイナミックに運動する限りは「生きている」。確かに私たちは、地球内部のマントルの動きなどから、地球は生きている、という表現をする。

また、この実体則では、宇宙の実体の総和が一定となるが、それではプスィヒョームも保存されるので、キリスト教の「霊魂の不滅」と似通ったものになるのではないか。一元論では、人間のゼーレは死とともに消滅するのではなかったか。しかし、その基本となる原子や分子まで戻って考えれば、次のようにいえるのである。原子や分子が「生きている」(ゼーレが現れている)のは、「能動的エネルギー状態」で活動している場合であり、「潜在的エネルギー」に変転すると休止状態になるが、エネルギーの変転により再び活動する。つまり、生命(ゼーレ)は「永遠なる力の変転」に基づくものなのだ、と(KS142)。これがヘッケルの考えた、宇宙におけるプスィヒョームの保存の意味なのである。

ヘッケルは、『生命の不可思議』で自らの思想を「物活論(Hylozoismus)」だと堂々と述べている(Haeckel(1904a)92)。物活論とは、物質がその内に生命をもっているとする説なのであるが、今説明したように、ヘッケルは極力、神秘性をはぎ取った「科学的な」物活論を標榜していたものと思われるのである(ヘッケルの物活論に関しては、奥村(2014)に詳しい)。

宇宙の謎は解けたのか

結論からいえば、生命、心、宇宙などは、ヘッケルが考えたよりはるかに複雑なものであった。その後一〇〇年たつ間の科学の進歩により、生物の形態形成や遺伝、それればかりか生命活動全体までを担う「遺伝子」

の正体としてＤＮＡが脚光を浴びたが、現在でも、その発現メカニズムはまだまだ未解明であるし、いまだに私たちは「細胞」を実験室でつくり出すことに成功していない。放散虫に関しても、その生態、なぜ結晶骨格をもっているか、どのようにしてそれを形成するかなどについて、つまびらかではない。感覚や感情、運動、記憶を繰る場所が脳にあることはわかっても、心・意識とは何か、そのメカニズムも含めて不明なことばかりだ。

そして宇宙については、天文物理学、素粒子物理学、相対性理論をなど総動員しても、その本質や構造はまだまだ謎だらけだ。ただ宇宙にはビッグバンという始まりがあり、物質はその後に誕生したらしい。ヘッケルの考えていた永遠不滅なる宇宙観とはかなり違う。また、アインシュタインが一九〇五年に、質量とエネルギーの等価関係を提示し（$E=mc^2$）、閉鎖系では質量とエネルギーの総和が一定であるとしたのは、ヘッケルの実体の保存則と極めて類似した言説である。ヘッケルは「相対性理論」については言及しているが（KS94）、残念なことに、この式は知らなかったようだ（これをもし知っていたなら『結晶の魂』はさらにパワーアップしたものになったことだろう）。また、ヘッケルがプスィヒョームとして想定した「重力」など宇宙で物質間に作用する力についても、まだわからないことが多い。

現在でさえこのような状況にあるような難しい問題に、当時の限られた知識だけで立ち向かったヘッケルには頭が下がるが、その大胆さには驚きを感じえない。若干、意地の悪い表現を使えば、その時代の知の制約の中で、何とか汎神論的な自然哲学に自然科学的な装いをさせるために、哲学的な文章をこねくり回したという印象もないわけではない。しかし、よくぞここまで考えて、多くの仮説的な暫定案をつくり上げたものである。そしてすべての検証は未完のままに終わった。

ヘッケルは、『宇宙の謎』の序の最後でこう述べている。

「進化論という土台の上に『一元論的哲学の体系』全体を築き上げるという長年にわたって育んできた計画は、もはや実現にこぎ着けることはないだろう。そのために必要な余力は私に残っていないし、寄る年波のもたらすさまざまな警告が終了を迫っている。それにまた私は全くの一**九世紀**の子供なのであり、その世紀の終わりとともに自分のライフワークにけりをつけておきたいのだ。〔中略〕ここで読者諸氏にお別れを告げるにあたり書き添えておきたいのは、私の誠実で綿密な研究が——いくつかの欠陥があることは自分でも承知しているが——、ほんの少しでも『宇宙の謎』の解明に貢献できたこと、そして世界観をめぐる私の闘いが、純粋な理性的認識を追求する誠実な多くの読者諸氏に、真実を導くと私が確信する唯一の道、すなわち**経験的な自然研究とそれに基づく一元論的哲学**という道を示しえたという期待である」(Haeckel (1899)、太字は原文中の強調箇所)。

『宇宙の謎』と『結晶の魂』の間には一八年の歳月が流れているとはいえ、この文章は一九世紀の子であったヘッケルの気持ちをよく代弁しているものと思われる。いかに楽観的で大胆なヘッケルでも、やはり自分が拠って立つパラダイムの古さ、時代の限界というものを感じていたのである。

それにしても、彼の一元論から繰り出された想像の力は、多くの人々に強い影響を与えたものである。

そしてヘッケルは一九一九年、八五歳にて永眠。

もし、現在の二一世紀に、彼が生きていたら、この世界をどのように見ただろうか。

ヘッケル年譜

本書との関連事項を主とした。著作物はすべて『……』で示し、重要語句は「……」で示した。

1834	0歳	2月16日にポツダムにて誕生。翌年メルゼブルクへ転居。
1852	18歳	4月ベルリン大学医学部入学。冬学期ヴュルツブルク大学。1854ベルリン大学。1855ヴュルツブルク大学。
1856	22歳	フィルヒョウの助手となる。冬学期ベルリン大学。
1857	23歳	医学博士号を取得。ウィーン大学で学ぶ。
1858	24歳	医師国家試験に合格。ベルリンにて開業。アンナ・ゼーテと婚約。
1859	25歳	イタリア研究調査旅行。
1860	26歳	ドイツ語訳『種の起原』を読む。
1861	27歳	教授資格試験合格。イェーナ大学の比較解剖学講座の私講師に就任。
1862	28歳	『放散虫のモノグラフ』(第一部)。員外教授に昇格。アンナと結婚。
1863	29歳	『ダーウィンの進化論について』。
1864	30歳	妻アンナの死。
1865	31歳	イェーナ大学動物学講座の正教授に昇格。
1866	32歳	『有機体の一般形態学』。ダーウィンと会う。
1867	33歳	アグネス・フシュケと再婚。
1868	34歳	『自然創造史』。
1870	36歳	『モネラと他の原生生物研究』。『深海底の生命』。
1872	38歳	『石灰海綿の生物学』。
1873	39歳	『ガストレア理論』(『ガストレア理論研究』1877の第一部)。
1874	40歳	『人類発達史』。
1877	43歳	『総合科学との関連における今日の進化論』。
1878	44歳	『自由な科学と自由な教育』。『原生生物界』。

1881・82	47・48歳	インド、セイロンへ熱帯調査旅行(〜1882)。
1882・83	48・49歳	イェーナ大学に動物学研究所設立。
1887	53歳	『放散虫類報告書』(『チャレンジャー・レポート』の一部)。
1890	56歳	『プランクトン研究』。『アルジェリア旅行記』。
1892	58歳	『宗教と科学の絆としての一元論』。『新航路の世界観』。
1895	61歳	『科学と革命』。
1898	64歳	フリーダ・フォン・ウスラー・グライヒェンとの交際開始。
1899	65歳	『宇宙の謎』。『自然の芸術形態』(〜1904)。
1900・01	66・67歳	セイロン、シンガポール、ジャワ、スマトラへの第2回熱帯調査旅行。
1903	69歳	フリーダの死。
1904	70歳	『生命の不可思議』。『一元論者同盟—一元論を組織化するためのテーゼ』。
1905	71歳	『旅行画集』。
1906	72歳	イェーナ大学動物学研究所内に「ドイツ一元論者同盟」の設立。
1907・08	73・74歳	系統発生史博物館の設立と大学への寄贈。
1909	75歳	イェーナ大学を退官。
1910	76歳	プロテスタント教会から離脱。
1913	79歳	『芸術家としての自然』。
1914	80歳	『神即自然』。『世界大戦における英国の殺人罪』。
1915	81歳	妻アグネスの死。『永遠。生と死、信仰と進化論に関する世界大戦思想』。
1917	83歳	『結晶の魂』。
1919	85歳	8月9日にイェーナにて永眠。

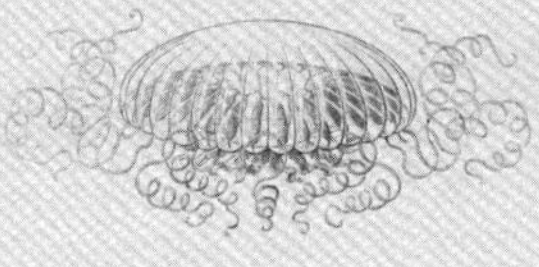

小林晶子(1991)「『リティカ』——解説と全訳」、『明治薬科大学研究紀要　人文科学・社会科学』(21)、1-61頁。

小林博行(1993)「ヘッケル『一般形態学』における個体性の体系」、『モルフォロギア』第15号、46-63頁。

櫻井文子(1999a)「1877年のドイツ自然科学者医師学会大会」、『生物学史研究』No. 64、53-64頁。

櫻井文子(1999b)「公共性の中の科学——1877の進化論論争」、東京大学大学院修士論文。

佐藤恵子(2007)「ユクスキュルの環世界説と進化論」、『東海大学総合教育センター紀要』第27号、1-15頁。

佐藤恵子(2010)「発生生物学の黎明——ヴィルヘルム・ルー試論」、金森修編『科学思想史』勁草書房、第2章。

渋谷一夫／道家達将(1981)「オストヴァルトとボルツマンの論争——「科学的唯物論の克服」をめぐって」、『東京工業大学人文論叢』No.7、33-45頁。

砂川一郎(2003)『結晶　成長・形態・完全性』共立出版株式会社。

高橋義人(1988)『形態と象徴　ゲーテと「緑の自然科学」』岩波書店。

田隅本生(1985)「『胎児化説』とその周辺——進化と個体発生の関係」、『病態生理』Vol.4 No.1、79-85頁。

田隅本生(1990)「L.ボルクの胎児化説について」、『人類学・民族学・考古学季刊誌 DOLMEN』、120-136頁。

谷村好洋／辻彰洋(編)(2012)『微化石——顕微鏡で見るプランクトン化石の世界』国立科学博物館叢書⑬、東海大学出版会。

長野敬(1994)『生命の起原論争』講談社。

西村三郎(1983)『動物の起源論　多細胞体制への道』中央公論社。

西村三郎(1992)『チャレンジャー号探検』中央公論社。

西村稔(1987)『知の社会史——近代ドイツの法学と知識社会』木鐸社。

林健太郎編(1979)『ドイツ史』山川出版社。

平山令明(2012)『結晶とはなにか　自然が作る対称性の不思議』講談社。

廣田鋼蔵(1983)「オストヴァルト『エネルギー論』再考」、『自然』6月号、86-93頁。

廣政直彦(1995)「「原子論」の悲劇の闘士の死——ルートヴィヒ・ボルツマン」、『科学史の事件簿』朝日新聞社、83-93頁。

藤田敏彦(2010)『動物の系統分類と進化』裳華房。

松山壽一(2004)『人間と自然——シェリング自然哲学を理解するために』萌書房。

三島憲一(2008)「訳者解説　ハルツ・アテネ・オライビ—象徴と文化の変遷をめぐるヴァールブルクの個人的および普遍的な問題」、『蛇儀礼』岩波書店、165-204 頁。

三木成夫(1983)『胎児の世界——人類の生命記憶』中央公論社。

三木成夫(1992)『生命形態学序説』うぶすな書院。

八杉竜一(1978)『近代進化思想史』中央公論社(原著は1972)。

山中浩司(1996)「人間の科学」、大林信治／森田敏照編『科学思想の系譜学』ミネルバ書房、第5章。

夢野久作(1976)『ドグラ・マグラ』上下巻、角川書店(原著は1935)。

横山輝雄(1980)「自然発生説の歴史」、村上陽一郎編『知の革命史　4生命思想の系譜』朝倉書店、97-141頁。

米本昌平(1989)『遺伝管理社会——ナチスと近未来』弘文堂。

米盛裕二(2007)『アブダクション　仮説と発見の論理』勁草書房。

ゲーテ（1980）『ゲーテ全集』14、木村直司ら訳、潮出版社。
コンドラトフ, A.（1979）『レムリア大陸の謎』、中山一郎訳、講談社（原著はロシア語、1978）。
シヴェルブシュ, ヴォルフガング（1997）『光と影のドラマトゥルギー 20世紀における電気照明の登場』小川さくえ訳、法政大学出版局（原著：Schievelbusch, Wolfgang, *Licht Schein und Wahn. Auftritte der elektrischen Beleuchtung im 20. Jahrhundert*, Berlin : Ernst et Sohn, 1992）。
シェインドリン, レイモンド・P.（2012）『ユダヤ人の歴史』入江規夫訳、河出書房新社（原著：Scheindlin, Raymond P., *A Short History of the Jewish People*, 1998）。
ダンマー, デイヴィッド／スラッキン, ティム（2011）『液晶の歴史』鳥山和久訳、朝日新聞出版（原著：Dunmur, D. / Sluckin, T., *Soap, Science and Flat Screen TVs*, Oxford University Press, 2011）。
デュ・ボア・レーモン, E.（1928）『自然認識の限界について。宇宙の七つの謎』坂田徳男訳、岩波書店（原著：Du Bois-Reymond, E., *Über die Grenzen des Naturerkennens. Die sieben Welträtsel*, Leipzig : Verlag von Veit und Comp, 1916）。
パストゥール, ルイ（1996）『自然発生説の検討』山口清三郎訳、岩波書店（原著はフランス語、1861）。
フィルヒョウ, R.（1858）「生理・病理学的組織説に基づく細胞病理学」梶田昭訳、『科学の名著第II期2ウィルヒョウ　細胞病理学』朝日出版社、1988（原著：Virchow, R., *Die Cellularpathologie in ihrer Begründung auf physiologische und pathologische Gewebelehre*, Berlin : Verlag von August Hirschwald, 1858）。
ベンヤミン, ヴァルター（1997）「複製芸術時代の芸術作品」浅井健二郎編訳、久保哲司訳、『ベンヤミン・コレクション1 近代の意味』筑摩書房、第3刷、1997（原著：Benjamin, Walter, *Das Kunstwerk im Zeitalter seiner technischen Reproduzierbarkeit*, 1935–36.）。
ホール, S.トーマス（1990）『生命と物質―生理学思想の歴史』上下巻、長野敬訳、平凡社。（原著：Hall, T.S., *Ideas of Life and Matter : Studies in the History of General Physiology 600B.C.–1900A.D.*, Chicago, London : University of Chicago Press, 1969）。
モッセ, ジョージ・L.（1998）『フェルキッシュ革命―ドイツ民族主義から反ユダヤ主義へ』、植村和秀、大川清丈、城達也、野村耕一共訳、柏書房（原著：Mosse, G.L., *The Crisis of German Ideology. Intellectual Origins of the Third Reich*, New York : Chocken Books, 1981）。
ラッセル, E.S.（1993）『動物の形態学と進化』坂井建雄訳、三省堂（原著：Russell, E.S., *Form and function, a contribution to the history of animal morphology*, John Murray, 1916）。
ラマルク（1954）『動物哲学』小泉丹、山田吉彦訳、岩波書店（原著：Lamarck, *Philosophie Zoologique*, 1809）。

荒俣宏（1982）『大博物学時代』工作舎。

岩澤淳（2005）「動物学からみたビオトープ保全――ことばの発祥の地、ドイツの例は参考になるか?」、『生物科学ニュース』1月号（No.397）、生物科学ニュース編集委員会（日本動物学会、日本植物学会）Z版16–21頁。

岩渕輝（2014）『生命（ゼーレ）の哲学――知の巨人フェヒナーの数奇なる生涯』春秋社。

上田和夫（1986）『ユダヤ人』講談社。

上山安敏（1984）『神話と科学――ヨーロッパ知識社会　世紀末～20世紀』岩波書店。

奥村大介（2014）「ささめく物質――物活論について」、『現代思想』vol.42–1、116–129頁。

川喜田愛郎（1988）「ウィルヒョウと現代生物学・医学」、『科学の名著第II期2ウィルヒョウ 細胞病理学』朝日出版社。

木村陽二郎（1988）「ラマルク、人と業績」、『科学の名著第II期5 ラマルク 動物哲学』朝日出版社。

倉谷滋（2004）『動物進化形態学』東京大学出版会。

倉谷滋（2005）『個体発生は進化をくりかえすのか』岩波書店。

構造と成長の一致に関する顕微鏡的研究」檜木田辰彦訳、『科学の名著4　近代生物学集』朝日出版社、1981。
Semon, Richard W.(1911) *Die Mneme als erhaltendes Prinzip im Wechsel des Organischen Geschehens*, 3.stark umgearbeitete Aufl., Leipzig : Wilhelm Engelmann.(Erste Aufgabe : 1904)
Tansley, Arthur(1935) "The use and abuse of vegetational concepts and terms", in *Ecology*, Vol.XVI, Official Publication of the Ecological Society of America, p.284–307.
Taylor, F. J. R.(1980) "Phytoplankton Ecology before 1900 : Supplementary Notes to the 'Depths of the Ocean' ", in Sears, M. / Merriman, D.(ed.), *Oceanography, the Past*, New York, Heidelberg, Berlin : Springer-Verlag, 1980.
Uexküll, Jacob von(1913) *Bausteine zu einer biologischen Weltanschauung*, München : F. Bruckmann A.G..
Uexküll, Jacob von(1920) *Theoretische Biologie*, Berlin : Verlag von Gebrüder Paetel.
Uexküll, Jacob von(1936) *Nie geschaute Welten. Die Umwelten meiner Freunde*, Berlin und Frankfurt a. M. : S. Fischer Verlag.
Uexküll, Jacob von / Kriszat, Georg(1934) *Streifzüge durch Umwelten von Tieren und Menschen*, Berlin : Verlag von Julius Springer.『生物から見た世界』日高敏隆・野田保之訳、思索社1973、日高敏隆・羽田節子訳、岩波書店 2005(前者の邦訳には、Bedeutungslehre(1940)も含まれている)。
Virchow, Rudolf(1877) *Die Freiheit der Wissenschaft im modernen Staat : Rede gehalten in der dritten allgemeinen Sitzung der fünfzigsen Versammlung deutschr Naturforscher und Aerzte zu München am 22. September 1877 von Rudolf Virchow*, Berlin : Verlag von Wiegandt, Hempel & Parey.
Weber, Heiko(2000) "Der Monismus als Theorie einer einheitlichen Weltanschauung am Beispiel der Positionen von Ernst Haeckel und August Forel", in *Monismus um 1900*, Berlin : Verlag für Wiss. Und Bildung, 2000
Werner, Johannes(1927) *Franziska von Altenhausen. Ein Roman aus dem Leben eines berühmten Mannes in Briefen aus den Jahren 1898 / 1903*, Leipzig : Koelhler & Amelang.
Wogawa, Stefan / Hoßfeld, Uwe / Breidbach, Olaf(2006) "'Sie ist eine Rassenfrage'. Ernst Haeckel und der Antisemitismus", in *Anthropologie nach Haeckel* (Hrsg. von Preuß, Dirk / Hoßfeld, Uwe / Breidbach, Olaf), Stuttgart, Franz Steiner Verlag.

アッカークネヒト, E・H(1985)『ウィルヒョウの生涯』舘野之男、村上陽一郎、河本英夫、溝口元共訳、サイエンス社(原著 : Ackerknecht, E. H., *Rudolf Virchow*, The University of Wisconsin Press, 1953)。
アリストテレス(1969)『アリストテレス全集』9、島崎三郎訳、岩波書店。
アリストテレス(2012)『心とは何か』桑子敏雄訳、講談社(初版は1999)。
ヴァイマー, ヴォルフラム(1996)『ドイツ企業のパイオニア』和泉雅人訳、大修館書店(原著 : Weimer, Wolfram, *Kapitäne des Kapitals*, Frankfurt a.M. und Leipzig, 1993)。
エンゲルス, フリードリヒ(1970)『自然の弁証法』2巻本, 菅原仰訳、大月書店(原著 : Engels, Friedrich, *Dialektik der Natur*, 1873–1883)。
オースター, ドナルド(1989)『ネイチャーズ・エコノミー　エコロジー思想史』中山茂、成定薫、吉田忠共訳、リブロポート(原著 : Worster, Donald, *Nature's Economy. A History of Ecological Ideas*, Sierra Club Books, 1977)。
オパーリン, A.I.(1947)『生命の起原』、山田坂仁訳、岩崎書店(原著はロシア語、1936)。
グールド, S.J.(1987)『個体発生と系統発生』仁木帝都、渡辺政隆訳、工作舎(原著 : Gould, S, J., *Ontogeny and Phylogeny*, London, 1977)。
ゲーテ(1958)『ファウスト 第二部』相良守峯訳、岩波書店。

Möbius, Karl (1877) *Die Auster und die Austernwirhtschaft*, Berlin : Verlag von Wiegandt, Hempel & Parey.
Müller, Fritz (1869) *Facts and Arguments for Darwin*, translated by W.S. Dallas, London (原著 : Für Darwin, 1863)
Nipperdey, Thomas (1993a) *Deutsche Geschichte 1800–1866*, München : Verlag C. H. Beck.
Nipperdey, Thomas (1993b) *Deutsche Geschichte 1866–1918*, Bd.1, München : Verlag C. H. Beck.
Nödlich, Rosemarie / Weber, Heiko / Hoßfeld, Uwe / Breidbach, Olaf / Krauße, Erika (2006) *"Substanzmonismus" und / oder "Energetik" : Der Briefwechsel von Ernst Haeckel und Wilhelm Ostwald (1910 bis 1918)*, Berlin, Verlag für Wissenschaft und Bildung.
Ostwald, Wilhelm (1911) *Monistische Sonntagspredigten*, 1.Reihe, Leipzig : Akademische Verlagsgesellschaft m.b.H
Ostwald, Wilhelm (1912) "Was wollen die Monisten?", in *Das monistische Jahrhundert. Zeitschrift für wissenschaftliche Weltanschauung und Kulturpolitik*, Heft11.
Ostwald, Wilhelm (1926–27) *Lebenslinien. Eine Selbstbiographie*, 3Bde. Berlin, Klasing & Co., GMBH. 『オストワルド自伝』都築洋次郎訳、東京図書、1979(原著3巻本のうち第1巻の訳)。
Partenheimer, Maren (1989) *Goethes Tragweite in der Naturwissenschaft*, Berlin : Duncker & Humblot.
Porep, Rüdiger (1970) *Der Physiologe und Planktonforscher Victor Hensen. Sein Leben und sein Werk*, Kieler Beiträge zur Geschichte der Medizin und Pharmazie, Heft9, Neumünster : Karl Wachholtz Verlag.
Rehbock, F. Philip (1975) "Huxley, Haeckel, and the Oceanographers. The Case of Bathybius Haeckelii", in *Isis*, Vol.66, p.504–533.
Richards, Robert J. (2008) *The Tragic Sense of Life. Ernst Haeckel and the Struggle over Evolutionary Thought*, Chicago and London : The University of Chicago Press.
Roux, Wilhelm (2007) *Der Kampf der Theile im Organismus. Ein Beitrag zur Vervollständigung der mechanischen Zweckmässigkeitslehre*, Saarbrücken : VDM Verlag Dr. Müller. (Neudruck der Erstausgabe, 1881)
Roux, Wilhelm (1905) "Die Entwickelungsmechanik. Ein neuer Zweig der biologischen Wissenschaft", in *Vorträge und Aufsätze über Entwickelungsmechanik der Organismen*, HeftI., Leipzig : Verlag von Wilhelm Engelmann.
Schacter, Daniel L. (2011) *Forgotten Ideas, Neglected Pioneers : Richard Semon and the Story of Memory*, New York and London : Routledge. (First published 2001)
Schleicher, August (1863) *Die Darwinische Theorie und die Sprachwissenschaft*, Weimar : Hermann Böhlan.
Schleiden, Matthias Jacob (1838) "Beiträge zur Phytogenesis", in *Matthias Jacob Schleiden, Theodor Schawann, Max Schultze : Klassische Schriften zur Zellenlehre*, Ostwalds Klassiker der exakten Wissenschaften 275, Leipzig : Akademische Verlagsges. Geest & Portig, 1987. 「植物発生論」佐藤七郎/大石圭子訳、『科学の名著4　近代生物学集』朝日出版社、1981。
Schmidt, Heinrich (1913) "Die Gründung des Deutschen Monistenbundes", in : *Das monisitische Jahrhundert*. Heft 22.
Schmidt, Heinrich (hrsg.) (1914) *Was wir Ernst Haeckel verdanken. Ein Buch der Verehrung und Dankbarkeit*, Leipzig : Verlag Unesma G.M.B.H.
Schwann, Theodor (1839) "Mikroskopische Untersuchungen über die Übereinstimmung in der Struktur und dem Wachstum der Tiere und Pflanzen", in *Matthias Jacob Schleiden, Theodor Schawann, Max Schultze : Klassische Schriften zur Zellenlehre*, Ostwalds Klassiker der exakten Wissenschaften 275, Leipzig : Akademische Verlagsges. Geest & Portig, 1987. 「動物および植物の

Di Gregorio, Mario (2005) *From Here to Eternity : Ernst Haeckel and Scientific Faith*, Göttingen : Vandenhoeck & Ruprecht.

Domschke, J-P. / Lewandrowski, P. (1982) *Wilhelm Ostwald*, Köln : Pahl-rugenstein Verlag.

Eibl-Eibesfeldt, Irenäus (1998) "Ernst Haeckel-Der Künstler im Wissenschaftler", in *Kunstformen der Natur*, München-New York : Prestel, 1998.

Elsner, Nobert (hrsg.) (2000) *Das ungelöste Welträtsel. Frieda von Uslar-Gleichen und Ernst Haeckel Briefe und Tagebücher 1898–1900*, 3 Bde. WallensteinVerlag.

Ernst-Haeckel-Haus (2004) *Museum. Ernst-Haeckel-Haus der Universität Jena*, Westermann（ヘッケル・ハウスのガイドブック（正確な出版年は不詳））

Fahley, John (1977) *The Spontaneous Generation Controversy from Descartes to Oparin*, Baltimore and London : The Johns Hopkins University Press.

Gasman, Daniel (1971) *The Scientific Origins of National Socialism*, London : Macdonald ; New York : American Elsevier.

Gliboff, Sander (2008) *H.G. Bronn, Ernst Haeckel, and the Origins of German Darwinism. A Study in Translation and Transformation*, Massachusetts : The MIT Press.

Goldschmidt, Richard B. (1956) *Portraits from Memory. Recollections of a Zoologist*, Seattle : University of Washington Press.

Heberer, Gerhard (1968) *Der gerechtfertigte Haeckel*, Stuttgart : Gustav Fischer Verlag.

Hemleben, Johannes (1964) *Haeckel*, Reinbeck bei Hamburg : Rowohlt Taschenbuch Verlag GmbH.

Hensen, Victor (1890) *Einige Ergebnisse der Plankton-Expedition der Humboldt-Stiftung*, Sitzungsberichte d. kgl. preuss. Akad.d.Wiss. zu Berlin.

Hensen, Victor (1891) *Die Plankton-Expedition und Haeckels Darwinismus. Über einige Aufgaben und Ziele der beschreibenden Naturwissenschaften*, Kiel u. Leipzig : Verlag von Lipsius & Tischer.

Huxley, T. H (2009) *Evidence as to Man's Place in Nature*, New York : Cambridge University Press (This edition first published 1863),「自然における人間の位置」八杉龍一／小野寺好之訳、『世界大思想全集　社会・宗教・科学思想篇』第36巻、河出書房 1955。

Kelly, Alfred (1981) *The Descent of Darwin. The Popularization of Darwinism in Germany, 1860–1914*, Chapel Hill : The University of North Carolina Press.

Koenigswald, G. H. R (1965) *Begegnungen mit dem Vormenschen*, München : Deutscher Taschenbuch Verlag GmbH & Co. KG.（原著は1955）.

Kratochwil, Anselm / Schwabe, Angelika (2001) *Ökologie der Lebensgemeinschaften*, Stuttgart : Ulmer.

Krauße, Erika (1987) *Ernst Haeckel*, 2.erg. Aufl., Leipzig : BSB B. G. Teubner Verlagsgesellschaft.

Krauße, Erika (1995) "Haeckel : Promorphologie und 'evolutionistische' ästhetische Theorie. Konzept und Wirkung", in Engels, E.-M. (hrsg.), *Die Rezeption von Evolutionstheorien im 19. Jahrhundert*, Frankfurt a. M. : Suhrkamp, 1995.

Lehmann, Otto (1904) *Flüssige Kristalle, sowie Plastizität von Kristallen im allgemeinen, molekulare Umlagerungen und Aggregatzustandsänderungen*, Leipzig : Wilhelm Engelmann.

Lehmann, Otto (1906) *Flüssige Kristalle und die Theorien des Lebens. Vortrag gehalten in der Hauptversammlung der 78. Versammlung Deutscher Naturforscher und Ärtzte zu Stuttgart am 21.September 1906*, Leipzig : Johann Ambrosius Barth.

Major, Ralph H. (1945) *Classic Descriptions of Desease*, 3rd. ed., Springfield : C.C. Thomas Publisher.

McIntosh, Robert P. (1985) *The Background of Ecology. Concept and theory*, New York, New Rochelle, Melbourne, Sydney : Cambridge University Press.『生態学―概念と理論の歴史』大串隆之、井上弘、曽田貞滋共訳、思索社、1989。

Haeckel, Ernst (1917) *Kristallseelen. Studien über das anorganische Leben*, Leipzig : Alfred Kröner.

Haeckel, Ernst (1921) *Entwicklungsgeschichte einer Jugend. Briefe an die Eltern 1852 / 1856*, Leipzig : Verlag von K. F. Koehler.

Haeckel, Ernst (1923) *Von Teneriffa bis zum Sinai*, Leipzig : Alfred Kröner Verlag.

Haeckel, Ernst / Schmidt, Heinrich (1923) "Eine autobiographische Skizze", in *Gemeinverständliche Werke*, Bd.1, Leipzig : Alfred Kröner Verlag und Berlin : Carl Henschel Verlag, 1924.(この自伝的スケッチは1874年にヘッケルが自伝の草案として書いたものに、ハインリヒ・シュミットが加筆して全生涯にわたるものとした)

Haeckel, Ernst (1927) *Himmelhoch jauchzend...Erinnerungen und Briefe der Liebe* , Dresden : Carl Reissner-Verlag.

Haeckel, Ernst (1998) *Kunstformen der Natur*, München-New York : Prestel (Neudruck der Farbtafeln aus der Erstasusgabe : Kunstformen der Natur, Leipzig und Wien : Bibliographisches Institut, 1904)『生物の驚異的な形』小畠郁生監訳、戸田裕之訳、河出書房新社、2009(これらは、原著からの図版の抜粋をもとに改訂したもので、全体の復刻ではない。全体の復刻版についてはHaeckel (1904c)を参照)。

Haeckel, Ernst (2005) *Kunstformen aus dem Meer*, München, Berlin, London, New York : Prestel (Neudruck der Farbtafeln aus der Erstausgabe : *Die Radiolarien* (*Rhizopodia radiolaria.*). *Eine Monographie*, Berlin, 1862.)

Haeckel, Ernst (2010) *Report on the Radiolaria Collected by H.m.s. Challenger During the Year 1873–76*, General Books, Memphis, Tennessee, USA. Publication date : 1887.

ヘッケル, エルンスト(1961)「宇宙のなぞ」田辺振太郎・山口潜訳、『世界大思想全集34』河出書房新社(訳文を使用した)。

【その他】

Bahr, Hermann (1894) *Der Antisemitismus. Ein internationales Interview*, Berlin : E. Fischer Verlag.

Berg, Christa (hrsg.) (1991) *Handbuch der deutschen Bildungsgeschichte : Bd. IV : 1870–1918*, München : Verlag C.H. Beck.

Bramwell, Anna (1989) *Ecology in the 20th Century. A History*, New Haven and London : Yale University Press.『エコロジー　起源とその展開』、金子務監訳、河出書房新社、1992。

Breidbach, Olaf (2006) *Ernst Haeckel. Bildwelten der Natur*, München, Berlin, London, New York : Prestel.

Dahl, Friedrich (1908) "Grundsätze und Grundbegriffe der biocönotischen Forschung", in *Zoologischer Anzeiger*, 33. Bd., Leipzig : Verlag von Wilhelm Engelmann.

Dahl, Friedrich (1921) *Ökologische Tiergeographie*, Jena : Gustav Fischer.

Damker, David.M. / Mrozek-Dahl, Tenge (1980) "The Plankton-Expedition and the Copepod Studies of Friedrich Dahl and Maria Dahl", in Sears, M. / Merriman, D. (ed.), *Oceanography, the Past*, New York, Heidelberg, Berlin : Springer-Verlag, 1980.

Darwin, Charles (1859) *On the Origin of Species by Means of Natural Selection, or the Preservation of Favoured Races in the Struggle for Life*, London : John Murray.『種の起原』八杉竜一訳、岩波書店、1963。

Darwin, Charles (1871) *The Descent of Man and Selection in Relation to Sex*, London : John Murray.『人間の進化と性淘汰』長谷川眞理子訳、文一総合出版、1999。

Daum, Andreas (1998) *Wissenschaftspopularisierung im 19. Jahrhundert. Bürgerliche Kultur, naturwissenschaftliche Bildung und die deutsche Öffentlichkeit 1848–1914*, München : R. Oldenbourg Verlag.

Leipzig : Alfred Kröner Verlag und Berlin : Carl Henschel Verlag, 1924.

Haeckel, Ernst(1896)"Das Challenger-Werk", in *Gemeinverständliche Werke*, Bd.5, Leipzig : Alfred Kröner Verlag und Berlin : Carl Henschel Verlag, 1924.

Haeckel, Ernst(1898)"Über unsere gegenwärtige Kenntnis vom Ursprung des Menschen", in *Gemeinverständliche Werke*, Bd.5, Leipzig : Alfred Kröner Verlag und Berlin : Carl Henschel Verlag, 1924.

Haeckel, Ernst(1899)*Die Welträthsel. Gemeinverständliche Studien über Monistische Philosophie*, Bonn : Verlag von Emil Strauß.『宇宙之謎』栗原古城訳、玄黄社、1917。「宇宙のなぞ」田辺振太郎·山口潜共訳、『世界大思想全集34』河出書房新社、1961(これは1908年のポケット版の訳出。ただし全訳ではない)。

Haeckel, Ernst(1901)"Aus Insulinde", in *Gemeinverständliche Werke*, Bd.6(hrsg.v. H. Schmidt), Leipzig : Alfred Kröner Verlag und Berlin : Carl Henschel Verlag, 1924.

Haeckel, Ernst(1904a)*Die Lebenswunder. Gemeinverständliche Studien über Biologische Philosophie,* Stuttgart : Alfred Kröner Verlag.『生命の不可思議』上下巻、後藤格次訳、岩波書店、1928。

Haeckel, Ernst(1904b)"Der Monistenbund. Thesen zur Organisation des Monismus", in *Gemeinverständliche Werke*, Bd.5, Leipzig : Alfred Kröner Verlag und Berlin : Carl Henschel Verlag, 1924. 斎藤光·坂野徹·林真理共訳「E. ヘッケルによる一元論同盟綱領」、『生物学史研究』No.48、15–22頁、1986。

Haeckel, Ernst(1904c)(1899–1904)*Kunstformen der Natur. + Supplement=Heft. Allgemeine Erläuterung und systematische Übersicht*, Leipzig und Wien : Verlag des Bibliographischen Instituts.(復刻版 : Haeckel, Ernst(2004)*Kunstformen der Natur*, neugesetzte und überarbeitete Ausgabe, Wiesbaden : Marix Verlag GmbH)

Haeckel, Ernst(1905a)*Über die Biologie in Jena*, Jena : Verlag von Gustav Fischer.

Haeckel, Ernst(1905b)*Wanderbilder. Die Naturwunder der Tropenwelt Ceylon und Insulinde*, Gera : W. Koelerische Verlagsbuchhandlung.

Haeckel, Ernst(1905c)*Der Kampf um den Entwickelungs=Gedanken. Drei Vorträge, gehalten am 14.,16. und 19. April 1905 im Saale der Sing=Akademie zu Berlin*, Berlin : Georg Reimer.

Haeckel, Ernst(1906)*Prinzipien der generellen Morphologie der Organismen*, Berlin : Georg Reimer.

Haeckel, Ernst(1907)*Das Menschen=Problem und die Herrentiere von Linné,* Frankfurt a. M. : Neuer Frankfurter Verlag.

Haeckel, Ernst(1909a)*Natürliche Schöpfungsgeschichte*, 11. Aufl. Berlin : Georg Reimer.

Haeckel, Ernst(1909b)*Das Weltbild von Darwin und Lamarck,* 2. Aufl. Leipzig : Alfred Kröner Verlag.

Haeckel, Ernst(1910a)"Mein Kirchenaustritt", in *Das freie Wort*, X. Jahrgang Nr. 18, Frankfurt a. M. : Neuer Frankfurter Verlag G. m. b. H, 1910.

Haeckel, Ernst(1910b)*Sandalion—Eine offene Antwort auf die Fälschungsanklagen der Jesuiten*, Frankfurt a.M. : Neuer Frankfurter Verlag.

Haeckel, Ernst(1913)*Die Natur als Künstlerin*, Berlin : Vita Deutsches Verlagshaus.

Haeckel, Ernst(1914a)"Gott-Natur(Theophysis)", in *Gemeinverständliche Werke*, Bd.3, Leipzig : Alfred Kröner Verlag und Berlin : Carl Henschel Verlag, 1924.

Haeckel, Ernst(1914b)*Englands Blutschuld am Weltkrieg*, Eisenach : H.Jacobis Buch- handlung.

Haeckel, Ernst(1914c)*Zwei Aufsätze (XI. u. XII.) aus der Sammlung Monistische Bausteine,* Brackwede i. w. : Verlag von Dr. Breitenbach.

Haeckel, Ernst(1915)*Ewigkeit. Weltkriegsgedanken über Leben und Tod, Religion und Entwicklungslehre,* Berlin : Verlag von Georg Reimer.

Haeckel, Ernst (1875b) *Ziele und Wege der heutigen Entwickelungsgeschichte*, Jena : Verlag von Hermann Dufft.

Haeckel, Ernst (1876) *Arabische Korallen. Ein Ausflug nach den Korallenbänken der Rothen Meeres*, Berlin : Georg Reimer.

Haeckel, Ernst (1877a) *Studien zur Gastraeatheorie*, Jena : Verlag von Hermann Dufft.（この中に、Die Gastraea-Theorie, die phylogenetische Classification des Thierreichs und die Homologie der Keimblätter (1873), Die Gastrula und die Eifruchung der Thiere (1875), Die Physemarien, Gastraeaden der Gegenwart (1876), Nachträge zur Gastraea-Theorie (1876) が含まれている）

Haeckel, Ernst (1877b) *Die heutige Entwickelungslehre im Verhältnisse zur Gesammtwissenschaft : Vortrag, in der ersten öffentlichen Sitzung der fünfzigsten Versammlung deutscher Naturforscher und Aerzte zu München am 18. September 1877 / gehalten von Ernst Haeckel*, Stuttgart : E. Schweizerbart'sche Verlagshandlung.「綜合科学との関係における現代進化論について」、『ダーウィニズム論集』八杉龍一訳、岩波書店、1994 (gesammtの綴りは現在はgesamtである)。

Haeckel, Ernst (1878a) *Das Protistenreich. Eine populäre Uebersicht über das Formengebiet der niedersten Lebewesen*, Leipzig : Ernst Günther's Verlag.

Haeckel, Ernst (1878b) *Freie Wissenschaft und freie Lehre : eine Entgegnung auf Rudolf Virchow's Münchner Rede über "Die Freiheit der Wissenschaft im modernen Staat"*, Stuttgart : E. Schweizerbart.（巻末に付録あり）

Haeckel, Ernst (1878c) "Freie Wissenschaft und freie Lehre", in *Gemeinverständliche Werke*, Bd.5, Leipzig : Alfred Kröner Verlag und Berlin : Carl Henschel Verlag, 1924.（巻末に付録なし）

Haeckel, Ernst(1878d) "Zellseelen und Seelenzellen", in *Gemeinverständliche Werke*, Bd.5, Leipzig : Alfred Kröner Verlag und Berlin : Carl Henschel Verlag, 1924.

Haeckel, Ernst (1879) "Einstämmiger und vielstämmiger Ursprung", in *Kosmos*, Leipzig : Ernst Günther's Verlag.

Haeckel, Ernst (1882a) "Die Naturanschauung von Darwin, Goethe und Lamarck", in *Gemeinverständliche Werke*, Bd.5, Leipzig : Alfred Kröner Verlag und Berlin : Carl Henschel Verlag, 1924.

Haeckel, Ernst (1882b) "Indische Reisebriefe", in *Gemeinverständliche Werke*, Bd.6 (hrsg.v. H. Schmidt), Leipzig : Alfred Kröner Verlag und Berlin : Carl Henschel Verlag, 1924.

Haeckel, Ernst (1887a) *Report on the Radiolaria Collected by H.m.s. Challenger During the Year 1873–76*, See Haeckel, Ernst (2010).

Haeckel, Ernst (1887b) *Die Radiolarien (Rhizopoda radiaria). Eine Monographie. Zweiter Theil. Grundriss einer Allgemeinen Naturgeschichte der Radiolarien*, Berlin : Georg Reimer.

Haeckel, Ernst (1888) *Die Radiolarien (Rhizopoda radiaria). Eine Monographie. Dritter und vierter Theil. Die Acantharien oder Actipyleen Radiolarien*, Berlin : Georg Reimer.

Haeckel, Ernst (1889) *Natürliche Schöpfungsgeschichte*, 8. Aufl. Berlin : Georg Reimer.

Haeckel, Ernst (1890a) "Algerische Erinnerungen", in *Von Teneriffa bis zum Sinai*, Leipzig : Alfred Kröner Verlag, 1923.

Haeckel, Ernst (1890b) *Plankton-Studien. Vergleichende Untersuchungen über die Bedeutung und Zusammensetzung der Pelagischen Fauna und Flora*, Jena : Verlag von Gustav Fischer.

Haeckel, Ernst (1892a) "Die Weltanschauung des neuen Kurses", in *Gemeinverständliche Werke*, Bd.5, Leipzig : Alfred Kröner Verlag und Berlin : Carl Henschel Verlag, 1924.

Haeckel, Ernst (1892b) "Der Monismus als Band zwischen Religion und Wissenschaft", in *Gemeinverständliche Werke*, Bd.5, Leipzig : Alfred Kröner Verlag und Berlin : Carl Henschel Verlag, 1924.

Haeckel, Ernst (1895) "Die Wissenschaft und der Umsturz", in *Gemeinverständliche Werke*, Bd.5,

文献表

▼

本文中では（著作者（発行年）頁数）で表す。同一年号で複数文献の場合はa, b……と付す。
また復刻版や翻訳の場合は、（発行年, 初版年）と並記する。原文の副題を省略したものもある。
原語の旧綴りはそのままに使用した（Entwickelungなど）。

【ヘッケルの著作】

Haeckel, Ernst (1862) *Die Radiolarien (Rhizopoda radiaria). Eine Monographie*, Berlin : Georg Reimer. 復刻版は Haeckel (2005)。

Haeckel, Ernst (1863) "Über die Entwicklungstheorie Darwins", in *Gemeinverständliche Werke*, Bd.5, Leipzig : Alfred Kröner Verlag und Berlin : Carl Henschel Verlag, 1924.「ダーウィンの進化学説について」、『ダーウィニズム論集』八杉龍一訳、岩波書店、1994。

Haeckel, Ernst (1866a) *Generelle Morphologie der Organismen. Allgemeine Grundzüge der organischen Formen-Wissenschaft, mechanisch begründet durch die von Charles Darwin reformierte Descendenz-Theorie*, 1. Bd. : Allgemeine Anatomie der Organismen, Berlin : Georg Reimer.

Haeckel, Ernst (1866b) *Generelle Morphologie der Organismen. Allgemeine Grundzüge der organischen Formen-Wissenschaft, mechanisch begründet durch die von Charles Darwin reformierte Descendenz-Theorie*, 2. Bd. : Allgemeine Entwickelungsgeschichte der Organismen, Berlin : Georg Reimer.

Haeckel, Ernst (1868a) *Natürliche Schöpfungsgeschichte. Gemeinverständliche wissesnschaftliche Vorträge über die Entwickelungslehre im Allgemeinen und diejenige von Darwin , Goethe und Lamarck im Besonderen, über die Anwendung derselben auf den Ursprung des Menschen und damit zusammenhängende Grundfragen der Naturwissenschaft*, Berlin : Georg Reimer.『自然創造史』2巻本、石井友幸訳、晴南社、1946（ただし第8版の英訳からの和訳）。

Haeckel, Ernst (1868b) "Ueber Arbeitstheilung in Natur- und Menschenleben", in *Gesammelte Populäre Vorträge aus dem Gebiete der Entwickelungslehre*, 1.Heft, Bonn : Verlag von Emil Strauss, 1878.

Haeckel, Ernst (1869) *Zur Entwicklungsgeschichte der Siphonophoren*, Utrecht : C. van der Post Jr.

Haeckel, Ernst (1870a) *Studien über Moneren und andere Protisten*, Leipzig : Verlag von Wilhelm Engelmann.

Haeckel, Ernst (1870b) *Das Leben in den größten Meerestiefen*, Berlin : C. G. Lüderitz'sche Verlagsbuchhandlung. A. Charisius.

Haeckel, Ernst (1872) *Biologie der Kalkschwämme*. Berlin : Georg Reimer.

Haeckel, Ernst (1874) *Anthropogenie oder Entwickelungsgeschichte des Menschen. Gemeinverständliche wissenschaftliche Vorträge über die Grundzüge der menschlichen Keimes-und Stammes-Geschichte*, Leipzig : Verlag von Wilhelm Engelmann.

Haeckel, Ernst (1875a) "Ueber die Wellenzeugung der Lebenstheilchen oder die Perigenesis der Plastidule", in *Gesammelte Populäre Vorträge aus dem Gebiete der Entwickelungslehre*, 2.Heft, Bonn : Verlag von Emil Strauss, 1879.

や

ら・わ

ま

た

な

は

さ

か

事項索引［一般事項］

▼
（　）内の原語は主に単数形を記した。

あ

von Metternich–Winneburg zu Beilstein, 1773–1859 ▶ 035
モース(モールス) Samuel Finley Breese Morse, 1791–1872 ▶ 065, 202, 315, 348

や

山中浩司 ▶ 211
ヤング, J・Z John Zachary Young, 1907–97 ▶ 373
ヤンセン父子　Hans Jansen / Sacharias Janssen, 1580頃–1638頃 ▶ 349
ユクスキュル, ヤーコプ・フォン Jakob Johann Baron von Uexküll, 1864–1944 ▶ 177–9, 332
夢野久作 1889–1936 ▶ 173

ら・わ

ライエル Charles Lyell, 1797–1875 ▶ 078
ライディッヒ, F Franz Leydig, 1821–1908 ▶ 052
ライニツァー Friedrich Richard Reinitzer, 1857–1927 ▶ 366–7
ラインケ, ヨハネス Johannes Reinke, 1849–1931 ▶ 058
ラヴォアジェ Antoine-Laurent de Lavoisier, 1743–94 ▶ 252, 379
ラッセル, スチュワート Edward Stuart Russell, 1887–1954 ▶ 112
ラッセル, バートランド Bertrand Arthur William Russell, 1872–1970 ▶ 373
ラプラス Pierre-Simon Laplace, 1749–1827 ▶ 104
ラマルク J. Chevalier de Lamarck, 1744–1829 ▶ 028–9, 074, 076–9, 082–3, 085, 125, 372
ラメトリ Julien Offray de La Mettrie, 1709–51 ▶ 041
ランケスター E.R. Lankester, 1847–1929 ▶ 186
リーネカー, フランツ・フォン Franz von Rinecker, 1811–83 ▶ 037
リープクネヒト, カール Karl Liebknecht, 1871–1919 ▶ 245, 247, 263
リュティマイヤー, ルートヴィヒ Ludwig Rütimeyer, 1825–95 ▶ 058, 257
リンネ Carl von Linné, 1707–78 ▶ 030, 079, 085, 095, 105, 118, 131, 135, 211, 239, 296–7
ルー, ヴィルヘルム Wilhelm Roux, 1850–1924 ▶ 165–7
ルクセンブルク, ローザ Rosa Luxemburg, 1871–1919 ▶ 245
ルソー Jean-Jacques Rousseau, 1712–78 ▶ 041
ルター Martin Luther, 1483–1546 ▶ 025
レーヴェンフック Antony van Leeuwenhoek, 1632–1723 ▶ 182, 194, 350
レーボック Philip F. Rehbock, 1942– ▶ 189
レーマン, オットー Otto Lehmann, 1855–1922 ▶ 148, 206, 364, 366–8
レディ Francesco Redi, 1626–97 ▶ 194
ローレンツ, コンラート 1903–89 ▶ 345
ロンブローゾ Cesare Lombroso, 1835–1909 ▶ 172, 174
ワーズワース William Wordsworth, 1770–1850 ▶ 041
ワイマン Jeffries Wyman, 1814–74 ▶ 223

フリードリヒ大王 Friedrich II., 1712–86 ► 023
フリーダ・フォン・ウスラー－グライヒェン Frida von Uslar-Gleichen, 1864–1903 ► 056, 061–3, 145
フリーデリクス Karl Friederichs ► 306
プリニウス Gaius Plinius Secundus, 22 / 23–79 ► 359
ブルーノ Giordano Bruno, 1548–1600 ► 068
ブルーメンバッハ，ヨハン・F Johann Friedrich Blumenbach, 1752–1840 ► 080, 212
プレイヤー William Preyer, 1841–97 ► 195
ブレーク William Blake, 1757–1827 ► 041
プレッツ，アルフレート Alfred Ploetz, 1860–1940 ► 279
フロイト Sigmund Freud, 1856–1939 ► 173
フロリープ Robert Froriep, 1804–61 ► 232
ブロン，ゲオルク・ハインリヒ Heinrich Georg Bronn, 1800–62 ► 050, 111, 3391
フンボルト，アレクサンダー・フォン Alexander von Humboldt, 1769–1859 ► 031–3, 127, 298
フンボルト，カール・ヴィルヘルム・フォン Karl Wilhelm von Humboldt, 1767–1835 ► 032
ベーア Karl Ernst von Baer, 1792–1876 ► 119, 135, 158, 182
ヘーゲル Georg Wilhelm Friedrich Hegel, 1770–1831 ► 042
ヘッケル，カール（父） Carl Gottlob Haeckel, 1781–1871 ► 023–4, 028, 034–5
ヘッケル，シャルロッテ Charlotte Augusta Henriette Haeckel, 1799–1889 ► 023–4, 029
ヘッセ Hermann Hesse, 1877–1962 ► 032
ベネーデン，エドゥアルト・ファン Edouard Van Beneden, 1846–1910 ► 198
ベルシェ，ヴィルヘルム Wilhelm Bölsche, 1861–1939 ► 256, 278
ヘルダー Johann Gottfried von Herder, 1744–1803 ► 042, 079
ヘルムホルツ Hermann Helmholtz, 1821–94 ► 028, 195, 253, 379
ヘルモント Jan Baptista van Helmont, 1577–1644 ► 194
ヘンゼン，ヴィクトール Christian Andreas Victor Hensen, 1835–1924 ► 019, 058, 307, 314, 317, 320–33
ヘンチェル，ヴィリバルト Willibald Hentschel, 1858–1947 ► 278
ベンヤミン Walter Bendix Schönflies Benjamin, 1892–1940 ► 274, 353
ホーエンローエ Chlodwig Karl Victor Fürst zu Hohenlohe-Schillingsfürst, 1819–1901 ► 249
ホール，スタンリー Granville Stanley Hall, 1844–1924 ► 172
ホール，トーマス Thomas S. Hall ► 198–9
ボネ Charles Bonnet, 1720–93 ► 157
ボルク，ルイス Louis Bolk, 1866–1930 ► 164
ボルツマン Ludwig Boltzmann, 1844–1906 ► 258

ま

マイヤー，ローベルト Julius Robert von Mayer, 1814–78 ► 252, 379
マッキントッシュ Robert P. McIntosh ► 308
マックス，ガブリエル Gabriel Cornelius Ritter von Max, 1840–1915 ► 218
マルクス Karl Heinrich Marx, 1818–83 ► 237, 243
三木成夫 1925–87 ► 173
ミュラー，フリッツ Johann Friedrich Theodor Müller, 1821–97 ► 126, 158
ミュラー，ヘルマン Hermann Müller, 1850–1927? ► 239
ミュラー，ヨハネス Johannes Peter Müller, 1801–58 ► 037–8, 041–6, 060, 086, 250, 321, 323, 328, 337
三好学 1862–1939 ► 297
ミル John Stuart Mill, 1806–73 ► 087
メイナード・スミス John Maynard Smith, 1920–2004 ► 169
メービウス，カール Karl Möbius, 1825–1908 ► 306–7, 309, 320
メッケル Johann Friedrich Meckel, 1781–1833 ► 098, 134, 157
メッテルニヒ Klemens Wenzel Lothar Nepomuk

ニーダム John Turberville Needham, 1713–81 ► 194
ニエプス Joseph Nicéphore Niépce, 1765–1833 ► 352
西村三郎 1930–2001 ► 183, 186, 205, 243, 318
ニュートン Isaac Newton, 1642–1727 ► 040, 078, 090
ネーゲリ Karl Wilhelm von Naegeli, 1817–91 ► 234, 374
ノヴァーリス Novalis, 1772–1801 ► 026, 041

は

パース Charles Sanders Peirce, 1839–1914 ► 090
バール, ヘルマン Hermann Anastas Bahr,1863–1934 ► 274–5
ハイアット Alpheus Hyatt, 1838–1902 ► 158
ハイゼンベルク Werner Heisenberg, 1901–76 ► 028
ハクスリー, トーマス・ヘンリー Thomas Henry Huxley, 1825–95 ► 045, 052, 120, 138, 186, 188–9, 191, 203, 205, 212–3, 215, 222–3, 272, 318
パストゥール, ルイ Louis Pasteur, 1822–95 ► 095, 193–6
ハッジ Jovan Hadži, 1884 –1972 ► 186
ババン Gustave Babin, 1865–1939 ► 356
パルメニデス Parmenidēs, 前500 / 475–? ► 066
ピアジェ Jean Piaget, 1896–1980 ► 172
ヒーケ Hiecke, Robert Heinrich ► 034
ピウス九世 Pius IX, 1792–1878 ► 233, 246
ヒス, ヴィルヘルム Wilhelm His, 1831–1904 ► 058
ビスマルク Otto Eduard Leopold Fürst von Bismarck-Schönhausen, 1815–98 ► 035, 233, 242, 244, 247–9
ヒトラー Adolf Hitler, 1889–1945 ► 064, 264, 266
ビネ, ルネ René Binet, 1866–1911 ► 355, 357
ビュヒナー, ルートヴィヒ Ludwig Büchner, 1824–1899 ► 039, 042, 177, 250
ビュフォン Georges-Louis Leclerc, Comte de Buffon, 1707–88 ► 194
ヒルト, ゲオルク Georg Hirth, 1841–1916 ► 256
ファン・ヘルモント→ヘルモント
フィッシャー Bernhard Fischer, 1852–1915 ► 322
フィルヒョウ, ルードルフ Rudolf Virchow, 1821–1902 ► 018, 035, 037, 039, 041–3, 058, 064, 092, 200, 211, 221–7, 2321–42, 247, 362, 368
フェヒナー Gustav Theodor Fechner, 1801–87 ► 195, 377
フォークト, カール Carl Christoph Vogt, 1817–95 ► 037, 042, 177
フォーブス, エドワード Edward Forbes, 1815–54 ► 315
フォルガー, オットー Georg Heinrich Otto Volger, 1822–97 ► 051, 058
フォレル, アウグスト August Forel, 1848–1931 ► 256, 370
フォン・ベーア→ベーア
ブキャナン John Y. Buchanan 1844–1925 ► 189, 205
藤田敏彦 1961– ► 091
フシュケ, アグネス Agnes Huschke, 1842–1915 ► 061, 063, 365
フシュケ, エーミール Emil Huschke, 1797–1858 ► 061
フック, ロバート Robert Hooke, 1635–1703 ► 199, 349–50
ブラウン, アレクサンダー Alexander Carl Heinrich Braun, 1805–77 ► 037, 122
ブラシュカ父子 Leopld / Rudolf Blaschka, 1822–95 / 1857–1939 ► 355
ブラス, アーノルト Arnold Brass, 1854–1915 ► 257
プラトナー, エルンスト Ernst Platner, 1744–1818 ► 211
プラトン Platon, 前427–347 ► 156, 359, 377
ブラベー Auguste Bravais, 1811–63 ► 360
ブラムウェル, アンナ Anna Bramwell ► 292, 297
ブラント Karl Brandt, 1854–1931 ► 321

1863–1944 ► 256
シュミット, ハインリヒ Heinrich Schmidt, 1874–1935 ► 060, 256
シュライエルマッハー Friedrich E. Daniel Schleiermacher, 1768–1834 ► 025–7, 031
シュライデン, マティアス Matthias Jakob Schleiden, 1804–81 ► 030, 033, 036, 039, 042, 044, 086–7, 181, 200, 350, 362
シュライヒャー, アウグスト August Schleicher, 1821–68 ► 052
シュルツェ, マックス Max Johann Sigismund Schultze, 1825–74 ► 052, 206
シュレーディンガー Erwin Rudolf Josef Alexander Schrödinger, 1887–1961 ► 373
シンパー, アンドレアス Andreas Franz Wilhelm Schimper, 1856–1901 ► 300
スクレーター Philip Lutley Sclater, 1829–1913 ► 219–20
スコープス, ジョン・T John Thomas Scopes, 1900–70 ► 225
ステノ, ニコラス Nicolaus Steno, 1638–86 ► 359
スパランツァーニ Lazzaro Spallanzani, 1729–99 ► 194
スピノザ Baruch De Spinoza, 1632–77 ► 017, 067–9, 081, 253, 335, 380
ゼーテ, アンナ Anna Sethe, 1835–64 ► 043–4, 048, 052, 061–3, 070, 145
ゼーテ, クリスティアン Christian Sethe, 1798–1857 ► 044
ゼーモン, リヒャルト Richard Semon, 1859–1918 ► 173, 256, 364, 369–70, 372–3
セル Etienne Serres, 1786–1868 ► 157
ソクラテス Sokrates, 前469頃–399 ► 156

た

ダーウィン, チャールズ Charles Darwin 1809–82 ► 015, 022, 025, 028–9, 031, 045, 048, 050–3, 056, 058, 061, 065, 068–9, 071, 074, 077–9, 081–3, 085–6, 098, 118–9, 123–6, 133–5, 138, 158, 162, 178, 188, 192, 199, 208–9, 212–3, 215, 219–20, 226, 232–3, 239, 267, 272, 279–80, 289, 293–4, 299, 316, 318, 330, 369, 372
ダール, フリードリヒ Friedrich Dahl, 1856–1929 ► 301, 303, 306–12, 322
ダール, マリア Maria Johanna Grosset de Dahl, 1872–1972 ► 307
高橋義人 1945– ► 079
ダゲール Louis Jacques Mandé Daguerre, 1787–1851 ► 352
タンズリー Arthur Tansley, 1871–1955 ► 303, 305
ダンマー David Dunmur ► 366, 368
ツァイス, カール Carl Zeiss, 1816–88 ► 065, 350–1
ツェトリツ Robert von Zedlitz-Trüzschler, 1837–1914 ► 249
テオフラストス Theophrastus, 前371–287 ► 359
デカルト René Descartes, 1596–1650 ► 040, 067, 194
デモクリトス Democritus, 前460頃–370頃 ► 066
デュ・ボア-レーモン Emil Heinrich du Bois-Reymond, 1818–96 ► 056, 242, 250
デュジャルダン, フェリクス Felix Dujardin, 1801–60 ► 198
デュボワ, ウジェーヌ Eugène Dubois, 1858–1940 ► 209–11, 216–9, 222
デンネルト, エーバーハルト Eberhard Gustav Heinrich Nathanael Dennert, 1861–1942 ► 058, 257
ド・ビア Sir Gavin Rylands de Beer, 1899–1972 ► 164
ドゥルーデ, オスカー Carl Georg Oscar Drude, 1852–1933 ► 300
ドーキンス Clinton Richard Dawkins, 1941– ► 373
ドリーシュ Hans Adolf Eduard Driesch, 1867–1941 ► 179

な

ナポレオン Napoléon Bonaparte, 1769–1821 ► 026, 034, 064

カプリヴィ Leo von Caprivi, 1831–99 ► 249
ガリレオ Galileo Galilei, 1564–1642 ► 071
カルトホッフ, アルベルト Albert Kalthoff, 1850–1906 ► 256
ガレシオ Giorgio Gallesio, 1772–1839 ► 120
カント Immanuel Kant, 1724–1804 ► 026, 041, 084, 104, 190, 251, 258
ガントナー, オットー Otto Gandtner ► 033
カンパー, ペトルス Petrus Peter Camper, 1722–89 ► 212
キーヴィシ, フランツ・フォン Franz von Kiwisch, 1914–1852 ► 037
キュヴィエ Baron Georges Léopold Chrétien Frédéric Dagobert Cuvier, 1769–1832 ► 077, 085, 131, 135
ギルチ, アードルフ Adolf Giltsch, 1852–1911 ► 352–3
キング William King, 1809–86 ► 222
グーデ, カール Carl Gude ► 029–30
グーテンベルク Johannes Gensfleisch zur Laden zum Gutenberg, 1398頃–1468 ► 352
グールド, スティーヴン・ジェイ Stephen Jay Gould, 1941–2002 ► 156–8, 164, 167, 170–3, 265
クラーゲス Friedrich Konrad Eduard Wilhelm Ludwig Klages, 1872–1956 ► 173
倉谷滋 1958– ► 167–8
クラトホヴィル, Anselm Kratochwil, 1951– ► 306
グリーゼバッハ Heinrich August Rudolf Grisebach, 1814–79 ► 309
クリュメル Otto Krümmel, 1854–1912 ► 322
グルリット, ルートヴィヒ Ludwig Gurlitt, 1855–1931 ► 278
グレーバー Adolf Gröber, 1854–1919 ► 249
ゲーゲンバウル, カール Karl Gegenbaur 1826–1903 ► 044, 048, 062, 083, 101
ゲーテ Johann Wolfgang von Goethe, 1749–1832 ► 017, 027–30, 041–2, 068, 070, 072, 074, 078–83, 085, 088, 093, 095, 103, 111, 124, 160, 173, 230, 250, 295, 335, 338, 346, 361, 365, 380
ケーニヒスヴァルト, フォン Gustav Heinrich Ralph von Koenigswald, 1902–82 ► 210
ケプラー Johannes Kepler, 1571–1630 ► 257, 359
ケリカー, アルベルト・フォン Albert von Koelliker, 1817–1905 ► 037–8, 041–3
ケルヴィン卿 William Thomson, 1824–1907 ► 195
ケンネル Julius von Kennel, 1854–1939 ► 178
コープ Edward Drinker Cope, 1840–97 ► 158
ゴールドシュミット Richard Benedict Goldschmidt, 1878–1958 ► 015, 024, 176–7, 179, 332
コッホ Robert Koch, 1843–1910 ► 065, 200
コフカ Kurt Koffka,1886–1941 ► 373
ゴルトン, フランシス Francis Galton, 1822–1911 ► 279
コワレフスキー, アレクサンドル Alexander Onufrievich Kowalevsky, 1840–1901 ► 183

さ

サヴィヂ Thomas Staughton Savage, 1804–80 ► 223
サン–チレール, ジョフロワ Étienne Geoffroy Saint-Hilaire, 1772–1844 ► 078, 085
ジーボルト, カール・テオドール・フォン K. T. E. von Siebold, 1804–85 ► 182
ジーボルト, フィリップ Philipp Franz Balthasar von Siebold, 1796–1866 ► 182
シェーラー, ヨハン・ヨゼフ・フォン Johann Joseph von Scherer, 1814–1869 ► 037
シェリング Friedrich Wilhelm Joseph von Schelling, 1775–1854 ► 042, 068, 380
シャクター Daniel Schacter, 1952– ► 369, 373
シャフハウゼン Hermann Schaffhausen, 1816–93 ► 222
シャルマイヤー, ヴィルヘルム Wilhelm Schallmayer, 1857–1919 ► 256, 279
シュヴァルベ Gustav Schwalbe, 1844–1916 ► 222
シュヴァン Theodor Schwann, 1810–82 ► 030, 033, 039, 042, 181, 200, 350, 362
シュット Franz Schütt, 1859–1921 ► 322
シュバーナー, ヴィルヘルム Wilhelm Schwaner,

主要人名索引

あ

アイブル−アイベスフェルト Irenäus Eibl-Eibesfeldt, 1928– ► 345
アインシュタイン Albert Einstein, 1879–1955 ► 065, 383
アウイ René Just Haüy, 1743–1822 ► 359
アガシ Jean Louis Rodolphe Agassiz, 1807–73 ► 157
アクィナス, トーマス・フォン Thomas von Aquin, 1225頃–74 ► 256
アッベ Ernst Karl Abbe, 1840–1905 ► 351
アナクシマンドロス Anaximandros, 前610–546 ► 156
アリストテレス Aristotelēs, 前384–322 ► 040, 079, 105, 156–7, 193, 229, 377
アルマース, ヘルマン Hermann Allmers, 1821–1902 ► 046, 048, 346
イェーガー, グスタフ Gustav Jäger, 1832– 1917 ► 111, 339
ヴァーミング Eugenius Warming, 1841–1924 ► 300, 308
ヴァールブルク, アビ Aby Moritz Warburg, 1866–1929 ► 373
ヴァイスマン Friedrich Leopold August Weismann, 1834–1914 ► 162
ヴァスマン, エーリッヒ Erich Wasmann, 1859–1931 ► 058, 256
ヴィーク, フェルディナント Karl Ferdinand Wieck ► 029, 033–4
ウィルバーフォース主教 Samuel Wilberforce, 1805–73 ► 225
ヴィルヘルム一世 Wilhelm I, 1797–1888 ► 233, 241, 248
ヴィルヘルム二世 Wilhelm II, 1859–1941 ► 024, 244, 248, 320
ヴィレ, ブルーノ Bruno Wille, 1860–1928 ► 256, 278
ヴェーラー Friedrich Wöhler, 1800–82 ► 104
ウォーレス Alfred Russel Wallace, 1823–1913 ► 220
ヴォルフ Caspar Friedrich Wolff, 1733–94 ► 119
エーレンベルク, クリスティアン Christian Gottfried Ehrenberg, 1795–1876 ► 045
エルトン Charles Sutherland Elton, 1900–91 ► 308
エレンベルク Heinz Ellenberg, 1913–97 ► 306
エンゲルス Friedrich Engels, 1820–95 ► 243
エンダーライン Günther Enderlein, 1872–1968 ► 308, 310
エンペドクレス Empedocles, 前490頃–430頃 ► 068, 156, 229, 378
オーケン Lorenz Oken, 1779–1851 ► 085, 157, 203–4, 226, 235
オースター Donald Worster, 1941– ► 297, 300, 309
オーブリスト, ヘルマン Hermann Obrist, 1862–1927 ► 355
オストヴァルト, ヴィルヘルム Wilhelm Ostwald, 1853–1932 ► 067, 245–7, 257–259, 263–4
オットー一世 Otto I, 912–73 ► 034
オパーリン Aleksandr Ivanovich Oparin, 1894–1980 ► 196, 207, 369

か

ガスマン, ダニエル Daniel Gasman, 1933–2012 ► 265–7, 274–7

あとがき

本書は、ドイツの動物学者エルンスト・ヘッケルの生涯、思想、その背景と文化・社会への影響をまとめたものとしては、本邦では初めての試みである。今まで多くの研究者によって断片的に語られてきたものを、一つの流れとして、大きな枠組みの中で鳥瞰することに少しでも貢献できれば幸いに思う。

ここで、筆者が本書を上梓することになった経緯を、簡単に振り返っておきたい。筆者は、かつて薬学部で学んでいた頃に医学や薬学などの学問の根底にあるドイツ思想の影響に関心を抱き、卒業後に学士入学してドイツ地域研究と科学史科学哲学（副専攻）、大学院に進んで比較文学比較文化を学ぶことになった。その頃に、八杉竜一氏の『近代進化思想史』（中央公論社）の中のヘッケルに関する記載を見つけたのである。非常に興味深く読んだものの、ヘッケルがどのような人物でどのような研究内容で、どのような思想をもっていて、どこが批判される点なのか、理解は難しかった。この人物を理解するためには、ドイツを中心としたヨーロッパの歴史、当時の社会、文化、科学、思想などさまざまな面からのアプローチが必要なことがわかり、挑戦的な意欲が生まれたのである。また、ヘッケル研究が、理系分野と文系分野を覆うものであることも魅力であった。しかも、大学内の図書館に多くのヘッケル関係の蔵書が眠っていた。そういうわけで、少しずつ、原書を読み始めていった。研究テーマとしたのは、一九九〇年代前半のことである。

それから早くも二〇年ほどがたとうとしている。その間もヘッケル研究に没頭して過ごしてきたわけではなく、家庭の事情や職場の事情という人生の波に翻弄されながら、短い論文を書き溜めてきた。それらをもとにして研究成果をまとめ、一度区切りをつけたいと思うようになったのである。それが一〇年前。出版に関しては、工作舎の米澤さんがゴーサインを出してくれたのだが、それまでの研究では到底不十分だと悟り、この際、あらためて資料を読み直し、面倒と思っていた大著『有機体の一般形態学』も目を通した。結果として、書き直しや書き下ろしに予想外に時間がかかってしまった。しかし、想定されるすべての研究テーマを網羅しているわけではない。ヘッケルの書簡全体、影響を受けた次世代の思想傾向(例えばシュタイナーやベルシェなど)、ドイツ哲学の影響の精査、『自然創造史』をはじめとするベストセラー本の全改訂版の追跡、邦訳本の点検などについては、大幅に調査が不足している。また、日本への影響も、三木成夫、夢野久作に関しては生物発生原則の影響の箇所で少し触れたが、宮沢賢治、森鷗外、加藤弘之をはじめとする知識人への影響については力が及んでいない。そればかりか、ドイツ語の読解能力に不備な点があることも否めず、とんでもない誤解がないように祈るような気持でもある。それならば、もっとじっくりと研究したらよかろうに。

それでも、ここで出版に踏み切った理由はいくつかあるが、その一つは、インターネットなどを介した情報が蔓延する時代になって、思いもかけず、ヘッケルの情報が多くの人の目に触れるようになり、誤情報や断片的で偏った情報が提供される不安を感じるようになったためである。少しでも正しい情報源として役立てればと思う。それと、巷でのヘッケルのイメージの独特さを幾分か払拭したいと思ったためである。邦訳文やヘッケル関連の紹介文に見られる古めかしく神秘的な調子、放散虫の図版から醸し出される異様な美しさ……などを総合すると、「おどろおどろしい」「錬金術的」「魔術的」「胡散臭い」といった形容詞がいかにもふさわしいように思えてしまう。これは本書の最終章でもふれたように、自然の創造、宇宙の謎、自然の芸術形態、生命の不可思議、結晶の魂というような神秘的な表現をあえて挑発的にヘッケルが用いたところに原因があるのだが、彼は実際には、そのような非科学的な概念をなんとか「科学的」に説明しようとしていたのである。彼の本の多くの副題には「誰にもわかる（gemeinverständlich）」という単語が付記されているように、極めて平明な科学的説明に努めていたといえるだろう。進化という仮説を検証なしに信じ込むという偏屈で傲慢な態度は問題だったかもしれないが、彼の文章だけ見れば、さきほどあげた形容詞がつくほど異様なものではないように思われるのだ。またヘッケルの晩年は、オカルティズム（神秘学）がヨーロッパで流行した時代にあたるのだが、彼自身はこれを「いかがわしく悲しむべきこと」（『宇宙の謎』）と批判しているほどだ。そういうわけで、ヘッケルには啓発的な科学者のイメージがあることを、書いておきたかったのである。しかし現実には、ヘッケルの思想がオカルティズムにつながっていった経緯もあり、必ずしも翻訳の問題だけではないのである。それは次のような理由かと考える。彼は本当は、「神」や「神秘」を自然に即して、つまり科学の言葉で機械的に説明しようとしていたのにもかかわらず、当時の科学水準の制約や思想的背景の汎神論的自然観から、逆に、「自然」を神格化、神秘化していると他から理解されたのではないか。ヘッケル本人の中でも、それは渾然としていたのだろう。本書では、このようなヘッケル観を伝えてみたかったのである。

さらに執筆を急いだ理由は、年齢的なことである。書物を読みつつ研究し、それをもとに本を書くことは非常に消耗することでもあり、自分の体力、知力、気力が減じる前に、何らかの形にしておきたいと思ったからでもある。実際には、そういう時期には、他の仕事も多忙を極めるものである。実をいえば執筆の最後には、すでにもてる力の限界を超えてしまい、皆に迷惑をおかけすることになった。心苦しい限りである。

そういうわけで、私にはこの研究に関して師はいなかったが、多くの方々に助けてもらいながらここまで来られた。すべての方のお名前を挙げることはできないが、特に、貴重な資料を提供していただいた三島憲一氏、助言や励ましをいただいた小川眞里子氏、池田良彦氏、板垣良一氏、金子務氏、亡き田隅本生氏、アンセルム・クラトホヴィル氏、リタ・シュヴェルトナー氏（エルンスト・ヘッケル・ハウス）、旧ヴィルヘルム・オストヴァルト協会のハンゼル夫妻。厚く御礼申し上げます。また、日本科学史学会、特に生物学史分科会の友人たち、東京大学教養学部ドイツ分科の友人たち、そして二〇〇五年度冬学期の東大科学史特論Ⅴの学生・院生の方々にも、深く感謝いたします。

また、本研究の一部は、平成二四年度〜二六年度の科学研究費補助金（基盤研究（B）「科学の知と文学・芸術の想像力――ドイツ語圏世紀転換期の文化についての総合的研究」（代表者：鍛冶哲郎））の助成をいただいたことを申し添えます。鍛冶氏をはじめ研究分担者の方々には、多くの知的刺激を受けて、出版にこぎつける勢いを得ることができました。

そして、二人の息子たちには、格別なる感謝の意を表したいと思います。そして今は亡き父と母にも。いろいろと面倒をかけ、我慢をしてもらいました。ありがとう。

しかし何といっても、私のような者がこうして本書を世に送り出せることになったのは、ひとえに、長年にわたる工作舎の米澤敬氏の支えと忍耐力のおかげです。心より感謝いたします。本当にありがとうございました。

これでようやく私も一つけりをつけて、人生の次のステージに移行できそうです。

二〇一五年夏　著者

初出一覧

【第一部】

第1章、第2章——ともにすべて書き下ろし。

【第二部】

第1章——「魅惑的な言説としての「生物発生原則」」（平一二、『東海大学紀要開発工学部』第九号、一一–二二頁）、「ユクスキュルの環世界説と進化論」（平一九、『東海大学総合教育センター紀要』第二七号、一–一五頁）を基に大幅改訂。

第2章——「一元論的自然発生——ヘッケル試論」（平一〇、『津田塾大学紀要』第三〇号、二三九–二五九頁）、「ヘッケルとピテカントロプス——自然人類学の揺籃期」（平一六、『東海大学総合教育センター紀要』第二五号、八五–九六頁）を基に改訂。ガストレアについては書き下ろし。

第3章——「ヘッケルとフィルヒョウの進化論論争——科学の自由をめぐる対立」（平七、『津田塾大学紀要』第二七号、二三三–二四七頁）を基に大幅改訂。

第4章——「ドイツ一元論同盟と教会離脱運動」（平一一、『津田塾大学紀要』第三一号、二九一–三〇九頁）を基に大幅改訂。

第5章——「ヘッケルの優生思想」（平一三、『東海大学紀要開発工学部』第一〇号、一–一二頁）を基にしたが、ほぼ書き下ろし。

第6章——「エコロジーの誕生——背景としてのE・ヘッケルの学融合的な思想」（平一三、『東海大学文明研究所紀要』第二一号、五七–七一頁）、「『ビオトープ』はヘッケルの造語ではない!——ヘッケルとダールの原典に基づく『ビオトープ』という言葉の由来についての検討」（平二〇、『東海大学総合教育センター紀要』第二八号、三三–四三頁）を基に改訂。

第7章——「ヘッケルとヘンゼンのプランクトン論争(1890–1891)」（平二一、『東海大学総合教育センター紀要』第三〇号、一–一六頁）を基に改訂。

第8章——「ヘッケルの根本形態学と形態の美」（平一二、『モルフォロギア　ゲーテと自然科学』第二二号、二三–三四頁）、「テクノロジーと新しい知覚——E・ヘッケルの『自然の芸術形態』をめぐって」（平一三、『知の近代を読み解く』東海大学出版会、一九–三六頁）を基に改訂。

第9章——書き下ろし。

✦**著者略歴**

佐藤恵子〔さとうけいこ〕

一九五六年、東京生まれ。一九七八年、東京大学薬学部卒業、一九八九年、東京大学大学院人文科学研究科博士課程 満期退学。現職、東海大学総合教育センター教授。専門領域は、科学思想史。

ヘッケル関連以外の論文に「発生生物学の黎明：ヴィルヘルム・ルー試論」（金森修編『科学思想史』勁草書房 2010）など、翻訳書として、クララ・ピント-コレイア『イヴの卵——卵子と精子と前成説』（白揚社 2003）、ヤン・ピーパー『迷宮』（工作舎 1996）〔共訳〕などがある。

ヘッケルと進化《しんか》の夢《ファンタジー》——一元論、エコロジー、系統樹

発行日——二〇一五年九月二〇日

著者——佐藤恵子

編集——米澤 敬

エディトリアル・デザイン——宮城安総＋小倉佐知子

印刷・製本——モリモト印刷株式会社

発行者——十川治江

発行——工作舎 editorial corporation for human becoming

〒169-0072 東京都新宿区大久保2-4-12 新宿ラムダックスビル12F

phone：03-5155-8940 fax：03-5155-8941

www.kousakusha.co.jp saturn@kousakusha.co.jp

ISBN978-4-87502-466-8